大学赤本シリーズ

400

星薬科大学

教学社

は　し　が　き

　おかげさまで，大学入試の「赤本」は，今年で創刊70周年を迎えました。

　これまで，入試問題や資料をご提供いただいた大学関係者各位，掲載許可をいただいた著作権者の皆様，各科目の解答や対策の執筆にあたられた先生方，そして，赤本を使用してくださったすべての読者の皆様に，厚く御礼を申し上げます。

　以下に，創刊初期の「赤本」のはしがきを引用します。これからも引き続き，受験生の目標の達成や，夢の実現を応援してまいります。

　本書を活用して，入試本番では持てる力を存分に発揮されることを心より願っています。

編者しるす

＊　　　＊　　　＊

　学問の塔にあこがれのまなざしをもって，それぞれの志望する大学の門をたたかんとしている受験生諸君！　人間として生まれてきた私たちは，自己の欲するままに，美しく，強く，そして何よりも人間らしく生きることをねがっている。しかし，一朝一夕にして，この純粋なのぞみが達せられることはない。私たちの行く手には，絶えずさまざまな試練がまちかまえている。この試練を克服していくところに，私たちのねがう真に人間的な世界がはじめて開かれてくるのである。

　人生最初の最大の試練として，諸君の眼前に大学入試がある。この大学入試は，精神的にも身体的にも，大きな苦痛を感ぜしめるであろう。あるスポーツに熟達するには，たゆみなき，はげしい練習を積み重ねることが必要であるように，私たちは，計画的・持続的な努力を払うことによって，この試練を克服し，次の一歩を踏みだすことができる。厳しい試練を経たのちに，はじめて満足すべき成果を獲得できるのである。

　本書は最近の入学試験の問題に，それぞれ解答を付し，さらに問題をふかく分析することによって，その大学独特の傾向や対策をさぐろうとした。本書を一般の参考書とあわせて使用し，まとはずれのない，効果的な受験勉強をされるよう期待したい。

（昭和35年版「赤本」はしがきより）

挑む人の、いちばんの味方

赤本創刊70周年

　1954年に大学入試の過去問題集を刊行してから70年。赤本は大学に入りたいと思う受験生を応援しつづけてきました。これからも，苦しいとき落ち込むときにそばで支える存在でいたいと思います。

　そして，勉強をすること，自分で道を決めること，努力が実ること，これらの喜びを読者の皆さんが感じることができるよう，伴走をつづけます。

そもそも赤本とは…

受験生のための大学入試の過去問題集！

70年の歴史を誇る赤本は，500点を超える刊行点数で全都道府県の370大学以上を網羅しており，過去問の代名詞として受験生の必須アイテムとなっています。

………… なぜ受験に過去問が必要なのか？ …………

大学入試は大学によって問題形式や頻出分野が大きく異なるからです。

赤本の掲載内容

傾向と対策

これまでの出題内容から，問題の「**傾向**」を分析し，来年度の入試に向けて具体的な「**対策**」の方法を紹介しています。

問題編・解答編

✅ 年度ごとに問題とその解答を掲載しています。

✅ 「**問題編**」ではその年度の試験概要を確認したうえで，実際に出題された過去問に取り組むことができます。

✅ 「**解答編**」には高校・予備校の先生方による解答が載っています。

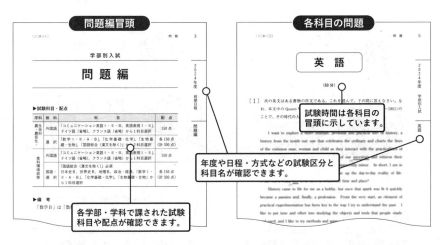

他にも，大学の基本情報や，先輩受験生の合格体験記，在学生からのメッセージなどが載っていることがあります。

2024年度から見やすいデザインに！ NEW

受験勉強は

過去問に始まり,

STEP 1

なにはともあれ

まずは
解いてみる

しずかに…
今, 自分の心と
向き合ってるんだから

ムーン

それは
問題を解いて
からだホン!

過去問は, **できるだけ早いうちに解くのがオススメ!**
実際に解くことで, **出題の傾向, 問題のレベル, 今の自分の実力が**つかめます。

STEP 2
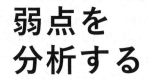
じっくり具体的に

弱点を
分析する

分析の結果だけど
英・数・国が苦手みたい

スリー

必須科目だホン
頑張るホン

間違いは自分の弱点を教えてくれる**貴重な情報源。**
弱点から自己分析することで, **今の自分に足りない力や苦手な分野**が見えてくるはず!

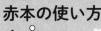
合格者があかす
赤本の使い方

傾向と対策を熟読
(Fさん／国立大合格)

大学の出題傾向を調べるために, 赤本に載っている「傾向と対策」を熟読しました。

繰り返し解く
(Tさん／国立大合格)

1周目は問題のレベル確認, 2周目は苦手や頻出分野の確認に, 3周目は合格点を目指して, と過去問は繰り返し解くことが大切です。

過去問に終わる。

STEP 3 〔志望校にあわせて〕

苦手分野の
重点対策

明日からはみんなで頑張るよ！
参考書も！ 問題集も！
よろしくね！

呼んだ？

なにを!?
どこから!?

グッ　グッ

参考書や問題集を活用して，苦手分野の**重点対策**をしていきます。**過去問を指針**に，合格へ向けた具体的な学習計画を立てましょう！

STEP 1 ▶ 2 ▶ 3

実践を
繰り返す

〔サイクルが大事！〕

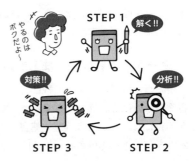

やるのは
ボクだよ～

STEP 1　解く!!

対策!!

分析!!

STEP 3　　STEP 2

STEP 1〜3を繰り返し，実力アップにつなげましょう！
出題形式に慣れることや，**時間配分を考える**ことも大切です。

目標点を決める
（Yさん／私立大合格）

赤本によっては合格者最低点が載っているので，それを見て目標点を決めるのもよいです。

時間配分を確認
（Kさん／私立大学合格）

赤本は時間配分や解く順番を決めるために使いました。

添削してもらう
（Sさん／私立大学合格）

記述式の問題は先生に添削してもらうことで自分の弱点に気づけると思います。

新課程も赤本で
ばっちり！

新課程入試 Q&A

2022年度から新しい学習指導要領（新課程）での授業が始まり，2025年度の入試は，新課程に基づいて行われる最初の入試となります。ここでは，赤本での新課程入試の対策について，よくある疑問にお答えします。

使える？

Q1. 赤本は新課程入試の対策に使えますか？

A. もちろん使えます！

OK

旧課程入試の過去問が新課程入試の対策に役に立つのか疑問に思う人もいるかもしれませんが，心配することはありません。旧課程入試の過去問が役立つのには次のような理由があります。

● 学習する内容はそれほど変わらない

新課程は旧課程と比べて科目名を中心とした変更はありますが，学習する内容そのものはそれほど大きく変わっていません。また，多くの大学で，既卒生が不利にならないよう「経過措置」がとられます（Q3参照）。したがって，出題内容が大きく変更されることは少ないとみられます。

● 大学ごとに出題の特徴がある

これまでに課程が変わったときも，各大学の出題の特徴は大きく変わらないことがほとんどでした。入試問題は各大学のアドミッション・ポリシーに沿って出題されており，過去問にはその特徴がよく表れています。過去問を研究してその大学に特有の傾向をつかめば，最適な対策をとることができます。

出題の特徴の例	・英作文問題の出題の有無
	・論述問題の出題（字数制限の有無や長さ）
	・計算過程の記述の有無

新課程入試の対策も，赤本で過去問に取り組むところから始めましょう。

Q2. 赤本を使う上での注意点はありますか？

A. 志望大学の入試科目を確認しましょう。

　過去問を解く前に，過去の出題科目（問題編冒頭の表）と2025年度の募集要項とを比べて，課される内容に変更がないかを確認しましょう。ポイントは以下のとおりです。科目名が変わっていても，実際は旧課程の内容とほとんど同様のものもあります。

英語・国語	科目名は変更されているが，実質的には変更なし。 ▶▶ ただし，リスニングや古文・漢文の有無は要確認。
地歴	科目名が変更され，「歴史総合」「地理総合」が新設。 ▶▶ 新設科目の有無に注意。ただし，「経過措置」(Q3参照)により内容は大きく変わらないことも多い。
公民	「現代社会」が廃止され，「公共」が新設。 ▶▶ 「公共」は実質的には「現代社会」と大きく変わらない。
数学	科目が再編され，「数学C」が新設。 ▶▶ 「数学」全体としての内容は大きく変わらないが，出題科目と単元の変更に注意。
理科	科目名も学習内容も大きな変更なし。

　数学については，科目名だけでなく，どの単元が含まれているかも確認が必要です。例えば，出題科目が次のように変わったとします。

旧課程	「数学I・数学II・数学A・数学B（数列・ベクトル）」
新課程	「数学I・数学II・数学A・数学B（数列）・数学C（ベクトル）」

　この場合，新課程では「数学C」が増えていますが，単元は「ベクトル」のみのため，実質的には旧課程とほぼ同じであり，過去問をそのまま役立てることができます。

Q3. 「経過措置」とは何ですか？

A. 既卒の旧課程履修者への対応です。

　多くの大学では，既卒の旧課程履修者が不利にならないように，出題において「経過措置」が実施されます。措置の有無や内容は大学によって異なるので，募集要項や大学のウェブサイトなどで確認しておきましょう。

○旧課程履修者への経過措置の例

- ●旧課程履修者にも配慮した出題を行う。
- ●新・旧課程の共通の範囲から出題する。
- ●新課程と旧課程の共通の内容を出題し，共通範囲のみでの出題が困難な場合は，旧課程の範囲からの問題を用意し，選択解答とする。

　例えば，地歴の出題科目が次のように変わったとします。

旧課程	「日本史 B」「世界史 B」から1科目選択
新課程	**「歴史総合，日本史探究」「歴史総合，世界史探究」から1科目選択**※ ※旧課程履修者に不利益が生じることのないように配慮する。

　「歴史総合」は新課程で新設された科目で，旧課程履修者には見慣れないものですが，上記のような経過措置がとられた場合，新課程入試でも旧課程と同様の学習内容で受験することができます。

要チェックだホン

新課程の情報は WEB もチェック！
より詳しい解説が赤本ウェブサイトで見られます。
https://akahon.net/shinkatei/

科目名が変更される教科・科目

	旧 課 程	新 課 程
国語	国語総合 国語表現 現代文A 現代文B 古典A 古典B	現代の国語 言語文化 論理国語 文学国語 国語表現 古典探究
地歴	日本史A 日本史B 世界史A 世界史B 地理A 地理B	歴史総合 日本史探究 世界史探究 地理総合 地理探究
公民	現代社会 倫理 政治・経済	公共 倫理 政治・経済
数学	数学Ⅰ 数学Ⅱ 数学Ⅲ 数学A 数学B 数学活用	数学Ⅰ 数学Ⅱ 数学Ⅲ 数学A 数学B 数学C
外国語	コミュニケーション英語基礎 コミュニケーション英語Ⅰ コミュニケーション英語Ⅱ コミュニケーション英語Ⅲ 英語表現Ⅰ 英語表現Ⅱ 英語会話	英語コミュニケーションⅠ 英語コミュニケーションⅡ 英語コミュニケーションⅢ 論理・表現Ⅰ 論理・表現Ⅱ 論理・表現Ⅲ
情報	社会と情報 情報の科学	情報Ⅰ 情報Ⅱ

大学のサイトも見よう

目　次

2022年度
問題と解答

基本情報

 ### 学部・学科の構成

大　学

●薬学部
　薬学科［6 年制］
　創薬科学科［4 年制］

大学院

薬学研究科

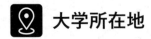

大学所在地

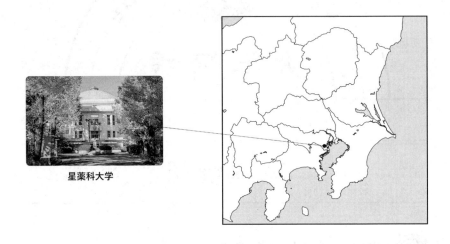

星薬科大学

〒142-8501　東京都品川区荏原 2 丁目 4 番 41 号

入試データ

 ## 入試状況（志願者数・競争率など）

○競争率は受験者数÷合格者数で算出。
○個別学力試験を課さない共通テスト利用入試は1カ年分のみ掲載。

●一般選抜B方式（個別試験）・S方式（共通テスト・個別試験併用）

（　）内は女子内数

年度	方式	学科	募集人員	志願者数	受験者数	合格者数	競争率	合格者最低点
2024	B	薬	120	1,287（801）	1,246（780）	413（248）	3.0	189
	B	創薬科	8	144（66）	138（63）	60（28）	2.3	188
	S	薬	30	420（278）	367（236）	98（61）	3.7	470
	S	創薬科	4	58（24）	53（21）	16（4）	3.3	463
2023	B	薬	120	1,511（933）	1,446（888）	434（277）	3.3	186
	B	創薬科	8	188（99）	182（95）	51（23）	3.6	179
	S	薬	30	460（294）	405（257）	105（65）	3.9	520
	S	創薬科	4	59（30）	50（25）	10（5）	5.0	501
2022	B	薬	120	1,374（844）	1,314（812）	366（215）	3.6	190
	B	創薬科	8	125（54）	118（51）	57（23）	2.1	163
	S	薬	30	379（234）	326（206）	107（71）	3.0	502
	S	創薬科	4	39（21）	37（20）	13（7）	2.8	453

（備考）B方式：300点満点，S方式：800点満点。

●一般選抜Ａ方式（共通テスト利用入試）

（　）内は女子内数

年度	学科	募集人員	志願者数	受験者数	合格者数	競争率	合格者最低点
2024	薬	10	668（　419）	667（　418）	171（106）	3.9	453
	創薬科	4	160（　93）	160（　93）	55（　30）	2.9	450

（備考）600点満点。

●学校推薦型選抜

（　）内は女子内数

年度	区分・学科		募集人員	志願者数	受験者数	合格者数	競争率	合格者最低点
2024	選考Ａ	薬	80	290（　216）	287（　214）	81（　58）	3.5	155
	選考Ｂ	薬	20	309（　244）	304（　242）	73（　60）	4.2	197
		創薬科	4	46（　23）	45（　22）	10（　7）	4.5	182
2023	選考Ａ	薬	80	315（　225）	315（　225）	80（　59）	3.9	157
	選考Ｂ	薬	20	312（　246）	311（　245）	71（　62）	4.4	196
		創薬科	4	42（　25）	42（　25）	13（　8）	3.2	182
2022	選考Ａ	薬	80	252（　186）	252（　186）	81（　63）	3.1	175
	選考Ｂ	薬	20	321（　259）	320（　258）	88（　73）	3.6	205
		創薬科	4	30（　18）	30（　18）	13（　8）	2.3	173

（備考）選考Ａは専願，選考Ｂは併願可の公募制推薦入学選考である。

　　　　300点満点。

募 集 要 項 の 入 手 方 法

募集要項は大学ホームページで確認およびダウンロードができます。

問い合わせ先

星薬科大学　アドミッションオフィス

　〒142-8501　東京都品川区荏原 2 丁目 4 番 41 号

　TEL　03-5498-5821（直通）

　ホームページアドレス　https://www.hoshi.ac.jp

 星薬科大学のテレメールによる資料請求方法

| スマートフォンから | QRコードからアクセスしガイダンスに従ってご請求ください。 |
| パソコンから | 教学社 赤本ウェブサイト(akahon.net)から請求できます。 |

　科目ごとに問題の「傾向」を分析し，具体的にどのような「対策」をすればよいか紹介しています。まずは出題内容をまとめた分析表を見て，試験の概要を把握しましょう。

=== **注　意** ===

　「傾向と対策」で示している，出題科目・出題範囲・試験時間等については，2024 年度までに実施された入試の内容に基づいています。2025 年度入試の選抜方法については，各大学が発表する学生募集要項を必ずご確認ください。

英　語

年度	区分	番号	項　目	内　容
2024 ●	推薦	〔1〕	文法・語彙	空所補充
		〔2〕	文法・語彙	同意表現
		〔3〕	文法・語彙	誤り指摘
		〔4〕	会　話　文	空所補充
		〔5〕	読　　解	空所補充
		〔6〕	読　　解	主題，同意表現，内容真偽
		〔7〕	読　　解	空所補充，内容説明，内容真偽
	一般 B	〔1〕	文法・語彙	空所補充
		〔2〕	文法・語彙	同意表現
		〔3〕	文法・語彙	誤り指摘
		〔4〕	読　　解	空所補充
		〔5〕	文法・語彙	同じ関係の語・文
		〔6〕	読　　解	空所補充，内容真偽
		〔7〕	読　　解	空所補充，内容真偽
		〔8〕	読　　解	空所補充，主題，内容真偽
		〔9〕	読　　解	欠文挿入箇所，空所補充，内容真偽
2023 ●	推薦	〔1〕	文法・語彙	空所補充
		〔2〕	文法・語彙	同意表現
		〔3〕	文法・語彙	誤り指摘
		〔4〕	会　話　文	空所補充
		〔5〕	読　　解	空所補充
		〔6〕	読　　解	主題，内容説明，内容真偽
		〔7〕	読　　解	同意表現，空所補充，内容真偽
	一般 B	〔1〕	文法・語彙	空所補充
		〔2〕	文法・語彙	同意表現
		〔3〕	文法・語彙	誤り指摘
		〔4〕	読　　解	空所補充
		〔5〕	文法・語彙	同じ関係の語・文
		〔6〕	読　　解	空所補充，内容真偽
		〔7〕	読　　解	内容説明，内容真偽
		〔8〕	読　　解	主題，空所補充，内容真偽
		〔9〕	読　　解	欠文挿入箇所，空所補充，内容真偽

		〔1〕	文法・語彙	空所補充
		〔2〕	文法・語彙	同意表現
	推	〔3〕	文法・語彙	誤り指摘
	薦	〔4〕	会　話　文	空所補充
		〔5〕	読　　解	空所補充
		〔6〕	読　　解	内容説明，内容真偽
		〔7〕	読　　解	空所補充，内容真偽
2022 ●		〔1〕	文法・語彙	空所補充
		〔2〕	文法・語彙	同意表現
	一	〔3〕	文法・語彙	誤り指摘
		〔4〕	読　　解	空所補充
	般	〔5〕	文法・語彙	同じ関係の語・文
	B	〔6〕	読　　解	空所補充，内容真偽
		〔7〕	読　　解	反意表現，内容真偽
		〔8〕	読　　解	内容真偽
		〔9〕	読　　解	欠文挿入箇所，空所補充，内容真偽

（注）　●印は全問，◗印は一部マークシート方式採用であることを表す。

読解英文の主題

年度	区分	番号	主　　題
2024	推薦	〔5〕	(A)デジタル機器と子供の目の健康 (B)菜食の利点
		〔6〕	OTC 医薬品の過剰摂取の危険性
		〔7〕	マダニが媒介する感染症
	一般 B	〔4〕	(A)古代人のゲノム解析の成果 (B)医薬品およびワクチン健康被害の補償制度 (C)温暖化とエアコン使用の重要性
		〔6〕	水中毒の恐ろしさ
		〔7〕	ストレスと視覚障害
		〔8〕	成長痛と成長の関係
		〔9〕	遺伝子検査の有効性

2023	推薦	〔5〕	(A)サル痘の基礎知識 (B)ヤングケアラーの実情
		〔6〕	伝統医学のさらなる普及
		〔7〕	顔マスク着用が熱中症発症リスクを高める可能性
	一般B	〔4〕	(A) ADHD の基礎知識 (B)錆びのメカニズム (C)正しい姿勢が大切
		〔6〕	誤嚥性肺炎の基礎知識
		〔7〕	色の好みと色覚異常
		〔8〕	オーファン・ドラッグの歩み
		〔9〕	頭痛とカフェインの関係
2022	推薦	〔5〕	(A)果物摂取と糖尿病 (B)神コンプレックス
		〔6〕	精神科医と臨床心理士
		〔7〕	腸内細菌叢が免疫応答に及ぼす影響
	一般B	〔4〕	(A)身長低下と病気の関係 (B) PCR 検査と抗体検査 (C)薬学用語を英語で身につけよう
		〔6〕	ピーナッツアレルギーに企業が挑む
		〔7〕	骨粗しょう症
		〔8〕	アメリカの健康保険制度
		〔9〕	歯科定期検診の必要性

 文法・語彙の知識，標準的な読解力が問われる

01 出題形式は？

　学校推薦型選抜：例年，大問数は，文法・語彙問題が3題，会話文問題が1題，読解問題が3題の計7題の出題。全問マークシート方式で，試験時間は40分である。

　一般選抜B方式：大問数は9題。内訳としては，文法・語彙問題が4題，読解問題が5題である。全問マークシート方式で，試験時間は70分である。

02　出題内容はどうか？

学校推薦型選抜：読解問題は，例年 200〜400 語程度の長さの英文 2 題と 100 語前後の英文 2 つからなる大問 1 題の出題である。設問文は英語によるもので，空所補充，主題，同意表現，内容真偽，内容説明などを問う問題が中心である。文法・語彙問題は，空所補充，誤り指摘，同意表現などが出題されている。会話文問題は，例年，空所補充が出題されている。

一般選抜 B 方式：読解問題は，100 語程度の短い英文から，400 語程度の長さの英文が出題されている。設問文は英語によるもので，内容は空所補充，主題，内容真偽，内容説明，同意・反意表現，欠文挿入箇所などで，短い英文は空所補充が中心である。文法・語彙問題は，空所補充，誤り指摘，同意表現に加え，同じ関係の語や文を選ぶ問題が出題されている。難熟語が数問出題される傾向がある。

03　難易度は？

学校推薦型選抜：読解問題の英文は読みやすく，設問も基本的なものが中心だが，英問英答なのでミスのないように慎重に解く必要がある。文法・語彙問題は，標準的な頻出問題である。会話文問題も，一般的な会話表現を問うものが中心である。全体としては基本的なレベルであるが，試験時間が 40 分なので，適切な時間配分が必要となる。文法・語彙問題や空所補充のみの読解問題の設問数が多い。手早くミスのないように解くことが大切である。

一般選抜 B 方式：読解問題は，医薬系の英文を中心にさまざまなテーマの英文が出題されている。英問英答形式の設問は多岐にわたっているが，標準的なものがほとんどである。文法・語彙問題も，標準的な問題が中心であり，極端な難問が出題されることは少ない。全体としては標準レベルの出題である。試験時間は 70 分なので，文法・語彙問題や空所補充のみの読解問題は手早く解いて，他の読解問題に時間を回せるようにしよう。

対策

01 語彙力の養成

　医薬系の英文を中心に，さまざまなテーマの英文が出題されている。学習する際，英文ごとにそのテーマ固有の単語をリストアップしておき，類似したテーマの英文を読むときに活用すると効果的である。環境・生物・医療などの理系テーマに関しては『医歯薬系の英単語』（教学社）を利用するのもよいだろう。

02 読解力の養成

　内容真偽や内容説明，欠文挿入箇所の問題の対策には，接続詞や代名詞，冠詞などに注意して"英文の流れ"を的確に把握する練習が欠かせない。パラグラフ内での一文一文のつながり，またパラグラフ間のつながりを意識して読むことが大切である。

　英問英答の場合，設問の読み間違いをなくすことも大切である。何が問われているのかをきちんと理解して解答しよう。本文の内容に一致しないものを選ばせる問題がよく出題されている。英文の内容を正確に理解し，かつ正しい選択肢を選ぶのは意外に難しい作業である。過去問を解いて，正しくない選択肢がどのような点で正しくないのかを分析してみると，選択肢を吟味するコツがつかめるようになるだろう。

03 文法・語法の知識の充実

　不定詞や分詞・動名詞といった準動詞，時制，関係詞，比較などの出題されやすい事項や基本イディオムを重点的に学習しよう。動詞や形容詞の語法も大切である。また，不規則動詞の語形変化，同意語・反意語などの語彙知識も充実させよう。

04　会話文

　あいさつ，感謝，謝罪などの一般表現のほかに，電話，買い物，道案内，病院，乗り物など，場面別に典型的な表現はマスターしておこう。また，正解でない選択肢の中には文法的に間違っているものや意味の通らないものがある。試験時間に余裕がないので，そういったものを瞬時に判別するための文法・語彙力も必要である。

数 学

年度	区分	番号	項目	内容
2024 ●	推薦	〔1〕	数 と 式, 図形と計量	絶対値付きの不等式を満たす整数, 正弦定理・余弦定理
		〔2〕	整数の性質, 図形の性質	整数, 直角三角形の内心・外心
		〔3〕	対数関数, 微・積分法	対数を含む連立方程式, 接線の方程式・面積
		〔4〕	数 列, ベクトル	等比数列, ベクトルの内積の計算
	一般B	〔1〕	数 と 式	実数の整数部分・小数部分
		〔2〕	確 率, 整数の性質	球の色の確率・条件付き確率, 条件を満たす整数の個数
		〔3〕	三 角 関 数	三角関数の加法定理, 3次方程式
		〔4〕	対 数 関 数	対数関数の計算・値域
		〔5〕	図形と方程式, 微・積分法	点に対応する点の存在する領域, 領域の面積
		〔6〕	ベクトル, 数 列	平面ベクトル, 漸化式, 数列の和, 対数の計算
2023 ●	推薦	〔1〕	図形と計量, 2 次 関 数	余弦定理, 2次関数の最大値
		〔2〕	確 率, 整数の性質	確率, 根号を含む式の値が整数となる条件
		〔3〕	指 数 関 数, 微・積分法	指数の計算, 定積分で表される関数
		〔4〕	ベクトル, 数 列	平面ベクトル, 2つの等差数列の共通項がなす数列
	一般B	〔1〕	2 次 関 数	2次関数の最小値・最大値
		〔2〕	整数の性質, 図形の性質	不定方程式の整数解, 三角形の相似・中点連結定理の逆
		〔3〕	高次方程式, 三 角 関 数	1の3乗根, 三角関数の最大値・最小値
		〔4〕	指数・対数関数	桁数, 最高位の数
		〔5〕	微・積分法	3次関数のグラフの接線, 曲線と接線の囲む部分の面積
		〔6〕	ベクトル, 数 列	空間ベクトルと図形, 数列と4進法

	推薦	〔1〕	図 形 の 性 質	直円錐に内接する球
		〔2〕	整数の性質,図形の性質	整数，空間図形
		〔3〕	指数・対数関数,微 分 法	10 を底とする対数，接線の方程式
		〔4〕	ベ ク ト ル,数 列	平面ベクトルの計算，群数列
2022 ●	一般B	〔1〕	2 次 関 数	絶対値のついた 2 次関数のグラフと直線
		〔2〕	確 率,図形の性質	複数のさいころの目の最大値の確率，平面図形
		〔3〕	図 形 と 方 程 式	2 次方程式の共通解，領域内の格子点の個数
		〔4〕	三 角 関 数,指数・対数関数	三角関数および指数関数の最大値・最小値
		〔5〕	微 ・ 積 分 法	3 次関数の極値・最大値，囲まれた部分の面積
		〔6〕	ベ ク ト ル,数 列	座標空間における平面，数列の漸化式・和

（注）　●印は全問，◑印は一部マークシート方式採用であることを表す。

出題範囲の変更

　2025 年度入試より，数学は新教育課程での実施となります。詳細については，大学から発表される募集要項等で必ずご確認ください（以下は本書編集時点の情報）。

2024 年度（旧教育課程）	2025 年度（新教育課程）
数学Ⅰ・Ⅱ・A・B（数列，ベクトル）	数学Ⅰ・Ⅱ・A・B（数列）・C（ベクトル）

旧教育課程履修者への経過措置

　出題範囲については，旧教育課程履修者に配慮する。

幅広い分野からの出題
基本的・標準的な問題が中心

01 出題形式は？

　学校推薦型選抜・一般選抜B方式とも全問マークシート方式による出題で，解答方法は空欄1つにつき対応する数字を1つマークする形式である。学校推薦型選抜は大問4題で試験時間は40分，一般選抜B方式は大問6題で試験時間は80分である。

02 出題内容はどうか？

　学校推薦型選抜では，整数の性質，指数・対数関数，数列，ベクトル，微・積分法からの出題が多い。2次関数，確率・場合の数も要注意である。

　一般選抜B方式では，三角関数，指数・対数関数，数列，ベクトル，微・積分法が頻出分野である。2次関数，確率・場合の数もよく出題されている。

　また，学校推薦型選抜・一般選抜B方式ともに，相似などの数学Aで学ぶ範囲よりも基本的な平面図形の性質を取り扱う出題がみられる。

03 難易度は？

　全体としては，教科書の例題や章末問題程度の標準的な問題が中心であり，手のつけられないような難問はない。標準レベルの問題で苦手な分野を残さないようにしておくことが不可欠である。学校推薦型選抜は試験時間40分で大問4題，一般選抜B方式は試験時間80分で大問6題なので，1題を10分程度で解かなければならない。それほど余裕はないと思われるので，迅速かつ正確に解いていこう。

対 策

01 基礎学力の定着と標準レベルの問題演習を

　基本的・標準的な問題が幅広い分野から出題されているので，まず，すべての分野において教科書の例題や章末問題を確実に解答できるようにしておくことが大切である。その際に，定理や公式はただ覚えるだけではなく，使い方や成り立ちを十分に理解しておきたい。これにより，分野が融合している問題や幅広い知識が要求される問題への対応力を身につけることができる。

02 正確な計算力を

　教科書での学習を補うために，教科書傍用問題集の標準レベルの問題や学習参考書（『チャート式　解法と演習』シリーズ（数研出版）など）の例題で典型的な問題をこなしておきたい。マークシート方式では計算ミスは許されないので，やや程度の高い問題も解いて，実戦力と計算力を身につけておくこと。そして，問題を解き終わったら，必ず見直しや検算をする習慣をつけておくこと。なお，結果のみを答える形式となっている場合でも，計算過程を含めた答案を作成するように心がけたい。そうすることによって，どこで計算ミスが出ているかを見つけることができる。

03 過去問の研究を

　まとめの段階では，頻出項目に重点をおいて学習することで高得点が期待できる。実際に本書に掲載されている過去問を，試験時間の8割くらいの時間に設定し，すべて解いてみるとよい。そうすることで，問題の雰囲気に慣れ，時間配分の感覚を身につけておくことができる。また，解法がパターン化された問題が多いので，過去問から，どのパターンの問題かを見抜く力もつけておきたい。

04 マークシート方式への対策を

　設問文の空欄の形からある程度は解答の形式がイメージできるなど，マークシート方式ならではの解き方もあるので，要領やコツを会得しておきたい。過去問はもちろん，マーク式対策の問題集や公開模試などを利用して十分に慣れておくこと。

化　学

年度	区分	番号	項　目	内　　容
2024 ●	推薦	〔1〕	構造・状態	分子間力と分子結晶，コロイドの性質
		〔2〕	変化・無機	平衡移動，ハロゲンの性質，酸化数
		〔3〕	無　機	金属の性質と沈殿反応，硝酸の生成量　　◯計算
		〔4〕	状　態	水の状態図
		〔5〕	有　機	芳香族エステルの構造決定
		〔6〕	高分子・有機	酵素と糖，油脂　　◯計算
	一般B	〔1〕	構　造	原子番号と質量数，組成式，面心立方格子と密度，物質量と粒子数　　◯計算
		〔2〕	理論・無機	鉄の反応，溶解度積　　◯計算
		〔3〕	無　機	金属の化合物と合金　　◯計算
		〔4〕	変　化	中和滴定　　◯計算
		〔5〕	変化・無機	電気分解，両性酸化物　　◯計算
		〔6〕	有　機	脂肪族化合物の構造決定　　◯計算
		〔7〕	高分子	糖類・アミノ酸・酵素の性質
	一般S	〔1〕	構　造	結晶と融点，同素体，粒子の質量，放射線，電子配置　　◯計算
		〔2〕	変　化	塩酸と酢酸水溶液の pH　　◯計算
		〔3〕	状　態	分子量の測定　　◯計算
		〔4〕	変　化	緩衝液　　◯計算
		〔5〕	無　機	気体の性質と同定，板状試料の性質と同定
		〔6〕	有　機	芳香族エステルの構造決定　　◯計算
		〔7〕	高分子	ペプチドの構造決定　　◯計算
		〔8〕	有機・高分子	医薬品，核酸
	推薦	〔1〕	状態・構造	結合と状態変化，物質量，固体の溶解度　　◯計算
		〔2〕	変　化	鉄の酸化物　　◯計算
		〔3〕	状　態	気体の性質，物質量　　◯計算
		〔4〕	変化・無機	溶解度積と沈殿の生成　　◯計算
		〔5〕	状　態	沸点上昇　　◯計算
		〔6〕	有　機	酢酸エチルの合成，エステルの構造決定

2023 ●	一般B	〔1〕	構　造	炭素の電子配置，炭素の原子量	⊘計算
		〔2〕	状態・変化	気体の体積，比熱と熱量	⊘計算
		〔3〕	変　化	電気分解	⊘計算
		〔4〕	変化・無機	アルカリ土類金属，溶解度積	⊘計算
		〔5〕	変　化	化学平衡，分配平衡	⊘計算
		〔6〕	高分子	デキストリンとグルコース，ポリ乳酸の生分解と光合成	⊘計算
		〔7〕	有　機	脂肪族化合物の構造決定	⊘計算
	一般S	〔1〕	構　造	鉄の結晶構造	⊘計算
		〔2〕	変　化	中和滴定，酸・塩基の定義，水溶液の液性，pH	⊘計算
		〔3〕	状態・変化	凝固点降下，溶解熱，固体の溶解度	⊘計算
		〔4〕	状　態	浸透圧	⊘計算
		〔5〕	変　化	鉛蓄電池，電気分解	⊘計算
		〔6〕	無機・状態	金属のイオン化傾向，硫化物の沈殿	⊘計算
		〔7〕	有　機	炭化水素，アルコール，構造異性体	⊘計算
		〔8〕	高分子	シクロデキストリン	⊘計算
2022 ❶	推薦	〔1〕	理論・無機	元素の性質，結晶，酸化数	
		〔2〕	構　造	平均分子量，化学反応と物質量	⊘計算
		〔3〕	無　機	接触法	⊘計算
		〔4〕	変　化	弱酸の電離平衡	⊘計算
		〔5〕	有　機	置換反応，付加反応，構造異性体	⊘計算
		〔6〕	高分子	グルコースと多糖類	
	一般B	〔1〕	構造・無機	元素の性質	
		〔2〕	状態・変化	気体の溶解度，BOD	⊘計算
		〔3〕	状態・構造	理想気体と実在気体，チンダル現象，物質の融点	
		〔4〕	変　化	反応速度，半減期，活性化エネルギー	⊘計算
		〔5〕	無　機	金属元素の反応，気体の生成と性質，オストワルト法	⊘計算
		〔6〕	有　機	脂肪族化合物の生成と検出	
		〔7〕	有　機	芳香族化合物の構造決定	⊘計算
		〔8〕	高分子	イオン交換樹脂，アミノ酸の性質	
	一般S	〔1〕	構造・変化	配位結合，酸化数，原子番号と電子数，式量	⊘計算
		〔2〕	変　化	溶解度積，硫化物の沈殿	⊘計算
		〔3〕	構造・状態	銅の製錬，溶液の濃度	⊘計算
		〔4〕	理論・無機	シリカゲル，飽和水蒸気	⊘計算
		〔5〕	構　造	塩化セシウム型結晶格子，限界半径比	⊘計算
		〔6〕	変　化	燃料電池	⊘計算
		〔7〕	有　機	芳香族化合物の構造決定	⊘計算
		〔8〕	高分子	ペプチドの構造決定	⊘計算

（注）●印は全問，❶印は一部マークシート方式採用であることを表す。

標準的な問題だが，思考力が試される

01 出題形式は？

　いずれの日程も全問マークシート方式による出題である。学校推薦型選抜は大問 6 題の出題で，試験時間は 40 分。一般選抜 B 方式は大問 7，8 題の出題で，試験時間は 70 分。一般選抜 S 方式は大問 8 題の出題で，試験時間は 90 分。いずれも理論分野からの出題の割合が大きく，計算問題がよく出題されている。計算結果を選択肢の中から選ぶもののほかに，答えの数値をマークする形式の問題も出題されている。ただし，2024 年度の学校推薦型選抜では計算問題は例年より少なくなっている。

02 出題内容はどうか？

　出題範囲は「化学基礎・化学」である。

　理論では，化学結合と結晶の構造，物質量と化学反応式，気体，溶液の性質，熱化学，中和滴定，酸化還元，電気化学，化学平衡などを中心に満遍なく出題されている。

　無機では，化合物の性質や気体発生，沈殿生成，元素の決定，あるいはさまざまな反応などがまとめて出題されることが多い。年度・方式によっては大問では出題されず，理論分野との融合問題となることもある。

　有機では，元素分析，異性体，脂肪族化合物の反応，芳香族化合物の反応，検出反応などが扱われることが多く，構造式の決定は必出と言ってもよいほどである。また，糖類やアミノ酸，タンパク質，核酸など高分子化合物の出題も多い。一般選抜 S 方式では 2024 年度は医薬品が，2023 年度はシクロデキストリンの計算問題が出題されている。

03 難易度は？

　全問マークシート方式採用で解答しやすく，内容も標準的なレベルの良問が多いが，特に学校推薦型選抜は試験時間が短く，あまり余裕がない分，

難しく感じるかもしれない。一般選抜B方式・S方式はほとんどが教科書程度の基本的内容の出題で，確実に解けなければいけない問題が多い。ただし，やや複雑な計算問題や構造決定の問題も出題されているため，理論立てて考える思考力が必要である。

　学校推薦型選抜の試験時間は40分なので，大問1題につき5～6分程度しか時間をかけられない。同様に，大問1題につき，一般選抜B方式は8～9分程度，一般選抜S方式は10分程度である。いずれにしてもそれほど余裕はないと思われるので，素早く解いていこう。

01 基本事項の習得を心がける

　基本的な内容の問題が多いので，教科書程度の基礎知識はしっかり身につけておく必要がある。その際，教科書の参考やコラム欄，脚注などの内容も忘れずに整理しておくこと。もし教科書が扱いにくいようであれば，『大学受験 Do シリーズ』（旺文社）のような参考書を用いてもよい。また，内容的に似た問題が過去に出題されていることもあるので，過去問を繰り返し解くのも有効である。全問マークシート方式が採用されているので，マークミスなどには十分注意すること。なお，選択肢がヒントや情報になっていることもあるので，うまく活用したい。計算問題は選択肢の中から「最も近い」ものを選ぶ形式が多く，計算結果と少しずれることもありうる点に注意が必要である。

02 理 論

　理論分野の出題は広範囲にわたっており，教科書や問題集の例題程度，およびそれに準ずる問題は確実に解けるようにしておくこと。また，覚えるべき基礎知識はもれなく暗記しておく必要がある。無機分野の反応式を使っての計算問題や，有機分野とあわせての出題もあるので，幅広く考えられるよう，できる限り多くの問題を解いておこう。問題集としては，

『エクセル化学総合版』（実教出版）などがおすすめである。

03 無　機

　主要な化学反応は暗記しておくこと。特に，気体の発生反応，気体の性質，錯イオンの形成反応や金属イオンの性質，金属の製錬（精錬）に関連した内容などは重要であり，うまくまとめて確実に覚えよう。

04 有　機

　主要な化合物の構造式や官能基ごとの特性などを系統的に整理し，覚えておく必要がある。異性体の構造式決定は問題集などで繰り返し練習しておくとよい。元素分析の計算は特に重要なので，しっかり練習しておこう。また，糖，アミノ酸，タンパク質，核酸や，合成高分子化合物の分野からも出題されているので，十分な知識を身につけておきたい。具体的には，糖は還元性の有無や，酵素と加水分解生成物，アミノ酸は液性に応じた構造変化と等電点の算出，ペプチドの構造決定，タンパク質は検出反応や立体構造まで特に押さえておきたい。核酸の塩基の構造，合成高分子の重合形式と性質・用途，計算問題も要注意である。

2024
年度

問題と解答

学校推薦型選抜

問 題 編

▶試験科目・配点

教　科	科　　　　　目	配　点
英　　語	コミュニケーション英語Ⅰ・Ⅱ・Ⅲ，英語表現Ⅰ・Ⅱ	80点
数　　学	数学Ⅰ・Ⅱ・Ａ・Ｂ（数列，ベクトルの範囲）	80点
理　　科	化学基礎・化学	80点
そ の 他	調査書，面接	60点

▶備　考

　調査書，面接および基礎学力判定（英語・数学・化学）の成績を総合し，合格者を決定する。

英　語

(40 分)

Ⅰ．次の各英文の（　　　）に入る語句として最も適切なものを，それぞれ１から４の中から１つ選び，その番号をマークしなさい。　　【 解答番号 　1　 ～ 　8　 】

1.　The (　　　) of extreme hot weather has increased as a result of global warming.
  1.　caution   2.　frequency
  3.　subscription   4.　transition   　1　

2.　Did you think she was really scared? I think she was only (　　　) it on.
  1.　doing   2.　giving
  3.　making   4.　putting   　2　

3.　We would like you to make it clear (　　　) you stand on these issues.
  1.　what   2.　when
  3.　where   4.　which   　3　

4.　After the magnificent performance, the conductor had the pianist take a (　　　).
  1.　bow   2.　clap
  3.　pity   4.　shaft   　4　

5.　The board of directors discussed (　　　) the personnel budget, but they couldn't decide which section to close down.
  1.　reduced   2.　reducing
  3.　reduction   4.　to reduce   　5　

6.　Business activity is often discouraged when a tax is imposed on (　　　).
  1.　a commerce   2.　commerce
  3.　commerces   4.　the commerces   　6　

7.　Financial support and counseling needed to be more (　　　) available for many university students during the COVID-19 pandemic.
  1.　readies   2.　readily
  3.　readiness   4.　ready   　7

8.　We are eager to encourage all of you to take (　　　) new challenges.

　　1.　at　　　　　　　　　　　　　　2.　from

　　3.　on　　　　　　　　　　　　　　4.　under　　　　　　　8

Ⅱ．次の各英文の下線部の文脈における意味として最も近いものを，それぞれ1から4
の中から1つ選び，その番号をマークしなさい。　【 解答番号 　9 　～　 11 　】

1.　When fallen leaves <u>decay</u>, the nutrients go back into the soil and improve its
　　health.

　　1.　break down　　　　　　　　　2.　brush up

　　3.　smash in　　　　　　　　　　4.　tear off

　　　　　　　　　　　　　　　　　　　　　　　　　　　　9

2.　The natural processing ability in the brain can process an <u>immense</u> amount of
　　information that nerves carry.

　　1.　abstract　　　　　　　　　　2.　obscure

　　3.　superficial　　　　　　　　　4.　vast

　　　　　　　　　　　　　　　　　　　　　　　　　　　　10

3.　Timothy acquired the supervising position <u>owing to</u> his continued hard work.

　　1.　by virtue of　　　　　　　　　2.　for the sake of

　　3.　in charge of　　　　　　　　　4.　on behalf of

　　　　　　　　　　　　　　　　　　　　　　　　　　　　11

III. 次の各英文の下線部で修正すべき箇所を含むものを，それぞれ 1 から 4 の中から 1 つ選び，その番号をマークしなさい。　　　【 解答番号　12　～　14　】

1. <u>Those</u> recent accidents <u>involving</u> children riding bicycles must worry <u>about</u> you
  1   2   3
since you have children <u>around</u> the same age.
           4

$$\boxed{12}$$

2. <u>In spite</u> studying hard <u>until</u> late at night every day, I <u>still can't</u> get the <u>highest</u>
  1   2   3   4
grade in that class.

$$\boxed{13}$$

3. <u>Having been</u> learned French <u>for only</u> a year, Sarah was very surprised that she
   1   2
<u>was able to</u> understand the complicated lectures <u>nearly</u> perfectly.
  3   4

$$\boxed{14}$$

IV．次の A と B の会話が一番自然な流れとなるように，（　　　）の中に入る語句とし
て最も適切なものを，それぞれ 1 から 4 の中から 1 つ選び，その番号をマークしなさい。

【 解答番号　| 15 | ～ | 17 | 】

1. A： Hi, Mary. You look a bit worried. How is your physical condition lately?

   B： Hi, Bob. Actually, I had to go for a routine checkup today at the clinic nearby.

   A： Really? (　　　)

   1. I need to go to the pharmacist, too.
   2. You shouldn't have done that.
   3. We should check the doctor, shouldn't we?
   4. Were there any issues with the results?

   | 15 |

2. A： I have been having difficulty staying attentive during lectures. I sometimes
   even find myself falling asleep in the classroom.

   B： (　　　)

   A： I wonder if there's anything we can do to stay more alert in class.

   B： Maybe we should get some refreshing cold drinks or hot coffee before going
   to the next lecture.

   1. I'm glad you were taking notes in class.
   2. I have been experiencing the same thing.
   3. Nobody cares what's covered in classes.
   4. We're not interested in how to attract attention.

   | 16 |

3. A： I heard that blood pressure can be influenced by daily stress and diet.

   B： That's true. It's important to keep it at the proper level. Why don't we start
   exercising together? Don't you think it will be fun?

   A： Yeah, I definitely agree with you... I don't really like exercise, though.

   B： (　　　)

   1. How about exchanging healthy recipes, then?
   2. I had to adopt a healthier lifestyle, didn't I?
   3. Let's find a good physics instructor, then!
   4. We can't support each other's health goals, can we?

   | 17 |

Ⅴ. 次の各英文の空欄に入る語句として最も適切なものを，それぞれ1から4の中から1つ選び，その番号をマークしなさい。　【 解答番号　18　～　24　】

(A)　The development and progression of children's near-sightedness soared during the COVID-19 pandemic, when smart devices became an integral teaching tool in classrooms. For young and old alike, the （　ア　） use of such devices can result in digital eye fatigue. It can cause discomfort, dryness, and irritation in the eyes. （　イ　）, constantly focusing on a close-up screen may lead to symptoms like headaches and blurred vision. Taking regular breaks can help reduce the （　ウ　） of digital device use on eye health. Since children's eyes are still in the developing stage, parents should be （　エ　） about their smartphone use.

ア　1. durable　　2. efficient　　3. longing　　4. prolonged　　18

イ　1. For all　　2. For now　　3. In addition　　4. In contrast　　19

ウ　1. impact　　2. solution　　3. touch　　4. work　　20

エ　1. appropriate　2. cautious　　3. ignorant　　4. typical　　21

(B)　A well-balanced vegetarian diet contains sufficient amounts of essential nutrients while also （　オ　） unhealthy fat intake. It is well-known that consuming high amounts of saturated fatty acids* can increase the risk of heart disease and stroke*. Several studies have shown that if you plan and （　カ　） a vegetarian diet properly, it can offer numerous health benefits. Plant-based food can also lower the risk of having high blood pressure, type 2 diabetes*, and certain types of cancer. However, you need to remember that taking protein is also essential for good health. It can be （　キ　） from various plant sources such as nuts, seeds, and whole grains. Plant-based proteins are environmentally friendly because they are said to produce 70 times less greenhouse gas emissions than an equivalent amount of beef.

saturated fatty acid*　飽和脂肪酸　　　stroke*　脳卒中　　　type 2 diabetes*　2型糖尿病

オ　1. increasing　　2. lowering　　3. qualifying　　4. signifying　　22

カ　1. accumulate　2. dispose　　3. manage　　4. retreat　　23

キ　1. contended　　2. corresponded　3. obtained　　4. prevailed　　24

VI. 次の英文を読み，3つの設問に対して最も適切な答えをそれぞれ1から4の中から
1つ選び，その番号をマークしなさい。　　　【 解答番号　25　～　27　】

　　In recent years, the number of young people who die due to excessive use of over-the-counter drugs (OTC drugs)* has been increasing in Japan. Some people using social media channels become acquainted with strangers who attract them by saying that easily available drugs can help reduce their mental suffering. Young people who wish to stop feeling lonely or to <u>free</u> themselves from the worries about their future are often targeted. Cold medicines and cough medicines are the products they use as recreational drugs.

In 2009, the regulations regarding the online sale of OTC drugs were established. However, only a limited number of medicines was allowed to be sold through the internet. The Pharmaceuticals and Medical Devices Act* was revised in 2014, officially allowing OTC drugs to be sold without restrictions. Since then, online pharmacies and drugstores have been conducting internet drug sales including those of cough and cold medicines.

During the COVID-19 pandemic, medical drug delivery services expanded along with the popularity of food delivery services. Many cold medicines contain caffeine, and some cough medicines contain narcotic* ingredients such as codeine. Some online comments about these medicines inducing a feeling or state of intense excitement and happiness have prompted people with emotional problems to take these drugs excessively. These people do not consider taking too much of an OTC drug to be a problem if they get it through the proper channel.

In Europe and the United States, misuse* of opioids, medicines that powerfully relieve pain, has become a social problem. Although it is widely announced that such medicines carry the risk of potential dependency and abuse, the number of drug-induced cases of death involving opioids has still been increasing in all age groups. Many overdose* deaths are reported as accidental, but a high proportion of those deaths are classified as intentional according to the data taken in some countries. One powerful synthetic* opioid has also attracted social attention. It is now involved in nearly two-thirds of all overdose deaths in the United States.

The COVID-19 pandemic greatly contributed to the increased drug use. Removing anxiety by solving problems with housing and employment, as well as increasing access to counseling care will be one step to reduce the drug overuse in many countries.

over-the-counter drug (OTC drug)*　一般用医薬品

Pharmaceuticals and Medical Devices Act*　医薬品医療機器等法

narcotic*　麻薬性の　　　　misuse*　誤用, 乱用　　　　overdose*　過剰摂取　　　　synthetic*　合成の

1.　What is the main idea of the passage?

　1. The government should ban selling certain types of medicine online again even if some inconvenience will arise.

　2. Parents should always monitor which social media their children often use and what they purchase via the internet.

　3. Young people should gather correct information to properly use cough and cold medicines.

　4. The improper use of drugs is a social problem worldwide, and this has been worsened by the availability of drugs online.

| 25 |

2.　Which of the following words can be replaced with the underlined word in the first paragraph?

　1. capture

　2. distinguish

　3. pretend

　4. release

| 26 |

3.　According to the passage, which of the following is true?

　1. Illegally obtained cold medicines and misuse of opioids have gained the attention of people in many countries including Japan.

　2. The OTC drug sale regulations were released in 2009, and online drug stores have been selling medicines without restrictions since then.

　3. Some people think that drug overdose would not be a grave concern as long as the drugs are purchased legally.

　4. Among those who have the intention to use drugs excessively, a very limited number of people die accidentally.

| 27 |

Ⅶ．次の英文を読み，３つの設問に対して最も適切な答えをそれぞれ１から４の中から
１つ選び，その番号をマークしなさい。　【解答番号 28 ～ 30 】

　　The Oz virus is a novel virus that was originally isolated from ticks* five years ago in Japan, and it was reported that experimentally infected mice died. From 2013 to 2019, a research group monitored the presence of the Oz virus in the serum* samples taken from 24 hunters and 240 wild animals captured in Japan. The Oz virus antibodies, a sign of infection, were detected in two hunters. As for the wild animals, it was revealed that serum from 47.5% of monkeys, 60.5% of wild boars*, and 73.7% of deer had Oz virus antibodies.

The news of the first lethal case in humans was released worldwide in June 2023 because a woman in her 70's died of myocarditis* after being infected with the Oz virus through a tick bite. She had no history of visiting foreign countries, so it was obvious that she was bitten by a tick in Japan. Although possible infections with the tick-borne virus in wildlife and humans had been reported, it was the world's first fatal case in people. Therefore, scientists were astonished by the news.

In the summer of 2022, the woman visited a hospital after developing symptoms such as fever, fatigue, and joint pain. She was originally diagnosed* with pneumonia* and was given medication to take at home. However, she was (　　　) to hospital because her condition did not improve but even worsened while she was taking antibiotics*. During a thorough examination, a tick was found sucking blood on her leg. Although the doctors made every effort to treat her, she died about a month later. Her autopsy* was conducted and it was concluded that she had been infected with the Oz virus.

It remains uncertain exactly how people get infected by the virus, but being bitten by virus-carrying ticks is likely to be the cause. Since no Oz virus has so far been found outside Japan and it is the only fatal case, the danger of this virus can be hard to estimate. Although no effective treatment for the disease is available at this point and only treatment to relieve the symptoms can be provided, anyone who is bitten by such ticks should have them removed by a doctor. Furthermore, people who need to go to forests and bushy areas where ticks can be active are advised to avoid exposing their skin and to wear a long-sleeved shirt and long pants.

tick* マダニ　　　serum* 血清　　　wild boar* イノシシ　　　myocarditis* 心筋炎
diagnose* 診断する　　　pneumonia* 肺炎　　　antibiotic* 抗生物質　　　autopsy* 検死，解剖

1.　Which of the following words would be the most appropriate to put into the blank in the third paragraph?

   1. admitted

   2. consulted

   3. sustained

   4. transmitted

28

2.　What should be tested to determine if someone has been infected with a certain disease?

   1. Their antacids.

   2. Their antibiotics.

   3. Their antibodies.

   4. Their antiviruses.

29

3.　According to the passage, which of the following statements is true?

   1. The woman told her doctor that she went abroad and got bitten by a tick in the bush.

   2. The Oz virus was originally detected in Japan, but it can now be found all over the world.

   3. Using insect spray is recommended when walking through the places where ticks are expected to inhabit.

   4. According to the survey, 8.3% of the serum samples of the hunters showed that they had been infected by the Oz virus.

30

数　学

（40分）

(注)　1．答が分数の場合はそれ以上約分できない形で解答してください。
なお，例えば問題の文中の $\boxed{1)}$ ，$\boxed{2)}\boxed{3)}$ はそれぞれ1桁，
2桁の数を意味しますので，対応する数字を解答欄にマークして
ください。

2．答に根号が含まれる場合は根号の中に現れる自然数が最小とな
る形で解答してください。

第一問　次の問に答えよ。

(1) a を整数として，不等式 $|5x + \sqrt{3}| \leqq \sqrt{a}$ を満たす整数 x の個数が3個以上あると
き，a の最小値は $\boxed{1)}\boxed{2)}$ である。

(2) 半径1の円に内接する $\triangle ABC$ において，$AB = \sqrt{3}$，$BC = \dfrac{1}{2}$ であるとき，

$$\angle ACB = \boxed{3)}\boxed{4)}^\circ , \quad AC = \frac{\boxed{5)} + \boxed{6)}\sqrt{\boxed{7)}}}{\boxed{8)}}$$

である。ただし，$\angle ACB$ は鋭角とする。

第二問　次の問に答えよ。

(1) $\sqrt{2024 \cdot n}$ が整数となる最小の自然数 n は $\boxed{9)}\ \boxed{10)}\ \boxed{11)}$ であり，そのときの $\sqrt{2024 \cdot n}$ の値は $\boxed{12)}\ \boxed{13)}\ \boxed{14)}\ \boxed{15)}$ である。

(2) $AB = 4$, $BC = 5$, $CA = 3$ の $\triangle ABC$ の内心を I，外心を J とするとき，線分 IJ の長さは $\dfrac{\sqrt{\boxed{16)}}}{\boxed{17)}}$ である。

第三問　次の問に答えよ。

(1) 連立方程式 $\begin{cases} \log_x y + \log_y x = -2 \\ \log_x \dfrac{x+y}{3} = 1 \end{cases}$ を解くと

$$x = \frac{\sqrt{\boxed{18)}}}{\boxed{19)}} \quad , \quad y = \sqrt{\boxed{20)}}$$

である。

(2) 座標平面上の 2 つの曲線

$$C_1 : y = x^2$$
$$C_2 : y = -x^2 + 4x + 16$$

の 2 つの交点を通る直線を ℓ とする。

ℓ と平行な，C_2 の接線の方程式は $y = \boxed{21)}\ x + \boxed{22)}\ \boxed{23)}$ である。

C_1 と C_2 で囲まれた図形の面積は $\boxed{24)}\ \boxed{25)}$ である。

第四問　次の問に答えよ。

(1) 等比数列 $\{a_n\}$ が $2a_1 - 3a_2 = 0$, $a_1 + 2a_2 + 3a_3 = \dfrac{5}{3}$ $(a_1 \neq 0)$ を満たすとき，その一般項は

$$a_n = \frac{\boxed{26)}}{\boxed{27)}\ \boxed{28)}} \left(\frac{\boxed{29)}}{\boxed{30)}} \right)^{n-1} \qquad (n = 1,\ 2,\ 3,\ \cdots\cdots)$$

である。

(2) 2つのベクトル $\vec{a}$, $\vec{b}$ が $|\vec{a} + \vec{b}| = 5$, $|\vec{a} - \vec{b}| = 3$ を満たすとき，

$\left(\vec{a} + 2\vec{b} \right) \cdot \left(2\vec{a} + \vec{b} \right)$ の値は $\boxed{31)}\ \boxed{32)}$ である。

化 学

(40分)

第 一 問 　次の問1，2に答えよ。

［解答番号 　1 ～ 2 ］

問1 　分子，分子間力および分子結晶に関する記述のうち，最も適切なものを選べ。

［解答番号 　1 ］

1. 標準状態での実在気体 1 mol あたりの体積は，H_2 のほうが NH_3 よりもわずかに大きい。
2. 窒素分子などの無極性分子どうしの間には，分子間力がはたらかない。
3. 一般に分子結晶は，融点が高く，軟らかい。
4. 一般に分子結晶は，固体では電気伝導性を示さないが，加熱融解すると電気伝導性を示す。
5. 水分子は，2つの不対電子をもち，さまざまな金属イオンと錯イオンを形成する。

問2 　コロイドに関する記述のうち，最も不適切なものを選べ。

［解答番号 　2 ］

1. コロイド溶液中のコロイド粒子は，熱運動する溶媒分子との衝突によってブラウン運動している。
2. コロイド粒子と反対符号の電荷をもち，価数の大きなイオンは，疎水コロイドを凝析させやすい。
3. 疎水コロイドに加えることで，凝析しにくくするはたらきをする親水コロイドを，保護コロイドという。
4. チンダル現象は，コロイド粒子が光をよく吸収するために起こる現象である。
5. 1分子で形成されるコロイド粒子がある。

第 二 問   次の問1～3に答えよ。

［解答番号   3 ～ 5 ］

問1   温度，体積，全圧を自由に変えられる容器の中で，次の反応が平衡状態に達している。

$$C_2H_4 \text{（気体）} + \ H_2 \text{（気体）} \ = \ C_2H_6 \text{（気体）} + \ 137 \text{ kJ}$$

条件を以下の A ～ D に変えたとき，平衡が右に移動するものはいくつあるか。最も適切な数を選べ。

    A：温度と容器の体積を一定に保ち，窒素を加える。
    B：温度と全圧を一定に保ち，エタン（C_2H_6）を加える。
    C：温度と全圧を一定に保ち，窒素を加える。
    D：全圧を一定に保ち，温度を上げる。

［解答番号   3 ］

   1.   1   **2.**   2   **3.**   3   **4.**   4   **5.**   0（右に移動するものはない）

問2   ハロゲンの単体と化合物に関する記述のうち，最も適切なものを選べ。

［解答番号   4 ］

   1.   酸化力の強さは，$I_2 > Br_2 > Cl_2 > F_2$ の順である。
   2.   融点および沸点の高さは，$I_2 > Br_2 > Cl_2 > F_2$ の順である。
   3.   水素化合物の沸点の高さは，$HI > HBr > HCl > HF$ の順である。
   4.   水素化合物 HI, HBr, HCl, HF の水溶液は，いずれも強酸性を示す。
   5.   ハロゲン化銀 AgI, AgBr, AgCl, AgF は，いずれも水に難溶性である。

問3   次の化学式のうち，下線部の原子の酸化数が最も大きいものを選べ。

［解答番号   5 ］

   1. $\underline{S}O_2$ **2.** $H\underline{N}O_3$ **3.** $H_2\underline{S}O_4$
   4. $K\underline{Mn}O_4$ **5.** $K_2\underline{Cr}_2O_7$ **6.** $\underline{N}H_3$

第 三 問　次の文章を読み，問1，2に答えよ。ただし，原子量は，H＝1.0，N＝14，O＝16とし，標準状態における気体1molの体積は22.4L とする。

［解答番号　6　〜　13　］

　ここに元素が不明な5種類の金属（A 〜 E）があり，A 〜 Eは以下のいずれかの金属元素の単体であることがわかっている。

〔　アルミニウム，鉄，銅，亜鉛，銀，白金　〕

　A 〜 Eの元素を決定するため，以下の実験1〜5を実施した。

実験1：A 〜 Cのイオンを含む水溶液をそれぞれ別の試験管に入れ，希塩酸を加えたところ，Aは白濁したが，BとCは白濁しなかった。続いてBとCの水溶液にそれぞれ硫化水素を通じたところ，Bは黒色の沈殿を生じたが，Cは沈殿を生じなかった。

実験2：A 〜 Eをそれぞれ別の試験管に入れ，濃硝酸を加えたところ，A 〜 Cは溶解したが，DとEは溶解しなかった。

実験3：DとEをそれぞれ別の試験管に入れ，塩酸を加えたところ，Dは気体を発生しながら溶解したが，Eは溶解しなかった。

実験4：実験3で得られたDの溶液に希硝酸を加えてDのイオンを酸化し，その後アンモニア水を十分に加えたところ，赤褐色の沈殿が生じた。

実験5：A 〜 Eをそれぞれ別の試験管に入れ，水酸化ナトリウム水溶液を加えたところ，Cは気体を発生しながら溶解したが，C以外は溶解しなかった。

問1　実験1〜5の結果をもとに，金属A 〜 Eとして最も適切な金属元素をそれぞれ選べ。

金属A：［解答番号　6　］
金属B：［解答番号　7　］
金属C：［解答番号　8　］
金属D：［解答番号　9　］
金属E：［解答番号　10　］

1. アルミニウム　　2. 鉄　　　3. 銅　　　4. 亜鉛　　　5. 銀　　　6. 白金

問2　実験2，実験4で使用した硝酸は，一般的にはアンモニアの酸化によって製造される。標準状態で $1.0×10^2$ L のアンモニア（NH_3）を，全て硝酸（HNO_3）に変換したときに得られる硝酸の質量〔g〕を有効数字2桁で求めると，$\boxed{x}.\boxed{y}×10^{\boxed{z}}$ となる。$\boxed{x}$，$\boxed{y}$，$\boxed{z}$ にあてはまる数字をそれぞれ選び，マークせよ。

　　例．求めた質量〔g〕が $1.0×10^3$ の場合，各解答番号欄 $\boxed{11}$ $\boxed{12}$ $\boxed{13}$ に，$\boxed{1}$ $\boxed{0}$ $\boxed{3}$ とマークせよ。

x：〔解答番号 $\boxed{11}$ 〕
y：〔解答番号 $\boxed{12}$ 〕
z：〔解答番号 $\boxed{13}$ 〕

第　四　問　　　次の文章を読み，問1〜5に答えよ。

〔解答番号 $\boxed{14}$ 〜 $\boxed{18}$ 〕

　　圧力と温度の変化によって物質の状態は変化する。右図は，水が固体，液体，気体のうちどのような状態にあるかを示した模式的な状態図である。グラフの目盛りは均一ではない。点 T は三重点であり圧力と温度は，それぞれ $6.1×10^2$ Pa と 0.01℃である。

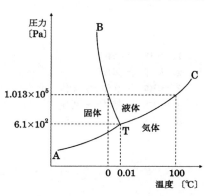

問1　密閉した真空容器に水（液体）を入れ，95℃に保ったところ，容器内は気液平衡になった。このときの容器内の気体の圧力を求めるために必要な曲線として，最も適切なものを選べ。

〔解答番号 $\boxed{14}$ 〕

1.　AT　　　　　　　2.　BT　　　　　　　3.　CT

問2　富士山の山頂でご飯を炊くと，平地で炊くときに比べて芯のあるご飯になりやすい。このことを説明するのに必要な曲線として，最も適切なものを選べ。

［解答番号　15　］

1.　AT　　　　　　　　2.　BT　　　　　　　　3.　CT

問3　水（固体）の融点は圧力の増減でどのように変化するか。最も適切なものを選べ。

［解答番号　16　］

1.　圧力の増大と共に上昇する。
2.　圧力の増大と共に低下する。
3.　圧力の増減に対して一定である。

問4　密閉した真空容器に-10℃で水（固体）を入れ，その容器の温度を 25℃に上げた。この間，容器内の圧力を $5.0×10^2$ Pa に保ち続けた。このとき容器内の水にはどのような状態変化が起こるか。最も適切なものを選べ。

［解答番号　17　］

1.　固体 → 液体
2.　固体 → 気体
3.　固体 → 液体 → 気体
4.　固体 → 液体 → 固体
5.　固体 → 気体 → 液体

問5　次の記述のうち，最も適切なものを選べ。

［解答番号　18　］

1.　液体が蒸発する温度は，圧力によらず一定である。
2.　分子全体の極性に注目すると，二酸化炭素は極性分子に分類される。
3.　液体は凝固点以下の温度で，凝固しないことがある。
4.　-273.15℃は，絶対温度とよばれる。
5.　酸化カルシウムの融点は，黄リンの融点よりも低い。

第　五　問　　次の文章を読み，問１〜７に答えよ。

［解答番号　19　〜　25　］

　　分子式 $C_{16}H_{20}O_4$ の化合物 A は２つのエステル結合，および，ベンゼン環の２つの水素原子が置換された構造をもつ。化合物 A について，以下の実験１〜６を行った。ただし，立体異性体については考えないものとする。

実験１：化合物 A を水酸化ナトリウム水溶液中で完全に加水分解したのち，塩酸で中和すると，化合物 B，C および D が生成した。

実験２：化合物 B は，４つの炭素よりなる不飽和結合をもたない鎖状構造のアルコールであることがわかった。化合物 B を硫酸酸性の二クロム酸カリウムで酸化すると，中性の化合物 E が生成し，それ以上酸化されなかった。

実験３：o-クレゾール（C_7H_8O）を，適切な条件下で酸化することでも化合物 C が生成した。

実験４：化合物 C に，無水酢酸を反応させたところ，化合物 C １分子に対し，１分子の無水酢酸が反応し，化合物 F と酢酸１分子が生成した。

実験５：化合物 D に臭素を反応させたところ，化合物 D １分子に対し，１分子の臭素が付加し，化合物 G が生成した。

実験６：化合物 D には１つ，化合物 G には２つの不斉炭素原子が存在した。

問１　化合物 B の化学構造として，最も適切なものを選べ。

B：［解答番号　19　］

問2 化合物 B にあてはまる記述として，最も適切なものを選べ。

[解答番号 20]

1. 銀鏡反応を示す。
2. 化合物 B と同じ分子式をもつ化合物として，化合物 B 以外に最大 3 つの構造異性体が存在する。
3. 炭酸水素ナトリウム水溶液に，塩を形成して溶解する。
4. 不斉炭素原子をもたない。
5. 化合物 B の分子内脱水反応の生成物としては，2 種類（立体異性体を区別すると 3 種類）の化合物が考えられる。

問3 化合物 C の化学構造として，最も適切なものを選べ。ただし，不飽和結合を形成する炭素原子，ベンゼン環を形成する炭素原子およびベンゼン環に直接結合した水素原子は省略してある。

C：[解答番号 21]

1 2 3 4 5

6 7 8 9 0

問4 化合物 D の化学構造として，最も適切なものを選べ。ただし，不飽和結合を形成する炭素原子は省略してある。

D：[解答番号 22]

1 2 3 4

5 6 7 8

9 0

問5　化合物 E の構造異性体のうち，カルボニル基をもつ化合物の数を選べ。ただし，化合物 E も含むものとする。

[解答番号　23]

1. 1　　　2. 2　　　3. 3　　　4. 4　　　5. 5
6. 6　　　7. 7　　　8. 8　　　9. 9　　　0. 10 以上

問6　化合物 F にあてはまる記述として，最も不適切なものを選べ。

[解答番号　24]

1. 金属ナトリウムと反応して水素を発生する。
2. エステル構造をもつ。
3. 塩化鉄（III）水溶液を加えると，赤紫色に呈色する。
4. 解熱鎮痛剤として使用される。
5. 加熱しても分子内で脱水反応は進行しない。

問7　o-クレゾールのベンゼン環の2つの水素原子を臭素原子で置き換えた化合物を考えた場合，ベンゼン環上の臭素置換位置に関する異性体の数として，最も適切なものを選べ。

[解答番号　25]

1. 1　　　2. 2　　　3. 3　　　4. 4　　　5. 5
6. 6　　　7. 7　　　8. 8　　　9. 9　　　0. 10 以上

第 六 問　次の文章を読み，問1～4に答えよ。ただし，原子量は，H＝1.00，
　　　　　C＝12.0，O＝16.0 とし，標準状態における気体 1 mol の体積は 22.4
　　　　　L とする。

〔解答番号　26　～　31　〕

　酵素はタンパク質を主体とした高分子化合物で，生体内化学反応の触媒としてはたら
く。酵素はそれぞれ決まった基質にしか作用せず，これを【ア】と呼ぶ。たとえば，ア
ミラーゼはデンプンを基質としてマルトースを生成する。マルトースは還元性を示し，
【イ】中で加熱すると赤色沈殿を生じる。また，リパーゼは油脂を基質とし，脂肪酸な
どを生成する。

　ある油脂 A をリパーゼで加水分解したところ，分子量 354 のモノグリセリド（グリ
セリン 1 分子に脂肪酸 1 分子がエステル結合したもの）と，分子量 284 と 282 の 2 種
類の脂肪酸が 1:1:1 の物質量比で得られた。また，この油脂 A 0.100 mol に水素を付加
し，飽和脂肪酸のみからなる油脂に変換するのに，標準状態で 6.72 L の水素が必要で
あった。

問1　【ア】にあてはまる語句として，最も適切なものを選べ。

【ア】：〔解答番号　26　〕

　　1.　基質特異性　　　　　2.　カップリング　　　　3.　緩衝作用
　　4.　変性　　　　　　　　5.　可塑性　　　　　　　6.　配向性

問2　【イ】にあてはまる試薬として，最も適切なものを選べ。

【イ】：〔解答番号　27　〕

　　1.　酢酸鉛（II）水溶液　　2.　濃硝酸　　　　　　　3.　フェーリング液
　　4.　アンモニア性硝酸銀溶液　5.　過酸化水素水　　　6.　ヨウ素溶液

問3　油脂 A の分子量として，各解答番号欄にあてはまる数字を 1 つずつマークせよ。

油脂 A の分子量：　28　　29　　30

　例：分子量 354 の場合，各解答番号欄　28　　29　　30　に
　　　3　　5　　4　とマークする。

〔解答番号　28　〕
〔解答番号　29　〕
〔解答番号　30　〕

問4　油脂 A は 1 分子中にいくつの不飽和結合（C=C 二重結合）をもつか。最も適切
　　なものを選べ。

［解答番号　31　］

1. 1　　　　2. 2　　　　3. 3　　　　4. 4　　　　5. 5
6. 6　　　　7. 7　　　　8. 8　　　　9. 9　　　　0. 10 以上

解 答 編

英 語

Ⅰ **解答**　1 — 2　2 — 4　3 — 3　4 — 1　5 — 2　6 — 2
　　　　　7 — 2　8 — 3

=== 解説 ===

1.「地球温暖化の結果として猛暑の頻度が高まっている」

　文意より，2．frequency「頻発，頻度」を選ぶ。1．「用心」，3．「（サービス等の）定額制」，4．「推移」は，いずれも意味をなさない。

2.「あなたは彼女が本当に怖がっていると思いましたか？　私は怖がっているふりをしているのだと思いました」

　it は「怖がっていること」を指すと考えて，4．putting を選ぶ。put on「（感情などを）装う」

3.「あなたがこれらの論点に関してどのような立場なのかを，私たちは明確にしてほしい」

　空所直後の you stand に着目。「どの場所に立っているのか」→「どのような立場なのか」と考えて，3．where を選ぶ。

4.「素晴らしい演奏のあとで，指揮者はピアニストに拍手に応えるよう促した」

　文意より，1．bow を選ぶ。take a bow「（舞台などで）お辞儀をして拍手に応える」 have *A do*「*A* に〜させる」の形に注意。

5.「取締役会は人件費の削減について議論をしたが，どの部署を閉鎖するかは決めることができなかった」

　discuss に着目して，2．reducing を選ぶ。discuss *doing*「〜することについて論じる」 discuss to *do* とはならない点に注意。

6.「商取引に課税されると，事業活動は抑制されることが多い」

　2．commerce「商業」を選ぶ。不可算名詞なので a（不定冠詞）は不要。複数形にもならない。

7．「新型コロナウイルス感染症が大流行していたとき，多くの大学生にとって経済支援やカウンセリングはもっと容易に利用できることが必要であった」

　文意より，2．readily「容易に」を選ぶ。空所の前後の be と available で VC の構造となっているので副詞が適切。空所の直前が比較級をつくる more であることもヒント。

8．「あなたたちすべてが新しい挑戦課題に取り組むことを切望します」

　文意より，3．on を選ぶ。take on「挑戦する，引き受ける」

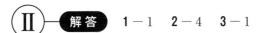

　Ⅱ　解答　1－1　2－4　3－1

=== 解　説 ===

1．「落ち葉は腐敗すると，その栄養素は土に戻り土の健康状態を高める」

　1．break down「分解する」が最も近い意味。2．「（外国語などを）磨く」，3．「殴りつける」，4．「引きちぎる」は，いずれも目的語が必要である。

2．「脳の自然な処理能力は，神経が伝達する莫大な量の情報を処理できる」

　4．vast「（数量などが）膨大な」が最も近い意味。1．「抽象的な」2．「曖昧な」　3．「表面的な」

3．「ティモシーは懸命に努力を続けたおかげで管理職の地位を得た」

　owing to ～「～のおかげで」は理由を表す表現。1．by virtue of が近い意味。2．for the sake of と 4．on behalf of は「～の利益のために」でほぼ同義。3．in charge of ～「～を担当して」

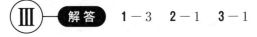

　Ⅲ　解答　1－3　2－1　3－1

=== 解　説 ===

1．3の about を削除する。「自転車に乗っていた子供を巻き込んだ最近のあれらの事故は，同年齢のお子さんがいるあなたを不安な気持ちにさせ

るに違いない」　worry「～を心配させる」　worry about ～「～について心配する」

2．1の In spite を In spite of にする。「私は毎日夜遅くまで懸命に勉強しているにもかかわらず，あの授業ではまだ最高評価はもらえない」　in spite of ～「～にもかかわらず」　despite は，それより弱いがほぼ同じ意味。それぞれの表現の of の有無に注意。

3．1の Having been を Having にする。「サラは1年しかフランス語を学んでいないのに，自分が込み入った講義をほぼ完全に理解できることにとても驚いた」　Having learned French … を節で表すと，Though she had learned French … となる。

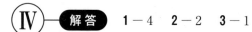

Ⅳ　**解答**　**1－4　2－2　3－1**

················· **全訳** ·················

1．A：「やあ，メアリー。何か心配事があるみたいだね。最近体調はどう？」

B：「こんにちは，ボブ。実は今日，定期健診で近くの病院に行かなければならなかったの」

A：「そうなの？　結果に何か問題があったのかい？」

　健康診断についての会話。結果を気遣う発言の4．Were there any issues with the results? が適切。この issue は「問題点」の意味。1．「僕も薬局に行く必要がある」　2．「そうするべきではなかったのに」　3．「その医者をチェックした方がよさそうだね」

2．A：「近頃，講義中に集中力を保つことができないでいるんだ。気がつくと教室で居眠りをしていることもあるよ」

B：「私も同じことを経験しているよ」

A：「授業中にもっと頭がさえるようにするために何かできることはないのかなあ」

B：「たぶん次の講義に行く前に冷たくてさわやかな飲み物か熱いコーヒーを飲むべきだね」

　授業中の眠気についての会話。Bは2回目の発言で，飲み物で眠気を覚ますことを提案している。主語が we なので，Bも眠気覚ましが必要であ

ることがわかる。2が適切。1.「あなたが授業中にノートを取っていたのを嬉しく思う」 3.「誰も授業で何が扱われるかを気にしない」 4.「私たちは注目の集め方には興味がない」

3. A：「血圧は日々のストレスや食事に影響される場合があるらしいよ」

B：「そうだね。血圧を適切なレベルに保つことは大切だね。一緒に運動をはじめようよ。楽しいと思わない？」

A：「確かにそう思うけど…実は運動は苦手なんだ」

B：「それでは，健康によい調理方法について情報交換をするのはどう？」

　血圧を正常に保つことについての会話。Aが一緒に運動をするのを渋っているのを受けて，Bは食事の改善を提案していると考える。1．How about exchanging healthy recipes, then?　が適切。この exchange は「情報交換する」の意味。2.「私はもっと健康的なライフスタイルを採用しなければならなかったようだね？」 3.「よい物理の講師を見つけよう！」 4.「お互いの健康目標をサポートすることはできないね？」

　**解答**　(A)**ア**−4　**イ**−3　**ウ**−1　**エ**−2
　　　　　　　(B)**オ**−2　**カ**−3　**キ**−3

·········· **全訳** ··········

(A)《デジタル機器と子供の目の健康》

　子供の近視の発症と進行は，新型コロナウイルス感染症が世界的に流行している間に急増した。この時期，教室ではスマート機器が不可欠な教育機器となった。若者から高齢者まで，そうした機器の使用が長時間に及ぶと，デジタル眼精疲労を起こす可能性がある。すなわち，目の不快感，乾き，ひりひり感の原因となる場合があるのだ。加えて，常に近くの画面に集中すると，頭痛や目のかすみのような症状を招くかもしれない。定期的に休憩を取ることで，デジタル機器の使用による目の健康への強い影響を和らげることができる。子供の目はまだ成長途上にあるので，親はスマートフォンの使用について慎重であるべきだ。

(B)《菜食の利点》

　バランスのとれたベジタリアンダイエット（菜食の食べ物）には十分な量の必須栄養素が含まれており，同時に不健康な脂肪の摂取を減らす。よく知られていることだが，飽和脂肪酸を大量に消費すると心臓疾患や脳卒

中のリスクを高める場合がある。いくつかの研究が示すところによると，菜食料理を適切に計画し管理すると，多くの健康効果が得られるかもしれないということだ。植物を中心とした食品は，高血圧，2型糖尿病，あるタイプの癌の発症リスクを低下させることもある。しかし，たんぱく質の摂取も良好な健康に欠かせないことを忘れてはいけない。たんぱく質はナッツ，種，全粒穀物のような植物由来のさまざまな食品から得られる。植物由来のたんぱく質は，同量の牛肉と比べて温室効果ガスの排出は70倍も低いと言われているので，環境にやさしいのである。

=== 解　説 ===

(A)**ア.** 空所後方の can result in に着目。デジタル機器による眼精疲労（digital eye fatigue）を招く原因となるように，4. prolonged を選ぶ。「そのような機器の延長された使用」→「そのような機器を長く使用すること」と考える。1.「丈夫な」　2.「効率的な」　3.「切望する」

イ. 空所の前は目の不快感，乾き，ひりひり感に言及し，直後は頭痛や目のかすみに言及している。症状が付加されているので，3. In addition「そのうえ」が適切。1.「〜にもかかわらず」　2.「当分」　4.「対照的に」

ウ. 空所後方の on eye health に着目。1の impact を選び，「目の健康への強い影響」とする。impact of A on B で「AのBへの強い影響」となる。2.「解決」　3.「触れること」　4.「作業」

エ. 子供のスマートフォンの利用に対して親がするべきことを論じていると考えて，2. cautious が適切。be cautious about 〜 で「〜について慎重である」の意味。1.「適切な」　3.「無知の」　4.「典型的な」

(B)**オ.** 空所直前の also に着目。必須栄養素が含まれるだけではなく，不健康な脂肪の摂取も低下させるという流れをとらえて，2. lowering が適切。1.「増やす」　3.「資格を与える」　4.「意味する」

カ. 後続の帰結節 it can offer 以下には健康効果があると続くので，3. manage を選び，「菜食料理を適切に計画し管理するなら」という内容の条件節を完成する。1.「蓄積する」　2.「配置する」　4.「退く」

キ. 主語の It は protein「たんぱく質」を指す。空所直後の from に着目。3. obtained を選ぶと，「さまざまな植物由来の食品から得られる」という内容になる。1.「争われた」　2.「一致した」　4.「流行した」　2と

4は自動詞なので受動態にはできない。

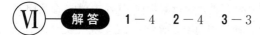

〈Ⅵ〉─**解　答**─　1－4　　2－4　　3－3

······················· **全訳** ·······················

《OTC医薬品の過剰摂取の危険性》

① 近年日本では，一般用医薬品（OTC医薬品）の過剰摂取によって命を落とす若者の数が増加している。ソーシャルメディアを用いる者の中には，簡単に手に入る薬物で精神的な苦痛を和らげることができると言って気を引く見知らぬ人物と知り合いになる者もいる。孤独感の解消や将来への不安から解放されたいと願う若者が狙われることが多い。風邪薬や咳止めは，そうした若者が嗜好用薬物として使用する製品である。

② 2009年，OTC医薬品のオンライン販売に関する法制化が行われた。しかし，インターネット販売が許可されたのはほんのわずかな医薬品であった。2014年に医薬品医療機器等法が改正され，OTC医薬品は正式に規制を受けずに販売できるようになった。それ以来，オンライン薬局やドラッグストアは医薬品のネット販売を行っており，その中には咳止めや風邪薬が含まれている。

③ 新型コロナウイルス感染症が世界的に流行している間に，医薬品の宅配サービスは，食品の宅配の人気が高まるとともに拡大した。風邪薬の多くにはカフェインが含まれている。そして中にはコデインのような麻薬性の成分が含まれているものもある。これらの医薬品についてのネット上のコメントには極度の興奮状態や幸福感を引き起こすというものもあり，こうしたコメントに促されて情緒面での問題を抱える人々はこれらの薬品を過剰に摂取してしまう。こうした人々は，OTC医薬品の過剰摂取は正規のルートで入手すれば問題ではないと見なしている。

④ 欧州と米国では，強力な痛み止めであるオピオイドの乱用が社会問題になっている。このような医薬品には潜在的な依存性と乱用のリスクを伴うことが広く公表されているが，オピオイドが関わる薬物性の死亡件数はあらゆる年齢集団で増え続けている。たくさんの過剰摂取による死亡例が事故として報告されている。しかしいくつかの国々で集められたデータによると，それらの死亡の高い割合は故意によるものに分類されている。強力

合成オピオイドも社会的な注目を集めている。現在，合成オピオイドは米国の過剰摂取によるすべての死亡例のほぼ3分の2に関係している。

⑤　新型コロナウイルス感染症の世界的流行は薬物使用増加の大きな要因となった。カウンセリングによるケアの利用を増やすことに加えて，住宅や雇用の問題を解決することで不安を解消することが，多くの国々で薬物の過剰摂取を減少させる一歩となるであろう。

===== 解　説 =====

1．本文の主旨を選ぶ問題。第1～3段（In recent years, … the proper channel.）では，医薬品のオンライン販売を背景に，日本において薬物の過剰摂取が増加していることが論じられており，第4段（In Europe and … the United States.）では欧米における薬物乱用の例が論じられている。以上から，4．「薬物の不適切な使用は世界中で社会問題になっており，これはオンラインで薬品が入手可能になったことで悪化している」が適切である。1．「たとえ多少不便になっても政府は再びある種の医薬品のオンライン販売を禁止するべきである」，2．「親は子供がどのソーシャルメディアをよく利用しインターネットでどのような買い物をしているか常に監視するべきである」，3．「若者は風邪薬や咳止めを適切に使用するために正しい情報を収集するべきである」は，いずれも本文に記述なし。

2．第1段の下線部と置き換えることができる語を選ぶ問題。to free themselves from the worries「心配事から自らを解放すること」　free には形容詞の他に動詞の用法があることに注意。4が近い意味。1．「とらえる」　2．「区別する」　3．「装う」

3．本文の内容と一致するものを選ぶ問題。第3段最終文（These people do …）に着目。don't consider *A* to be ～「*A* は～であるとは見なさない」≒「*A* は～でないとみなす」と考える。情緒面で問題を抱える人々は，正規のルートで入手すれば OTC 医薬品の過剰摂取は問題ではないと考えている，という内容なので，3．「医薬品が合法的に購入される限り，薬物の過剰摂取は深刻に懸念されることではないだろうと考える人々もいる」が一致。1．「違法に入手された風邪薬とオピオイドの乱用は日本を含めた多くの国々で人々の注目を集めている」　第4段第1文（In Europe and …）に着目。オピオイドの乱用は欧米における問題であり，日本については言及されていないので一致しない。2．「OTC 医薬品

の販売規制は2009年に発表され，それ以来，オンライン薬局は規制されずに医薬品を販売している」 第2段第3文（The Pharmaceuticals and …）に着目。法改正が行われ，OTC医薬品の販売規制が撤廃されたのは2014年とあるので一致しない。4．「医薬品を過剰に摂取しようとする人々の中で，ごくわずかの人々が誤って死亡する」 第4段第3文（Many overdose …）に一致しない。多くが事故死と報告されているが意図的な死に分類されている国もある，というのが本文の内容。

Ⅶ　解答　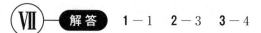 1－1　2－3　3－4

⋯⋯⋯⋯⋯⋯⋯⋯⋯⋯⋯⋯⋯⋯⋯⋯ 全訳 ⋯⋯⋯⋯⋯⋯⋯⋯⋯⋯⋯⋯⋯⋯⋯⋯

《マダニが媒介する感染症》

① オズウイルスは，もともと日本で5年前にマダニから分離された新種のウイルスであり，実験的に感染させられたマウスが死んだことが報告された。ある研究グループが，2013年から2019年まで，日本の24人の猟師と捕獲された野生動物240頭から抽出された血清のサンプルの中にオズウイルスが存在するかを観察した。感染の痕跡であるオズウイルスの抗体が2人の猟師において発見された。野生動物に関しては，47.5％のサル，60.5％のイノシシ，73.7％のシカの血清にオズウイルスの抗体が存在することが明らかにされた。

② 2023年の6月に，人間の最初の死亡例のニュースが世界中で発表された。70代の女性がマダニに噛まれてオズウイルスに感染し，その後，心筋炎で死亡したからである。彼女には渡航歴はなかった。だから彼女が日本でマダニに噛まれたのは明らかであった。マダニが媒介するウイルスに野生生物や人間が感染する可能性は報告されていたが，これが世界初の人間の死亡例であった。それゆえ科学者たちはこのニュースに驚愕した。

③ 2022年の夏，この女性は熱や疲労感，関節の痛みのような症状が出て病院を訪れた。初めは肺炎と診断され，自宅で服用する薬が処方された。しかし，病状が改善せず，抗生物質の服用中にさらに悪化したので，入院することになった。徹底した検査が行われているときに，脚についたマダニが血を吸っているのが見つかった。医師たちが治療のためにあらゆる努力をしたにもかかわらず，一カ月後に彼女は死亡した。検死によって，オ

ズウイルスに感染していたと結論づけられた。

④　このウイルスの正確な感染経路は、まだ定かではない。しかし、ウイルスを媒介するマダニに噛まれることがその原因である可能性が高い。これまで日本以外ではオズウイルスは発見されておらず、これが唯一の死亡例なので、このウイルスの危険性の判断は難しいだろう。現時点でこの病気の有効な治療法はなく症状を和らげる治療しかできないが、そうしたマダニに噛まれた人は医師に取り除いてもらうべきである。さらに、マダニが活発に活動する森や草むらに出かける必要のある人は、皮膚をさらすのを避けて長袖のシャツと長ズボンを身に着けるようにという助言がなされている。

━━━━━━━━━━ 解 説 ━━━━━━━━━━

1．第3段の空所に入る最適な語を選ぶ問題。空所直後の to hospital に着目して、1の admitted を選ぶ。be admitted to hospital で「病院に収容される、入院する」の意味。2．「話し合われた」 3．「持続された」 4．「伝染させられた」

2．感染症に罹患しているかを判断するための検査法を問う問題。第1段第3文〜最終文（The Oz virus … Oz virus antibodies.）に着目。オズウイルスの抗体（antibodies）の存在の確認によって感染の判断をしているので、3．Their antibodies がふさわしい。1．「制酸剤」、2．「抗生物質」、4．「抗ウイルス」は、いずれも診断に無関係である。

3．本文の内容と一致するものを選ぶ問題。第1段第2・3文（From 2013 … in two hunters.）に着目。24人の猟師の血清のうち2人の血清に抗体が見つかったとある。$2 \div 24 \times 100 \fallingdotseq 8.3$ であるから、4．「調査によると、猟師の血清サンプルの8.3%が、彼らがオズウイルスに感染していることを示していた」が一致。1．「その女性は医師に、外国に行って藪でマダニに噛まれたと言った」 第2段第2文（She had no …）に渡航歴はないとあるので不一致。2．「オズウイルスはもともと日本で発見されたが、現在では世界中で見つかる」 第4段第2文（Since no Oz virus …）に着目。日本以外では発見されていないとあるので不一致。3．「マダニが生息していると思われる場所を歩くときは虫よけスプレーを使うことが推奨されている」 虫よけスプレーについては本文に記述なし。

数 学

(1) **1) 2)** 46

(2) **3) 4)** 60 **5)** 1 **6)** 3 **7)** 5 **8)** 4

——— 解説 ———

《絶対値付きの不等式を満たす整数，正弦定理・余弦定理》

(1) 以下，$a \geqq 0$ として考えてよい。

$$|5x+\sqrt{3}\,| \leqq \sqrt{a} \iff 5\left|x-\left(-\frac{\sqrt{3}}{5}\right)\right| \leqq \sqrt{a}$$

$$\iff \left|x-\left(-\frac{\sqrt{3}}{5}\right)\right| \leqq \frac{\sqrt{a}}{5} \quad \cdots\cdots①$$

これは，数直線上で x の表す点と $-\dfrac{\sqrt{3}}{5}$ の表す点の距離が $\dfrac{\sqrt{a}}{5}$ 以下であることを意味する。

$$-\frac{\sqrt{3}}{5} = -\frac{1}{5}\cdot 1.73\cdots = -0.3\cdots$$

に最も近い整数は 0，次いで -1，1，-2，2，$\cdots$ と続くから，①を満たす整数 x の個数が 3 個以上あるという条件は，$x=1$ が①を満たすということと同値（必要十分）である。

すなわち $5+\sqrt{3} \leqq \sqrt{a}$

さらにこれは $(5+\sqrt{3})^2 \leqq a$ と同値であり

$$(5+\sqrt{3})^2 = 28+10\sqrt{3} = 28+10\cdot 1.73\cdots = 45.3\cdots$$

よって，この条件を満たす最小の整数 a は

$$a=46 \quad \rightarrow 1)2)$$

(2) △ABC に正弦定理を適用すると，外接円の半径は 1 だから

$$\frac{AB}{\sin\angle ACB} = 2\cdot 1$$

ここで，$AB=\sqrt{3}$ だから

$$\sin\angle ACB = \frac{\sqrt{3}}{2}$$

よって，∠ACB は鋭角だから
　　∠ACB＝60°　→ 3) 4)

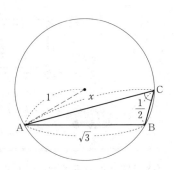

つぎに，AC＝x とおいて，△ABC に余弦定理を適用すると

$$AB^2 = AC^2 + BC^2$$
$$\qquad - 2AC \cdot BC \cdot \cos\angle ACB$$
$$(\sqrt{3})^2 = x^2 + \left(\frac{1}{2}\right)^2 - 2x \cdot \frac{1}{2}\cos 60°$$
$$4x^2 - 2x - 11 = 0$$
$$\therefore\quad x = \frac{1 \pm 3\sqrt{5}}{4}$$

$x > 0$ であるから

$$x = AC = \frac{1 + 3\sqrt{5}}{4}\quad → 5) \sim 8)$$

解答　(1) **9) 10) 11)** 506　　**12) 13) 14) 15)** 1012

(2) **16)** 5　　**17)** 2

=== 解　説 ===

《整数，直角三角形の内心・外心》

(1)　素因数分解をすると

$$2024 = 2^3 \cdot 11 \cdot 23$$

であるから

$$\sqrt{2024 \cdot n} = \sqrt{2^3 \cdot 11 \cdot 23 \cdot n}$$

これが整数となるためには，根号の中の整数を素因数分解したときに，各素因数の指数がすべて偶数でなくてはならない。そこで，n の素因数分解を考えると，そのような最小の自然数 n は

$$n = 2 \cdot 11 \cdot 23 = 506\quad → 9) 10) 11)$$

このとき

$$\sqrt{2024 \cdot n} = \sqrt{2^4 \cdot 11^2 \cdot 23^2} = 2^2 \cdot 11 \cdot 23 = 1012\quad → 12) 13) 14) 15)$$

(2)　AB＝4，BC＝5，CA＝3 であるから，$AB^2 + CA^2 = BC^2$ が成り立ち，三平方の定理から △ABC は BC を斜辺とする直角三角形であることがわかる。

したがって，△ABC の外接円の中心，すなわち外心 J は斜辺 BC の中点である。 ……（＊）

次に，△ABC の内接円と各辺 AB，BC，CA との接点を順に P，Q，R とする。内接円の中心が内心 I であるから

$$\angle IPA = \angle IRA = 90°$$

また，内接円の半径を r とすると

$$IP = IR = r$$

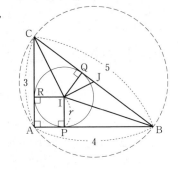

$\angle BAC = 90°$ なので，四角形 APIR は正方形であることがわかる。

一方，2 つの直角三角形 IPB と IQB において，斜辺 IB は共通であり，IP＝IQ であるから

$$\triangle IPB \equiv \triangle IQB \quad \therefore \quad PB = QB$$

ここで，AP＝r だから

$$PB = AB - AP = 4 - r \quad \therefore \quad QB = 4 - r$$

同様に考えて

$$QC = RC = AC - AR = 3 - r$$

QB＋QC＝BC なのだから

$$(4-r) + (3-r) = 5 \quad \therefore \quad r = 1$$

さて

$$JQ = BQ - BJ = (4-r) - \frac{BC}{2} = 3 - \frac{5}{2} = \frac{1}{2}$$

また IQ＝r＝1

直角三角形 IJQ に三平方の定理を適用して

$$IJ^2 = IQ^2 + JQ^2 = 1^2 + \left(\frac{1}{2}\right)^2 = \frac{5}{4}$$

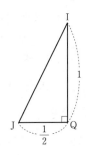

よって $IJ = \dfrac{\sqrt{5}}{2}$ →16)・17)

別解 （＊）までは同じ。

そこで，xy 平面上に A(0, 0)，B(4, 0)，C(0, 3) ととることができる。

また，J$\left(2, \dfrac{3}{2}\right)$ である。

△ABC の内接円の半径を r，面積を S とすると

$$S=\frac{AB+BC+CA}{2}r$$

が成り立つ。

$S=\frac{1}{2}\cdot AB\cdot AC=6$ より

$$6=\frac{4+5+3}{2}\cdot r \qquad \therefore\quad r=1$$

よって，点 I は，x 軸および y 軸から 1 の距離にあり，△ABC の内部にあるのだから，その座標は $(1,\ 1)$ であることがわかる。

したがって，2 点間の距離の公式を用いれば

$$IJ=\sqrt{(2-1)^2+\left(\frac{3}{2}-1\right)^2}=\frac{\sqrt{5}}{2}$$

解答　(1) **18)** 2　**19)** 2　**20)** 2
　　　　　(2) **21)** 2　**22)23)** 17　**24)25)** 72

━━━━━━━━━━ 解説 ━━━━━━━━━━

《対数を含む連立方程式，接線の方程式・面積》

(1)
$$\begin{cases} \log_x y+\log_y x=-2 & \cdots\cdots① \\[2mm] \log_x \dfrac{x+y}{3}=1 & \cdots\cdots② \end{cases}$$

底と真数についての条件から

$$x>0,\ y>0,\ x\neq 1,\ y\neq 1 \quad \cdots\cdots③$$

底の変換公式を用いれば，①から

$$\log_x y+\frac{\log_x x}{\log_x y}=-2 \qquad \therefore\quad \log_x y+\frac{1}{\log_x y}=-2$$

ここで，$t=\log_x y$ とおくと

$$t+\frac{1}{t}=-2$$

分母を払って整理すると

$$t^2+2t+1=0 \qquad (t+1)^2=0$$

$$\therefore\quad t=-1$$

すなわち　$\log_x y=-1$

$$\therefore \quad y=x^{-1}=\frac{1}{x} \quad \cdots\cdots ④$$

次に②から　　$\dfrac{x+y}{3}=x$

分母を払って整理すると　　　$y=2x$

これと④から y を消去して

$$2x=\frac{1}{x} \qquad x=\pm\frac{\sqrt{2}}{2}$$

③から　　　$x=\dfrac{\sqrt{2}}{2}$

これを④に代入して　　　$y=\sqrt{2}$

これらは③を満たすから

$$x=\frac{\sqrt{2}}{2}, \; y=\sqrt{2} \quad →18)\sim20)$$

(2)　　　$C_1 : y=x^2 \quad \cdots\cdots①$

　　　　　$C_2 : y=-x^2+4x+16 \quad \cdots\cdots②$

①+② として

$$2y=4x+16 \qquad y=2x+8 \quad \cdots\cdots③$$

これが，直線 l の方程式である。

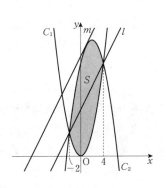

l と平行な，C_2 の接線を m で表すと，m の傾きは2である。

②を微分して，$y'=-2x+4$ より

$$-2x+4=2 \quad \therefore \quad x=1$$

これを②に代入して

$$y=19$$

よって，直線 m と放物線 C_2 の接点は $(1, 19)$ である。

したがって，求める直線 m の方程式は

$$y=2(x-1)+19 \qquad y=2x+17 \quad →21)\sim23)$$

①と③を連立して y を消去すると

$$x^2=2x+8 \qquad (x-4)(x+2)=0$$

$\therefore \quad x=-2, \; 4$

すなわち，2放物線 C_1，C_2 は $x=-2$，4で交わる。

また，放物線 C_1 は下に凸，放物線 C_2 は上に凸なので，$-2<x<4$ においては放物線 C_2 が放物線 C_1 の上方にある。

したがって，求める面積を S とすると

$$S=\int_{-2}^{4}(-x^2+4x+16-x^2)dx$$

$$=-2\int_{-2}^{4}(x+2)(x-4)dx$$

$$=(-2)\cdot\left(-\frac{1}{6}\right)\cdot\{4-(-2)\}^3$$

$$=72 \quad \to 24)25)$$

（注）　任意の定数 k と 2 曲線 $f(x,\ y)=0$，$g(x,\ y)=0$ に対して，曲線
$$f(x,\ y)+k\cdot g(x,\ y)=0 \quad \cdots\cdots(*)$$
を考える。2 曲線 $f(x,\ y)=0$，$g(x,\ y)=0$ が交点をもつとき，曲線 $(*)$ は，それらのすべての交点を通る。

なぜなら，それらの交点の任意のひとつを $(x_1,\ y_1)$ とすると
$$f(x_1,\ y_1)=0,\ g(x_1,\ y_1)=0$$
が成り立つから
$$f(x_1,\ y_1)+k\cdot g(x_1,\ y_1)=0$$
が成り立つ。これは曲線 $(*)$ が点 $(x_1,\ y_1)$ を通ることを示している。

たとえば，2 円 $x^2+y^2+ax+by+c=0$，$x^2+y^2+dx+ey+f=0$ が交点をもつとするとき，2 式を辺々引いて得られる 1 次式
$$(a-d)x+(b-e)y+c-f=0$$
が上の 2 円の交点を結ぶ直線を表すことはよく用いられる。

上記の〔解答〕では，手早いので以上の考え方を用いたのだが，もちろん，①と②を連立して，2 つの交点の座標 $(-2,\ 4)$，$(4,\ 16)$ を求め，それからこの 2 点を通る直線として l の方程式を求めてもよい。

また，後半の積分の計算においては，公式
$$\int_{\alpha}^{\beta}(x-\alpha)(x-\beta)dx=-\frac{1}{6}(\beta-\alpha)^3$$
を利用した。これは，放物線と放物線あるいは直線の囲む部分の面積を求める際に便利な公式である。

四　**解 答**　(1) 26) 5　27) 28) 11　29) 2　30) 3
(2) 31) 32) 54

===== **解 説** =====

《等比数列，ベクトルの内積の計算》

(1)　等比数列 $\{a_n\}$ が

$$2a_1-3a_2=0 \quad \cdots\cdots①$$

$$a_1+2a_2+3a_3=\frac{5}{3} \quad \cdots\cdots②$$

を満たすとき，初項を $a(=a_1)$，公比を r とおくと，一般項は

$$a_n=ar^{n-1} \quad (n=1,~2,~3,~\cdots)$$

①から

$$2a-3ar=0 \quad \therefore \quad a(2-3r)=0$$

題意から，$a\neq0$ だから

$$r=\frac{2}{3} \quad \cdots\cdots③$$

また，②により

$$a+2ar+3ar^2=\frac{5}{3} \quad \therefore \quad a(1+2r+3r^2)=\frac{5}{3}$$

③を代入して

$$\frac{11}{3}a=\frac{5}{3} \quad \therefore \quad a=\frac{5}{11}$$

以上から，一般項は

$$a_n=\frac{5}{11}\left(\frac{2}{3}\right)^{n-1} \quad (n=1,~2,~3,~\cdots) \quad \to 26)\sim30)$$

(2)　$|\vec{a}+\vec{b}|=5 \quad \cdots\cdots①$

$$|\vec{a}-\vec{b}|=3 \quad \cdots\cdots②$$

のとき，①の両辺を 2 乗して

$$|\vec{a}+\vec{b}|^2=25 \quad (\vec{a}+\vec{b})\cdot(\vec{a}+\vec{b})=25$$

$$|\vec{a}|^2+2\vec{a}\cdot\vec{b}+|\vec{b}|^2=25 \quad \cdots\cdots③$$

同様に，②の両辺を 2 乗して

$$|\vec{a}|^2-2\vec{a}\cdot\vec{b}+|\vec{b}|^2=9 \quad \cdots\cdots④$$

（③＋④）×$\dfrac{1}{2}$ として

$|\vec{a}|^2+|\vec{b}|^2=17$ ……⑤

（③－④）×$\dfrac{1}{2}$ として

$\vec{a}\cdot\vec{b}=4$ ……⑥

⑤, ⑥を用いると

$$(\vec{a}+2\vec{b})\cdot(2\vec{a}+\vec{b})=2|\vec{a}|^2+5\vec{a}\cdot\vec{b}+2|\vec{b}|^2$$
$$=2(|\vec{a}|^2+|\vec{b}|^2)+5\vec{a}\cdot\vec{b}$$
$$=2\cdot17+5\cdot4=54 \quad →31)32)$$

化　学

 問1．1　問2．4

==== 解説 ====

《分子間力と分子結晶，コロイドの性質》

問1． 1．正しい。実在気体の体積は，標準状態においてはその分子間力の影響が大きいほど同条件の理想気体の体積よりも小さくなる。無極性分子の水素よりも極性分子であるアンモニアのほうが分子間力が大きいため，標準状態の実在気体1molの体積はアンモニアのほうが小さい。

2．誤り。無極性分子であっても，その分子間にはファンデルワールス力という弱い分子間力がはたらく。

3．誤り。一般に分子結晶の分子間力は他の結合より弱いため，融点は低い。

4．誤り。一般に分子結晶は，固体でも，融解しても電気伝導性を示さない。

5．誤り。水分子は，酸素原子がもつ非共有電子対を金属イオンに提供し，配位結合することで錯イオンを形成する。

問2． 4．誤り。チンダル現象は，コロイド粒子が光を吸収するのではなく，散乱することによって観察される現象である。

 問1．5　問2．2　問3．4

==== 解説 ====

《平衡移動，ハロゲンの性質，酸化数》

問1． A：窒素は反応に関わらず，また，反応に関わる各成分気体の分圧や体積，温度が変化しないので，平衡は移動しない。

B：エタンのみ分圧（濃度）が増加するので，左へ平衡が移動する。

C：窒素は反応に関わらず，また，反応に関わる各成分気体の分圧の和が小さくなるので，気体分子数が増加する左へ平衡が移動する。

D：吸熱反応である左へ平衡が移動する。

問2. 1．誤り。酸化力の強さは，$F_2 > Cl_2 > Br_2 > I_2$ の順である。

3．誤り。HF 分子間には水素結合が形成されるため，沸点の高さは HF＞HI＞HBr＞HCl の順である。

4．誤り。HF の水溶液は弱酸性を示す。

5．誤り。AgF は水に溶けやすい。

問3. それぞれの酸化数は，1：+4，2：+5，3：+6，4：+7，5：+6，6：−3 である。

 **解答**　**問1.** A−5　B−3　C−4　D−2　E−6
問2. x−2　y−8　z−2

=========================== 解　説 ===========================

《金属の性質と沈殿反応，硝酸の生成量》

問1. 実験1より，希塩酸を加えて白濁する（白色沈殿が生じる）ことから，金属 **A** は Ag^+ を含むとわかる。また，希塩酸を加えた後に硫化水素を通じて黒色の沈殿が生じたことから，金属 **B** は Cu^{2+} を含むとわかる。実験5より，水酸化ナトリウム水溶液を加えて溶解した金属 **C** は両性元素であるアルミニウムか亜鉛と考えられるが，実験2で濃硝酸を加えて溶解したことから，Zn とわかる。実験2より，濃硝酸を加えて溶解しなかった金属 **D** と金属 **E** はアルミニウム，鉄，白金のいずれかと考えられるが，実験3で塩酸を加えて **E** は溶解しなかったことから，**E** は Pt とわかる。また，実験4において赤褐色の沈殿が生じたことから，**D** は Fe とわかる。

問2. アンモニアを酸化して硝酸を製造する方法（オストワルト法）における反応式は

$$NH_3 + 2O_2 \longrightarrow HNO_3 + H_2O$$

と表されるので，1 mol のアンモニアから 1 mol の硝酸（分子量 63）が得られる。したがって，求める硝酸の質量〔g〕は

$$\frac{1.0 \times 10^2}{22.4} \times 63 = 281 ≒ 2.8 \times 10^2 〔g〕$$

 **解答**　**問1.** 3　**問2.** 3　**問3.** 2　**問4.** 2　**問5.** 3

======================= 解　説 =======================

《水の状態図》

問 1. 曲線 CT は蒸気圧曲線といい，気液平衡にあるときの温度と圧力を表す。

問 2. 外圧（大気圧）が曲線 CT で表される蒸気圧に等しいときの温度が沸点となる。富士山の山頂では，平地より外圧が低いので沸点が低くなり，平地より低い温度でご飯が炊かれることになるため，芯のあるご飯になりやすい。

問 3. 融点は曲線 BT（融解曲線）で表される。曲線 BT は圧力が増加するほど温度が低くなっている。

問 4. 5.0×10^2 Pa は三重点の圧力 6.1×10^2 Pa より低いので，この圧力に保ったまま温度を -10℃ から 25℃ に上げると，氷（固体）から水蒸気（気体）に変化する。

問 5. 1．誤り。液体から気体への変化を表す曲線 CT は，圧力が増加するほど温度は高くなっている。

2．誤り。直線形である二酸化炭素分子は，C=O 結合の極性が打ち消し合うため，分子全体では無極性分子となる。

3．正しい。液体が凝固点以下の温度でも凝固しない現象を過冷却という。

4．誤り。-273.15℃ は絶対零度とよばれる。

5．誤り。イオン結晶の酸化カルシウムの融点（約 2600℃）は，分子結晶の黄リンの融点（44℃）よりも高い。

　**解答**　問 1．2　問 2．5　問 3．3　問 4．7　問 5．3
問 6．3　問 7．6

======================= 解　説 =======================

《芳香族エステルの構造決定》

問 1. 実験 2 より，化合物 **B** は炭素数 4 で鎖式飽和の第二級アルコールである 2-ブタノールとわかる。

問 2. 2-ブタノールの分子内脱水により生成する化合物は 1-ブテンと 2-ブテンの 2 種類（2-ブテンには幾何異性体が存在する）である。

問 3. 実験 1 より，化合物 **A** を加水分解して生じる化合物 **B**，**C**，**D** は，官能基としてカルボキシ基またはヒドロキシ基をもつ。実験 3 より，*o*-

クレゾールを適切な条件下で酸化するとメチル基がカルボキシ基となり，サリチル酸が生成する。これが化合物 C である。

問4. 実験1および化合物 A，B，C の分子式より

$$C_{16}H_{20}O_4 + 2H_2O \longrightarrow C_4H_{10}O + C_7H_6O_3 + (化合物 D)$$

の関係が成り立つので，D の分子式は $C_5H_8O_2$ とわかる。

　また，A がエステル結合を 2 つ，B がヒドロキシ基を 1 つ，C がカルボキシ基とヒドロキシ基を 1 つずつもつので，D は 1 価のカルボン酸であるといえる。さらに実験5より，D は炭素間二重結合を 1 つもつとわかる。これらの条件を満たすもののうち，実験6より不斉炭素原子を 1 つもつものが D である。

問5. 実験2より，化合物 E は化合物 B（2-ブタノール）を酸化して生じるエチルメチルケトンであり，分子式は C_4H_8O である。したがって，カルボニル基をもつ E の構造異性体は E も含めて次の 3 種類ある。

$$CH_3-CH_2-CH_2-\overset{\underset{\displaystyle O}{\|}}{C}-H \qquad CH_3-CH_2-\overset{\underset{\displaystyle O}{\|}}{C}-CH_3$$

$$CH_3-\underset{\underset{\displaystyle CH_3}{|}}{CH}-\overset{\underset{\displaystyle O}{\|}}{C}-H$$

問6. 実験4より化合物 F はアセチルサリチル酸である。アセチルサリチル酸は，フェノール性ヒドロキシ基がアセチル化されているため，塩化鉄(Ⅲ)水溶液を加えても呈色しない。

問7. 次の 6 種類の構造が考えられる。

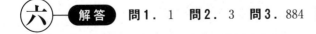

2024年度 学校推薦型 化学

━━━━━━━ **解 説** ━━━━━━━

《酵素と糖，油脂》

問3．油脂 **A** 中の2カ所のエステル結合が加水分解されてモノグリセリドと2種類の脂肪酸が生じているので，油脂 **A** の分子量を M とおくと，これらの分子量の関係より

$$M + 18.0 \times 2 = 354 + 284 + 282$$

$\therefore$ $M = 884$

問4．油脂 **A** の1分子中に炭素間二重結合を x 個もつとすると，1 mol の **A** に x〔mol〕の水素が付加するので，水素の付加反応の条件より

$$0.100 \times x = \frac{6.72}{22.4} \qquad \therefore \quad x = 3 \text{ 個}$$

一般選抜B方式：個別試験

問 題 編

▶試験科目・配点

教　科	科　　　目	配　点
英　語	コミュニケーション英語Ⅰ・Ⅱ・Ⅲ，英語表現Ⅰ・Ⅱ	100 点
数　学	数学Ⅰ・Ⅱ・A・B（数列，ベクトルの範囲）	100 点
理　科	化学基礎・化学	100 点

▶備　考

個別試験の成績および調査書を総合して，合格者を決定する。

英　語

(70分)

Ⅰ．次の各英文の（　　　　）に入る語句として最も適切なものを，それぞれ1から4の中から1つ選び，その番号をマークしなさい。　　【解答番号　1　～　9　】

1. Contented workers tend to benefit the company (　　　) terms of productivity.
   1. from
   2. in
   3. on
   4. with　　　　　　　　　1

2. The topic was interesting, but the speaking style of the professor was (　　　).
   1. bear
   2. bore
   3. bored
   4. boring　　　　　　　　2

3. According to the (　　　) telephone survey, Mr. Valachovic is likely to be elected president next year.
   1. preliminary
   2. preservative
   3. prevailing
   4. preventive　　　　　　3

4. The parents wanted to (　　　) their worries over the lack of information.
   1. interrupt
   2. offend
   3. revive
   4. share　　　　　　　　4

5. During the interview, Rosa (　　　) her capabilities, ensuring her success.
   1. demonstrated
   2. generated
   3. nourished
   4. tolerated　　　　　　5

6. Doctors (　　　) every effort for the sake of the patients during the COVID-19 pandemic.
   1. exerted
   2. isolated
   3. presumed
   4. resorted　　　　　　6

7. Jennie continued working on the document (　　　) her boss waited impatiently.
   1. before
   2. during
   3. until
   4. while　　　　　　　　7

8. Don't forget to submit the report (   ) the recent alcohol-related harassment.

    1. accounting   2. concerning

    3. depending   4. finishing   8

9. It is always smart (   ) extra money to prepare for unforeseen situations.

    1. laying aside   2. lying aside

    3. to lay aside   4. to lie aside   9

Ⅱ. 次の各英文の下線部の文脈における意味として最も近いものを，それぞれ 1 から 4 の中から 1 つ選び，その番号をマークしなさい。 【 解答番号   10 ~ 12 】

1. Since the deadline is approaching, the graduate student spent hours <u>on end</u> writing her research paper.

    1. continuously   2. occasionally

    3. simultaneously   4. ultimately

                                          10

2. We can find Mr. Parker in his office <u>more often than not</u>.

    1. as long as time allows   2. for a brief period

    3. longer than usual   4. most of the time

                                        11

3. The attitude of some new workers towards their colleagues started to <u>get on our nerves</u>.

    1. drive us to tears   2. drive us up the wall

    3. take us by surprise   4. take us for granted

                                        12

Ⅲ. 次の各英文の下線部で修正すべき箇所を含むものを，それぞれ1から4の中から1つ
選び，その番号をマークしなさい。　　　　　　【 解答番号　13　～　15　】

1.　Of all the applicants' resumes we have received so far, we think Jonathan's one
　　　1　　　　　　2　　　　　　　3
　　seems to be the good one.
　　　　　　　　4

　　　　　　　　　　　　　　　　　　　　　　　　　　　　　　13

2.　The hospital director decided increase bonuses this year for all employees to show
　　　　　　　　　　　　　1　　　　　　　　　2　　　　　　　　　　　　　3
　　appreciation for their hard work.
　　　　　　　　　　　　4

　　　　　　　　　　　　　　　　　　　　　　　　　　　　14

3.　One of the very enjoyable thing during summer is swimming in the sea, but
　　　　　　1　　　　　　　　　　　　　　　　　　2
　　there are several factors to consider in order to stay safe.
　　　　　　　　　　　　　3　　　　　　　　4

　　　　　　　　　　　　　　　　　　　　　　　　　　　　15

IV. 次の各英文の（   ）に入る語句として最も適切なものを，それぞれ1から4の中から1つ選び，その番号をマークしなさい。 【 解答番号 [16] 〜 [27] 】

(A)   A Swedish scientist (ア) the Nobel Prize in Physiology or Medicine in 2022 for his discoveries on how to extract and analyze DNA from 40,000-year-old Neanderthal bones. He has led research comparing the genome of modern humans and our closest extinct (イ). His research has enabled scientists to (ウ) the secrets of human evolution by identifying the differences between modern humans and their ancient populations. He discovered that gene (エ) had occurred between Neanderthals and the Denisovans, another sister-species, to homo sapiens following the migration out of Africa around 70,000 years ago. The discovery has greatly contributed to the study of ancient people's interactions and migrations that might not be apparent solely from the shapes of bones.

ア	1. found	2. met	3. required	4. won		16
イ	1. neighbors	2. nephews	3. relatives	4. sisters		17
ウ	1. bury	2. embrace	3. unlock	4. yield		18
エ	1. donation	2. friction	3. sentiment	4. transfer		19

(B)   In Japan, there are compensation systems for adverse effects of drugs and vaccines. The government provides compensation if patients or their families suffer health damage owing to the use of medicines as long as certain conditions are (オ). Patients and their families who experience vaccine-related injuries or adverse reactions are also (カ) to receive compensation from the government. Such a system is designed to provide societal support to the population for health effects caused by the use of drugs or vaccines, with the (キ) of guaranteeing safety and protecting public health. Compensation varies from country to country, but similar systems exist in many nations. While some developing countries may have already established compensation mechanisms, others might have limited resources to implement such systems. In some cases, therefore, international organizations and initiatives may (ク) with developing countries.

オ	1. abolished	2. isolated	3. met	4. thrusted		20
カ	1. eligible	2. graceful	3. rational	4. sensible		21
キ	1. bottom	2. degree	3. faith	4. goal		22
ク	1. collaborate	2. omit	3. refrain	4. shed		23

(C) Air conditioners help maintain a suitable temperature during hot summers. Some older (ケ), however, do not feel as hot compared to younger people and tend to avoid using air-conditioning. Therefore, the number of heat-related deaths has been increasing worldwide. Elderly people have (コ) ability to regulate temperature, so some may be less sensitive to heat. They need to drink enough water, wear appropriate clothing, and seek cooler (サ) to prevent their body from overheating. Now that the planet has entered a new era of global boiling, we should make the elderly (シ) the importance of making good use of air conditioners.

ケ	1. firms	2. individuals	3. pioneers	4. tales	24
コ	1. comfortable	2. elevated	3. portable	4. reduced	25
サ	1. burdens	2. environments	3. notions	4. passengers	26
シ	1. aware of	2. grateful for	3. loyal to	4. tense with	27

Ⅴ．次の(a)と(b)の関係が(c)と(d)の関係と同じになるように，(　　　) に入るものとして最も適切なものを，それぞれ 1 から 4 の中から 1 つ選び，その番号をマークしなさい。

【 解答番号 28 ～ 30 】

1. (a) effective communication　　(b) strong relationship with clients
　　(c) insufficient sleep　　　　　 (d) (　　　)

　　　1. emotional stability　　　　　2. increased appetite
　　　3. scattered attention　　　　　4. youthful appearance

28

2. (a) engineering project　　　　 (b) technical experts
　　(c) market research　　　　　　(d) (　　　)

　　　1. health educators　　　　　　2. preservation experts
　　　3. script writers　　　　　　　4. survey interviewers

29

3. (a) After studying all day for the final exam, the girl felt very tired.
　　(b) She pushed herself to finish the project to meet the deadline.
　　(c) (　　　)
　　(d) He chose to challenge himself by climbing to the top of the climbing wall.

　　　1. The boy belonged to a hiking club.　　2. The boy felt uneasy about heights.
　　　3. The boy had a longing for Mt. Fuji.　　4. The boy wanted to see the sunrise.

30

Ⅵ. 次の英文を読み，２つの設問に対して最も適切な答えをそれぞれ１から４の中から
１つ選び，その番号をマークしなさい。　　　【 解答番号　31　～　32　】

　　Water poisoning occurs when electrolytes* in the body become out of balance due
to excessive water intake. As with any other substance, water can cause unfavorable
results when it is consumed too much in a short period of time. The kidneys can only
remove a certain amount of water per hour, so drinking too much water can cause an
electrolyte imbalance in the body. The elderly and children are at a higher risk of
having water poisoning because their kidneys are less efficient. Sodium* is known to
help (　　　) the balance of fluids inside and outside of cells. When sodium levels
drop due to excessive water consumption, cells start to swell. When this happens to
brain cells, it can increase the pressure inside of the brain and can be life-threatening.
The first symptoms of water poisoning include headache, nausea*, and vomiting*. If
someone shows more severe signs such as confusion, drowsiness*, high blood pressure,
uncomfortable vision, the loss of sensory perception, or breathing difficulty,
immediate medical attention should be sought.

electrolyte* 電解質　　　sodium* ナトリウム　　　nausea* 吐き気　　　vomiting* 嘔吐
drowsiness* 眠気

1. Which of the following words would be the most appropriate to put into the blank
   in the passage?
   1. destroy
   2. maintain
   3. release
   4. urge

   31

2. Which of the following is indicated in the passage?
   1. Water poisoning is caused by either consuming too much water or drinking
      contaminated water.
   2. If the kidneys are working effectively and efficiently, the person has a low risk
      of having water poisoning.
   3. Excessive water intake can make the brain cells swell, which may lead the
      person to die.
   4. The presence of bacteria in the kidneys may induce a serious symptom such as
      a decline in the perception of sensory information.

   32

Ⅶ. 次の英文を読み，2つの設問に対して最も適切な答えをそれぞれ1から4の中から
1つ選び，その番号をマークしなさい。　　【 解答番号　33　～　34　】

　　Stress is known to be both a consequence and a cause of vision issues. This means that having regular eye strain can make you feel more stressed, and stress itself can also cause eye problems or worsen conditions. The level of pressure in your eyes rises when you have an anxious feeling. Therefore, it is important to know that stress can affect your eyes, regardless of the duration of the stressful time. When we are under stress, our body releases certain kinds of hormones such as cortisol and adrenaline. Cortisol is the primary stress hormone in our body that is responsible for (　　　) the response to future events. Adrenaline causes our eyes to widen so that we can see and avoid possible physical threats. These hormones prepare our bodies to react to potential dangers. In doing so, your heart rate and blood pressure will rise, helping prepare your body to fight against the potential threat. Most stress-related vision problems are temporary and will disappear once you begin to relax. However, chronic stress can lead to an accumulation of the pressure inside your eyes and put you at risk of having nerve damage in your eyes. Having extra stress causes visual symptoms including blurred vision, light sensitivity, dry eye, extreme tearing, headaches, etc. If you are experiencing such symptoms, it is better to contact a medical professional.

1.　Which of the following words would be the most appropriate to put into the blank in the passage?
　1. classifying
　2. finalizing
　3. initiating
　4. withdrawing

33

2.　According to the passage, which of the following is NOT true?
　1. Stress and vision problems are closely related with each other.
　2. Adrenaline is a hormone that recalls past dangerous experiences and helps the body to prepare for potential threats.
　3. One may experience eye dryness or excessive tear discharge under stress.
　4. The elevation of your heart rate and blood pressure occurs under stressful circumstances.

34

Ⅷ．次の英文を読み，３つの設問に対して最も適切な答えをそれぞれ１から４の中から
１つ選び，その番号をマークしなさい。　　　【 解答番号　35　～　37 】

　　"Growing pains" are aches that affect a young child's limbs. The pains often strike in the late afternoon or at night and typically develop in the front of the thighs, the calves or behind the knees. Some children even wake up in the middle of the night complaining of the pain. Such pains are referred to as growing pains, but there is not substantial scientific evidence that pain occurs as a result of growth. It is suggested that the pains might be related to a lower pain threshold, muscle issues, or in certain cases psychological problems associated with the pains. It is also commonly said that both legs are usually affected by the pain. In some children, there are cases accompanied by stomachaches or headaches.

There is no specific treatment method that can resolve such pains. The pains may be relieved by using warm heating pads and providing massages on the sore muscles. The pain does not happen every day; it comes and goes in a repeating pattern. Growing pains are (　　　) seen in preschool and school-age children. The most likely reason for the pains at night could be due to overuse of muscles during daytime activities. It is said that both boys and girls experience the pain equally, but girls seem to have a slightly higher chance of having those pains. By the time the child becomes a teenager, the growing pains are likely to have disappeared. It is a little confusing that there is actually no evidence to support the idea of the connection between growth and pain even though these pains are referred to as growing pains.

The name was given in the 1930s to 1940s when it was believed that bone growth outpaced tendon* growth, which led the doctors to use the term "growing pains" with the pains attributed to such discomfort. Actually, it is now understood that bone growth does not surpass tendon growth in speed, and the pains do not continue for a long period. Therefore, if there is no pain or stiffness the next morning, there might not be an issue. The experience of growing pains varies for each child. Some might describe aching or discomfort primarily in their legs, while others might feel similar sensations in other areas of the body. In any case, however, if the pain persists in the morning and continues for a while and is severe enough to interfere with usual activities, it might be a good idea to consult a doctor as there could be an underlying problem.

tendon* 腱

1.　Which of the following words would be the most appropriate to put into the blank
　　in the second paragraph?

　　1. commonly

　　2. exactly

　　3. roughly

　　4. scarcely

　　　　　　　　　　　　　　　　　　　　　　　　　　　　　　　　　35

2.　Which of the following is the main idea of the passage?

　　1. Growing pains have emerged as a contemporary illness that troubles teenagers,
　　　　and there exists a lack of scientific evidence linking them directly to periods of
　　　　rapid growth.

　　2. Short-lasting pain might not be a concern, but if the pain persists, it is better to
　　　　take the child to a bone health specialist, as there could be a hidden illness other
　　　　than growing pains.

　　3. In the past, there were misconceptions regarding the growth of children's bones,
　　　　which led to the creation of the term "growing pains" based on these
　　　　misunderstandings, and even today this condition is still poorly understood.

　　4. It is crucial to reduce mental stress in order to ease growing pains, so parents
　　　　should be mindful of decreasing the pressures in their child's daily life, ensuring
　　　　a supportive environment that fosters emotional well-being.

　　　　　　　　　　　　　　　　　　　　　　　　　　　　　　　　　36

3.　According to the passage, which of the following is NOT true?

　　1. Growing pains can occur until around the age of 12, but unless the pain continues
　　　　persistently, there is generally no need to be overly concerned.

　　2. The experience of growing pains differs among children, and there is no evidence
　　　　to suggest that bone growth directly causes the discomfort.

　　3. Growing pains can be eased with cold packs or massages, and it is also worth
　　　　considering the use of pain relievers.

　　4. The ache associated with growing pains is suggested to possibly result from
　　　　excessive strain on muscles during daytime activities.

　　　　　　　　　　　　　　　　　　　　　　　　　　　　　　　　　37

IX. 次の英文を読み，3つの設問に対して最も適切な答えをそれぞれ1から4の中から
1つ選び，その番号をマークしなさい。　　【 解答番号 　38 ～ 40 】

Genetic testing is a type of medical examination used to identify hereditary diseases, specific genetic traits, or certain changes in a person's genes. It is designed to aid in assessing the risk of developing diseases, making diagnoses, and understanding health issues influenced by genetic factors. It is also useful in selecting treatment options, and in helping couples to decide about having children or not. ___A___ Genetic testing enables us to estimate the chances of developing suspected hereditary diseases and to understand the risk of passing on those illnesses to children. Furthermore, genetic testing can confirm or rule out suspected diseases.

Genetic testing is also conducted to identify the causes of rare diseases. By analyzing genes, treatment options might be found if genetic mutations* related to the disease can be discovered. ___B___ In the testing process, various samples such as blood, saliva*, and urine* are utilized. DNA/mRNA is extracted from the specimen*, and the samples are made anonymous to protect personal privacy before being sent to testing facilities. Before the test, the benefits and drawbacks of undergoing genetic testing are presented to the patient, and the test will be taken only if the patient provides consent. It is advisable not to hold high expectations of finding treatment options.

Genetic testing might also be suggested for a person with a strong family history of specific diseases to examine if they carry a gene mutation that increases their risk. When the person undergoes genetic testing, in many cases, it is highly likely that they can be diagnosed whether they have inherited the genes for that disease, even before symptoms become evident. ___C___ If it is determined that they have not inherited the specific genes, they can be relieved from the anxiety of developing the disease. If they have inherited the genes responsible for the disease, the test results enable doctors to predict the probability of developing the disease, allowing for early diagnosis and preventive (　　　　).

There have been diverse responses to genetic testing in Japan due to concerns about genetic privacy, ethical considerations, and the difficulties of interpreting test information. Since genetic analysis often assumes a biological relationship, it is important to bear in mind that genetic analysis might unexpectedly determine the absence of such a relationship. ___D___ The person who undergoes genetic testing can receive genetic counseling to address concerns and seek advice related to the disease as well as genetic analysis. It is essential to thoroughly understand the information regarding genetic testing and make informed choices through discussions with healthcare professionals.

genetic mutation* 遺伝子変異　　　saliva* 唾液　　　urine* 尿　　　specimen* 試料

1.　Which position is the most appropriate to insert the following excerpt into?

> Even if the genetic mutations known to cause the rare disease are not found, there is a possibility that genes may still play a part in the illness.

1.　A
2.　B
3.　C
4.　D

38

2.　Which of the following words would be the most appropriate to put into the blank in the third paragraph?
1. adjustments
2. confirmations
3. infections
4. measures

39

3.　According to the passage, which of the following is true?
1. Genetic testing has the potential to clarify whether or not a person has a disease and is useful for exploring treatments for rare conditions.
2. While opinions about genetic testing vary, the author suggests that people should consider taking it without worrying about possible problems.
3. Genetic testing can forecast the early stage of a disease, yet it cannot eliminate anxieties about the disease for those with a family history.
4. Informed consent may not play a valuable role in diagnosing specific diseases, making treatment decisions, or determining whether to have children.

40

数　学

(80分)

(注)　1．答が分数の場合はそれ以上約分できない形で解答してください。なお，例えば問題の文中の $\boxed{^{1)}}$，$\boxed{^{2)}}\boxed{^{3)}}$ はそれぞれ1桁，2桁の数を意味しますので，対応する数字を解答欄にマークしてください。

　　　　2．答に根号が含まれる場合は根号の中に現れる自然数が最小となる形で解答してください。

第一問　$7-\sqrt{7}$ の整数部分を a，小数部分を b として次の問いに答えよ。

(1) $\dfrac{1}{a+b-1}+\dfrac{1}{a-b+5}=\dfrac{\boxed{^{1)}}\boxed{^{2)}}}{\boxed{^{3)}}\boxed{^{4)}}}$ である。

(2) $ab-\dfrac{a}{b}=\boxed{^{5)}}-\boxed{^{6)}}\sqrt{\boxed{^{7)}}}$ である。

(3) $b^2+\left(\dfrac{2}{b}\right)^2=\boxed{^{8)}}\boxed{^{9)}}$ である。

第二問　次の問いに答えよ。

(1) 赤球 15 個と白球 10 個が入っている袋 A，赤球 12 個と白球 18 個が入っている袋 B

と，赤球 14 個と白球 28 個が入っている袋 C がある。この 3 つの袋から無作為に

1 つの袋を選び，その袋の中から無作為に 1 個の球を取り出すとき，次の (i)，(ii)

の問いに答えよ。

　　(i) 取り出した球が赤球である確率は $\dfrac{\boxed{10)}}{\boxed{11)}}$ である。

　　(ii) 取り出した球が白球であるとき，その白球が袋 A に入っていた球である

　　　　確率は $\dfrac{\boxed{12)}}{\boxed{13)}\ \boxed{14)}}$ である。

(2) 2 つの条件

　　　① n の正の約数が 4 個以上存在する

　　　② n の 1 と n 以外の任意の 2 個の正の約数 $\ell,\ m\ (\ell \neq m)$ について，

　　　　$|\ell - m| \leqq 3$ が成り立つ

　　を満たす自然数 n について，次の (i)，(ii) の問いに答えよ。

　　(i) n が偶数であるとき，①と②を同時に満たす n の値は $\boxed{15)}$ 個あり，

　　　　そのうちの最大値は $\boxed{16)}\ \boxed{17)}$ である。

　　(ii) n が 5 の倍数であるとき，①と②を同時に満たす n の値は $\boxed{18)}$ 個あ

　　　　り，そのうちの最大値は $\boxed{19)}\ \boxed{20)}$ である。

第三問　θ を実数として，次の問いに答えよ。

(1) $\cos 3\theta$ を $\cos\theta$ を用いて表すと $\cos 3\theta = \boxed{21)}\cos^3\theta - \boxed{22)}\cos\theta$ である。

(2) $\cos\dfrac{\pi}{12}$ の値は $\dfrac{\sqrt{\boxed{23)}}+\sqrt{\boxed{24)}}}{\boxed{25)}}$ である。ただし，$\boxed{23)} > \boxed{24)}$ とする。

(3) x についての3次方程式 $\boxed{21)}x^3 - \boxed{22)}x - \cos\dfrac{\pi}{4} = 0$ の解は

$$x = -\dfrac{\sqrt{\boxed{26)}}}{\boxed{27)}} \quad , \quad \dfrac{\sqrt{\boxed{28)}}\pm\sqrt{\boxed{29)}}}{\boxed{30)}}$$

である。

第四問　a を実数の定数として，関数 $y = \dfrac{1}{9}\left(\log_{\frac{1}{3}}x^3\right)^2 - \log_{\frac{1}{3}}(27x^{1-a}) + a - 27$ について次の問いに答えよ。ただし，$1 \leqq x \leqq 9$ とする。

(1) $t = \log_3 x$ とするとき，y を a と t を用いて表すと

$$y = t^2 + \left(\boxed{31)} - a\right)t + a - \boxed{32)}\,\boxed{33)}$$

である。

(2) (1) の t がとり得る値の範囲は $\boxed{34)} \leqq t \leqq \boxed{35)}$ である。

(3) $1 \leqq x \leqq 9$ において，つねに $y < 0$ となるための必要十分条件は

$$-\boxed{36)}\,\boxed{37)} < a < \boxed{38)}\,\boxed{39)}$$

である。

第五問　$x,\ y$ は，$3x^2 + 3y^2 \leqq 4$ を満たす実数とする。$X = x + y,\ Y = xy$ と置き換える

と，XY 平面上で，点 $(X,\ Y)$ が存在する領域は不等式

$$
\begin{cases}
Y \geqq \dfrac{\boxed{40)}}{\boxed{41)}} X^2 - \dfrac{\boxed{42)}}{\boxed{43)}} \\[3mm]
Y \leqq \dfrac{\boxed{44)}}{\boxed{45)}} X^2
\end{cases}
$$

で表され，その領域の面積は $\dfrac{\boxed{46)}\ \boxed{47)}\ \sqrt{\boxed{48)}}}{\boxed{49)}\ \boxed{50)}}$ である。

第六問　次の問いに答えよ。

(1) 平面上の点 O$(0,\ 0)$, A$(1,\ 2)$ に対し，点 P は $|\overrightarrow{\mathrm{OP}}| = 2|\overrightarrow{\mathrm{AP}}|$ を満たすように動

く。このとき，点 P の軌跡は中心の座標が $\left(\dfrac{\boxed{51)}}{\boxed{52)}},\ \dfrac{\boxed{53)}}{\boxed{54)}} \right)$, 半径

が $\dfrac{\boxed{55)}\ \sqrt{\boxed{56)}}}{\boxed{57)}}$ の円になる。また，このときの $\cos \angle \mathrm{POA}$ の最小値は

$\sqrt{\dfrac{\boxed{58)}}{\boxed{59)}}}$ である。

(2) 正の実数から成る数列 $\{a_n\}$ が

$$a_1 = 1,\quad a_{n+1} = 7a_n{}^5 \quad (n = 1,\ 2,\ 3,\ \cdots\cdots)$$

を満たすとき，数列 $\{\log_7 a_n\}$ の一般項は

$$\log_7 a_n = \frac{\boxed{60)}^{n-1} - \boxed{61)}}{\boxed{62)}} \quad (n = 1,\ 2,\ 3,\ \cdots\cdots)$$

である。また，数列 $\{\log_7 a_n\}$ の初項から第 n 項までの和は

$$\sum_{k=1}^{n} \log_7 a_k = \frac{\boxed{63)}^{n} - \boxed{64)}}{\boxed{65)}\ \boxed{66)}} - \frac{\boxed{67)}}{\boxed{68)}} n$$

である。

化 学

（70 分）

第 一 問　　次の問 1〜4 に答えよ。

〔解答番号　 1 〜 4 〕

問 1　中性子数 22，質量数 40 の原子を含む元素として，最も適切なものを選べ。

〔解答番号　 1 〕

1. Al　　　2. Ar　　　3. C　　　4. K　　　5. Li

6. Mg　　　7. Na　　　8. P　　　9. S　　　0. Si

問 2　アルカリ土類金属 A，ハロゲン X からなる化合物の組成式として，最も適切なものを選べ。

〔解答番号　 2 〕

1. AX　　　　　2. AX_2　　　　　3. AX_3

4. A_2X　　　　5. A_2X_3　　　　6. A_3X_2

問 3　金の面心立方格子において，単位格子の 1 辺の長さを a〔cm〕，密度を d〔g/cm³〕とするとき，金の原子量を表すものとして，最も適切なものを選べ。ただし，アボガドロ定数は N_A〔/mol〕とする。

〔解答番号　 3 〕

1. $\dfrac{a^3\,d\,N_A}{2}$　　　　2. $\dfrac{a^3\,d\,N_A}{4}$　　　　3. $\dfrac{a^3\,d\,N_A}{8}$

4. $\dfrac{d\,N_A}{2a^3}$　　　　5. $\dfrac{d\,N_A}{4a^3}$　　　　6. $\dfrac{d\,N_A}{8a^3}$

7. $\dfrac{a^3\,d}{2N_A}$　　　　8. $\dfrac{a^3\,d}{4N_A}$　　　　9. $\dfrac{a^3\,d}{8N_A}$

問4　塩化カルシウム（II）444 g に含まれる陽イオンと陰イオンの総数として，最も近い数値を選べ。ただし，原子量は，Ca = 40，Cl = 35.5 とし，アボガドロ定数は $6.0×10^{23}$/mol とする。

[解答番号　4　]

1. $6.0×10^{23}$	**2.** $1.8×10^{24}$	**3.** $2.4×10^{24}$
4. $3.5×10^{24}$	**5.** $4.8×10^{24}$	**6.** $5.4×10^{24}$
7. $7.2×10^{24}$	**8.** $9.6×10^{24}$	**9.** $1.1×10^{25}$

第　二　問　　次の文章を読み，問 1 〜 4 に答えよ。ただし，原子量は，H = 1.00，O = 16.0，Na = 23.0，S = 32.0，Fe = 56.0 とする。また，気体 1.00 mol の体積は，標準状態（0℃、$1.013×10^5$ Pa）で 22.4 L とする。水のイオン積 K_w および $Fe(OH)_3$ の溶解度積 K_{sp} は，それぞれ，$K_w = 1.00×10^{-14}$ $(mol/L)^2$，$K_{sp} = 1.00×10^{-38}$ $(mol/L)^4$ とする。

[解答番号　5　〜　10　]

　鉄の単体【ア】g をビーカーに入れ，$1.00×10^{-2}$ mol/L の硫酸水溶液 75.0 mL を加えたところ，気体【イ】を発生しながらすべて溶解し(a) 水溶液となった。気体【イ】の発生した量は標準状態で 11.2 mL であった。この水溶液に酸化剤（H_2O_2）を加えたところ，溶液中の鉄イオンはすべて酸化され，(b) 溶液の色が変化した。さらによく攪拌しながら，水酸化ナトリウム水溶液 25.0 mL を加えたところで，(c) $\underline{Fe(OH)_3 の沈殿が生じはじめた。}$

問1　用いた鉄の単体の質量【ア】g として，最も近い数値を選べ。

【ア】：[解答番号　5　]

1. $1.4×10^{-4}$	**2.** $2.8×10^{-4}$	**3.** $4.2×10^{-4}$	**4.** $5.6×10^{-4}$
5. $1.4×10^{-3}$	**6.** $2.8×10^{-3}$	**7.** $4.2×10^{-3}$	**8.** $5.6×10^{-3}$
9. $1.4×10^{-2}$	**0.** $2.8×10^{-2}$		

問2　気体【イ】として，最も適切なものを選べ。

【イ】：[解答番号　6　]

1. 酸素	**2.** 水素	**3.** 硫化水素	**4.** 二酸化硫黄
5. 三酸化硫黄	**6.** 二酸化炭素	**7.** 一酸化炭素	

問3　下線部 (a), (b) の水溶液および (c) の沈殿の色として，最も適切なものをそれぞれ選べ。

(a)：[解答番号　7　]
(b)：[解答番号　8　]
(c)：[解答番号　9　]

1.　黒色　　　　　2.　黄褐色　　　　3.　白色　　　　　4.　青白色
5.　赤褐色　　　　6.　淡緑色　　　　7.　青色　　　　　8.　無色

問4　下線部 (c) の現象がみられた際の pH として，最も近い数値を選べ。ただし，酸化剤（H_2O_2）を加えたことによる水溶液全体の体積変化は無視できるものとする。また，$\log_{10}2=0.300$, $\log_{10}3=0.480$, $\log_{10}5=0.700$, $\log_{10}7=0.850$ とする。

[解答番号　10　]

1.　1.2　　　　2.　1.7　　　　3.　2.1　　　　4.　2.8　　　　5.　3.3
6.　3.7　　　　7.　4.1　　　　8.　4.8　　　　9.　5.2　　　　0.　5.9

第　三　問　　問1〜3に答えよ。ただし，原子量は，Ni＝59，Cu＝64，Zn＝65とする。

[解答番号 | 11 |〜| 15 |]

問1　1円硬貨に使用されている純アルミニウムは，長期間空気にさらしていても内部まで腐食する（錆びる）ことが無い。これは表面が酸化被膜で覆われるためである。この酸化被膜と同じ化合物を主成分とし，高い硬度をもつことが知られている宝石として，最も適切なものを選べ。

[解答番号 | 11 |]

1. ガーネット　　　　2. アメシスト　　　　3. アクアマリン
4. ダイヤモンド　　　5. エメラルド　　　　6. 真珠
7. ルビー　　　　　　8. オパール　　　　　9. トパーズ

問2　10円硬貨には，銅に少量の亜鉛とスズを加えた合金が使用されており，表面に緑青（ろくしょう）が生成する場合がある。緑青の組成は生成環境で異なるが，緑青の主成分が $CuCO_3 \cdot Cu(OH)_2$ である場合，緑青の生成に最低限必要な空気中の物質の組み合わせとして，最も適切なものを選べ。

[解答番号 | 12 |]

1. H_2O, O_2　　　　　　2. H_2O, CO_2　　　　　3. N_2, O_2
4. O_2, CO_2　　　　　　5. H_2O, N_2, O_2　　　6. H_2O, N_2, CO_2
7. H_2O, O_2, CO_2　　8. N_2, O_2, CO_2　　　9. H_2O, N_2, O_2, CO_2

問3　2021年から発行されている500円硬貨は，組成の異なる3種類の金属を組み合わせたバイカラー・クラッド貨と呼ばれる複雑な構造をもつが，硬貨全体としての元素の質量比は銅：亜鉛：ニッケル＝6：1：1となっている。したがって，500円硬貨1枚（7.1 g）に含まれる亜鉛の物質量〔mol〕を有効数字2桁で求めると，| x |.| y |×10⁻| z |となる。| x |，| y |，| z |にあてはまる数字をそれぞれ選び，マークせよ。

例. 求めた物質量〔mol〕が $1.0×10^{-3}$ の場合，各解答番号欄 | 13 |，| 14 |，| 15 | に，| 1 |，| 0 |，| 3 |とマークせよ。

x：[解答番号 | 13 |]
y：[解答番号 | 14 |]
z：[解答番号 | 15 |]

第　四　問　　次の文章を読み，問１〜３に答えよ。

〔解答番号 | 16 | 〜 | 20 | 〕

　ここに酢酸の濃度が不明な酢酸水溶液がある。酢酸の濃度を決定するため，以下の操作１〜４を実施した。

操作１　固体状の水酸化ナトリウム試薬を純水に溶かして水酸化ナトリウム水溶液を調製し，ビュレットに入れた。

操作２　操作１で調製した水酸化ナトリウム水溶液と濃度既知のシュウ酸水溶液を用いて中和滴定を行ったところ，水酸化ナトリウム水溶液中の水酸化物イオンの濃度が 0.103 mol/L であることが分かった。

操作３　ホールピペットとメスフラスコを用い，酢酸水溶液を純水で 10 倍に希釈した。

操作４　操作３で希釈した酢酸水溶液 10.0 mL を，ホールピペットを用いてビーカーに分取し，操作１で調製した水酸化ナトリウム水溶液で中和滴定した。滴定終点までに要した水酸化ナトリウム水溶液は 6.50 mL であった。

問１　操作１〜４の結果から，希釈前の酢酸水溶液中の酢酸の濃度〔mol/L〕を有効数字２桁で求めると，| x | . | y | ×10^{-}| z | となる。| x |，| y |，| z |にあてはまる数字をそれぞれ選び，マークせよ。

　　例．求めた濃度〔mol/L〕が 1.0×10^{-3} の場合，各解答番号欄 | 16 |，| 17 |，| 18 |に，| 1 |，| 0 |，| 3 |とマークせよ。

　　　　　　　　　　　　　　　　　　　　x：〔解答番号 | 16 | 〕
　　　　　　　　　　　　　　　　　　　　y：〔解答番号 | 17 | 〕
　　　　　　　　　　　　　　　　　　　　z：〔解答番号 | 18 | 〕

問２　操作２を行う理由は，固体状の水酸化ナトリウム試薬が空気中の二酸化炭素や水蒸気を吸収しやすいためである。水蒸気の吸収が進むと，水酸化ナトリウム試薬の一部が水溶液となる。この現象を示す語句として，最も適切なものを選べ。

〔解答番号 | 19 | 〕

| 1. | 融解 | 2. | 溶融 | 3. | 潮解 | 4. | 風解 |
| 5. | 水溶 | 6. | 昇華 | 7. | 脱水 |

問3　操作2に関する以下の文章の空欄【ア】～【ウ】にあてはまる語句の組み合わせとして，最も適切なものを選べ。

　　固体状の水酸化ナトリウム試薬が空気に触れると，二酸化炭素や水蒸気を吸収し，質量は【ア】。

　　このため，空気に触れた水酸化ナトリウム試薬をある質量はかりとった場合，試薬に含まれる水酸化ナトリウムの物質量は，二酸化炭素や水蒸気を吸収していない試薬を同じ質量はかりとった場合と比べて【イ】。

　　したがって，酢酸水溶液中の酢酸の濃度を正しく測定するためには，滴定に用いる水溶液中の水酸化物イオンの濃度を，操作2によって確認しなければならない。もし操作2を行わず，滴定に用いる水溶液中の水酸化物イオンの濃度として，はかりとった水酸化ナトリウム試薬の質量から算出した値を用いた場合，酢酸水溶液中の酢酸の濃度の測定値は正しい値よりも【ウ】。

［解答番号　20　］

	【ア】	【イ】	【ウ】
1.	大きくなる	大きくなる	大きくなると予想される
2.	大きくなる	大きくなる	小さくなると予想される
3.	大きくなる	小さくなる	大きくなると予想される
4.	大きくなる	小さくなる	小さくなると予想される
5.	小さくなる	大きくなる	大きくなると予想される
6.	小さくなる	大きくなる	小さくなると予想される
7.	小さくなる	小さくなる	大きくなると予想される
8.	小さくなる	小さくなる	小さくなると予想される

第　五　問　　　次の文章を読み，問 1，2 に答えよ。気体 1.00 mol の体積は，標準
　　　　　　　　状態（0℃、1.013×10^5 Pa）で 22.4 L とする。また，ファラデー定
　　　　　　　　数は，9.65×10^4 C/mol とする。

[解答番号　21 ～ 22]

　酸素は周期表の 16 族に属し，酸素原子は 6 個の価電子をもっている。単体の酸素 O_2 は，(a) 水の電気分解により陽極から生じる無色無臭の気体である。酸素は反応性に富み，ほとんどの元素と酸化物をつくることができる。金属元素の酸化物は，酸と反応し，塩基とは反応しないものが多いが，(b) 酸とも強塩基とも反応して塩を生じる酸化物も存在する。一方，非金属元素の酸化物には塩基と反応するものが多い。

問 1　下線部 (a) の電気分解を 1.50 A の電流で行うとき，酸素を標準状態で 200 mL
　　　発生させるのにかかる時間〔分〕として，最も近い数値を選べ。

[解答番号　21]

　　1.　0.96　　　　2.　1.53　　　　3.　1.92　　　　4.　3.83　　　　5.　6.38
　　6.　9.58　　　　7.　15.3　　　　8.　19.2　　　　9.　38.3　　　　0.　63.8

問 2　下線部 (b) の酸化物の一例である酸化亜鉛は，水酸化ナトリウム水溶液には錯
　　　イオンを生じて溶ける。その反応式は次のとおりである。【ア】にあてはまる錯
　　　イオンとして，最も適切なものを選べ。

$$ZnO + 2NaOH + H_2O \longrightarrow 2Na^+ + 【ア】$$

【ア】：[解答番号　22]

　　1.　$[Zn(OH)_2]^{2-}$　　　2.　$[Zn(OH)_2]^{4-}$　　　3.　$[Zn(OH)_2]^{6-}$　　　4.　$[Zn(OH)_3]^{6-}$
　　5.　$[Zn(OH)_4]^{2-}$　　　6.　$[Zn(OH)_4]^{4-}$　　　7.　$[Zn(OH)_6]^{2-}$　　　8.　$[Zn(OH)_6]^{3-}$

第　六　問　　次の文章を読み，問１〜５に答えよ。ただし，原子量は，H＝1.00，
　　　　　　　C＝12.0，O＝16.0 とする。

［解答番号　23　〜　36　］

　炭化水素化合物 A, B, C, D は，分子量 100 以下で同じ分子式をもつ。化合物 A 〜
D およびそれらに関連する E 〜 N について，以下の実験を行った。ただし，立体異性
体については考えないものとする。

実験１：化合物 A 〜 D に，過剰量の臭素を反応させ，付加反応を行ったところ，化
　　　　合物 A 〜 C のそれぞれ１分子には，１分子の臭素が付加し，化合物 D の１
　　　　分子には，２分子の臭素が付加した。

実験２：化合物 A および B を硫酸酸性の過マンガン酸カリウム水溶液で酸化したと
　　　　ころ，化合物 A からはジカルボン酸 E が，化合物 B からは化合物 F および
　　　　二酸化炭素が生成した。

実験３：化合物 A 〜 C に，塩化水素を用いて付加反応を行ったところ，化合物 B か
　　　　らは主生成物 G および副生成物 H が生成した。また，化合物 A からは化合
　　　　物 I のみが，化合物 C からは化合物 J のみが得られた。

実験４：化合物 F は，環状の第二級アルコール K を，硫酸酸性の二クロム酸カリウム
　　　　水溶液で酸化することによっても生成した。

実験５：化合物 K 21.5 mg を完全燃焼させたところ，二酸化炭素 55.0 mg および水
　　　　22.5 mg が生成した。

実験６：化合物 B および C にオゾンを反応させた後，還元剤で処理し，オゾン分解を
　　　　行った。その結果，化合物 B からは F および化合物 L が生成した。化合物 C
　　　　からは化合物 M が生成した。化合物 M はフェーリング液と反応した。

実験７：化合物 D に，硫酸水銀（II）を触媒として水を付加させたところ，不安定な
　　　　中間体を経て化合物 N が生成した。化合物 N はアンモニア性硝酸銀水溶液
　　　　と反応しなかった。

実験８：化合物 D を，核磁気共鳴装置（有機化合物の化学構造の情報を得ることがで
　　　　きる装置）を用いて解析した結果，化合物 D の一方の末端から３つ目までの
　　　　炭素原子のみが，同一直線上にあることが分かった。（４つ目以降は同一直線
　　　　上にはない。）

実験 9 : 化合物 E, K, M, N を，核磁気共鳴装置を用いて解析した結果，化合物 E,
　　　　K, N には枝分かれしたアルキル基がなく，化合物 M には枝分かれしている
　　　　メチル基が 1 つあることが分かった。

実験 10 : 化合物 A ～ N を，核磁気共鳴装置を用いて解析した結果，化合物 J のみ
　　　　　が不斉炭素原子をもつことが分かった。

問 1　化合物 K の分子式として， u ， v ， w にあてはまる数字をマーク
　　　せよ。ただし，10 以上である場合は 0（ゼロ）をマークせよ。

$$C \boxed{u} H \boxed{v} O \boxed{w}$$

　　例．分子式が $C_8H_{16}O$ の場合，解答番号欄 23 ， 24 ， 25 に
　　　 8 ， 0 ， 1 とマークする。

u : [解答番号 23]
v : [解答番号 24]
w : [解答番号 25]

問 2　化合物 F の構造異性体のうち，ケトン基および環構造の両方をもつ異性体の個
　　　数として，正しいものを選べ。ただし，化合物 F を含むものとする。

[解答番号 26]

1. 1　　　　2. 2　　　　3. 3　　　　4. 4　　　　5. 5
6. 6　　　　7. 7　　　　8. 8　　　　9. 9　　　　0. 10 以上

問 3　実験 2 の下線部において，化合物 B から生成する二酸化炭素は，化合物 L を経
　　　由し，さらに酸化されて還元性をもつ化合物 O から生成する。化合物 O の分子
　　　式として， x ， y ， z にあてはまる数字をマークせよ。ただし，10
　　　以上である場合は 0（ゼロ）をマークせよ。

$$C \boxed{x} H \boxed{y} O \boxed{z}$$

　　例．分子式が $C_8H_{16}O$ の場合，解答番号欄 27 ， 28 ， 29 に
　　　 8 ， 0 ， 1 とマークする。

x : [解答番号 27]
y : [解答番号 28]
z : [解答番号 29]

問 4　化合物 A にあてはまる構造を a 群から，化合物 B，C にあてはまる構造を b 群
　　　から，化合物 D にあてはまる構造を c 群から，化合物 E にあてはまる構造を d
　　　群から，化合物 M にあてはまる構造を e 群から，最も適切なものをそれぞれ選
　　　べ。ただし，環を形成している炭素原子，不飽和結合を形成している炭素原子，
　　　および環の単結合を形成する炭素原子に結合している水素原子は省略してある。

A：[解答番号　30　]

a 群

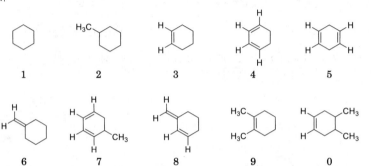

B：[解答番号　31　]
C：[解答番号　32　]

b 群

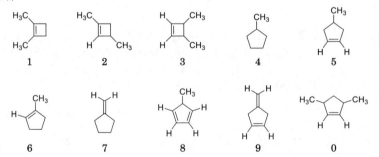

D：〔解答番号 33 〕

c群

E：〔解答番号 34 〕

d群

M：[解答番号 35]

e群

1   2   3   4

5   6   7

8   9   0

問5 実験で使用した化合物に関する以下の記述のうち，最も適切なものを選べ。

[解答番号 36]

1. 化合物 E を適切な脱水剤と加熱すると，分子内で脱水して 6 員環の酸無水物構造を形成する。

2. 化合物 F と N は共通の官能基をもち，どちらもヨードホルム反応を起こす。

3. 化合物 I は，シクロヘキサンに光を照射しながら塩素を反応させることでも生成する。

4. 化合物 L は水に対する溶解度が低い。

第　七　問　　　次の文章を読み，問1，2に答えよ。

　水溶液 A 〜 G には，以下の分子のうちいずれかが 1 種類ずつ含まれている。ただし，水溶液 A 〜 G は，全て異なる分子を含むものとする。各水溶液中の分子を，以下の実験 1 〜 7 により調べた。

　　アミラーゼ，アミロース，アラニン，グリシン，グルコース，セルロース，
　　トリプシン，ペプシン，マルターゼ，マルトース

実験 1：水溶液 A 〜 G を少量ずつ取り分け，それぞれ水酸化ナトリウム水溶液を加え塩基性としたのち，硫酸銅 (II) 水溶液を加えると，水溶液 A，B，C が赤紫色を呈した。

実験 2：水溶液 A 〜 G を少量ずつ取り分け，それぞれヨウ素ヨウ化カリウム水溶液を加えたところ，水溶液 D は濃青色を呈した。

実験 3：水溶液 E，F を少量ずつ取り分け，それぞれにフェーリング液を加えて加熱し，完全に反応させると赤色沈殿が生じた。一方，水溶液 D から取り分けた水溶液に同様の操作を行っても赤色沈殿は確認できなかった。

実験 4：水溶液 D に水溶液 B を少量加え，反応させた。その後，フェーリング液を加え加熱すると赤色沈殿が生じた。

実験 5：水溶液 E，F を，実験 3 の場合と同量になるように取り分け，それぞれの水溶液に水溶液 C を少量加え温和な条件で反応させた。その後，それぞれの水溶液にフェーリング液を加えて加熱し，完全に反応させると，実験 3 の場合と比べて水溶液 E では赤色沈殿の量が約 2 倍に増えたが，水溶液 F では沈殿の量は増えなかった。

実験 6：水溶液 A を，アルブミンの水溶液に少量加え，pH を 2 に調整したあと 37℃で反応させたところ，アルブミンはペプチドへと分解された。

実験 7：水溶液 G を少量取り分け，そこにニンヒドリン水溶液を加え適切な pH に調整したのち加熱すると，紫色を呈した。また，水溶液 G 中の分子は旋光性を示さず，不斉炭素原子をもたないことが分かった。

問1　実験1で行った反応の名称として，最も適切なものを選べ。

〔解答番号　37　〕

1.　ビウレット反応　　　2.　硫黄の検出反応　　　3.　キサントプロテイン反応
4.　けん化　　　　　　　5.　ヨードホルム反応　　　6.　窒素の検出反応

問2　水溶液 A 〜 G 中に含まれる分子として，最も適切なものをそれぞれ選べ。

A：〔解答番号　38　〕
B：〔解答番号　39　〕
C：〔解答番号　40　〕
D：〔解答番号　41　〕
E：〔解答番号　42　〕
F：〔解答番号　43　〕
G：〔解答番号　44　〕

1.　アミラーゼ　　　2.　アミロース　　　3.　アラニン　　　4.　グリシン
5.　グルコース　　　6.　セルロース　　　7.　トリプシン　　　8.　ペプシン
9.　マルターゼ　　　0.　マルトース

解 答 編

英 語

Ⅰ 解答 　1－2　2－4　3－1　4－4　5－1　6－1
　　　　　7－4　8－2　9－3

══════ 解 説 ══════

1.「充足している労働者は，生産性の観点から会社に利益をもたらす傾向がある」

　文意より，2.in を選ぶ。in terms of ～「～の観点から」

2.「論題は興味深かったが，教授の話し方は退屈だった」

　文意より，4.boring「退屈させるような，面白くない」を選ぶ。3.bored「(人が) 退屈している」との違いに注意。

3.「電話による予備調査によると，ヴァラホヴィッチ氏が次年の大統領に選出される可能性が高い」

　文意より，1を選ぶ。2.「保存の」，3.「流行している」，4.「予防の」は，いずれも意味をなさない。

4.「親たちは情報不足をめぐる不安を共有したかった」

　文意より，4を選ぶ。1.「邪魔をする」　2.「不快にさせる」　3.「生き返らせる」

5.「面接中にローザは能力を示し，成功を確かなものにした」

　文意より，1.demonstrated を選ぶ。この場合は「能力を発揮した」の意味合い。2.「生み出した」　3.「養った」　4.「大目に見た」

6.「新型コロナウイルス感染症が世界的に流行しているときに医師たちは患者のためにあらゆる努力をした」

　文意より，1.exerted を選ぶ。exert every effort で「全力を尽くす」の意味。2.「孤立させた」　3.「推定した」　4.「頼った，当てにした」

7.「ジェニーは上司が辛抱強く待っている間，書類に取り組み続けた」

　空所直後に SV 関係が続くので，接続詞が適切。書類の作成と待つことは同時に行われていると考えて，4 を選ぶ。2．during は前置詞。

8.「最近の飲酒にまつわるハラスメントに関する報告書を忘れずに提出して下さい」

　文意より，2．concerning を選ぶ。この concerning は about や on に近い意味。

9.「予期せぬ出来事に備えて予備のお金を蓄えておくのは常に賢い行動である」

　文意より，3．to lay aside を選ぶ。lay aside「蓄える」smart は人や人の行動の性質を表す形容詞なので，It is ～（of＋人）to *do* の構文と考える。この場合は通常 *doing* で置き換えはできない。なお，過去または現在に進行中のことを表す場合は It is ～ *doing* となる。

Ⅱ　解答　　1−1　2−4　3−2

=========================== 解　説 ===========================

1.「締め切りが近づいているので，その大学院生は研究レポートを書くことに連続して数時間を費やした」

　on end「連続して」　1．continuously が近い意味。2．「時々」 3．「同時に」　4．「究極的に」

2.「パーカーさんは，たいていの場合は事務所にいるのが見られます」

　more often than not「たいてい」　50％を上回る割合の場合に用いる。4．most of the time が近い意味。1．「時間が許す限り」　2．「短期間」　3．「いつもよりも長く」

3.「数人の新入社員の同僚に対する態度が我々をイライラさせ始めた」

　get on *one's* nerves「～をイライラさせる」　2．drive us up the wall が近い意味。drive は「（悪い状態に）追いやる」の意味。1．「泣かそうとする」　3．「不意を衝く」　4．「当然のことと見なす」

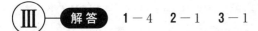

Ⅲ　解答　　1−4　2−1　3−1

===== 解説 =====

1． 4 の good を best に訂正すると，「我々はこれまで受け付けたすべての履歴書のうちジョナサンの履歴書が一番よさそうだと考えている」となる。Of all the ～ から最上級比較の文であると判断する。

2． 1 を decided to increase に訂正すると，「病院長は激務に対する感謝の気持ちを表すために全職員について今年のボーナスを上げることに決めた」となる。decide は to *do* を目的語にとる。

3． 1 の thing を things に訂正すると，「夏の大きな楽しみの一つは海水浴である。しかし，安全確保のために検討すべきいくつかの要素がある」となる。one of the＋名詞の複数形の形。

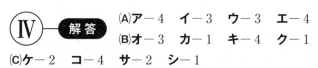

Ⅳ　解答　(A)ア— 4　イ— 3　ウ— 3　エ— 4
　　　　　(B)オ— 3　カ— 1　キ— 4　ク— 1
(C)ケ— 2　コ— 4　サ— 2　シ— 1

·················· 全訳 ··················

(A)《古代人のゲノム解析の成果》

　2022 年，スウェーデンの科学者が 40,000 年前のネアンデルタール人の骨から DNA を抽出し分析する方法を発見したことでノーベル生理学・医学賞を受賞した。彼は，現生人類のゲノムと絶滅した我々に最も近縁な種のゲノムを比較する研究を主導した。彼の研究のおかげで，科学者は現生人類と太古の人々の間の違いを明らかにすることによって，人間の進化の謎を解き明かすことができた。彼の発見によると，ネアンデルタール人と姉妹種のデニソワ人の間で起こった遺伝子移入が，およそ 70,000 年前のアフリカからの移動に続いてホモサピエンスに対して起こった。この発見は，単に骨の形状からだけでは明らかにはならない古代人の交流と移動の研究に，大いに貢献した。

(B)《医薬品およびワクチン健康被害の補償制度》

　日本には医薬品やワクチンの副作用のための補償制度がある。医薬品の使用により患者やその家族が健康被害を受けた場合は，特定の条件が満たされる限り，政府が補償する。ワクチン関連の障害や副反応の被害を受けている患者とその家族も政府の補償を受ける資格がある。そのような制度は，安全を保障し公衆衛生を守ることを目的に，医薬品やワクチン使用に

よる健康への影響について国民に社会的支援を行うように設計されている。補償は国によって異なるが，類似の制度は多くの国々に存在する。発展途上国において補償のメカニズムを確立しているところもあるが，そのような制度を実施する財源が限られている国々もあるかもしれない。それゆえ，特定の場合においては国際機関や国際的な取り組みが発展途上国と連携するかもしれない。

⒞《温暖化とエアコン使用の重要性》

　エアコンは暑い夏に適正な温度を維持するのに役立つ。しかし，若者と比べて高齢者の中には，暑さを感じずエアコンの使用を避ける傾向がある人もいる。それゆえ，熱関連死亡者の数が世界中で増加している。高齢者は体温調節の能力を低下させている。それで暑さを感じにくくなる人々もいるのかもしれない。そのような人々は十分な水分を摂取し，適切な服装をし，体温が上昇し過ぎないように，より涼しい環境を求める必要がある。地球沸騰化という新しい時代に入ったのだから，エアコンの有効活用の重要性を高齢者に知ってもらうべきである。

=== 解　説 ===

⒜ア．「ノーベル生理学・医学賞を受賞した」となるように，４．won を選ぶ。「勝ち取る→受賞する」の意味合い。１．「発見した」　２．「出会った」　３．「要求した」

イ．「我々に最も近い絶滅した親戚」となるように，３．relatives を選ぶ。これは第１文（A Swedish scientist …）のネアンデルタール人などである。relative には「同系統のもの」という意味もある。言い換え表現の第３文（His research has …）の their ancient populations もヒントになる。１．「隣人」　２．「甥」　４．「姉妹」

ウ．「進化の謎を解明する」となるように，３．unlock を選ぶ。「開錠する→解明する」という意味合い。１．「埋める」　２．「抱きしめる，受け入れる」　４．「産出する」

エ．「遺伝子移入が起こった」となるように，４．transfer を選ぶ。この transfer は名詞。最終文（The discovery has …）の ancient people's interactions などがヒントになる。１．「寄付」　２．「摩擦」　３．「感情」

⒝オ．空所前の as long as「〜である限り」に着目。「ある条件が満たされる限り」となるように，３．met を選ぶ。meet「満たす」の過去分詞。

1．「廃止された」　2．「分離された」　4．「押された」

カ．空所に続く to receive compensation に着目。1．eligible を選び，「補償を受ける資格がある」とする。be eligible to *do*「～する資格がある」　2．「優雅な」　3．「合理的な」　4．「分別のある」

キ．空所の前方の provide societal support の付加的な説明と考えて，4．goal を選ぶ。with the goal of ～「～を目的として」　1．「底」　2．「程度」　3．「信頼」

ク．空所に続く with developing countries に着目。1．collaborate を選び，「発展途上国と連携する」とする。collaborate with ～「～と連携する」　2．「省く」　3．「控える」　4．「こぼす」

(C)ケ．「高齢者」となるように，2を選ぶ。第4文（Elderly people have …）の Elderly people が類似表現。1．「会社」　3．「開拓者」　4．「物語」

コ．空所後続の so 以下の less sensitive to heat に着目。4を選び，「高齢者は体温調節の能力を低下させている」とする。1．「快適な」　2．「高められた」　3．「携帯用の」

サ．空所直前の seek cooler に着目。空所直後に to prevent their body from overheating とあるので，2を選び，「より涼しい環境を求める」とする。1．「負担」　3．「考え」　4．「乗客」

シ．文頭の Now that は「今や～なので」の意味の接続詞。地球沸騰化という新しい時代になったのでという内容をとらえる。1を選ぶと，「高齢者にエアコンの上手な使い方の重要性を知ってもらうべきだ」となり，一貫したつながりとなる。make O C「O を C にする」の形に注意。2．「～をありがたく思う」　3．「～に誠実な」　4．「～で張り詰めた」

 Ⅴ　解答　1－3　2－4　3－2

━━━━━━━━━━ 解説 ━━━━━━━━━━

1．(a)「効果的なコミュニケーション」は(b)「顧客との強い絆」の要因となる。よって，(c)「睡眠不足」が要因となるのは，3．「注意散漫」である。1．「情緒の安定」　2．「食欲増進」　4．「若々しい容姿」

2．(b)「技術者」は(a)「工学的プロジェクト」の担い手である。よって，

(c)「市場調査」を担うのは，4.「インタビュー調査員」である。1.「保健教育者」　2.「保存の専門家」　3.「脚本家」

3. (a)「期末試験のために1日中勉強した後，その少女はとても疲れた」

(b)「彼女は締め切りに間に合うように無理をしてそのプロジェクトを仕上げた」　疲労を乗り越えて締め切りを守ろうとした，困難に負けず頑張ったという流れ。(d)「彼はクライミングウォールのてっぺんまで登ることで自分を試すことを選択した」　2の「その少年は高い所が苦手であった」を選ぶと，高い所が苦手だが，ウォールクライミングで乗り越えようとしたという同様のつながりになる。1.「その少年はハイキングクラブに所属していた」　3.「その少年は富士山に憧れていた」　4.「その少年は日の出を見たかった」

Ⅵ　**解答**　1−2　2−3

···················· **全訳** ····················

《水中毒の恐ろしさ》

　過剰な水分摂取によって体内の電解質のバランスが崩れるとき，水中毒が起こる。他の物質と同じように，水は短期間に過剰に消費されると好ましくない結果をもたらすことがある。腎臓は1時間につき一定量の水分しか取り除くことできない。だから水の飲み過ぎは体内の電解質のバランスを崩す原因となる。高齢者や子供の場合は腎臓の働きの効率性が劣るので，水中毒を起こすリスクがより高くなる。ナトリウムは細胞内外の水分バランスの維持に役立つことが知られている。水の過剰摂取のためにナトリウム濃度が低下すると，細胞の膨張が始まる。これが脳細胞内で起こると，脳内の圧力が高くなり命が脅かされる場合がある。水中毒の初期症状には頭痛，吐き気，嘔吐が含まれる。意識障害，眠気，高血圧，視覚障害，感覚の喪失，あるいは呼吸困難のようなより重篤な兆候を示す場合は，即座に診察を受けるべきである。

═══════ **解説** ═══════

1. 空所に入る最適な語を選ぶ問題。まず，空所直前の help（to）*do* の形をとらえる。ナトリウムの働きに言及していると考えて，2の maintain を選ぶと「細胞内外の水分のバランスを維持することに役立つ」となる。

水分の過剰摂取により体内のナトリウム濃度が低下すると細胞が膨張して危険であるという後続の第6・7文（When solidum … can be life-threatening.）の内容もヒントになる。

2． 本文に書かれている内容を選ぶ問題。第7文（When this happens …）に「脳内で細胞の膨張が起こると命が脅かされる（life-threatening）」とあるので，3．「水分の過剰摂取は脳細胞の膨張を招き，これは人を死に至らせるかもしれない」が適切。this は「細胞の膨張」を指す。1の「水中毒は水の過剰摂取か汚染水を飲むことで起こる」は，汚染水については本文に記述がない。2の「腎臓が効果的かつ効率的に働いていれば水中毒になるリスクは低い」は，第3・4文（The kidneys can only … are less efficient.）の腎臓の能力は一定なので水分の取り過ぎは水中毒を招くという本文の内容と不一致。腎臓の機能低下が水中毒の原因ではない。4の「腎臓にバクテリアがいることは，感覚情報の認知力の低下のような重篤な症状を誘発するかもしれない」は，腎臓のバクテリアについては本文に記述がない。

 **解　答**　1－3　　2－2

・・・・・・・・・・・・・・・ **全　訳** ・・・・・・・・・・・・・・・

《ストレスと視覚障害》

　ストレスは，目に関する諸問題の結果であり，原因でもあることが知られている。これは，習慣的に眼精疲労があるとストレスをより感じるようになり，ストレス自体も視覚障害を引き起こしたり，目の状態を悪化させる場合があるということを意味する。不安感を感じると眼圧のレベルが上昇する。それゆえ，ストレスを感じる時間の長さに関係なく，ストレスが目に悪影響を及ぼす可能性があることを知っておくことが重要である。ストレスを感じると，体内ではコルチゾールやアドレナリンのようなある種のホルモンが分泌される。コルチゾールは，未来の出来事に対する反応の開始を受け持つ体内の主要なストレスホルモンである。アドレナリンが原因で，目が大きく見開かれるが，それは起こり得る身体的脅威を見て，回避するためである。これらのホルモンは，潜在的な危険に反応するように，体に準備をさせる。そのさなかに心拍数と血圧が上昇し，体が潜在的脅威

と戦う準備をするのを助けるのである。ストレスが関係するたいていの目のトラブルは，一時的なものであり，一旦リラックスし始めると収まるだろう。しかしながら，慢性的なストレスは目の内部の圧力を蓄積させ，視神経を損傷する危険がある。目に対する必要以上のストレスは，目のかすみ，光線過敏反応，ドライアイ，過剰な流涙，頭痛などを含めた視覚症状の原因となる。そのような症状がある場合は，医療専門家に連絡した方がよい。

=== 解説 ===

1．空所に入る最適な語を選ぶ問題。空所の前方の that は主格の関係代名詞で，先行詞は the primary stress hormone である。is responsible for は，このホルモンの働きに言及していると推測できる。第8文（These hormones …）に「これらのホルモンは潜在的な身体的危険に備えさせる」とあることから，3の initiating を選ぶと「未来の出来事への反応を開始することを担う」という形容詞節が完成する。1．「分類する」2．「完結させる」4．「やめさせる」

2．本文の内容と一致しないものを選ぶ問題。2．「アドレナリンは過去の危険な経験を想起させて潜在的な危険に体が備えるのに役立つホルモンである」 recalls past dangerous experiences に相当する部分は，本文に記述がないので一致しないと判断する。1．「ストレスと視覚障害は相互に密接に関係している」は，第1文（Stress is known …）に一致する。3．「ストレスを感じるとドライアイや過剰な流涙を経験するかもしれない」は，最後から2番目の文（Having extra stress …）に一致する。4．「心拍数や血圧の上昇はストレスを感じさせる環境下で起こる」は，第9文（In doing so, …）に「そのさなかに心拍数と血圧が上昇し，…」とあり，一致する。In doing so は，ストレスホルモンが潜在的危険に対応する準備をさせることを指す。

Ⅷ　解答　1－1　2－3　3－3

………………………………………… 全訳 …………………………………………

《成長痛と成長の関係》

① 「成長痛」は小さな子供の足を襲う痛みである。この痛みは午後の遅い

時間や夜に襲ってくることが多く，腿の前面，ふくらはぎ，膝の後ろで起こることが通常である。夜中に目を覚まし痛みを訴える子供もいる。このような痛みは成長痛と呼ばれるが，成長の結果として痛みが起こるという重要な科学的証拠は存在しない。成長痛は，痛みの閾値が低いこと（痛みに弱いこと），筋肉の問題，特定の場合においては，痛みを連想させる心理的問題に関係があるかもしれないということが示唆されている。また，共通して言われているのは，通常は両脚が痛みに襲われるということである。子供によっては，腹痛や頭痛が伴う症例もある。

② そのような痛みを解消する特定の治療法は存在しない。温熱パッドを使ったり，痛む筋肉をマッサージしたりすることで，痛みが和らぐかもしれない。このような痛みは毎日起こるわけではなく，一定のパターンで繰り返される。成長痛は就学前の子供と学童期の子供に一般的に見られる。夜間に痛む場合の理由として最も可能性が高いのは，昼間に活動しているときに筋肉を使いすぎるためであろう。男児も女児も等しくこの痛みを経験すると言われているが，女児のほうがそうした痛みを抱える可能性はわずかに高いようだ。子供がティーンエイジャーになるまでに，このような成長痛は解消してしまうだろう。これらの痛みが成長痛と呼ばれているにもかかわらず，成長と痛みには関係があるという考えを支持する証拠は実際には存在しないということは，少し混乱を招く。

③ この名称が与えられたのは1930年代から1940年代の間であるが，この時代は骨の成長が腱の成長を上回ると信じられており，医師たちは痛みの原因はそのような不快にあるとして「成長痛」という用語を使うようになったのである。実際，現在の理解では骨の成長スピードが腱の成長スピードを上回ることはないし，また痛みは長期に及ぶことはない。だから，翌朝に痛みや凝りがなければ，重要な問題はないかもしれない。成長痛の経験は子供によって異なる。主として脚部の痛みや不快感を口にする子供もいるが，体の他の部分に似たような感覚を覚える子供もいる。しかし，ともかく，午前中に痛みが持続してしばらく続き，通常の活動に支障をきたすほどひどければ，基礎疾患があるかもしれないので，医師の診察を受けるのがよい考えである。

═══════ 解 説 ═══════

1. 第2段の空所に入る最適な語を選ぶ問題。空所の後方の preschool

and school-age から，成長痛が起こる年齢に言及していることがわかる。1を選び，「就学前と学童期の子供に一般に見られる」とする。2.「正確に」　3.「大雑把に」　4.「ほとんどない」

2．本文の主旨を選ぶ問題。子供の「成長痛」に関する英文である。第1段では，成長痛の概要が説明されているが，第1段第4文（Such pains …）に「成長の結果として痛みが起こるという科学的証拠はない」と書かれている。第2段第1文（There is no …）には「特定の治療法はない」とある。第3段第1・2文（The name was given … a long period.）では，「成長痛」という名称は骨と腱の成長に関する誤った理解に基づくものであったとされている。以上から，3.「過去においては，子供の骨の成長に関して誤解があった。それでこれらの誤解に基づく『成長痛』という用語が生み出されることになった。そして今日でも，この疾患は依然としてあまりよく理解されていない」が適切である。condition には「疾患，病状」の意味がある点に注意。1.「成長痛は10代の若者を悩ます現代病として登場しているが，急速に成長する時期とそれらを直接結びつける科学的証拠はない」は，第2段第4文（Growing pains …）に成長痛は就学前の児童や学齢期の児童を襲う症状だとあり，また，第2段第7文（By the time …）に「ティーンエイジャー（13歳以上）になるまでに成長痛は解消されることが多い」とあるので不適切。2.「短期的な痛みは心配ないかもしれないが，痛みが続く場合は成長痛以外の病気が隠れていることもあるので，子供を骨の健康に関する専門医のところへ連れてゆく方がよい」は，最終段第3文（Therefore, if there …）および最終文（In any case, …）に言及があるが，成長痛の特徴について言及する部分が欠落しているので，主旨とは言えない。4.「成長痛を緩和するためには精神的ストレスを減らすことが重要である。だから親は子供の日々の生活におけるプレッシャーを減らし，幸福感を抱くような支援環境を確保することに気を配るべきである」は，第1段第5文（It is suggested …）に心理的問題への言及はあるが，ストレスの軽減が成長痛の緩和に重要であるという記述はないので不適切。

3．本文の内容と一致しないものを選ぶ問題。3.「成長痛は冷湿布とマッサージで緩和できる。そして鎮痛剤の使用も考慮に値する」は，第2段第2文（The pains may …）より効果があるのは温湿布（warm heating pads）であり，また鎮痛剤についての記述はないので，一致しない。1．「成長痛は 12 歳頃まで起こる場合があるが，痛みが続かない限り過度に心配する必要はない」は，前半は第 2 段第 7 文（By the time …）に一致する。teenager は「13 歳から 19 歳の若者」を指す語。ここでは「13 歳になるまでに」ととらえると until around the age of 12 ≒ By the time the child becomes a teenager が成立する。後半は最終段第 3 文（Therefore, if there …）に一致する。2．「成長痛の経験は子供の間で異なっている。そして骨の成長がこの不快な症状を直接的に引き起こすことを示唆する証拠はない」は，最終段第 4 文（The experience of …）および第 2 段最終文（It is a little …）に一致する。4．「成長痛に関連する痛みは昼間の活動中に筋肉を過度に働かせることによって起こるかもしれないと示唆されている」は，第 2 段第 5 文（The most likely …）に一致する。

 解答 1－2 2－4 3－1

··· 全 訳 ···

《遺伝子検査の有効性》

1 遺伝子検査は，人の遺伝性疾患，特定の遺伝形質，あるいは何らかの遺伝子変異を同定するために用いられる医学的検査の一種である。それは病気の発症のリスクを査定し，診断し，遺伝因子によって影響される健康問題を理解する上で役立つように設計されている。遺伝子検査は治療法の選択にも役立ち，また夫婦が子供を持つかどうかを決断することにも役立つ。遺伝子検査によって，疑いのある遺伝性疾患が発症する可能性を算定し，そうした病気が子供に遺伝するリスクを把握することができるようになる。さらに遺伝子検査は，疑われる病気を確定したり，その可能性を排除したりすることができる。

2 遺伝子検査は，希少疾患の原因を特定するためにも行われる。遺伝子を分析することで，病気に関係する遺伝子変異が発見できれば治療法の選択肢が発見できるかもしれない。たとえ希少疾患を引き起こすことが知られている遺伝子変異が見つからなくとも，依然として遺伝子がそうした病気において 1 つの役割を果たしている可能性がある。検査の過程で，血液や唾液や尿のような様々なサンプルが利用される。DNA か mRNA が試料

から抽出され，サンプルは検査機関に送られる前にプライバシー保護のために匿名化される。検査の前に遺伝子検査を受けることの利益と不利益が患者に提示される。そして患者が同意した場合にのみ検査が行われる。治療法の選択肢の発見に高い期待を抱かない方が賢明である。

③ また遺伝子検査は，特定の病気の多い家族歴を有する人に，その病気のリスクを高める遺伝子変異があるかを検査することが提案されるかもしれない。そのような人が遺伝子検査を受けると，多くの場合，病気の症状がはっきり表れる前でさえ，その病気の遺伝子を受け継いでいるかどうかを診断できる可能性が非常に高い。特定の遺伝子を受け継いでいないと判定されれば，その病気を発症する不安から解放される。その病気の原因となる遺伝子を受け継いでいれば，検査結果によって医師たちは発病の蓋然性を予測でき，早期診断を行ったり，予防的措置を講じたりすることが可能になる。

④ これまで日本では，遺伝的プライバシー，倫理的配慮，そして検査情報の解釈の難しさに対する懸念のために遺伝子検査への対応が様々であった。遺伝子分析が生物学上の関係をしばしば前提としている以上，遺伝子分析によって思いがけずそのような関係が存在しないと断定される可能性があることに留意することは重要である。遺伝子検査を受ける人は，遺伝子カウンセリングを受け，懸念を述べて，分析に加えて病気に関する助言を依頼することができる。遺伝子検査に関する情報を徹底的に理解し，健康保健の専門家との話し合いによって，情報に基づいた選択をすることが大切である。

━━━━━━━━━━ 解 説 ━━━━━━━━━━

1．欠文挿入問題。「たとえ希少疾患を引き起こすことが知られている遺伝子変異が見つからなくとも，依然として遺伝子がそうした病気において1つの役割を果たしている可能性がある」 rare disease に関する記述は第2段に限定されている。第2段第2文の if genetic mutations …「遺伝子変異が見つかれば」を受けて，Even if …「遺伝子変異が見つからなくても」とつながる流れから，Bが最適である。

2．第3段の空所に入る最適な語を選ぶ問題。病気の原因となる遺伝子を受け継いでいるという検査結果によって医師ができることの記述である。空所の前方の early diagnosis「早期診断」がヒント。直前の preventive

に着目して4のmeasuresを選ぶと,「予防的措置」となる。1.「調整」 2.「確証」　3.「感染」

3. 本文の内容と一致するものを選ぶ問題。1.「遺伝子検査は病気の有無を明らかにする潜在力を有し,希少な疾患の治療法を探るのに役立つ」は,前半は第1段第2文(It is designed…)に,後半は第2段第1・2文(Genetic testing is… can be discovered.)に一致する。このconditionは「病気,疾患」の意味。2.「遺伝子検査については様々な意見があるが,問題が生じる可能性について悩むことなく検査を受けることを検討するべきだと著者は提案する」は,最終段第2〜最終文(Since genetic analysis… with healthcare professionals.)より,遺伝子検査を受ける前に留意すべきことがあり,情報を徹底的に理解し,懸念があれば相談し,専門家との話し合いによって受けるべきか決めるべきという内容に一致しない。3.「遺伝子検査は病気の初期段階を予測できる。それでも病気の家族歴のある人々の場合はその病気についての不安を取り除くことはできない」は,病気の家族歴については第3段に書かれているが,後半部分が第3文(If it is determined…)に一致しない。病気になる遺伝子を受け継いでいないと診断されれば発病の不安は取り除ける,というのが本文の内容である。4.「告知に基づく同意は,特定の病気の診断や治療法の決定,子供を持つかどうかの判断において価値ある役割を果たすことはないかもしれない」は,informed consentについては第2段第5文(Before the test,…)に関連する記述があるが,それが役立たないとは書かれていないので,一致しない。なお,遺伝子検査が診断,治療法,出産の判断に役立つことは,第1段第2・3文(It is designed… children or not.)に書かれている。

数　学

 (1) **1)** 2) 12　**3) 4)** 29
　　　(2) **5)** 6　**6)** 6　**7)** 7

(3) **8) 9)** 32

=== 解　説 ===

《実数の整数部分・小数部分》

$\sqrt{4} < \sqrt{7} < \sqrt{9}$ すなわち $2 < \sqrt{7} < 3$ であるから

$$7-3 < 7-\sqrt{7} < 7-2 \quad \therefore \quad 4 < 7-\sqrt{7} < 5$$

したがって，$7-\sqrt{7}$ の整数部分は 4 だから

$$a = 4$$

また

$$b = (7-\sqrt{7}) - 4 = 3-\sqrt{7}$$

(1)
$$\frac{1}{a+b-1} + \frac{1}{a-b+5} = \frac{1}{6-\sqrt{7}} + \frac{1}{6+\sqrt{7}}$$
$$= \frac{(6+\sqrt{7}) + (6-\sqrt{7})}{(6-\sqrt{7})(6+\sqrt{7})}$$
$$= \frac{12}{6^2 - (\sqrt{7})^2} = \frac{12}{29} \quad \to 1) \sim 4)$$

(2)
$$ab - \frac{a}{b} = 4(3-\sqrt{7}) - \frac{4}{3-\sqrt{7}} = 4\left(3-\sqrt{7} - \frac{1}{3-\sqrt{7}}\right)$$
$$= 4\left(3-\sqrt{7} - \frac{3+\sqrt{7}}{9-7}\right) = 4 \cdot \frac{2(3-\sqrt{7}) - (3+\sqrt{7})}{2}$$
$$= 6 - 6\sqrt{7} \quad \to 5) \sim 7)$$

(3)
$$b^2 + \left(\frac{2}{b}\right)^2 = (3-\sqrt{7})^2 + \left(\frac{2}{3-\sqrt{7}}\right)^2$$
$$= (3-\sqrt{7})^2 + (3+\sqrt{7})^2$$
$$= 2(9+7) = 32 \quad \to 8) 9)$$

(注)　正の数 α が与えられたとき，α の整数部分とは，α 以下の最大の整数である。たとえば，$\sqrt{3} = 1.732\cdots$ の整数部分とは 1 である。この場合 α

の小数部分を β とすると，$\beta=0.732\cdots$ であるが，このような形のままでは計算できないので，$\beta=\sqrt{3}-1$ として計算していく。すなわち

$$(\alpha \text{の小数部分})=\alpha-(\alpha \text{の整数部分})$$

解答

(1)(i)**10)** 4　**11)** 9　(ii)**12)** 6　**13)14)** 25

(2)(i)**15)** 3　**16)17)** 10　(ii)**18)** 3　**19)20)** 35

――――――――― 解説 ―――――――――

《球の色の確率・条件付き確率，条件を満たす整数の個数》

(1)　袋A：赤球15個と白球10個

　袋B：赤球12個と白球18個

　袋C：赤球14個と白球28個

　袋A，B，Cを選ぶという事象をそれぞれ A，B，C で表すと，この3つの袋から無作為に1つの袋を選ぶのだから

$$P(A)=P(B)=P(C)=\frac{1}{3}$$

また，取り出した球が赤球，白球であるという事象をそれぞれ R，W で表すことにする。

(i)　袋Aを選んだとき，その中から赤球を取り出す条件付き確率は，球の個数を考えて

$$P_A(R)=\frac{15}{15+10}=\frac{3}{5}$$

$P_B(R)$，$P_C(R)$ も同様に

$$P_B(R)=\frac{12}{12+18}=\frac{2}{5}$$

$$P_C(R)=\frac{14}{14+28}=\frac{1}{3}$$

取り出した球が赤球である確率は，初めに袋A，B，Cのいずれを選んだか，それぞれの場合を考えて

$$P(R)=P(A)P_A(R)+P(B)P_B(R)+P(C)P_C(R)$$

$$=\frac{1}{3}\cdot\frac{3}{5}+\frac{1}{3}\cdot\frac{2}{5}+\frac{1}{3}\cdot\frac{1}{3}$$

$$=\frac{1}{3}\left(\frac{3}{5}+\frac{2}{5}+\frac{1}{3}\right)$$

$$= \frac{4}{9} \quad \rightarrow 10) \cdot 11)$$

(ii)　事象 W は事象 R の余事象だから

$$P(W) = 1 - P(R) = 1 - \frac{4}{9} = \frac{5}{9}$$

　求める確率は，事象 W が起きたという条件の下で事象 A が起きる条件付き確率 $P_W(A)$ であるから

$$P_W(A) = \frac{P(A \cap W)}{P(W)} = \frac{P(A) P_A(W)}{P(W)}$$

$$= \frac{1}{3} \cdot \frac{10}{25} \div \frac{5}{9} = \frac{6}{25} \quad \rightarrow 12) \sim 14)$$

(2)　(i)　n が偶数であるとき，$n = 2$，4，6，… について，その正の約数の全体を記すと，右の表のようになる。

n	n の約数
2	1，2
4	1，2，4
6	1，2，3，6
8	1，2，4，8
10	1，2，5，10
12	1，2，3，4，6，12

　よって，これらのうちで条件①，②をともに満たすのは，$n = 6$，8，10 に限る。

　また，$n \geqq 12$ のときは，$n = 2m$（m は 6 以上の整数）とおけて，これは n の 1 と n 以外の約数として 2，m をもち，$m - 2 \geqq 4$ であるから，条件②を満たさない。

　以上から，①と②を同時に満たす n の値は $n = 6$，8，10 の 3 個であり，そのうちの最大値は 10 である。　→ 15) ～ 17)

(ii)　n が 5 の倍数であるとき，$n = 5$，10，15，… について，その正の約数の全体を記すと，右の表のようになる。

n	n の約数
5	1，5
10	1，2，5，10
15	1，3，5，15
20	1，2，4，5，10，20
25	1，5，25
30	1，2，3，5，6，10，15，30
35	1，5，7，35
40	1，2，4，5，8，10，20，40
45	1，3，5，9，15，45

　よって，これらのうちで条件①，②をともに満たすのは，$n = 10$，15，35 に限る。

　また，$n \geqq 45$ のときは，$n = 5m$（m は 9 以上の整数）とおけて，これは n の 1 と n 以外の約数として 5，m をもち，$m - 5 \geqq 4$ であるから，条件②を満たさない。

以上から，①と②を同時に満たす n の値は $n=10,\ 15,\ 35$ の 3 個であり，そのうちの最大値は 35 である。 →18)〜20)

三 **解答** (1)**21)** 4 **22)** 3
(2)**23)** 6 **24)** 2 **25)** 4
(3)**26)** 2 **27)** 2 **28)** 2 **29)** 6 **30)** 4

=== 解 説 ===

《三角関数の加法定理，3 次方程式》

(1) 加法定理および倍角公式を用いて

$$\cos3\theta=\cos(\theta+2\theta)=\cos\theta\cos2\theta-\sin\theta\sin2\theta$$
$$=\cos\theta(2\cos^2\theta-1)-\sin\theta(2\sin\theta\cos\theta)$$
$$=\cos\theta(2\cos^2\theta-1)-2(1-\cos^2\theta)\cos\theta$$
$$=4\cos^3\theta-3\cos\theta \quad →21)\cdot22)$$

(2) 加法定理を用いて

$$\cos\frac{\pi}{12}=\cos\left(\frac{\pi}{3}-\frac{\pi}{4}\right)=\cos\frac{\pi}{3}\cos\frac{\pi}{4}+\sin\frac{\pi}{3}\sin\frac{\pi}{4}$$
$$=\frac{1}{2}\cdot\frac{\sqrt{2}}{2}+\frac{\sqrt{3}}{2}\cdot\frac{\sqrt{2}}{2}$$
$$=\frac{\sqrt{6}+\sqrt{2}}{4} \quad →23)〜25)$$

(3) 3 次方程式 $4x^3-3x-\cos\frac{\pi}{4}=0$ を解くと

$$4x^3-3x-\frac{\sqrt{2}}{2}=0$$
$$\left(x+\frac{\sqrt{2}}{2}\right)(4x^2-2\sqrt{2}\,x-1)=0$$
$$\therefore\quad x=-\frac{\sqrt{2}}{2},\ \frac{\sqrt{2}\pm\sqrt{6}}{4} \quad →26)〜30)$$

別解 (1)で証明した式において，$\theta=\frac{\pi}{12}$ とすれば

$$\cos\left(3\cdot\frac{\pi}{12}\right)=4\cos^3\frac{\pi}{12}-3\cos\frac{\pi}{12}$$

が成り立つから，$x=\cos\frac{\pi}{12}=\frac{\sqrt{6}+\sqrt{2}}{4}$ は 3 次方程式

$$\cos\frac{\pi}{4}=4x^3-3x \quad \text{すなわち} \quad 4x^3-3x-\cos\frac{\pi}{4}=0$$

の解（の1つ）であることがわかる。

　したがって，因数定理から，$x-\dfrac{\sqrt{6}+\sqrt{2}}{4}$ は $4x^3-3x-\dfrac{\sqrt{2}}{2}$ を割り切るので，これを利用してこの3次方程式を解くことも可能だが，計算が煩雑だろう。

　あるいは，$\theta=\dfrac{3\pi}{4}$ とすれば

$$\cos3\theta=\cos\frac{9\pi}{4}=\cos\frac{\pi}{4}$$

　また，$\theta=\dfrac{7\pi}{12}$ とすれば

$$\cos3\theta=\cos\frac{7\pi}{4}=\cos\frac{\pi}{4}$$

であるから，(1)の結果から，$\theta=\dfrac{3\pi}{4}$, $\dfrac{7\pi}{12}$ はともに

$$\cos\frac{\pi}{4}=4\cos^3\theta-3\cos\theta$$

を満たし，$x=\cos\dfrac{3\pi}{4}$, $\cos\dfrac{7\pi}{12}$ はともに3次方程式

$$4x^3-3x-\cos\frac{\pi}{4}=0$$

の解であることがわかる。

　なお

$$\cos\frac{3\pi}{4}=-\frac{\sqrt{2}}{2}, \quad \cos\frac{7\pi}{12}=\cos\left(\frac{\pi}{3}+\frac{\pi}{4}\right)=\frac{\sqrt{2}-\sqrt{6}}{4}$$

である。

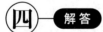 〔四〕 **解答**　(1)**31)** 1　　**32)33)**24
　　　　　　　　 (2)**34)** 0　　**35)** 2
(3)**36)37)**18　　**38)39)**24

=== 解 説 ===

《対数関数の計算・値域》

$$y=\frac{1}{9}\left(\log_{\frac{1}{3}}x^3\right)^2-\log_{\frac{1}{3}}(27x^{1-a})+a-27 \quad (1\leqq x\leqq 9)$$

(1)　$t=\log_3 x$ のとき，底の変換公式を用いると

$$\log_{\frac{1}{3}}x^3=\frac{\log_3 x^3}{\log_3 \frac{1}{3}}=\frac{3\log_3 x}{-1}=-3t$$

$$\log_{\frac{1}{3}}(27x^{1-a})=\frac{\log_3(27x^{1-a})}{\log_3 \frac{1}{3}}=\frac{\log_3 27+(1-a)\log_3 x}{-1}$$

$$=-\{3+(1-a)t\}$$

よって

$$y=\frac{1}{9}(-3t)^2+3+(1-a)t+a-27$$

$$=t^2+(1-a)t+a-24 \quad \rightarrow 31)\sim 33)$$

(2)　$1\leqq x\leqq 9$ のとき，各辺について 3 を底とする対数をとると

$$\log_3 1\leqq \log_3 x\leqq \log_3 9 \quad \text{すなわち} \quad 0\leqq t\leqq 2 \quad \rightarrow 34)\cdot 35)$$

(3)　t についての 2 次関数と考えて，$y=t^2+(1-a)t+a-24$ を $f(t)$ とおく。$y=f(t)$ のグラフは，下に凸である放物線だから，$0\leqq t\leqq 2$ において $t=0$ または $t=2$ で最大値をとる。

したがって，$1\leqq x\leqq 9$ すなわち $0\leqq t\leqq 2$ において，つねに $y<0$ となるための必要十分条件は

$$f(0)<0 \quad \text{かつ} \quad f(2)<0$$

すなわち　$a-24<0$　かつ　$-a-18<0$

これを解いて　$-18<a<24$　→ 36)~39)

40) 1　41) 2　42) 2　43) 3　44) 1　45) 4

46)47) 16　48) 6　49)50) 27

══════════ 解　説 ══════════

《点に対応する点の存在する領域，領域の面積》

$X=x+y$，$Y=xy$ のとき，与えられた実数の組 (X, Y) に対して実数の組 (x, y) が存在するための条件は，t についての 2 次方程式

$$t^2-Xt+Y=0$$

が実数解をもつことであるから，判別式を考えて

$$X^2-4Y\geqq0 \quad すなわち \quad Y\leqq\frac{1}{4}X^2 \quad\cdots\cdots①$$

この条件の下で考えて

$$3x^2+3y^2\leqq4 \iff 3\{(x+y)^2-2xy\}\leqq4$$
$$\iff 3(X^2-2Y)\leqq4$$
$$\iff Y\geqq\frac{1}{2}X^2-\frac{2}{3} \quad\cdots\cdots②$$

よって，XY 平面上で，点 (X, Y) が存在する領域は，①かつ②で

$$\begin{cases} Y\geqq\dfrac{1}{2}X^2-\dfrac{2}{3} \\ Y\leqq\dfrac{1}{4}X^2 \end{cases} \quad\to 40)\sim45)$$

で表される。この領域の境界である 2 放物線の交点の X 座標を求めるために

$$\begin{cases} Y=\dfrac{1}{2}X^2-\dfrac{2}{3} \quad\cdots\cdots③ \\ Y=\dfrac{1}{4}X^2 \quad\cdots\cdots④ \end{cases}$$

の 2 式から Y を消去すると，③−④ として

$$0=\frac{1}{4}X^2-\frac{2}{3} \quad\therefore\quad X=\pm\frac{2\sqrt{6}}{3}$$

区間 $-\dfrac{2\sqrt{6}}{3}\leqq X\leqq\dfrac{2\sqrt{6}}{3}$ において，放物線④は放物線③の上方にあるから，求める領域の面積を S とすると

$$S=\int_{-\frac{2\sqrt{6}}{3}}^{\frac{2\sqrt{6}}{3}}\left\{\frac{1}{4}X^2-\left(\frac{1}{2}X^2-\frac{2}{3}\right)\right\}dX$$

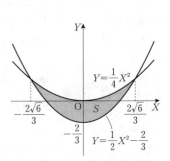

$$=\int_{-\frac{2\sqrt{6}}{3}}^{\frac{2\sqrt{6}}{3}}\left(-\frac{1}{4}X^2+\frac{2}{3}\right)dX$$

$$=-\frac{1}{4}\cdot 2\int_{0}^{\frac{2\sqrt{6}}{3}}\left(X^2-\frac{8}{3}\right)dX$$

$$=-\frac{1}{2}\left[\frac{X^3}{3}-\frac{8}{3}X\right]_{0}^{\frac{2\sqrt{6}}{3}}$$

$$=\frac{16\sqrt{6}}{27}\quad\rightarrow 46)\sim 50)$$

（注）　初めてこの種の問題に出会った場合，条件①に気づかない受験生は多いのではないだろうか。点 $(x,\ y)$ を点 $(X,\ Y)=(x+y,\ xy)$ に対応させるとき，xy 平面全体は XY 平面全体に対応しないのである。たとえば，$(X,\ Y)=(0,\ 1)$ に対応する点 $(x,\ y)$ は存在しない。なぜなら，$x+y=0$，$xy=1$ を満たす実数の組 $(x,\ y)$ は存在しないからである。そこで，まず点 $(X,\ Y)$ に対して点 $(x,\ y)$ が存在するための条件を考えなければならない。それが条件①となる。すなわち，この対応で，xy 平面全体は①で表される領域に対応する。

積分計算については

$$\int_{\alpha}^{\beta}(x-\alpha)(x-\beta)dx=-\frac{1}{6}(\beta-\alpha)^3$$

の公式を用いて

$$\int_{-\frac{2\sqrt{6}}{3}}^{\frac{2\sqrt{6}}{3}}\left\{\frac{1}{4}X^2-\left(\frac{1}{2}X^2-\frac{2}{3}\right)\right\}dX$$

$$=-\frac{1}{4}\int_{-\frac{2\sqrt{6}}{3}}^{\frac{2\sqrt{6}}{3}}\left(X+\frac{2\sqrt{6}}{3}\right)\left(X-\frac{2\sqrt{6}}{3}\right)dX$$

$$=-\frac{1}{4}\cdot\left(-\frac{1}{6}\right)\left\{\frac{2\sqrt{6}}{3}-\left(-\frac{2\sqrt{6}}{3}\right)\right\}^3$$

$$=\frac{1}{4}\cdot\frac{1}{6}\cdot\left(\frac{4\sqrt{6}}{3}\right)^3=\frac{16\sqrt{6}}{27}$$

のように計算することもできる。

(1) 51) 4　52) 3　53) 8　54) 3　55) 2　56) 5
57) 3　58) 3　59) 2

(2) **60)** 5　**61)** 1　**62)** 4　**63)** 5　**64)** 1　**65)66)** 16　**67)** 1　**68)** 4

━━━━━━━━━ 解 説 ━━━━━━━━━

《平面ベクトル，漸化式，数列の和，対数の計算》

(1)　$|\overrightarrow{OP}|=2|\overrightarrow{AP}|$

の両辺は正だから，両辺を2乗して

$$|\overrightarrow{OP}|^2=4|\overrightarrow{AP}|^2 \quad \cdots\cdots①$$

ここで，P(x, y)とおく。O(0, 0)，

A(1, 2)だから

$$\overrightarrow{OP}=(x, y), \quad \overrightarrow{AP}=(x-1, y-2)$$

よって，①より

$$x^2+y^2=4\{(x-1)^2+(y-2)^2\}$$

$$3x^2-8x+3y^2-16y=-20$$

両辺を3で割って，平方完成をすると

$$\left(x-\frac{4}{3}\right)^2+\left(y-\frac{8}{3}\right)^2=\frac{20}{9}$$

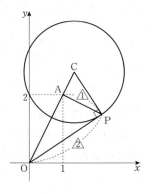

したがって，点Pは中心が点$\left(\dfrac{4}{3}, \dfrac{8}{3}\right)$，半径$\dfrac{2\sqrt{5}}{3}$の円を描く。

→ 51)〜57)

この円の中心を点Cとしよう。すなわち，C$\left(\dfrac{4}{3}, \dfrac{8}{3}\right)$だから

$$OC=\sqrt{\left(\frac{4}{3}\right)^2+\left(\frac{8}{3}\right)^2}=\frac{4}{3}\sqrt{1+2^2}=\frac{4\sqrt{5}}{3}$$

∠POAは鋭角であるから，cos∠POAが最小値をとるのは，∠POA
が最大となるときである。これは，直線OPがこの円Cに点Pで接する
ときである。

このとき，∠OPC＝90°，また，CP＝$\dfrac{2\sqrt{5}}{3}$だから

$$OP=\sqrt{OC^2-CP^2}=\sqrt{\left(\frac{4\sqrt{5}}{3}\right)^2-\left(\frac{2\sqrt{5}}{3}\right)^2}$$

$$=\sqrt{\left(\frac{2\sqrt{5}}{3}\right)^2(2^2-1)}=\frac{2\sqrt{5}}{3}\cdot\sqrt{3}$$

$$=\frac{2\sqrt{15}}{3}$$

直角三角形 OPC を見て

$$\cos\angle POA = \cos\angle POC = \frac{OP}{OC} = \frac{2\sqrt{15}}{3} \div \frac{4\sqrt{5}}{3} = \frac{\sqrt{3}}{2}$$

よって,求める $\cos\angle POA$ の最小値は $\dfrac{\sqrt{3}}{2}$ である。 →58)・59)

参考 2つの定点 O,A からの距離の比が一定 ($m:n$) であるような動点 P の軌跡は,$m \neq n$ のとき円であることはよく知られている ($m = n$ のときは直線)。

この円と直線 OA との2つの交点は,線分 OA を $m:n$ に内分,および外分する点であり,この円の直径の両端となる。

本問においては,つねに OP:AP=2:1 であるから,線分 OA を 2:1 に内分する点 $P_1\left(\dfrac{2}{3}, \dfrac{4}{3}\right)$,外分する点 $P_2(2, 4)$ の中点 $C\left(\dfrac{4}{3}, \dfrac{8}{3}\right)$ がこの円の中心となる。

また,この円の半径は

$$\begin{aligned}
\frac{1}{2}P_1P_2 &= \frac{1}{2}\sqrt{\left(2-\frac{2}{3}\right)^2 + \left(4-\frac{4}{3}\right)^2} \\
&= \frac{2\sqrt{5}}{3}
\end{aligned}$$

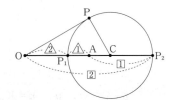

である。

また,後半部では,直角三角形 OCP において,OC:CP=2:1 に気が付けば,∠POA=∠POC=30° となることがわかるので,ただちに

$$\cos\angle POA = \cos 30° = \frac{\sqrt{3}}{2}$$

を得る。

(2) $a_1 = 1$, $a_{n+1} = 7a_n{}^5$ ……①

①の両辺は正だから,両辺について 7 を底とする対数をとると

$$\log_7 a_{n+1} = \log_7 7a_n{}^5$$

$$\log_7 a_{n+1} = \log_7 7 + 5\log_7 a_n$$

ここで,$b_n = \log_7 a_n$ ($n=1, 2, 3, \cdots$) とおくと

$$b_{n+1} = 1 + 5b_n \quad \cdots\cdots②$$

変形すると

$$b_{n+1}+\frac{1}{4}=5\left(b_n+\frac{1}{4}\right)$$

ゆえに，数列 $\left\{b_n+\dfrac{1}{4}\right\}$ は公比 5 の等比数列であり，初項は

$$b_1+\frac{1}{4}=\log_7 a_1+\frac{1}{4}=\frac{1}{4}$$

であるから，その一般項は

$$b_n+\frac{1}{4}=\frac{1}{4}\cdot 5^{n-1} \qquad b_n=\frac{5^{n-1}-1}{4} \quad (n=1,\ 2,\ 3,\ \cdots)$$

よって　　$\log_7 a_n=\dfrac{5^{n-1}-1}{4}$ 　$(n=1,\ 2,\ 3,\ \cdots)$ 　→60)〜62)

したがって

$$\sum_{k=1}^n \log_7 a_k=\sum_{k=1}^n \frac{5^{k-1}-1}{4}=\frac{1}{4}\left(\sum_{k=1}^n 5^{k-1}-\sum_{k=1}^n 1\right)$$

$$=\frac{1}{4}\left(\frac{5^n-1}{5-1}-n\right)$$

$$=\frac{5^n-1}{16}-\frac{1}{4}n \quad →63)〜68)$$

（注）　$p(\neq 1)$，q を定数として，数列 $\{a_n\}$ が漸化式

$$a_{n+1}=pa_n+q \quad (n=1,\ 2,\ 3,\ \cdots)$$

で与えられたとき，$\alpha=p\alpha+q$ を満たす定数 α をとれば，上式は

$$a_{n+1}-\alpha=p(a_n-\alpha)$$

と変形できる。

　これは数列 $\{a_n-\alpha\}$ が公比 p の等比数列であることを示すから

$$a_n-\alpha=(a_1-\alpha)\cdot p^{n-1} \quad (n=1,\ 2,\ 3,\ \cdots)$$

　本問では，②式を見て $\alpha=1+5\alpha$ とおくと，$\alpha=-\dfrac{1}{4}$ となるので

$$b_{n+1}-\left(-\frac{1}{4}\right)=5\left\{b_n-\left(-\frac{1}{4}\right)\right\}$$

と変形できることがわかる。

化　学

一 **解答** **問1.** 2 **問2.** 2 **問3.** 2 **問4.** 7

═══════════ 解説 ═══════════

《原子番号と質量数，組成式，面心立方格子と密度，物質量と粒子数》

問1. この原子の陽子数は

$$40-22=18$$

なので，原子番号 18 の Ar であるとわかる。

問2. アルカリ土類金属 **A** は 2 価の陽イオン，ハロゲン **X** は 1 価の陰イオンにそれぞれなりやすいので，これらからなる化合物の組成式は **AX₂** と表される。

問3. 面心立方格子の単位格子中の原子数は 4 個なので，原子量すなわち N_A 個の原子の質量〔g〕は

$$a^3 \times d \times \frac{N_A}{4} = \frac{a^3 d N_A}{4} \text{〔g〕}$$

問4. 塩化カルシウム（Ⅱ）（式量 111）は

$$CaCl_2 \longrightarrow Ca^{2+} + 2Cl^-$$

のように電離するので，1 mol の塩化カルシウム（Ⅱ）から陽イオンと陰イオンを合わせて 3 mol のイオンを生じる。よって，求める値は

$$\frac{444}{111} \times 3 \times 6.0 \times 10^{23} = 7.2 \times 10^{24}$$

二 **解答** **問1.** 0 **問2.** 2
問3. (a)—6 (b)—2 (c)—5 **問4.** 3

═══════════ 解説 ═══════════

《鉄の反応，溶解度積》

問1. 鉄に硫酸水溶液を加えると

$$Fe + H_2SO_4 \longrightarrow FeSO_4 + H_2$$

の反応が進む。求める鉄の単体の質量を x〔g〕とすると，1 mol の鉄が反

応して 1 mol の水素が発生するので

$$\frac{x}{56.0} = \frac{11.2 \times 10^{-3}}{22.4}$$

$$\therefore \quad x = 2.8 \times 10^{-2} [g]$$

問 2. 問 1 の反応式の通り，水素が発生する。

問 3. (a)　Fe^{2+} により淡緑色の溶液。

(b)　Fe^{3+} により黄褐色の溶液。

(c)　$Fe(OH)_3$ により赤褐色の沈殿。

問 4. $Fe(OH)_3$ の沈殿が生じはじめたとき，最初の鉄の単体 2.8×10^{-2} g はすべて Fe^{3+} となっていて，そのモル濃度 $[Fe^{3+}] [mol/L]$ は

$$[Fe^{3+}] = \frac{2.8 \times 10^{-2}}{56.0} \div \frac{75.0 + 25.0}{1000} = 5.0 \times 10^{-3} [mol/L]$$

このとき，$K_{sp} = [Fe^{3+}] [OH^-]^3$ が成立するので

$$5.0 \times 10^{-3} \times [OH^-]^3 = 1.00 \times 10^{-38}$$

$$\therefore \quad [OH^-] = \sqrt[3]{2.00} \times 10^{-12} [mol/L]$$

よって，$K_w = [H^+] [OH^-]$ より

$$[H^+] \times \sqrt[3]{2.00} \times 10^{-12} = 1.00 \times 10^{-14}$$

$$[H^+] = \frac{1}{\sqrt[3]{2.00}} \times 10^{-2} [mol/L]$$

したがって，$pH = -\log_{10}[H^+]$ より

$$pH = -\log_{10}\left(\frac{1}{\sqrt[3]{2.00}} \times 10^{-2}\right) = -\log_{10}(2^{-\frac{1}{3}} \times 10^{-2})$$

$$= \frac{1}{3}\log_{10}2 + 2\log_{10}10 = \frac{1}{3} \times 0.300 + 2$$

$$= 2.1$$

問 1. 7　**問 2.** 7

問 3. x－1　y－4　z－2

━━━━━━ 解 説 ━━━━━━

《金属の化合物と合金》

問 2. 炭酸塩の生成に CO_2 が，水酸化物の生成に H_2O が，銅の酸化に O_2 がそれぞれ必要である。

$$2Cu + CO_2 + H_2O + O_2 \longrightarrow CuCO_3 \cdot Cu(OH)_2$$

問3. 各元素の質量比が与えられているので,求める亜鉛(原子量 65)の物質量 [mol] は

$$7.1 \times \frac{1}{6+1+1} \times \frac{1}{65} = 1.36 \times 10^{-2} \fallingdotseq 1.4 \times 10^{-2} \text{[mol]}$$

（四） **解答**  **問1.** x―6 y―7 z―1 **問2.** 3 **問3.** 3

═══════════ **解 説** ═══════════

《中和滴定》

問1. 希釈前の酢酸水溶液中の酢酸の濃度を C[mol/L] とすると,滴定の結果より

$$C \times \frac{1}{10} \times \frac{10.0}{1000} = 0.103 \times \frac{6.50}{1000}$$

∴ $C = 6.69 \times 10^{-1} \fallingdotseq 6.7 \times 10^{-1}$[mol/L]

問3. 過不足なく中和する酢酸水溶液のモル濃度を C[mol/L],体積を v[mL],水酸化ナトリウム水溶液のモル濃度を C'[mol/L],体積を v'[mL] とすると,次式が成立する。

$$C \times \frac{v}{1000} = C' \times \frac{v'}{1000}$$

ここで,滴定に用いる水溶液中の水酸化物イオンの濃度を本来の値より大きい値で計算してしまうと C' が正しい値より大きくなるため,C の値も正しい値より大きくなってしまう。

（五） **解答** **問1.** 9 **問2.** 5

═══════════ **解 説** ═══════════

《電気分解,両性酸化物》

問1. 水の電気分解の陽極における反応式は

$$2H_2O \longrightarrow O_2 + 4H^+ + 4e^-$$

と表され,1 mol の電子が流れると $\frac{1}{4}$ mol の酸素が発生する。

よって，求める時間を t 分とすると

$$\frac{1.50 \times t \times 60}{9.65 \times 10^4} \times \frac{1}{4} = \frac{200 \times 10^{-3}}{22.4}$$

∴ $t = 38.29 \fallingdotseq 38.3$ 分

（六）　**解答**　問1．u－5　v－0　w－1　問2．7
　　　　　　　問3．x－1　y－2　z－2
問4．A－3　B－7　C－5　D－5　E－8　M－8　問5．3

════════════════ 解　説 ════════════════

《脂肪族化合物の構造決定》

問1． 実験5より，21.5 mg の化合物 K 中の各元素の質量〔mg〕は

C：$55.0 \times \dfrac{12.0}{44.0} = 15.0$〔mg〕

H：$22.5 \times \dfrac{1.00 \times 2}{18.0} = 2.50$〔mg〕

O：$21.5 - (15.0 + 2.50) = 4.00$〔mg〕

と求められるので，各元素の物質量比は

C：H：O $= \dfrac{15.0}{12.0} : \dfrac{2.50}{1.00} : \dfrac{4.00}{16.0} = 5 : 10 : 1$

となり，K の組成式は $C_5H_{10}O$ とわかる。ここで，実験1および実験2より，化合物 B は炭素間二重結合を1つもち，ここに過マンガン酸カリウムが作用して生じる化合物 F は1価のカルボン酸または1価のケトンといえ，さらに実験4より F は1価のケトンといえる。したがって，K は1価のアルコールすなわち酸素原子数が1とわかるので，その分子式は $C_5H_{10}O$ と決まる。

問2． 実験4より K の分子式が $C_5H_{10}O$ なので，F の分子式は C_5H_8O とわかる。この分子式で，ケトン基と環構造をもつ構造異性体は次の7種類ある（炭素骨格のみ示し，ケトン基の炭素原子を矢印で表す）。

$$
\begin{array}{c}
\text{C}\\
\text{C}-\text{C}-\text{C}\\
\text{C}
\end{array}
\qquad
\begin{array}{c}
\text{C}\\
\text{C}-\text{C}-\text{C}-\text{C}
\end{array}
$$

問3. 実験2の下線部の変化では，**B** から過マンガン酸カリウムの酸化開裂により生じたホルムアルデヒド（化合物 **L**）が酸化されて還元性をもつギ酸（化合物 **O**）となり，ギ酸がさらに酸化されて二酸化炭素が生成する。ギ酸の示性式は HCOOH であり，分子式は CH_2O_2 である。

問4. 実験9より **K** に枝分かれのアルキル基がないことと，問1の考察より，**K**，**F** の構造が決まり，これと問3の考察より **B** の構造が決まる。

$$
\begin{array}{c}
\text{CH}_2-\text{CH}_2\\
\text{CH}_2-\text{CH}_2
\end{array}\!\!\!\Big\rangle\!\text{CH}
\begin{array}{c}\\ \text{OH}\end{array}
\qquad
\begin{array}{c}
\text{CH}_2-\text{CH}_2\\
\text{CH}_2-\text{CH}_2
\end{array}\!\!\!\Big\rangle\!\text{C}=\text{O}
\qquad
\begin{array}{c}
\text{CH}_2-\text{CH}_2\\
\text{CH}_2-\text{CH}_2
\end{array}\!\!\!\Big\rangle\!\text{C}=\text{CH}_2
$$

　　　化合物 **K** 　　　　　　　化合物 **F** 　　　　　　　化合物 **B**

　これより化合物 **A**，**B**，**C**，**D** の分子式はいずれも C_6H_{10} と決まり，実験1より **A**，**C** は **B** と同じシクロアルケン，**D** はアルキンまたはアルカジエンとわかる。実験2において **A** からジカルボン酸 **E** が生じ，実験9より **E** に枝分かれしたアルキル基がないことから，これらの構造が決まる。

$$
\text{HOOC}-\text{CH}_2-\text{CH}_2-\text{CH}_2-\text{CH}_2-\text{COOH}
\qquad
\begin{array}{c}
\text{CH}_2-\text{CH}_2-\text{CH}\\
\text{CH}_2-\text{CH}_2-\text{CH}
\end{array}
$$

　　　　　　　化合物 **E** 　　　　　　　　　　　　化合物 **A**

　C_6H_{10} のシクロアルケンである **C** に，実験6でオゾン分解して生じる化合物 **M** はアルデヒドであり，実験9より枝分かれしているメチル基が1つなので，**C** の炭素骨格は

$$
\begin{array}{c}
\text{C}-\text{C}\\
\text{C}-\text{C}
\end{array}\!\!\!\Big\rangle\!\text{C}-\text{C}
$$

に決まる。さらに実験3より，**C** に塩化水素を付加して生じる化合物が1種類（化合物 **J** のみ）なので，**C** の構造が決まる。

$$
\begin{array}{c}
\text{CH}-\text{CH}_2\\
\text{CH}-\text{CH}_2
\end{array}\!\!\!\Big\rangle\!\text{CH}-\text{CH}_3
\qquad
\begin{array}{c}
\text{H}-\text{C}-\text{CH}_2-\text{CH}-\text{CH}_2-\text{C}-\text{H}\\
\ \ \ \ \ \|\ \ \ \ \ \ \ \ \ \ \ \ \ |\ \ \ \ \ \ \ \ \ \ \ \|\\
\ \ \ \ \ \text{O}\ \ \ \ \ \ \ \ \ \ \text{CH}_3\ \ \ \ \ \ \ \text{O}
\end{array}
$$

　　　　　化合物 **C** 　　　　　　　　　　　化合物 **M**

　D については，実験1および実験8より，一方の末端が

という部分構造であるといえる（$CH_2=C=C-$ という部分構造も考えられるが，c群の選択肢にないので除く）。実験7において生成する化合物 **N** には，実験9より枝分かれしたアルキル基がないことから，**D** の構造が決まる。

$$CH \equiv C-CH_2-CH_2-CH_2-CH_3$$
化合物 **D**

$$\xrightarrow{+H_2O} CH_2=\underset{\underset{\displaystyle OH}{|}}{C}-CH_2-CH_2-CH_2-CH_3$$
不安定な中間体

$$\longrightarrow CH_3-\underset{\underset{\displaystyle O}{\|}}{C}-CH_2-CH_2-CH_2-CH_3$$
化合物 **N**

問5. 1．誤り。**E** の分子内脱水で得られる酸無水物は七員環構造となる。

2．誤り。**F** はヨードホルム反応を起こさない。

3．正しい。**A** に塩化水素を付加して得られる化合物 **I** はクロロシクロヘキサンであり，シクロヘキサンへの塩素の置換反応によっても得られる。

4．誤り。**L** はホルムアルデヒドであり，水によく溶ける。

七　解答

問1. 1

問2：A−8　　B−1　　C−9　　D−2　　E−0

F−5　　G−4

―――― 解　説 ――――

《糖類・アミノ酸・酵素の性質》

問2. 実験1より，ビウレット反応を示す水溶液 **A**，**B**，**C** は，タンパク質を主成分とする酵素であるアミラーゼ，トリプシン，ペプシン，マルターゼのいずれかを含むとわかる。さらに実験6より，pH2においてアルブミンが加水分解されているので，**A** には最適 pH が2であるペプシンを含むと判断できる。

実験2より，ヨウ素デンプン反応を示す水溶液 **D** はアミロースを含むといえる。さらに実験4より，**D** に **B** を加えて還元性を示すようになったので，**B** はアミロースの加水分解酵素であるアミラーゼを含むとわかる。

　実験3より，水溶液 **E**，**F** にはその水溶液が還元性を示すグルコース，マルトースのいずれかが含まれるといえる。さらに実験5より，**E** において赤色沈殿の量が約2倍になったことから，**E** がマルトース，**C** がマルターゼを含み，これはマルトースが加水分解されて2倍の物質量のグルコースに変化したためと考えられる。したがって，**F** はグルコースを含むと判断できる。

　実験7より，ニンヒドリン反応を示す水溶液 **G** 中の分子はアミノ酸またはタンパク質であり，また不斉炭素原子をもたないことから **G** はグリシンを含むといえる。

一般選抜 S 方式：共通テスト・個別試験併用

問 題 編

▶試験科目・配点

選抜方法	教　科	科　　　　　目	配　点
大学入学共通テスト	外 国 語	英語（リーディング）	200 点*
	数　　学	「数学Ⅰ・A」「数学Ⅱ・B」	200 点
個 別 試 験	理　科	化学基礎・化学	400 点

＊「英語（リーディング）」の得点を 200 点に換算する。

▶備　考

　選抜に利用すると指定した「2024 年度大学入学共通テスト」の教科・科目の成績，個別試験の成績および調査書を総合して，合格者を決定する。

$$\boxed{\text{化　学}}$$

（90 分）

第　一　問　　　次の問 1 〜 5 に答えよ。

[解答番号　$\boxed{1}$ 〜 $\boxed{5}$]

問1　次の物質が結晶状態にあるとき，融点が 3 番目に高いものはどれか。

[解答番号　$\boxed{1}$]

1.　塩化ナトリウム　　　　2.　ケイ素　　　　　　3.　水銀
4.　二酸化ケイ素　　　　　5.　二酸化炭素　　　　6.　フッ化ナトリウム
7.　ベンゼン　　　　　　　8.　水　　　　　　　　9.　ヨウ素

問2　同素体に関する次の a 〜 e の記述のうち，正しいものの組合せはどれか。1 つ選べ。

a. 同じ元素からなる単体で，式量または分子量が等しいものを同素体という。
b. 炭素単体の電気伝導性は，同素体ごとに大きく異なる。
c. 硫黄の同素体には，無定形の形状を示すものがある。
d. リンの同素体は，いずれも自然発火する。
e. 水晶は，ケイ素の同素体である。

[解答番号　$\boxed{2}$]

1.　a, b　　　2.　a, c　　　3.　a, d　　　4.　a, e　　　5.　b, c
6.　b, d　　　7.　b, e　　　8.　c, d　　　9.　c, e　　　0.　d, e

問3　原子番号 27 のコバルト 60 （^{60}Co) 原子 1 個について，原子核の質量に対するすべての電子の質量の比として，最も近い値はどれか。

[解答番号　$\boxed{3}$]

1.　2.4×10^{-4}　　　2.　3.0×10^{-4}　　　3.　4.4×10^{-4}　　　4.　5.4×10^{-4}
5.　1.5×10^{-2}　　　6.　1.8×10^{-2}　　　7.　3.3×10^{-2}　　　8.　1.2×10^{-1}
9.　4.5×10^{-1}　　　0.　5.5×10^{-1}

問4 放射線に関する次の a ～ c の記述のうち，正しいものはどれか。選択肢から
1つ選べ。

a. α線の実体は ^{4}He の原子核であり，$+3.204×10^{-19}$ C の電荷をもつ。
b. β線の実体は電子であり，$-1.602×10^{-19}$ C の電荷をもつ。
c. γ線の実体は電磁波であり，電荷をもたない。

［解答番号 4 ］

1. aのみ   2. bのみ   3. cのみ   4. aとb
5. aとc   6. bとc   7. すべて正しい   8. すべて誤り

問5 下図に示す電子配置をもつ原子ア～オに関する記述 a ～ e のうち，正しいもの
の組合せはどれか。1つ選べ。ただし，各図の中心の円（灰色）は原子核を，そ
れを取り巻く同心円は電子殻を，電子殻上の点（黒）は電子を表している。

ア   イ   ウ   エ   オ

a. アの単体は，自然界では地殻中に豊富に存在する。
b. エとオは，互いに共有結合によって結びつき，安定な化合物をつくる。
c. エは，金属元素の原子である。
d. 電気陰性度は，ア～オの中でオが最も大きい。
e. 第一イオン化エネルギーは，ア～オの中でエが最も小さい。

［解答番号 5 ］

1. a, b   2. a, c   3. a, d   4. a, e   5. b, c
6. b, d   7. b, e   8. c, d   9. c, e   0. d, e

第　二　問　　　次の文章を読み，問1〜4に答えよ。ただし，各溶液は室温下にあり，水のイオン積は $K_w = 1.000 \times 10^{-14}\ \mathrm{mol^2/L^2}$ とする。また，計算に必要な場合は，$\log_{10} 2 = 0.3010$，$\log_{10} 3 = 0.4771$，$\sqrt{2} = 1.414$，$\sqrt{3} = 1.732$，$\sqrt{5} = 2.236$ を用いよ。

［解答番号 $\boxed{6}$ 〜 $\boxed{9}$ ］

問1　濃度 c〔mol/L〕の塩酸の pH はどれか。ただし，水に溶けた塩化水素は完全に電離しており，水の電離で生じる H^+ や OH^- は無視できるものとする。

［解答番号 $\boxed{6}$ ］

1.　$-\log_{10} c$　　　　　　2.　$-\log_{10} 2c$　　　　　　3.　$-2\log_{10} c$

4.　$\log_{10} c$　　　　　　5.　$\log_{10} 2c$　　　　　　6.　$2\log_{10} c$

問2　濃度 c〔mol/L〕の非常にうすい塩酸がある。水の電離を考慮したとき，この塩酸の pH を表す式はどれか。ただし，水に溶けた塩化水素は完全に電離しているものとする。

［解答番号 $\boxed{7}$ ］

1.　$-\log_{10} \dfrac{c + \sqrt{c^2 + 4K_w}}{2}$　　　　　　2.　$-\log_{10} \dfrac{c - \sqrt{c^2 + 4K_w}}{2}$

3.　$\log_{10} \dfrac{c + \sqrt{c^2 + 4K_w}}{2}$　　　　　　4.　$\log_{10} \dfrac{c - \sqrt{c^2 + 4K_w}}{2}$

5.　$-\log_{10} (c + \sqrt{c^2 + 4K_w})$　　　　　　6.　$-\log_{10} (c - \sqrt{c^2 + 4K_w})$

7.　$\log_{10} (c + \sqrt{c^2 + 4K_w})$　　　　　　8.　$\log_{10} (c - \sqrt{c^2 + 4K_w})$

問3　濃度が 1.000×10^{-7} mol/L の塩酸の pH として，最も近い値はどれか。ただし，この濃度の塩酸は水の電離を考慮する必要があり，水に溶けた塩化水素は完全に電離しているものとする。

〔解答番号　8 〕

1. 5.99　　　　2. 6.42　　　　3. 6.52
4. 6.64　　　　5. 6.79　　　　6. 6.85
7. 6.92　　　　8. 6.95　　　　9. 7.00

問4　ある酢酸水溶液の濃度を c 〔mol/L〕，電離度を α，電離定数を K_a 〔mol/L〕とする。c と K_a を用いて，この酢酸水溶液の pH を表した式はどれか。ただし，pH を求めるにあたり，α の値は無視できないほど大きいものとする。

〔解答番号　9 〕

1. $-\log_{10}\sqrt{cK_a}$

2. $-\log_{10}\sqrt{\dfrac{K_a}{c}}$

3. $-\log_{10}\sqrt{\dfrac{c}{K_a}}$

4. $-\log_{10}\sqrt{cK_a{}^2}$

5. $-\log_{10}\sqrt{c^2 K_a}$

6. $-\log_{10}\dfrac{-K_a+\sqrt{K_a{}^2+4cK_a}}{2}$

7. $-\log_{10}\dfrac{-K_a-\sqrt{K_a{}^2+4cK_a}}{2}$

8. $2\log_{10}\dfrac{-K_a-\sqrt{K_a{}^2+4cK_a}}{2}$

9. $\log_{10}\dfrac{-K_a+\sqrt{K_a{}^2+4cK_a}}{2}$

0. $-2\log_{10}\dfrac{-K_a+\sqrt{K_a{}^2+4cK_a}}{2}$

第 三 問　　次の文章を読み，問１〜５に答えよ。ただし，気体はすべて理想気体とし，原子量は，H＝1.00，C＝12.0，O＝16.0 とする。また，気体定数は $R＝8.31×10^3$ Pa・L/(K・mol) とする。

［解答番号　10 〜 14 ］

物質 A は，炭素，水素，酸素からなる純物質で，20℃では液体である。20℃において，物質 A 20 mL を容器に入れ，気体が出入りできる程度の小さな穴が開いているふたをした。ふたをした容器の容積は 1662 mL であった。

物質 A の入ったこの容器を用いて，次の実験操作を行った。なお，実験の間，室温は 20℃，気圧は $1.01×10^5$ Pa であった。

操作１：容器全体を加熱して 100℃に保つと，液体がすべて蒸発して空気を追い出し，容器の中は物質 A の気体で満たされた。

操作２：加熱を止めて 20℃に冷却すると，気化していた物質 A は，大部分が液体となって容器の底にたまり，少量が気体として残った。このとき，容器の底にたまった物質 A の質量は 2300 mg であった。

問１　操作１で容器内を満たした物質 A の気体について，その物質量〔mol〕として，最も近い数値を選べ。　　　　　　　　　　　　　　　　　　　　　　　　　　　［解答番号　10 ］

1. $7.3×10^{-3}$　　**2.** $8.8×10^{-3}$　　**3.** $9.1×10^{-3}$　　**4.** $1.6×10^{-2}$

5. $2.1×10^{-2}$　　**6.** $2.7×10^{-2}$　　**7.** $3.9×10^{-2}$　　**8.** $4.4×10^{-2}$

9. $5.4×10^{-2}$　　**0.** $6.0×10^{-2}$

問２　操作２で容器の底にたまった物質 A の液量〔mL〕として，最も近い数値を選べ。ただし，20℃における物質 A の液体の密度は 0.789 g/cm³ とする。

［解答番号　11 ］

1. 0.58　　**2.** 0.69　　**3.** 0.77　　**4.** 0.87　　**5.** 0.92

6. 1.8　　**7.** 2.9　　**8.** 3.3　　**9.** 4.6　　**0.** 5.3

問3　下線部に関して，気体として残った物質Aの物質量〔mol〕として，最も近い
　　　数値を選べ。ただし，20℃における物質Aの蒸気圧を 6.10×10^3 Pa とする。
　　　なお，冷却する間に物質Aは容器の外には流出しないものとし，液体の体積は
　　　容器の容積に比べて非常に小さいので無視できるものとする。

〔解答番号 　12　〕

1. 8.6×10^{-4} 2. 9.2×10^{-4} 3. 1.3×10^{-3} 4. 2.5×10^{-3}
5. 3.0×10^{-3} 6. 4.2×10^{-3} 7. 5.1×10^{-3} 8. 6.6×10^{-3}
9. 7.2×10^{-3} 0. 8.6×10^{-3}

問4　物質Aの分子量として，最も近い数値を選べ。

〔解答番号 　13　〕

1. 30   2. 32   3. 42   4. 46   5. 60
6. 76   7. 88   8. 94   9. 102   0. 122

問5　物質Aとして推定されるのはどれか。最も適切なものを選べ。

〔解答番号 　14　〕

1. メタノール
2. エタノール
3. エチルメチルエーテル
4. 1-プロパノール
5. ジエチルエーテル
6. 1-ヘキサノール
7. グリセリン（1,2,3-プロパントリオール）
8. 安息香酸

第　四　問　　　次の文章を読み，下の図を用いて問1〜4に答えよ。

［解答番号　15　〜　18　］

水溶液中における酸 HA の電離平衡は，式 (1) で表される。

$$HA \rightleftharpoons H^+ + A^- \qquad \cdots (1)$$

式 (1) の電離平衡における HA のモル濃度を [HA]，H^+のモル濃度を [H^+]，A^-のモル濃度を [A^-] とすると，電離定数 K は式 (2) で表される。

$$K = \frac{[H^+][A^-]}{[HA]} \qquad \cdots (2)$$

この平衡状態における A^-の割合 f を

$$f = \frac{[A^-]}{[HA] + [A^-]} \qquad \cdots (3)$$

と定義すると，f は K と [H^+] を用いて，式 (4) のように表すことができる。

$$f = \frac{1}{1 + \frac{[H^+]}{K}} \qquad \cdots (4)$$

ここで，酢酸水溶液の pH と f の関係について考える。酢酸水溶液に酸や塩基を加えて pH を変えても，酢酸の電離定数 K は温度が変わらなければ一定である。したがって，式 (4) から，f の値より pH を算出することができ，25℃における酢酸水溶液の pH と f の関係は，図のようになる。

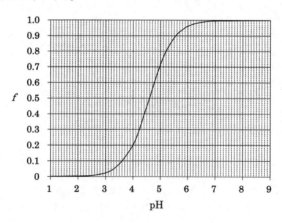

問1 　25℃において，0.10 mol/L 酢酸水溶液と 0.10 mol/L 酢酸ナトリウム水溶液を 1：1 の体積比で混合してできる水溶液の pH はいくらか。最も近い数値を選べ。ただし，この状態の混合水溶液中では，酢酸はほとんど電離せず，酢酸ナトリウムはすべて電離しているものとする。

[解答番号 　15 　]

1. 3.6	2. 4.0	3. 4.2	4. 4.6
5. 5.0	6. 5.2	7. 5.4	8. 6.0

問2 　25℃において，問 1 の混合水溶液に，塩化物イオン濃度が 0.010 mol/L になるように濃塩酸を加えたとき，混合水溶液の pH はどれだけ減少したか。その変化量として，最も近い数値を選べ。ただし，濃塩酸を加えたことによる混合水溶液の体積変化は無視できるものとする。

[解答番号 　16 　]

1. 0.20	2. 0.40	3. 0.60	4. 1.0
5. 1.5	6. 2.6	7. 3.6	8. 4.4

問3 　25℃において，0.10 mol/L 酢酸水溶液と 0.10 mol/L 酢酸ナトリウム水溶液を混合して pH 4.0 の水溶液をつくった。この水溶液に，塩化物イオン濃度が 0.010 mol/L になるように濃塩酸を加えたとき，pH はどれだけ減少したか。その変化量として，最も近い数値を選べ。ただし，濃塩酸を加えたことによる混合水溶液の体積変化は無視できるものとする。

[解答番号 　17 　]

1. 0.20	2. 0.40	3. 0.60	4. 1.0
5. 1.5	6. 2.6	7. 3.6	8. 4.4

問4 　pH の変化に対する緩衝作用の強さと f との関係として，最も適切なものを 1 つ選べ。

[解答番号 　18 　]

1. f の値が 0 に近いほど，緩衝作用が強い。
2. f の値が 0.3 に近いほど，緩衝作用が強い。
3. f の値が 0.5 に近いほど，緩衝作用が強い。
4. f の値が 0.7 に近いほど，緩衝作用が強い。
5. f の値が 1.0 に近いほど，緩衝作用が強い。
6. f の値と緩衝作用の強さは，関係がない。

第 五 問　　以下の問1および問2に答えよ。

[解答番号 ⌈ 19 ⌉〜⌈ 33 ⌉]

問1　8種類の気体 A 〜 H の性質を（1）〜（8）に記す。A 〜 H として，最も適
　　　切なものをそれぞれ選べ。

（1）　A および B を酸性の硝酸銀水溶液に通すと，同一の白色沈殿が生じる。

（2）　B, C, D, E, F, G および H は無色であるが，A は有色である。

（3）　A と C を混合して日光にあてると，爆発的に反応して B を生成する。

（4）　C および E は水に溶けにくいが，A, B, D, F, G および H は水に溶け，そ
　　　れらの水溶液は酸性を示す。

（5）　C, E および H は無臭であるが，A, B, D, F および G は刺激臭あるいは悪
　　　臭を有する。

（6）　E は，空気中で，すみやかに酸化される。

（7）　D を硫酸酸性の過マンガン酸カリウム水溶液に通すと，D は酸化されて反応
　　　溶液は白濁する。

（8）　G を硫酸酸性の過マンガン酸カリウム水溶液に通すと，G は酸化されて反応
　　　溶液の色は変化するが，白濁しない。

A：[解答番号 ⌈ 19 ⌉]
B：[解答番号 ⌈ 20 ⌉]
C：[解答番号 ⌈ 21 ⌉]
D：[解答番号 ⌈ 22 ⌉]
E：[解答番号 ⌈ 23 ⌉]
F：[解答番号 ⌈ 24 ⌉]
G：[解答番号 ⌈ 25 ⌉]
H：[解答番号 ⌈ 26 ⌉]

1.　水素　　　　2.　一酸化窒素　　3.　窒素　　　　4.　塩素
5.　塩化水素　　6.　フッ化水素　　7.　硫化水素　　8.　二酸化窒素
9.　二酸化炭素　0.　二酸化硫黄

問2　　7種類の板状試料 I 〜 O がある。これらの試料はいずれも単体あるいは化合物であり，その性質を（1）〜（8）に記す。I 〜 O として，最も適切なものをそれぞれ選べ。

（1）　I，K および L の表面を M の角部を使ってひっかいたところ，I，K および L のいずれの表面にも傷がついた。

（2）　I，J および L に磁石を近づけたが，いずれも磁石につかなかった。

（3）　密度は高い順に I > L > J > M > N > K > O であった。

（4）　I，J，K および L は電気をよく通し，その順序が，L > I > K > J であった。一方，M，N および O はほとんど電気を通さなかった。

（5）　I，K，L および M を鉄製のハンマーで強くたたいたところ，I，K および L は壊れることなく変形し，特に I はたたくにつれてどんどん薄くなり最も薄く広がった。一方，M は変形することなく壊れた。

（6）　K の小片を希塩酸に投入したところ，水素ガスが発生した。

（7）　N は試料の中で最も硬く，また熱を伝えやすい。また，J は L よりも硬いことがわかった。

（8）　L，M および O をホットプレート上におき，130℃ 程度になるよう加熱したところ，O のみが明らかに軟化していた。

I：[解答番号 27]
J：[解答番号 28]
K：[解答番号 29]
L：[解答番号 30]
M：[解答番号 31]
N：[解答番号 32]
O：[解答番号 33]

1．ポリエチレン　　　2．アルミニウム　　　3．鉄
4．金　　　　　　　　5．酸化アルミニウム　6．ダイヤモンド
7．銅　　　　　　　　8．チタン

第 六 問　次の文章を読み，問1～5に答えよ。ただし，原子量は，H＝1.00，C＝12.0，O＝16.0とする。　　　〔解答番号　34　～　42　〕

　分子式が $C_{23}H_{20}O_4$ であり，複数のエステル結合を有する化合物 X がある。水酸化ナトリウム水溶液を加えて X を完全に加水分解したところ，いずれもベンゼン環を有する3種類の化合物 A，B および C（またはそれらの塩）を含む混合物（混合物1）を得た。この混合物1に対して以下の操作1～3を行ったところ，化合物 A，B および C を分離することができた。それぞれの化合物 A ～ C を適切な方法で精製したのち，以下の実験 a ～ d を行った。

操作1：　混合物1に十分な量のジエチルエーテルと水を加え，よくふり混ぜたのち静置し，水層（水層1）とジエチルエーテル層（有機層1）に分離した。

操作2：　操作1で得た水層（水層1）に二酸化炭素を通じると白濁したので，これにジエチルエーテルを加え，よくふり混ぜたのち静置し，水層（水層2）とジエチルエーテル層（有機層2）に分離した。

操作3：　操作2で得た水層（水層2）に塩酸を加えると沈殿が生じたので，これをよくかき混ぜたのち，ろ過により分離し，沈殿（沈殿1）とろ液（水層3）を得た。

実験a：　化合物 A 5.00 mg を酸素気流下で完全に燃焼させたところ，二酸化炭素 10.6 mg と水 1.62 mg が得られた。

実験b：　化合物 B を適切な方法で酸化すると，化合物 A が得られた。

実験c：　核磁気共鳴法を用いて解析した結果，化合物 C の分子に含まれる炭素原子の数は，化合物 B より3個少ないことがわかった。また，化合物 A の分子中に存在する，異なる環境にある水素原子の種類は，2種類であることがわかった。

実験d：　化合物 B に水酸化ナトリウム水溶液とヨウ素を加え，温めると，黄色沈殿が生じた。

　問1　操作1と操作2の分離操作を行うガラス器具として，最も適切なものを選べ。

〔解答番号　34　〕

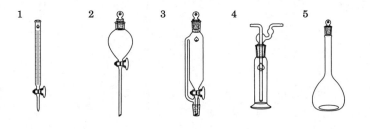

1　　　　2　　　　3　　　　4　　　　5

問2　化合物Aの<u>組成式</u>を満たす数字を答えよ。各解答番号欄には，対応する数字を
　　　1つずつマークせよ。
　　　例えば，組成式が CH₂O の場合，各解答番号欄 | x |，| y |，| z | に
　　　| 1 |，| 2 |，| 1 | とマークする。ただし，数字が 10 以上になる場合は
　　　0をマークせよ。

化合物A： C | x | H | y | O | z |

x ：〔解答番号 | 35 |〕
y ：〔解答番号 | 36 |〕
z ：〔解答番号 | 37 |〕

問3　化合物Bの<u>分子式</u>を満たす数字を答えよ。各解答番号欄には，対応する数字を
　　　1つずつマークせよ。ただし，数字が 10 以上になる場合は0をマークせよ。

化合物B： C | l | H | m | O | n |

l ：〔解答番号 | 38 |〕
m ：〔解答番号 | 39 |〕
n ：〔解答番号 | 40 |〕

問4　分離操作において，化合物 C が主に含まれているのはどれか。最も適切なもの
　　　を選べ。

〔解答番号 | 41 |〕

　　1. 有機層1　　　　**2.** 有機層2　　　　**3.** 沈殿1　　　　**4.** 水層3

問5　化合物A，BおよびCに関する記述として，最も適切なものを選べ。

〔解答番号 | 42 |〕

　　1. 化合物Aに塩化鉄（Ⅲ）水溶液を加えると，紫色を呈する。
　　2. 化合物Bを硫酸酸性の二クロム酸カリウムで酸化すると，水に不溶の黒色
　　　　物質が生成する。
　　3. 化合物Bを濃硫酸と加熱すると，分子内脱水した化合物は1種類のみ得ら
　　　　れる。
　　4. 化合物Cを加熱すると，分子内脱水した化合物が得られる。
　　5. 化合物Cをアンモニア性硝酸銀水溶液に加えて加熱すると，銀が析出する。

第 七 問　　次の文章を読み，問1〜4に答えよ。ただし，原子量は，H＝1.00，
　　　　　　C＝12.0，N＝14.0，O＝16.0，Na＝23.0，S＝32.0 とする。

　　　　　　　　　　　　　　　　　　　　　［解答番号　43 〜 49 ］

　鎖状のテトラペプチド A がある。A を部分的に加水分解すると，ジペプチドとして B，
C および D が生じた。このうち D は不斉炭素原子をもたなかった。A のカルボン酸部
分のみを適切な条件で還元して第一級アルコールに変換すると，化合物 E が生じた。E を
完全に加水分解すると，3種類のアミノ酸 F，G および H と化合物 I が得られた。A を
完全に加水分解したところ，F，G および H が得られた。F は不斉炭素原子を1つもち，
G は2つもっていた。また，H および I は不斉炭素原子をもたなかった。

　A 〜 I のそれぞれに水酸化ナトリウム水溶液を加えて熱し，酢酸で中和後，酢酸鉛(II)
水溶液を加えると，A，B，E および F に黒色沈殿が生じた。

　水酸化ナトリウムを用いて F 24.2 g を完全に1価の陰イオンに変換すると，水酸化ナ
トリウム 8.00 g が消費された。　同様に，水酸化ナトリウムを用いて C 8.80 g を完全に1
価の陰イオンに変換すると，水酸化ナトリウム 2.00 g が消費された。　なお，このとき C
のペプチド結合は加水分解されないものとする。

問1　アミノ酸 H として，正しいものを1つ選べ。

　　　　　　　　　　　　　　　　　　　　　［解答番号　43 ］

　　　1.　アラニン　　　　　　2.　アスパラギン酸　　　　3.　グリシン
　　　4.　グルタミン酸　　　　5.　システイン　　　　　　6.　セリン
　　　7.　チロシン　　　　　　8.　フェニルアラニン　　　9.　メチオニン
　　　0.　リシン

問2　下線部の結果から A, B, E および F についてわかることとして，正しいもの
　　　を1つ選べ。　　　　　　　　　　　　　　　　　　［解答番号　44 ］

　　　1.　芳香族アミノ酸を含む。
　　　2.　硫黄を含む。
　　　3.　窒素を含む。
　　　4.　ホルミル基をもつ。
　　　5.　アミノ基をもつ。
　　　6.　ヒドロキシ基をもつ。

問3　図1にAの構造式を示す。R^1〜R^4に対応する置換基として，正しいものをそれぞれ選べ。ただし，同じ選択肢を複数回選んでもよい。

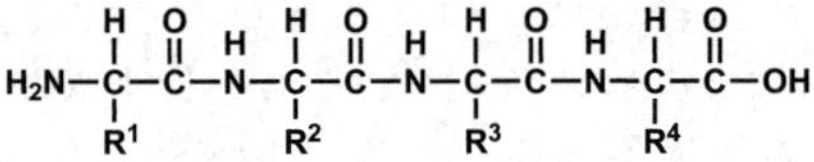

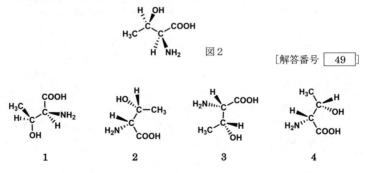

図1

R^1：［解答番号　45　］
R^2：［解答番号　46　］
R^3：［解答番号　47　］
R^4：［解答番号　48　］

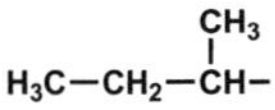

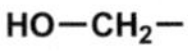

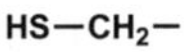

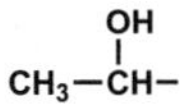

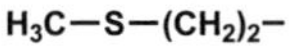

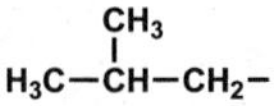

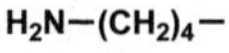

問4　図2に，あるアミノ酸の構造を示す。図2中の太線で示す結合は紙面の手前側にあり，破線で示す結合は紙面の奥側にあることを意味している。図2と同一の化合物を1つ選べ。

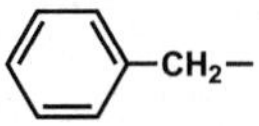

図2

［解答番号　49　］

第 八 問　　次の問1〜6に答えよ。

［解答番号 50 〜 63 ］

　医薬品は，生体内に入ると様々な薬理作用を示す。これらの医薬品は，【ア】療法薬と【イ】療法薬に大別できる。病気の症状を緩和する薬は【ア】療法薬といい，例えば(a)アセチルサリチル酸などがある。これに対して，【イ】療法薬は，病原菌を死滅させるなど病気の原因を根本的に取り除くための薬である。

　ドイツの医師ドーマクは，化学構造から【ウ】染料と分類されるプロントジルに【エ】作用があることを発見した。その後，プロントジルが生体内で分解されて生成する【オ】が有効成分であることが判明し，様々なサルファ剤の開発につながった。

　イギリスのフレミングは，【カ】から抽出した【キ】が【エ】作用をもつことを発見した。ベンジル【キ】は初めて実用化された抗生物質で，第二次世界大戦で多くの人命を救った。現在では，合成【キ】の1つであるメチシリンが効かない黄色ブドウ球菌などの【ク】の出現が問題となっており，抗生物質の適正使用が重要となっている。

　新型コロナウイルスのワクチンの1つに【ケ】ワクチンがあり，注射すると生体内でウイルスの構成タンパク質の一部がつくられ，このタンパク質に対する免疫反応が起こる。一般的に【ケ】自体は生体内で不安定であるが，(b)ウラシルと(c)リボースのみで構成された【コ】であるウリジンをウリジン誘導体に置き換えることで，【ケ】ワクチンの製品化が可能となった。このワクチンを接種して発熱が生じた場合，【サ】が処方される。

問1　【ア】および【イ】にあてはまる最も適切な語句をそれぞれ選べ。

【ア】：［解答番号 50 ］
【イ】：［解答番号 51 ］

1. 対象　　2. 対照　　3. 対症　　4. 対人　　5. 科学
6. 民間　　7. 化学　　8. 伝承　　9. 民間伝承

問2　【ウ】および【エ】にあてはまる最も適切な語句をそれぞれ選べ。

【ウ】：［解答番号 52 ］
【エ】：［解答番号 53 ］

1. 抗ウイルス　　2. 消炎鎮痛　　3. アゾ
4. 抗菌　　　　　5. 天然　　　　6. アミド
7. 顔料

問3　【オ】，【キ】および【サ】にあてはまる最も適切な語句をそれぞれ選べ。

【オ】：〔解答番号 54 〕
【キ】：〔解答番号 55 〕
【サ】：〔解答番号 56 〕

1.　カルミン酸　　　　2.　ペニシリン　　　　3.　タミフル
4.　アリザリン　　　　5.　アセトアミノフェン　6.　アセトアニリド
7.　スルファニルアミド

問4　【カ】および【ク】にあてはまる最も適切な語句をそれぞれ選べ。

【カ】：〔解答番号 57 〕
【ク】：〔解答番号 58 〕

1.　色素　　　2.　耐性菌　　　3.　アオカビ　　　4.　乳酸菌
5.　土壌細菌　6.　コチニール　7.　酵母　　　　　8.　ウイルス

問5　【ケ】および【コ】にあてはまる最も適切な語句をそれぞれ選べ。

【ケ】：〔解答番号 59 〕
【コ】：〔解答番号 60 〕

1.　塩基　　　2.　ヌクレオチド　3.　DNA　　　4.　リン酸
5.　ペプチド　6.　ヌクレオシド　7.　mRNA　　8.　タンパク質

問6　下線部(a)〜(c)の有機化合物の構造として，最も適切なものをそれぞれ選べ。

(a)：〔解答番号 61 〕
(b)：〔解答番号 62 〕
(c)：〔解答番号 63 〕

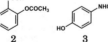

解　答　編

化　学

一　**解答**　問1．6　問2．5　問3．1　問4．7　問5．9

=== 解説 ===

《結晶と融点，同素体，粒子の質量，放射線，電子配置》

問1．いずれも共有結合の結晶であるケイ素と二酸化ケイ素は，融点がかなり高い。その次に融点が高いのは，イオン結晶である塩化ナトリウムまたはフッ化ナトリウムと考えられるが，これらを構成しているイオンはいずれも1価のイオンであり，フッ化物イオンのほうが塩化物イオンよりイオン半径が小さいためにナトリウムイオンとの間のクーロン力が大きく，フッ化ナトリウムのほうが融点は高いと考えられる。

問2．a．誤り。同じ元素からなる単体で，互いに構造や性質が異なるものを同素体という。

d．誤り。黄リンは自然発火するが，赤リンは自然発火しない。

e．誤り。水晶の組成式は SiO_2 であり，単体ではないので，ケイ素の同素体ではない。

問3．^{60}Co 原子は，原子核中に陽子と中性子を合わせて60個もち，電子を27個もつ。陽子1個と中性子1個の質量はほぼ等しく，電子1個の質量は陽子1個の質量の約 $\dfrac{1}{1840}$ なので，求める値は

$$\frac{27 \times \dfrac{1}{1840}}{60} = 2.44 \times 10^{-4} \fallingdotseq 2.4 \times 10^{-4}$$

問4．a．正しい。電子 e^- 1 mol（6.02×10^{23} 個）がもつ電気量は

-9.65×10^4 C である。α 線は ^{4}He の原子核であり，^{4}He^{2+} となるから，原子核 1 個の電荷は

$$\frac{9.65\times10^4}{6.02\times10^{23}}\fallingdotseq1.602\times10^{-19}$$

$$1.602\times10^{-19}\times2=+3.204\,[\mathrm{C}]$$

b．正しい。β 線の実体は電子である。電子 e$^-$ 1 個の電荷は

$$\frac{-9.65\times10^4}{6.02\times10^{23}}=-1.602\times10^{-19}\,[\mathrm{C}]$$

c．正しい。γ 線の実体は X 線より波長の短い電磁波である。よって，電荷をもたない。

問 5 ．アは Si，イは P，ウは Cl，エは K，オは Br である。

a．誤り。Si の単体は自然界には存在しない。

b．誤り。K と Br はイオン結合によって結びつき，安定な化合物 KBr をつくる。

d．誤り。ア～オの中で電気陰性度が最も大きいのは，ウの Cl である。

 **解答　問 1 ． 1　問 2 ． 1　問 3 ． 5　問 4 ． 6**

━━━━━━━━　解説　━━━━━━━━

《塩酸と酢酸水溶液の pH》

問 2 ．塩酸の濃度が 1×10^{-6} mol/L 以下になると，水の電離平衡もかかわるので題意のように考えることになる。水の電離により生じる H$^+$ と OH$^-$ のモル濃度をそれぞれ x [mol/L] とすると，希薄塩酸由来の H$^+$ は c [mol/L] となるので，全 H$^+$ は $x+c$ [mol/L] となる。水のイオン積 $K_\mathrm{w}=[\mathrm{H}^+][\mathrm{OH}^-]$ の関係より

$$K_\mathrm{w}=(c+x)x$$

$$x^2+cx-K_\mathrm{w}=0$$

$$\therefore\quad x=\frac{-c+\sqrt{c^2+4K_\mathrm{w}}}{2}\quad(x>0)\,[\mathrm{mol/L}]$$

よって，水素イオン濃度 [H$^+$] は

$$[\mathrm{H}^+]=c+x=c+\frac{-c+\sqrt{c^2+4K_\mathrm{w}}}{2}=\frac{c+\sqrt{c^2+4K_\mathrm{w}}}{2}\,[\mathrm{mol/L}]$$

したがって，pH は

$$pH = -\log_{10}\frac{c+\sqrt{c^2+4K_w}}{2}$$

問3. 問2の式に $c = 1.000 \times 10^{-7}$ [mol/L]，$K_w = 1.000 \times 10^{-14}$ [mol²/L²]
を代入して

$$pH = -\log_{10}\frac{1.000\times10^{-7}+\sqrt{(1.000\times10^{-7})^2+4\times1.000\times10^{-14}}}{2}$$

$$= -\log_{10}\left(\frac{1+\sqrt{5}}{2}\times10^{-7}\right) = -\log_{10}\left(\frac{1+2.236}{2}\times10^{-7}\right)$$

$$= -\log_{10}(1.618\times10^{-7}) \fallingdotseq -\log_{10}(162\times10^{-9})$$

$$= -\log_{10}(2\times3^4\times10^{-9}) = -0.3010-4\times0.4771+9$$

$$= 6.790 \fallingdotseq 6.79$$

問4. 平衡時の各成分のモル濃度を $[CH_3COOH]$，$[CH_3COO^-]$，$[H^+]$
とすると

$$[CH_3COOH] = c(1-\alpha)\,[mol/L]$$

$$[CH_3COO^-] = c\alpha\,[mol/L]$$

$$[H^+] = c\alpha\,[mol/L]$$

と表される。電離定数 $K_a = \dfrac{[CH_3COO^-][H^+]}{[CH_3COOH]}$ より

$$K_a = \frac{c\alpha\cdot c\alpha}{c(1-\alpha)} = \frac{c\alpha^2}{1-\alpha}$$

$$c\alpha^2 + K_a\alpha - K_a = 0$$

$$\therefore\quad \alpha = \frac{-K_a+\sqrt{K_a^2+4cK_a}}{2c} \quad (\alpha > 0)$$

と求められる。よって，$[H^+] = c\alpha$ より

$$[H^+] = c\times\frac{-K_a+\sqrt{K_a^2+4cK_a}}{2c} = \frac{-K_a+\sqrt{K_a^2+4cK_a}}{2}\,[mol/L]$$

したがって，pH は

$$pH = -\log_{10}\frac{-K_a+\sqrt{K_a^2+4cK_a}}{2}$$

2024年度 一般S方式 化学

三 解答 問1. 9 問2. 7 問3. 6 問4. 4 問5. 2

===== 解 説 =====

《分子量の測定》

問1. 求める物質量を n_1[mol] とおくと，物質 **A** の気体について理想気体の状態方程式 $PV = nRT$ より

$$1.01 \times 10^5 \times 1662 \times 10^{-3} = n_1 \times 8.31 \times 10^3 \times (100 + 273)$$

$$\therefore \quad n_1 = 5.41 \times 10^{-2} \fallingdotseq 5.4 \times 10^{-2} \text{[mol]}$$

問2. 求める体積を v[mL] とおくと，与えられた密度と質量より

$$0.789 \times v = 2300 \times 10^{-3}$$

$$\therefore \quad v = 2.91 \fallingdotseq 2.9 \text{[mL]}$$

問3. 容器の底に液体があるため，気体として残った **A** の分圧は飽和蒸気圧に等しいと考えてよい。求める物質量を n_2[mol] とおくと，気体として残った **A** について理想気体の状態方程式 $PV = nRT$ より

$$6.10 \times 10^3 \times 1662 \times 10^{-3} = n_2 \times 8.31 \times 10^3 \times (20 + 273)$$

$$\therefore \quad n_2 = 4.16 \times 10^{-3} \fallingdotseq 4.2 \times 10^{-3} \text{[mol]}$$

問4. 求める分子量を M とおくと，**A** の物質量との関係より

$$4.16 \times 10^{-3} + \frac{2300 \times 10^{-3}}{M} = 5.41 \times 10^{-2}$$

$$\therefore \quad M = 46.0 \fallingdotseq 46$$

問5. 各物質の分子量は次の通り。

1. メタノール CH_3OH：32.0
2. エタノール C_2H_5OH：46.0
3. エチルメチルエーテル $C_2H_5OCH_3$：60.0
4. 1-プロパノール C_3H_7OH：60.0
5. ジエチルエーテル $C_2H_5OC_2H_5$：74.0
6. 1-ヘキサノール $C_6H_{13}OH$：102.0
7. グリセリン $C_3H_5(OH)_3$：92.0
8. 安息香酸 C_6H_5COOH：122.0

四　**解答**　**問1.** 4　**問2.** 1　**問3.** 2　**問4.** 3

＝＝＝＝＝＝＝ **解説** ＝＝＝＝＝＝＝

《緩衝液》

問1. 酢酸を HA，酢酸イオンを A^- として考えると，この混合水溶液は

$$[HA]=[A^-]=0.10\times\frac{1}{2}=0.050\,[mol/L]$$

となっているので，式(3)より

$$f=\frac{0.050}{0.050+0.050}=0.5$$

　よって，本文中の pH と f の関係の図より，$f=0.5$ のとき pH=4.6 と読み取れる。

問2. 塩化物イオン濃度が 0.010 mol/L になるように濃塩酸を加えたということは，水素イオンを 0.010 mol/L 分加えたことを意味する。このとき，溶液の緩衝作用により

$$A^-+H^+\longrightarrow HA$$

と反応するので

$$[HA]=0.050+0.010=0.060\,[mol/L]$$
$$[A^-]=0.050-0.010=0.040\,[mol/L]$$

　よって，式(3)より

$$f=\frac{0.040}{0.060+0.040}=0.4$$

となり，本文中の pH と f の関係の図より，このとき pH=4.4 と読み取れるので，pH は

$$4.6-4.4=0.20$$

減少する。

問3. 本文中の pH と f の関係の図より，pH=4.0 のとき $f=0.2$ と読み取れるので，式(3)より

$$f=\frac{[A^-]}{[HA]+[A^-]}=0.2=\frac{1}{5}$$
$$5[A^-]=[HA]+[A^-]$$
$$4[A^-]=[HA]$$

つまり，$[HA]:[A^-]=4:1$ であり，はじめに混合した酢酸水溶液と酢酸ナトリウム水溶液の体積比が $4:1$ であるとわかる。

したがって，濃塩酸を加える前の HA と A^- のモル濃度 $[mol/L]$ は

$$[HA]=0.10\times\frac{4}{4+1}=0.080[mol/L]$$

$$[A^-]=0.10\times\frac{1}{4+1}=0.020[mol/L]$$

と求められる。ここに水素イオンを $0.010\,mol/L$ 分加えることになるので，溶液の緩衝作用により

$$A^-+H^+\longrightarrow HA$$

と反応して

$$[HA]=0.080+0.010=0.090[mol/L]$$

$$[A^-]=0.020-0.010=0.010[mol/L]$$

よって，式(3)より

$$f=\frac{0.010}{0.090+0.010}=0.1$$

となり，本文中の pH と f の関係の図より，このとき pH＝3.6 と読み取れるので，pH は

$$4.0-3.6=0.40$$

減少する。

問4. 本文中の pH と f の関係の図によると，f の値が 0.5 付近において，f の値が変化しても pH はそれほど変化しないことがわかる。

**解答** 　**問1.** A－4　B－5　C－1　D－7　E－2
　　　　　　　　　F－6　G－0　H－9
問2. I－4　J－8　K－2　L－7　M－5　N－6　O－1

━━━━━━━━━━━━━━ **解説** ━━━━━━━━━━━━━━

《気体の性質と同定，板状試料の性質と同定》

問1. (1)より，酸性の硝酸銀水溶液に通して同一の白色沈殿が生じる **A** と **B** は，選択肢のうちの塩素と塩化水素であり，白色沈殿は $AgCl$ である。塩素は水に溶けて HCl を生じるので

$$Cl_2+H_2O\longrightarrow HCl+HClO$$

$$Cl^- + Ag^+ \longrightarrow AgCl$$

のように反応する。(2)より，黄緑色の塩素が **A**，無色の塩化水素が **B** と決まる。

(3)より，塩素と水素の混合気体に光を照射すると，爆発的に反応して塩化水素を生じることから，**C** は水素とわかる。

(4)，(5)，(7)より，水に溶けてその水溶液が酸性を示し，刺激臭または悪臭を有する **D** は，過マンガン酸カリウム水溶液により酸化されると硫黄コロイドを生じて白濁する硫化水素と考えられる。

(4)，(5)，(6)より，**E** は水に溶けにくい無臭の気体で，空気中ですみやかに酸化されることから一酸化窒素といえる。一酸化窒素は空気中に放出されるとすぐに二酸化窒素に変化する。

(2)，(4)，(5)，(8)より，水に溶けてその水溶液が酸性を示し，無色で刺激臭または悪臭を有する **G** は，過マンガン酸カリウム水溶液により酸化されると硫酸イオンに変化する二酸化硫黄と考えられる。この反応では過マンガン酸カリウム水溶液の赤紫色が消失するが，白濁はしない。

(2)，(4)，(5)より，水に溶けてその水溶液が酸性を示し，無色で刺激臭または悪臭を有する気体として選択肢に残るのはフッ化水素のみであり，これが **F** であると判断できる。

(2)，(4)，(5)より，無色無臭で水に溶けて，その水溶液が酸性を示す **H** は二酸化炭素であるとわかる。

問2. (4)より，**I**，**J**，**K**，**L** はいずれも金属であり，**M**，**N**，**O** はポリエチレン，酸化アルミニウム，ダイヤモンドのいずれかであると判断できる。

(5)より，ハンマーでたたいて最も薄く広がった **I** は，すべての金属中で展性が最大である金だと考えられる。これは(3)の密度の条件も満たす。

(4)より，金より電気伝導性の大きい **L** は銅であるとわかる。

(7)より，最も硬く熱を伝えやすい **N** はダイヤモンド，(8)より，130℃程度で軟化した **O** はポリエチレンといえる。以上より，**M** は酸化アルミニウムと考えられるが，これは(5)のハンマーでたたいて変形せずに壊れるイオン結晶の性質と合致する。また，酸化アルミニウムは硬度が高く，(1)のように金属の表面に傷をつけることができる。

(3)より，酸化アルミニウム（密度 $4.0\,\mathrm{g/cm^3}$）やダイヤモンド（密度

3.5 g/cm³）より密度が小さい金属 **K** はアルミニウム（密度 2.7 g/cm³）であると考えられる。これは，⑹の希塩酸に溶けて水素が発生する性質も満たす。

　以上のことと⑵より，磁石につかなかった **J** はチタンと考えられる。

 **解答**　　問1．2　問2．x－4　y－3　z－2
　　　　　　　　問3．l－9　m－0　n－1　問4．2　問5．3

=== 解　説 ===

《芳香族エステルの構造決定》

問2． 実験 a より，5.00 mg の化合物 **A** に含まれる各元素の質量〔mg〕は

$$C : 10.6 \times \frac{12.0}{44.0} = 2.89 \, [mg]$$

$$H : 1.62 \times \frac{1.00 \times 2}{18.0} = 0.18 \, [mg]$$

$$O : 5.00 - (2.89 + 0.18) = 1.93 \, [mg]$$

と求められるので，各元素の物質量比は

$$C : H : O = \frac{2.89}{12.0} : \frac{0.18}{1.00} : \frac{1.93}{16.0} = 4 : 3 : 2$$

となり，**A** の組成式は $C_4H_3O_2$ とわかる。

問3． 問2より **A** の炭素数は 4 の倍数とわかるが，化合物 **X** の炭素数が 23 で，**X** の加水分解生成物の化合物 **A**，**B**，**C** がいずれもベンゼン環を有する，すなわち炭素数が 6 以上であることから，**A** の炭素数は 8 であり，分子式は $C_8H_6O_4$ と決まる。

　X は酸素数が 4 であり，複数のエステル結合を有することから，エステル結合を 2 つもち，加水分解生成物である **A**，**B**，**C** には官能基としてカルボキシ基 2 個，ヒドロキシ基 2 個のみを含むとわかる。よって，酸素数 4 の **A** はジカルボン酸であり，**B** と **C** はそれぞれヒドロキシ基を 1 つずつもつと判断できる。

　実験 c より，**B** の炭素数を x とおくと，**C** の炭素数は $x-3$ とかけるので，炭素数の関係より

$$8 + x + (x - 3) = 23$$

$\therefore \quad x=9$

と求められる。したがって，**C**の炭素数は6となり，**C**はフェノールと決まる。以上のことから，**X**の加水分解の反応式は

$$C_{23}H_{20}O_4+2H_2O \longrightarrow C_8H_6O_4+（化合物 \textbf{B}）+C_6H_6O$$

とかけるので，**B**の分子式は$C_9H_{12}O$と決まる。

問4．フェノールである**C**は，けん化により塩となって水層1に含まれ，これに操作2で二酸化炭素を通じると弱酸の遊離によりフェノールとなり，エーテルで抽出されて有機層2に含まれる。

問5．問3の考察と実験cより，**A**はテレフタル酸とわかり，さらに実験bと実験dより，**B**は$CH_3-CH(OH)-C_6H_4-CH_3$（パラ二置換体）と決まる。

1．誤り。**A**はフェノール類ではないので呈色しない。

2．誤り。**B**を酸化しても黒色物質は生成しない。

3．正しい。**B**が分子内脱水すると，$CH_2=CH-C_6H_4-CH_3$という化合物のみ生じる。

4．誤り。フェノールである**C**を加熱しても，分子内脱水は起こらない。

5．誤り。フェノールである**C**は銀鏡反応を示さない。

（七）　**解答**　問1．3　問2．2
問3．R^1-3　R^2-4　R^3-0　R^4-0　問4．3

―――――――――――――――― 解説 ――――――――――――――――

《ペプチドの構造決定》

問3．テトラペプチド**A**のN末端のアミノ酸から順に，①―②―③―④と表すこととする。**A**の部分的な加水分解で生じたジペプチド**D**が不斉炭素原子をもたなかったことと，**A**のカルボキシ基の構造を変化させた**E**の加水分解で生じた3種類のアミノ酸のうち2種類が不斉炭素原子をもっていたことから，③―④が**D**であり，③と④がいずれもグリシン（分子量75.0），すなわち$R^3=R^4$でH−とわかる。

アミノ酸**F**の分子量をM_Fとおくと，1価の陰イオンに変換するのに等モルの水酸化ナトリウム（式量40.0）が必要なので

$$\frac{24.2}{M_F}=\frac{8.00}{40.0} \quad \therefore \quad M_F=121$$

　これは，硫黄反応を示すシステインの分子量と一致するので，**F** はシステインといえる。**B** は硫黄反応を示すが **C** は示さないので，①が **F** であり，①−②が **B**，②−③が **C** と決まる。したがって，R^1 は HS−CH$_2$−となる。

　以上のことから，②がアミノ酸 **G** といえるので，**G** の分子量を M_G とおくとジペプチド **C** の分子量は

$$M_G + 75.0 - 18.0 = M_G + 57.0$$

と表される。**C** を１価の陰イオンに変換するのに等モルの水酸化ナトリウムが必要なので

$$\frac{8.80}{M_G + 57.0} = \frac{2.00}{40.0} \qquad \therefore \quad M_G = 119$$

　これは，不斉炭素原子を２つもつトレオニンの分子量と一致するので，**G** はトレオニンとわかり，R^2 は CH$_3$−CH(OH)− と決まる。

（八）**解答**

問1．ア−3　**イ**−7　**問2．ウ**−3　**エ**−4
問3．オ−7　**キ**−2　**サ**−5
問4．カ−3　**ク**−2　**問5．ケ**−7　**コ**−6
問6．(a)−2　(b)−5　(c)−7

=================== 解　説 ===================

《医薬品，核酸》

問1．病気の原因を根本的に取り除く化学療法薬は，原因療法薬ともいう。

問3．発熱に対する解熱剤として，アセトアミノフェンが用いられている。アセトアニリドにも解熱作用はあるが，副作用のために現在は利用されていない。

問5．一本鎖の RNA は二重らせん構造の DNA よりやや不安定である。RNA がもつ塩基配列は，タンパク質を合成するために必要なアミノ酸の配列順序に対応している。また，ウラシルのような核酸塩基とリボースのような糖からなる化合物を一般にヌクレオシドという。ヌクレオシドにリン酸がエステル結合したものをヌクレオチドという。

///////////////// · **memo** · /////////////////

//////////////// · **memo** · ////////////////

//////////////// · **memo** · ////////////////

2023
年度

問題と解答

■ 学校推薦型選抜

問題編

▶試験科目・配点

教　　　科	科　　　　　目	配　点
英　　　語	コミュニケーション英語 I・II・III，英語表現 I・II	80 点
数　　　学	数学 I・II・A・B（数列，ベクトルの範囲）	80 点
理　　　科	化学基礎・化学	80 点
そ の 他	調査書，面接	60 点

▶備　考

　調査書，面接および基礎学力判定（英語・数学・化学）の成績を総合し，合格者を決定する。

英語

(40 分)

Ⅰ．次の各英文の（　　　　）に入る語句として最も適切なものを，それぞれ 1 から 4 の中から 1 つ選び，その番号をマークしなさい。　【 解答番号　1　～　8　】

1. It is pleasing for most people to be (　　　) by others for their accomplishments.
   1. claimed
   2. deceived
   3. neglected
   4. recognized　　　　　　　　1

2. Much of health professionals' work is related to patient (　　　).
   1. safe
   2. safely
   3. safes
   4. safety　　　　　　　　2

3. Perrine is such a great simultaneous interpreter that she (　　　) a good salary.
   1. commands
   2. hinders
   3. motivates
   4. supports　　　　　　　　3

4. Where the soil is (　　　), it results in high yield of crops and better quality of plants.
   1. contaminated
   2. influential
   3. nutrient-rich
   4. over-populated　　　　　　　　4

5. In return for the various taxes we pay, we all expect certain (　　　) from our government.
   1. benefits
   2. complaints
   3. debts
   4. risks　　　　　　　　5

6. The police were trying to maintain (　　　) on the streets outside the stadium.
   1. order
   2. reputation
   3. traditions
   4. transactions　　　　　　　　6

7. There are numerous dental clinics which (　　　) in esthetic treatment.
   1. cure
   2. give
   3. operate
   4. specialize　　　　　　　　7

8.　This is the point (　　　　) some of the committee members could not agree.
　　　1.　that　　　　　　　　　　　2.　what
　　　3.　where　　　　　　　　　　 4.　which　　　　　　　　⬚ 8

Ⅱ. 次の各英文の下線部の文脈における意味として最も近いものを，それぞれ１から４
の中から１つ選び，その番号をマークしなさい。　【 解答番号 ⬚ 9 ～ ⬚ 11 】

1.　A subtle change began to overtake the girl <u>by degrees</u> and transformed her into
　　another person.
　　　1.　annually　　　　　　　　　 2.　gradually
　　　3.　remarkably　　　　　　　　 4.　suddenly
　　　　　　　　　　　　　　　　　　　　　　　　　　　　⬚ 9

2.　Ruth had an unpleasant <u>encounter</u> with her neighbor at the garbage collection
　　site.
　　　1.　calculation　　　　　　　　 2.　meeting
　　　3.　odor　　　　　　　　　　　 4.　reception
　　　　　　　　　　　　　　　　　　　　　　　　　　　　⬚ 10

3.　I have been <u>in correspondence with</u> Charles for the past two decades.
　　　1.　communicating in writing with　　2.　in a tense atmosphere with
　　　3.　keeping an eye on　　　　　　　　4.　of equal status to
　　　　　　　　　　　　　　　　　　　　　　　　　　　　⬚ 11

Ⅲ．次の各英文で間違っている箇所を，それぞれ 1 から 4 の中から 1 つ選び，その番号
をマークしなさい。　　　　　　　　　　【 解答番号 　12　 ～ 　14　 】

1. These <u>chemicals</u> are safe, but when <u>mixing</u> with water they may <u>have</u> a harmful
　　　　　　 1 　　　　　　　　　　　　 2 　　　　　　　　　　　　 3
effect <u>on</u> you.
　　　 4

　　　　　　　　　　　　　　　　　　　　　　　　　　　　　　　　　　 12

2. The drugstore <u>is almost</u> out of <u>toilet paper</u>, so there are <u>lesser piles</u> on the shelves
　　　　　　　 1 　　　　　　　　 2 　　　　　　　　　　 3
<u>than yesterday</u>.
　　 4

　　　　　　　　　　　　　　　　　　　　　　　　　　　　　　　　　　 13

3. Because the price was <u>ridiculous</u> high, <u>no one</u> thought about <u>purchasing</u>
　　　　　　　　　　　　　 1 　　　　　　　 2 　　　　　　　　　　 3
<u>that product</u>.
　　 4

　　　　　　　　　　　　　　　　　　　　　　　　　　　　　　　　　　 14

Ⅳ．次の A と B の会話が一番自然な流れとなるように，（　　　）の中に入る応答とし
て最も適切なものを，それぞれ 1 から 4 の中から 1 つ選び，その番号をマークしなさい。
　　　　　　　　　　　　　　　　　　　　【 解答番号 　15　 ～ 　17　 】

1. A: Could you tell us about your greatest achievement in your current company?
　 B: I succeeded in increasing customer engagement by 150% compared to the
　　　previous year. Thanks to that achievement, I got promoted.
　 A: （　　　）

　　 1. Oh, that's why you didn't accept the job.
　　 2. Why don't you make an engagement with the customer?
　　 3. That's not really good for me, so I came here.
　　 4. Why do you want to get a position in our company, then?

　　　　　　　　　　　　　　　　　　　　　　　　　　　　　　　　　　 15

2. A: Are you all right?
　 B: What... what happened?
　 A: You lost consciousness, and somebody called the ambulance. Can you answer
　　　a few questions for me?
　 B: Okay... I'll try.
　 A: （　　　）

    1. Are these medicines available?

    2. Have you ever blacked out before?

    3. How low is too low for blood pressure?

    4. Would you give me your thoughts?

16

3. A: Hamburgers and steaks on the menu? Isn't this a vegetarian restaurant?

    B: Yes, we serve nothing but vegetarian food. All meat dishes are made with meat substitutes.

    A: I see. How do they taste?

    B: (   )

    1. You shouldn't have tried to get any substitutes.

    2. Fresh vegetables are good for your health.

    3. They haven't ordered anything, so we can't tell.

    4. I'm sure you will like any dishes you choose.

17

Ⅴ. 次の各英文の空欄に入る語として最も適切なものを，それぞれ 1 から 4 の中から 1 つ選び，その番号をマークしなさい。【 解答番号 ┃ 18 ┃ ～ ┃ 24 ┃ 】

(A)   Monkeypox* is a disease caused by the monkeypox virus, and several thousand cases had been (ア) across over forty countries by the beginning of summer of 2022. Although it was first identified in laboratory monkeys, wild animals like squirrels and rats are the species that are (イ) to the virus, not monkeys. The virus can be (ウ) from animals to humans when the latter are bitten or scratched by an infected animal. Monkeypox patients often experience symptoms including fever, chills, body aches, fatigue, and terrible skin rashes*. It is not considered a highly infectious disease like COVID-19, but it is (エ) to avoid having close contact with an infected person.

monkeypox*　サル痘　　rash*　発疹

ア	1. anticipated	2. detected	3. relieved	4. unified	18
イ	1. available	2. indispensable	3. reasonable	4. vulnerable	19
ウ	1. transformed	2. translated	3. transported	4. transmitted	20
エ	1. sensational	2. sensible	3. sensory	4. sensitive	21

(B)　There are a large number of children and young adults who provide care for a sick or disabled parent. Also, some children have a parent who has a very serious, (　オ　) life-threatening illness. The death of a parent becomes an extremely stressful life (　カ　) for children if they are left behind. Sometimes, when children see their mother or father lying on a hospital bed, looking very pale and weak, and connected to a life support-system and monitors, they are so distressed that they run away from the hospital. Or sometimes, children sit quietly outside the intensive care unit and (　キ　) to talk. Other children may behave like everything is just normal. Just like parents with sick and dying children need mental support, children with very sick parents also need help.

オ	1. necessarily	2. possibly	3. slightly	4. unlikely	22
カ	1. event	2. highlight	3. insurance	4. sentence	23
キ	1. criticize	2. encourage	3. refuse	4. tend	24

VI.　次の英文を読み，３つの設問に対して最も適切な答えをそれぞれ１から４の中から
　　１つ選び，その番号をマークしなさい。　　　　【 解答番号　25　～　27　】

　　　Millions of people around the world depend on traditional medicine as one option of treatment for many illnesses. The term 'traditional medicine' refers to all the knowledge, skills and practices that native customs and different cultures have used over the years. Traditional medicine intends to support good health, prevent a disease or identify its causes, and treat physical and mental illnesses. It includes old practices, such as treatments using herbs, traditional Chinese medicine like acupuncture*, and Ayurvedic medicine. Ayurvedic medicine is one of the traditional Indian medical treatments that use certain types of food, yoga, massage, and medical oils, in order to promote health. Nearly half of all human medicines now in use are originally derived from natural sources. This shows how important it is to preserve biological diversity and sustainability.

Traditional medicine is playing a more and more important role in the world of modern science, and methods to study traditional medicine are quickly developing. For example, AI* is used today to map data and trends in traditional medicine and to study natural products. Also, fMRI* is used to study brain activity and the 'relaxation response'. The relaxation response is part of some traditional medicine therapies, such as calm thinking and yoga, which are more widely used for mental health and well-being in times of stress. Mobile phone apps*, online courses, and other technologies have also made traditional medicine popular again.

However, today, many countries' national health systems do not yet fully bring together the millions of traditional medicine workers, courses of study, healthcare facilities and healthcare expenses. To help solve this problem, as well as develop and build the evidence base for the safety and effectiveness of traditional medicine, the World Health Organization* (WHO) established its Global Centre for Traditional Medicine in India on April 19, 2022. Although its facility is located in India, it is meant to be used by all countries of the world, and to be helpful to them.

acupuncture* 鍼療法　　　AI* (artificial intelligence)　人工知能

fMRI* (functional magnetic resonance imaging)　機能的磁気共鳴画像法

app* (application)　アプリ　　　World Health Organization*　世界保健機関

1.　What is the main idea of the passage?

  1. A majority of medicines used in the world today originate from naturally occurring materials.

  2. More people are in urgent need of scientifically-proven traditional medicine to protect the environment.

  3. The world is seeing a trend in the acceptance of and public interest in traditional medicine.

  4. WHO is trying to select traditional medicine products for treatment and prevention of infectious diseases.

| 25 |

2.　In line three in the third paragraph, the phrase 'this problem' means:

  1. The contribution of traditional medicine to national health systems is not realized in many countries.

  2. We need to use sustainable medicine that is good for both the environment and people.

  3. A shortage of traditional medicine workers threatens effective healthcare coverage.

  4. Students have difficulty paying for training to become traditional medicine workers.

| 26 |

3. Which of the following is NOT implied in the passage?

  1. Medicinal plants are of great importance not only to the health of individuals and communities, but also to the development of modern science.

  2. The application of advanced technology to traditional medicine is enabling the use of traditional medicine to become more common.

  3. Traditional medical practitioners understand the social and cultural background of local people well.

  4. The personnel represented by practitioners of traditional medicine is a potentially important resource for the delivery of healthcare.

27

Ⅶ. 次の英文を読み，３つの設問に対して最も適切な答えをそれぞれ１から４の中から１つ選び，その番号をマークしなさい。　【 解答番号　28 ～ 30 】

    Heatstroke is a condition that may occur when the body temperature rises above 40 degrees Celsius. Being in hot, humid conditions for a long time increases the risk of having heatstroke because the body becomes unable to <u>control</u> its temperature. When the condition is severe, a medical emergency that requires immediate care is necessary. Heatstroke can occur not only when a person is exposed to the sun over an extended period, but also when one is sitting in high temperatures for a long time, such as in a room without any air conditioning. Common symptoms of heatstroke include a headache, confusion, dizziness, vomiting*, loss of consciousness, and an abnormal lack of sweat or excessive sweating. If left untreated, heatstroke can lead to organ failure or even death.

Since the COVID-19 pandemic, wearing face masks has become one of the common lifestyle choices. It is suggested, however, face masks may actually inhibit the body's ability to control heat in hot and humid conditions, which will increase the risk of having heatstroke. Therefore, the governments of many countries have encouraged people to take off their face masks during intense work or hard exercise in such conditions. The increased airflow resistance of the respiratory* system is considered one possible underlying mechanism for the risk of developing heatstroke when wearing face masks. When the airflow resistance is increased, the load applied to respiratory muscles becomes larger. Although there are several suggestions about the possible mechanisms for an increase in the risk of heatstroke, these have not been clarified.

Nowadays wearing face masks outdoors is no longer necessary if an appropriate social distance can be maintained. However, wearing face masks should (   ) be considered for people who cannot get vaccinations against COVID-19 for various reasons. As for small children, they are advised to take off their face masks especially in summer while walking to school and during sporting activities to avoid heatstroke. Children under two years old are also recommended not to wear face masks even in a room with many other people because such small children cannot remove their masks themselves easily even if they feel uncomfortable breathing.

vomiting* 嘔吐   respiratory* 呼吸器の

1. Which of the following can be replaced with the underlined word in the first paragraph?
    1. assemble
    2. justify
    3. persist
    4. regulate

28

2. Which of the following words would be the most appropriate to put into the blank in the third paragraph?
    1. hardly
    2. later
    3. still
    4. then

29

3. According to the passage, which of the following is true?
    1. Heatstroke occurs only when a person stays outside for a long time, sweats too much, and does not take enough rest.
    2. Staying inside and drinking various kinds of cold drinks prevents a person from developing heatstroke.
    3. Intense work and vigorous exercise with face masks on under hot and humid conditions may increase the risk of having heatstroke.
    4. Wearing face masks is not required anymore for small children because many of them are vaccinated against COVID-19.

30

数学

（40 分）

(注)　1．答が分数の場合は既約分数にして解答してください。なお，例
えば問題の文中の $\boxed{1)\quad}$，$\boxed{2)\quad}\boxed{3)\quad}$ はそれぞれ 1 桁，2 桁の数
を意味しますので，対応する数字を解答欄にマークしてください。
2．答に根号が含まれる場合は根号の中に現れる自然数が最小とな
る形で解答してください。

第一問　△ABC において，AB = 5，BC = 7，CA = $4\sqrt{2}$ とし，点 A から辺 BC に下ろ
した垂線を AH として，次の問に答えよ。

(1) 垂線 AH の長さは $\boxed{1)\quad}$ である。

(2) 辺 AB 上に点 P を，辺 AC 上に点 Q を，PQ // BC となるようにとる。

PQ = x $(0 < x < 7)$ とすると，△HPQ の面積 $S(x)$ は

$$S(x) = -\cfrac{\boxed{2)\quad}}{\boxed{3)\quad}}\, x^2 + \boxed{4)\quad}\, x$$

と表すことができる。この $S(x)$ は $x = \cfrac{\boxed{5)\quad}}{\boxed{6)\quad}}$ のときに最大値 $\cfrac{\boxed{7)\quad}}{\boxed{8)\quad}}$ を
とる。

第二問 次の問に答えよ。

(1) 箱Aの中には1から5までの異なる自然数が1つずつ書かれた球が5個入っている。

また，箱Bには6から11までの異なる自然数が1つずつ書かれた球が6個入っている。箱A，Bから1個ずつ球を取り出し，箱Aから取り出した球に書かれていた自然数を a，箱Bから取り出した球に書かれていた自然数を b，$3a + 2b = c$ とするとき，a が素数になる確率は $\dfrac{\boxed{9)}}{\boxed{10)}}$ であり，c が素数になる確率は $\dfrac{\boxed{11)}}{\boxed{12)}\ \boxed{13)}}$ である。

(2) n を整数として，$\sqrt{n^2 - 10n + 2}$ が整数となるときの n の最大値は $\boxed{14)}\ \boxed{15)}$ であり，最小値は $-\boxed{16)}$ である。

第三問 次の問に答えよ。

(1) $a^x + a^{-x} = 4 \ (a > 0, \ a \neq 1)$ のとき，$a^{\frac{3}{2}x} + a^{-\frac{3}{2}x} = \boxed{17)}\ \sqrt{\boxed{18)}}$ である。

(2) $\displaystyle\int_b^x f(t)dt = 6x^2 + 7x - 3$ のとき，$f(x) = \boxed{19)}\ \boxed{20)}\ x + \boxed{21)}$ であり，$b = -\dfrac{\boxed{22)}}{\boxed{23)}},\ \dfrac{\boxed{24)}}{\boxed{25)}}$ である。

第四問　　次の問に答えよ。

(1) 平面上において $\triangle ABC$ と点 P が $2\overrightarrow{PA} + 3\overrightarrow{PB} + 4\overrightarrow{PC} = \overrightarrow{0}$ を満たしているとき，

　2 点 A, P を通る直線が辺 BC と交わる点を D とすると，

$$\frac{BD}{CD} = \frac{\boxed{26)}}{\boxed{27)}} \ , \quad \frac{AP}{PD} = \frac{\boxed{28)}}{\boxed{29)}}$$

　である。

(2) 2 つの等差数列 $\{a_n\} : 2, \ 5, \ 8, \ \cdots\cdots, \ 290$ と $\{b_n\} : 4, \ 9, \ 14, \ \cdots\cdots, \ 344$ の共通

　項を順に並べた数列を $\{c_n\}$ とするとき，$\{c_n\}$ の初項は $\boxed{30)}\ \boxed{31)}$ であり，末項は

　$\boxed{32)}\ \boxed{33)}\ \boxed{34)}$ である。

化学

(40 分)

第 一 問　次の問 1 〜 3 に答えよ。ただし，原子量は，H＝1.0，O＝16，Na＝23，S＝32，Fe＝56 とする。

[解答番号　**1**　〜　**3**　]

問1　次の記述のうち，最も適切なものを選べ。

[解答番号　**1**　]

1. 水素結合は，共有結合より強い結合である。
2. 一般に，一定質量の水の体積は，固体，液体，気体の順に大きくなる。
3. 氷が融けて水になる変化は，物理変化である。
4. 純物質の凝固点は，融点より高い。
5. 一般に，性質や構造の似た分子では，分子間力が大きいほど沸点が低い。

問2　次の 5 つの化合物のうち，同じ質量中に含まれる硫黄の物質量が最も多いものを選べ。

[解答番号　**2**　]

1. H_2SO_4
2. $FeSO_4$
3. Fe_2S_3
4. $Na_2S_2O_3$
5. SO_2

問3　200 g の硝酸カリウムが溶けている 80℃の水溶液が 400 g ある。この水溶液の温度を上げて一部の水を蒸発させてから，40℃まで温度を下げたところ，86.0 g の硝酸カリウムが析出した。蒸発した水の質量〔g〕として，最も近い数値を選べ。ただし，硝酸カリウムは水 100 g に対して，40℃で 63.9 g，80℃で 169 g 溶けるものとする。

[解答番号　**3**　]

1. 12
2. 14
3. 18
4. 22
5. 26
6. 30
7. 34
8. 38
9. 44
0. 52

第 二 問 次の文章を読み，問 1 ～ 3 に答えよ。ただし，原子量は $O = 16.0$，
$Fe = 56.0$ とする。

[解答番号 4 ～ 9]

赤鉄鉱の主成分である Fe_2O_3 の鉄の酸化数は【ア】である。Fe_2O_3 を還元したところ，酸化物 A が得られ，そのモル質量は 232 g/mol であった。酸化物 A は純物質であり，【ア】と【イ】の酸化数をもつ鉄が【ウ】：【エ】の比で共存する。

問 1 【ア】と【イ】に入る数値として，最も適切なものをそれぞれ選べ。

【ア】：[解答番号 4]
【イ】：[解答番号 5]

1.	-4	2.	-3	3.	-2	4.	-1	5.	$+1$
6.	$+2$	7.	$+3$	8.	$+4$	9.	$+5$	0.	$+6$

問 2 【ウ】と【エ】に入る数字として，最も適切なものをそれぞれ選べ。ただし，最も小さい組み合わせとなるようにする。また，同じ数字を複数回選んでもよい。

【ウ】：[解答番号 6]
【エ】：[解答番号 7]

1.	1	2.	2	3.	3	4.	4	5.	5
6.	6	7.	7	8.	8	9.	9	0.	10

問 3 酸化物 A の化学式の $\boxed{x}$，$\boxed{y}$ にあてはまる数字として，各解答番号欄に対応する数字を 1 つずつマークせよ。

酸化物 A：$Fe_{\boxed{x}}O_{\boxed{y}}$

例．解答が Fe_2O_3 の場合，解答番号欄 8 ， 9 に，それぞれ 2 ， 3 とマークする。

x：[解答番号 8]
y：[解答番号 9]

第 三 問   次の問 1〜2 に答えよ。ただし，原子量は，H＝1.0, C＝12 とし，すべての気体は理想気体としてふるまうものとする。

[解答番号 $\boxed{10}$ 〜 $\boxed{12}$]

問 1   一定温度のもとで，1.2×10^5 Pa のヘリウム 3.0 L と 2.6×10^5 Pa の窒素 2.0 L を混合し，混合気体の体積を 4.0 L とした。この混合気体の全圧〔Pa〕として，最も近い数値を選べ。

[解答番号 $\boxed{10}$]

    1. 9.0×10^4 **2.** 1.1×10^5 **3.** 1.8×10^5 **4.** 1.9×10^5
    5. 2.2×10^5 **6.** 3.8×10^5 **7.** 4.4×10^5 **8.** 4.8×10^5
    9. 6.8×10^5 **0.** 1.1×10^6

問 2   プロパンの気体 50 g の標準状態（$P = 1.013 \times 10^5$ Pa，$T = 273$ K）での体積【ア】〔L〕を A 群から，また，この気体中に含まれる水素原子の物質量【イ】〔mol〕を B 群から，最も近い数値をそれぞれ選べ。

【ア】：[解答番号 $\boxed{11}$]

A 群〔L〕

    1. 0.94   **2.** 1.1   **3.** 9.4   **4.** 11   **5.** 13
    6. 15   **7.** 21   **8.** 25   **9.** 30   **0.** 33

【イ】：[解答番号 $\boxed{12}$]

B 群〔mol〕

    1. 1.1   **2.** 1.4   **3.** 2.0   **4.** 2.5   **5.** 4.5
    6. 6.1   **7.** 9.1   **8.** 9.8   **9.** 10   **0.** 14

第 四 問　　次の文章を読み，問 1 ～ 2 に答えよ。

［解答番号 ┃ 13 ┃～┃ 17 ┃］

　クロム酸イオン CrO_4^{2-} は水溶液中で銀イオン Ag^+ と反応し，クロム酸銀 Ag_2CrO_4 の赤褐色沈殿を生じる。また，塩化物イオン Cl^- も銀イオンと反応し，塩化銀 $AgCl$ の白色沈殿を生じる。25℃における Ag_2CrO_4 の溶解度積は $3.6×10^{-12} mol^3/L^3$，$AgCl$ の溶解度積は $1.8×10^{-10} mol^2/L^2$ である。

問 1　K_2CrO_4 と $NaCl$ を共に $1.0×10^{-2}$ mol/L となるように溶かした水溶液 100 mL を 25℃に保ち，撹拌しながら $2.0×10^{-2}$ mol/L の $AgNO_3$ 水溶液を少量ずつ滴下した。このとき，水に溶解している各種イオンの濃度変化のグラフを以下に示す。なお，曲線 A ～ D は，Ag^+，CrO_4^{2-}，Cl^-，NO_3^- のいずれかの濃度を表している。$Cr_2O_7^{2-}$ の生成を無視した場合，このグラフにおいて，Ag^+，CrO_4^{2-}，Cl^- それぞれの濃度を表す曲線として，最も適切なものをそれぞれ選べ。

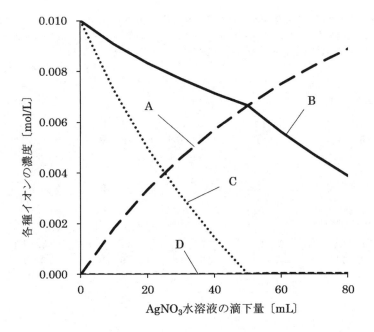

Ag^+　：［解答番号 ┃ 13 ┃］
CrO_4^{2-}：［解答番号 ┃ 14 ┃］
Cl^-　：［解答番号 ┃ 15 ┃］

　　1. A　　　　　2. B　　　　　3. C　　　　　4. D

問 2　問 1 の実験において，$AgNO_3$ 水溶液の滴下量 30 mL の時点で観察されていた現象【ア】，および，$AgNO_3$ 水溶液の滴下量 60 mL の時点で観察されていた現象【イ】の記述として，最も適切なものをそれぞれ選べ。ただし，滴下直後に沈殿が生じてもすぐに溶解した場合，沈殿は生じていないと見なす。また，同じ記述を複数回選んでもよい。

【ア】：〔解答番号 ［ 16 ］〕
【イ】：〔解答番号 ［ 17 ］〕

1. $AgNO_3$ 水溶液を滴下しても沈殿は生じなかった。
2. $AgNO_3$ 水溶液の滴下によって白色沈殿のみが生じた。
3. $AgNO_3$ 水溶液の滴下によって赤褐色沈殿のみが生じた。
4. $AgNO_3$ 水溶液の滴下によって白色沈殿が生じ，既に存在していた赤褐色沈殿との混合物となることで，沈殿は見かけ上橙色に変化した。
5. $AgNO_3$ 水溶液の滴下によって赤褐色沈殿が生じ，既に存在していた白色沈殿との混合物となることで，沈殿は見かけ上橙色に変化した。

第　五　問　　次の文章を読み，問 1 ～ 2 に答えよ。ただし，原子量は，H＝1.00，C＝12.0，N＝14.0，O＝16.0，Na＝23.0，S＝32.0 とする。すべての反応は大気圧 $1.01×10^5$ Pa 下で行った。また，電解質は，水溶液中で完全に電離しているものとする。

〔解答番号 ［ 18 ］～［ 19 ］〕

水 $1.00×10^2$ g にグルコース $C_6H_{12}O_6$ 1.80 g を溶かしたとき，大気圧下における沸点が，$5.15×10^{-2}$ K 上昇した。

問 1　水 $1.00×10^3$ g に尿素$(NH_2)_2CO$ 3.60 g を溶かしたとき，沸点は何 K 上昇するか。最も近い数値を選べ。

〔解答番号 ［ 18 ］〕

1. $2.58×10^{-2}$	2. $3.09×10^{-2}$	3. $5.15×10^{-2}$	4. $6.18×10^{-2}$
5. $7.73×10^{-2}$	6. $1.24×10^{-1}$	7. $1.55×10^{-1}$	8. $1.86×10^{-1}$
9. $2.06×10^{-1}$	0. $2.58×10^{-1}$		

問 2　水 $5.00×10^2$ g に硫酸ナトリウム 3.55 g を溶かしたとき，沸点は何 K 上昇するか。最も近い数値を選べ。

〔解答番号 ［ 19 ］〕

1. 2.58×10^{-2}　　2. 3.09×10^{-2}　　3. 5.15×10^{-2}　　4. 6.18×10^{-2}

5. 7.73×10^{-2}　　6. 1.24×10^{-1}　　7. 1.55×10^{-1}　　8. 1.86×10^{-1}

9. 2.06×10^{-1}　　0. 2.58×10^{-1}

第　六　問　　　次の文章を読み，問1～5に答えよ。

[解答番号　20　～　29　]

　　酢酸エチル合成の実験として，以下の操作を順に実施した。

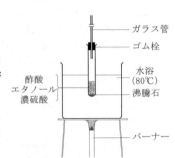

操作1：酢酸 2 mL，エタノール 2 mL および
　　　　濃硫酸 0.5 mL を試験管に入れた。

操作2：さらに試験管に沸騰石を入れたのち，右
　　　　図に示す反応装置を用いて，80℃の水浴
　　　　中で5分間加熱した。

操作3：試験管を装置から外し，十分に冷却した
　　　　のち，飽和炭酸水素ナトリウム水溶液を
　　　　少しずつ加えた。

操作4：反応液をよく振り混ぜたところ，二層に
　　　　分離した。

　　次に，酢酸エチルと同じ分子式をもつエステル A ～ C を用いて，以下の実験を順に
実施した。

実験1：A ～ C を加水分解後，塩酸を加えたところ，A からは D と E が，B からは
　　　　E と F が，C からは G と H がそれぞれ生成した。

実験2：D，F および H は中性の化合物で，D はヨードホルム反応が陽性であった
　　　　が，F と H は陰性であった。

実験3：E と G は酸性の化合物で，E にフェーリング液を加え熱したところ，赤色
　　　　沈殿を生じた。

問1　操作1～4において，エタノールに代えて，酸素原子が同位体 ^{18}O のエタノー
　　　ル $C_2H_5{}^{18}OH$ を用いた場合，下記の反応式における生成物【ア】および【イ】
　　　として，【ア】は A 群から，【イ】は B 群から最も適切なものをそれぞれ選べ。

反応式

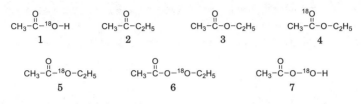

【ア】：〔解答番号　20　〕

A 群

$CH_3-\overset{O}{\overset{\|}{C}}-{}^{18}O-H$　　　$CH_3-\overset{O}{\overset{\|}{C}}-C_2H_5$　　　$CH_3-\overset{O}{\overset{\|}{C}}-O-C_2H_5$　　　$CH_3-\overset{{}^{18}O}{\overset{\|}{C}}-O-C_2H_5$

　　　1　　　　　　　　　2　　　　　　　　　3　　　　　　　　　4

$CH_3-\overset{O}{\overset{\|}{C}}-{}^{18}O-C_2H_5$　　　$CH_3-\overset{O}{\overset{\|}{C}}-O-{}^{18}O-C_2H_5$　　　$CH_3-\overset{O}{\overset{\|}{C}}-O-{}^{18}O-H$

　　　5　　　　　　　　　　6　　　　　　　　　　7

【イ】：〔解答番号　21　〕

B 群

H_2　　　　　　　　　$H-O-H$　　　　　　　　　$H-{}^{18}O-H$

　1　　　　　　　　　　　2　　　　　　　　　　　3

$H-O-{}^{18}O-H$　　　　　C_2H_5-O-H　　　　　　C_2H_6

　4　　　　　　　　　　　5　　　　　　　　　　　6

問 2　操作 1 において，濃硫酸を加える目的として，最も適切なものを選べ。

〔解答番号　22　〕

1. エタノールを除く。

2. 反応温度を上げる。

3. 酢酸を除く。

4. 生成物の安定性を高める。

5. 反応温度を下げる。

6. 触媒として機能する。

問 3　操作 1 および 2 に関する記述として，最も**不適切**なものを選べ。

〔解答番号　23　〕

1. 突沸を防ぐために沸騰石を入れる。

2. 酢酸，エタノールおよび生成した酢酸エチルの蒸発による損失を防ぐために，試験管に十分に長いガラス管を付ける。

3. 内側が濡れた試験管を使用しない。

4. 0℃に冷却した状態で反応を行うと，反応の進行は遅くなる。

5. 純度 100%の酢酸ではなく，酢酸水溶液（酢酸としての量は同じものとする）を用いると，酢酸エチルの生成量は多くなる。

6. この反応をさらに長時間行っても，酢酸，エタノールともに完全には消費されない。

問4　操作3および4に関する記述として，最も**不適切**なものを選べ。

[解答番号　24　]

1. 生成した酢酸エチルは，飽和炭酸水素ナトリウム水溶液に溶ける。
2. 飽和炭酸水素ナトリウム水溶液を加えると，二酸化炭素が発生する。
3. 十分に飽和炭酸水素ナトリウム水溶液を加えると，反応液は塩基性を示す。
4. 飽和炭酸水素ナトリウム水溶液を，一度にたくさん加えると危険である。
5. 未反応の酢酸を反応液から水層へ除くために，飽和炭酸水素ナトリウム水溶液を加える。

問5　化合物 D，E，F，G および H として，D，F，H は A 群から，E，G は B 群から，最も適切なものをそれぞれ選べ。

D：[解答番号　25　]
F：[解答番号　26　]
H：[解答番号　27　]

A 群

CH_3-O-H　　　　CH_3-CH_2-O-H　　　　$CH_3-CH_2-CH_2-O-H$　　　　$CH_3-\underset{\underset{CH_3}{|}}{CH}-O-H$

　　1　　　　　　　　　2　　　　　　　　　　3　　　　　　　　　　　4

$CH_3-CH_2-CH_2-CH_2-O-H$　　　$CH_3-\underset{\underset{CH_3}{|}}{CH}-CH_2-O-H$　　　$CH_3-CH_2-\underset{\underset{CH_3}{|}}{CH}-O-H$

　　　　5　　　　　　　　　　　　　6　　　　　　　　　　　　　7

E：[解答番号　28　]
G：[解答番号　29　]

B 群

$H-\overset{\overset{O}{\|}}{C}-H$　　　　$CH_3-\overset{\overset{O}{\|}}{C}-H$　　　　$H-O-\overset{\overset{O}{\|}}{C}-O-H$　　　　$H-\overset{\overset{O}{\|}}{C}-O-H$

　　1　　　　　　　　　2　　　　　　　　　　3　　　　　　　　　　　4

$CH_3-\overset{\overset{O}{\|}}{C}-O-H$　　　$CH_3-CH_2-\overset{\overset{O}{\|}}{C}-O-H$　　　$CH_3-CH_2-CH_2-\overset{\overset{O}{\|}}{C}-O-H$　　　$CH_3-\underset{\underset{CH_3}{|}}{CH}-\overset{\overset{O}{\|}}{C}-O-H$

　　5　　　　　　　　　　　6　　　　　　　　　　　　7　　　　　　　　　　　8

解答編

英語

Ⅰ　**解答**　1－4　2－4　3－1　4－3　5－1　6－1
　　　　　7－4　8－3

◀解　説▶

1．「ほとんどの人は他人に自らの業績を認めてもらえると気分が良い」
pleasing「（人に）喜びを与える」とあるので，4．「認められる」のみ文意に合う。不定詞 to recognize *A* for *B*「*A* を *B*（理由）で認める」が受動態になっている。1．「主張される」　2．「だまされる」　3．「無視される」

2．「医療従事者の仕事の多くは患者の安全と関連している」
be related to *A*「*A* と関連している」の *A* には名詞が入るので名詞形の4を選ぶ。なお3は「金庫」の複数形である。

3．「ペリーヌはとても優秀な同時通訳者なので高給が取れる」
1の command は多義語で「～を命じる，～を率いる，（報酬）を意のままにする，（言葉）を自由に操る」など目的語によって様々な意味になる。command a good salary「（人は）高給が取れる」　2．「～を妨げる」3．「～に動機を与える」　4．「～を支える」

4．「土壌の栄養分が富んでいるところでは，結果として収穫量が高く作物の質も良い」
文意から3．「栄養分が豊富な」を選ぶ。1．「汚染されて」　2．「影響力がある」　4．「人口過剰の」

5．「支払う様々な税金の見返りとして，私たちはみな政府からある種の給付を期待する」
benefit「利益」は複数形にすると「（公共機関や年金制度によって支払われる）給付金，手当」の意味になる。2．「不満」　3．「借金」　4．「危険」

6．「警察はスタジアム外の路上の秩序を維持する努力をしていた」

order は多義語だが，動詞 maintain「〜を維持する」の目的語なので「秩序」の訳があてはまる。2．「評判」　3．「伝統」　4．「取引」

7．「美容治療を専門とする歯科医院は数多くある」

空所後の前置詞 in につながり，目的語をとれるのは 4 の specialize in *A*「*A* を専門とする」しかない。他の選択肢はすべて他動詞。give in「屈する」は前置詞 to をつけないと他動詞用法にならない。

8．「これが，数名の委員が同意できなかった点です」

関係副詞の where は先行詞に case, point, situation などをとることがある。This is (the point) where 〜「これ（ここ）が〜の点である」（the point は省略もできる）は頻出表現。

Ⅱ　解答　1－2　2－2　3－1

◀解　説▶

1．「微妙な変化が徐々に襲い始めてゆき少女を別人に変えてしまった」

1．「毎年」　3．「著しく」　4．「突然」　2 が同意語である。

2．「ルースはごみ集積場で隣人との不快な出会いがあった」

1．「計算」　3．「悪臭」　4．「受理」　2 が同意語である。

3．「私はこの 20 年間チャールズと文通している」

1．「と書面でコミュニケーションをとって」が同意である。2．「と緊張した雰囲気で」　3．「から目を離さないで」　4．「と同等の地位で」

Ⅲ　解答　1－2　2－3　3－1

◀解　説▶

1．2 の mixing を mixed にする。接続詞 when の後に「主語＋be 動詞」が省略されていることを見抜く。mix *A* with *B*「*A* を *B* と混ぜる」から when they(＝these chemicals) are mixed with water のように受動態となる。「これらの化学物質は安全だが，水と混ざると有害な影響を及ぼすかもしれない」

2．3 の lesser piles を fewer piles にする。there are となっていること

から主語 piles は可算名詞の複数形とわかるので few の比較級 fewer が正しい。また，そもそも lesser は less と異なり主として価値や重要性の低いことを表す形容詞で than を伴わない。「そのドラッグストアではトイレットペーパーが品切れになりかけているので，棚に積まれている商品は昨日より少ない」

3．1の ridiculous（形容詞）を ridiculously（副詞）に直す。形容詞 high を修飾するのは副詞でなければならない。「値段が途方もなく高いので，その製品を購入することは誰も考えなかった」

IV 解答 1－4 2－2 3－4

◀解 説▶

1．A：「現在の会社での最大の業績について教えてください」
B：「顧客契約を前年比 150％増やすことに成功しました。その業績のおかげで昇進しました」
A：「それではなぜ我が社に就職したいのでしょうか？」
就職の面接試験でのやり取り。

2．A：「大丈夫ですか？」
B：「何が…何があったのでしょうか？」
A：「意識を失って，どなたかが救急車を呼ばれたのです。いくつか質問に答えてくださいますか？」
B：「はい…やってみます」
A：「今までに失神したことはありますか？」
倒れた人に救急隊員が問いかけているシーン。lose consciousness と black out はどちらも「気を失う，失神する」の意味である。

3．A：「ハンバーガーやステーキがメニューに？ ここはベジタリアン・レストランじゃないのですか？」
B：「そうですよ，当店はベジタリアン・フードだけをお出ししています。肉料理はすべて肉の代用品でできています」
A：「なるほど。肉料理はどんな味でしょうかね？」
B：「どの料理をお選びになってもきっとお気に召すと思います」
レストランでの店員と客の会話。

V 解答

(A)ア－2　イ－4　ウ－4　エ－2
(B)オ－2　カ－1　キ－3

━━━◆全　訳◆━━━

(A)≪サル痘の基礎知識≫

　サル痘はサル痘ウイルスが引き起こす病気で，2022 年の初夏までに数千症例が 40 カ国以上にまたがって発見されてきた。初めは実験室のサルに特定されていたが，リスやネズミのような野生動物がこのウイルスにかかりやすい種であって，サルはそうではない。このウイルスは感染している動物に人間が嚙まれたり，ひっかかれたりすると，動物から人間に伝染することがある。サル痘患者がしばしば経験する症状には，発熱，悪寒，身体の痛み，疲労，ひどい皮膚発疹などがある。新型コロナウイルスのような非常に感染力が強い病気ではないが，感染している人と密接な接触をするのは避けるのが賢明である。

(B)≪ヤングケアラーの実情≫

　病気や障害のある親を介護する子供や若年成人はかなり多くいる。また，中には重病の，もしかすると生命を脅かす病にかかっている親を持つ子らもいる。親に死なれて取り残されると，それは子供たちにとって非常にストレスのかかる人生体験となる。時には，父や母が青ざめて弱々しく生命維持装置やモニターにつながれて病院のベッドに横たわっているのを見て，打ちひしがれて病院から逃げ出してしまう子もいる。あるいはまた，集中治療室の外で静かに座ったままどうしても口を開こうとしない子もいる。すべていつも通りのようにふるまう子もいるかもしれない。病気の子や死にゆく子を持つ親が精神的な支えを必要とするのと同様に，重病の親を持つ子もまた助けが必要なのである。

━━━◀解　説▶━━━

(A)ア．1.「予期〔期待〕されて」　2.「発見〔検出〕されて」　3.「解放されて，緩和されて」　4.「統一されて」　サル痘の数千症例が主語で，直後に場所を示す語句があるので2が自然。

イ．1.「利用〔入手〕できる」　2.「必要不可欠な」　3.「理にかなった」　4.「脆弱な，かかりやすい」　「サル痘ウイルスに（　　）である種」とあるので4が自然。vulnerable は医療関係の英文に頻出する語である。

ウ．1.「変形され」　2.「翻訳され」　3.「輸送され」　4.「伝達され」

trans- で始まる語を見分ける問題。動物から人間に「うつされ」るのだから 4 が正解。

エ．1．「世間を騒がせる」　2．「分別のある」　3．「知覚に関する」　4．「敏感な」　sense や sensor から派生する形容詞を区別させる問題で，特に sensible と sensitive の見分けが重要。文意から 2 を選ぶ。

(B)オ．1．「必ず」　2．「もしかすると」　3．「かすかに」　4．「ありそうになく」　副詞の意味を確認する問題。ただし，unlikely は形容詞としての用法の方が普通。「とても深刻で，（　　）命を脅かす病気」とあるので 2 が適切。1 は，a very serious, but not necessarily life-threatening illness「重病だが必ずしも命を脅かすとは限らない病気」とすれば成り立つ。

カ．1．「出来事」　2．「最高の場面」　3．「保険」　4．「文，判決」　修飾する stressful がネガティブな意味合いの形容詞なので 1 を選び「人生体験」とする。2 の highlight は通例ポジティブな意味合いである。なお，3 の life insurance は「生命保険」，4 の life sentence は「終身刑」である。

キ．1．「批判する」　2．「奨励する」　3．「拒否する」　4．「傾向である」　まず，直接 to 不定詞につながるのは 3 の refuse to *do*「～するのを拒む」と 4 の tend to *do*「～する傾向がある」である。ネガティブな文脈であるから 3 を選ぶ。

Ⅵ　解答　1－3　2－1　3－3

◆全　訳◆

≪伝統医学のさらなる普及≫

　世界中何百万もの人々が，多くの病気を治療する選択肢として伝統医学に頼っている。「伝統医学」という言葉は，現地の習慣や様々な文化が長年にわたって活用してきた知識・技術・実践のすべてを指す。伝統医学は，健康を支え，病気を予防したり，その原因を突き止め，また身体および精神の病を治療することを目的とする。その中には薬草を使った治療，鍼療法などの伝統中国医学，アーユルヴェーダ医学といった古くからの慣行が含まれる。アーユルヴェーダ医学とは，健康を促進するために，特定の種類の食物，ヨガ，マッサージ，医療オイルを活用する伝統インド医学治療

のひとつである。現在使用されている人間用の薬の半分近くが，元をたどれば自然に源がある。このことから，生物の多様性と持続可能性を保持することがいかに重要かがわかる。

　伝統医学は現代科学世界でますます重要な役割を果たしており，これを研究する方法が急速に発展している。例えば，AI（人工知能）は伝統医学のデータや傾向性を地図化したり自然産物の研究に活用される。また，fMRI（機能的磁気共鳴画像法）は脳の活動や「弛緩反応」を研究するのに活用される。弛緩反応とは瞑想やヨガのように，ストレス時に精神の健康や安心を求めて今では広く活用されている伝統医学療法のひとつである。携帯電話アプリ，オンライン講座，その他のテクノロジーもまた伝統医学を再び普及させてきている。

　しかしながら今日，多くの国の医療制度は，非常に多くの伝統医学従事者，研究講座，医療施設，医療費をまだ十分に一体化できていない。この問題を解決する一助として，また伝統医学の安全性と有効性の証拠基盤を発展構築するために，世界保健機関（WHO）は 2022 年 4 月 19 日インドに伝統医学グローバルセンターを設立した。この施設はインドに置かれているが，世界のすべての国に活用され役に立つことを目的としている。

■■■◀解　説▶■■■

1．本文の主旨を選ぶ問題。1．「今日世界で使用されている薬の大半は自然発生の物質に由来する」は第 1 段第 6 文（Nearly half of …）に不一致。nearly half of ～「～の半分近く」は a majority of ～「～の過半数，大半」ではない。また本文の主旨は伝統医学であって，その一部分である薬ではない。2．「環境を保護するために，より多くの人々が科学的に証明された伝統医学を緊急に必要としている」は，本文中のいくつかの語句をつなぎ合わせた文で，主旨とは言えない。3．「世界の人々は，伝統医学を受け入れる傾向と伝統医学に対する大衆の関心を目の当たりにしている」は，第 2 段第 1 文（Traditional medicine is …）や最終段最終文（Although its facility …）をまとめた文で，本文の主旨に沿う。4．「WHO は伝染病の治療と予防のための伝統医学製品を選ぼうと努めている」は最終段最終文（Although its facility …）と内容が一致しない。

2．下線部「この問題」の内容を問う問題。1．「伝統医学の国の医療制度に対する貢献は多くの国で実現されていない」は，直前の文

（However, today, many …）の要旨であり，これを受けて「この問題」
となるので正解である。その他の訳は以下の通り。2．「我々は環境と人
間双方に良い持続可能な薬を使う必要がある」 3．「伝統医学の従事者不
足は効果的な医療保険を脅かす」 4．「学生たちは伝統医学の従事者にな
るための教育費を払うのが困難である」

3．本文中で暗示されていないものを選ぶ問題。1．「薬用植物は個人や
社会にとってだけでなく，現代科学の発展にとっても大変重要である」
まず，前半部分は第1段最終文（This shows how …）より推測できる。
後半については，第2段第1文（Traditional medicine is …）に「伝統医
学は現代科学世界でますます重要な役割を果たしている」とあり，
medicinal plants「薬用植物」は第1段にある自然に由来する薬を指して
いる。また第2段第2文（For example, AI …）後半に AI は自然産物の
研究（to study natural products）に使われているとあるので，薬用植物
も現代科学の発展に重要であると読み取れる。2．「先進テクノロジーを
伝統医学に応用することで伝統医学の活用がより一般化することが可能に
なっている」 第2段に先進テクノロジーである AI と fMRI の活用が述べ
られていて，伝統医学の普及に寄与していると読み取れる。3．「伝統医
学の実践者は地元の人々の社会的，文化的背景をよく理解している」
social and cultural background のくだりは第1段第2文（The term
'traditional …）が該当するが，この文は「伝統医学」の説明であり，伝
統医学自体は地域に密着していることがうかがい知れるが，実践者，施術
者側がその土地の人たちの文化的背景までを理解しているかというと，そ
こまでは読み取れない。よって，これが正解。4．「伝統医学の実践者に
代表される人々は重要な医療の提供源になりうる」 第3段で WHO が設
立したグローバルセンターの目的から，そのように読み取れる。

VII 解答 1—4 2—3 3—3

◆全 訳◆

≪顔マスク着用が熱中症発症リスクを高める可能性≫

熱中症は，体温が摂氏 40 度を超えると起こるかもしれない病状である。
暑くて湿度が高い状態に長時間いると，身体が体温を抑制できなくなるの

で，熱中症にかかる危険を増す。病状が重い場合は，すぐに処置が必要な緊急医療が必要だ。熱中症は，人が長時間にわたって日光にさらされるときだけでなく，例えばエアコンのない部屋で，長時間高温の中で座っているときでも起こりうる。熱中症の一般的な症状としては，頭痛，意識混濁，めまい，嘔吐，意識喪失，異常な発汗欠如あるいは過度の発汗が挙げられる。治療しないと，熱中症は臓器不全，さらには死に至ることさえありうる。

　新型コロナウイルスの蔓延以降，顔マスク着用が一般的な生活スタイルの選択のひとつになった。しかしながら，顔マスクは実際のところ，高温多湿の中で身体が熱を抑制する能力を妨げる可能性があり，熱中症にかかる危険性を高める可能性があると示唆されている。したがって，多くの国の政府は国民に，そのような状況で仕事に集中したり激しい運動をする間は，顔マスクを外すよう奨励してきた。呼吸器系の通気抵抗が増すことは，顔マスク着用時に熱中症にかかるリスクの，基本的メカニズムの可能性のひとつと考えられている。通気抵抗が増すと，呼吸筋にかけられる負荷が大きくなる。熱中症のリスクを増加させるメカニズムの可能性についてはいくつかの提示があるが，どれもまだ明確にされていない。

　最近では適切なソーシャルディスタンスが維持できれば，戸外での顔マスク着用は必要がなくなっている。しかしながら，様々な理由で新型コロナウイルスワクチンを接種できない人にとっては，顔マスク着用はまだ考慮されるべきである。幼い子供に関しては，特に夏，熱中症を避けるために通学途中や運動中にはマスクを外すよう勧められている。2歳未満の幼児もまた，人の多い室内でもマスクをしないよう勧められているが，それは，そうした幼児は呼吸に不快感があっても自分で簡単にマスクを外せないからである。

━━━━━◀解　説▶━━━━━

1．第1段の下線部と置き換えられる同意語を選ぶ問題。他動詞 control の目的語が its temperature であり，「(体温)を抑える，抑制する」という意味になるので，4．「～を規制する，調整する」が適切である。1．「～を組み立てる」　2．「～を正当化する」　3は自動詞で「持続する，固執する」の意。

2．第3段の空所に入る最適の語を選ぶ問題。空所前文の no longer

necessary「もはや必要ない」に対して，逆接を表す However「しかしな
がら」で受けているので，3.「それでもなお」が自然な流れである。1.
「ほとんど〜しない」　2.「のちに」　4.「それから，その後」

3．本文の内容と一致するものを選ぶ問題。1.「熱中症が起きるのは，
人が長時間戸外にいて，発汗しすぎて十分な休息をとらないときだけであ
る」は，第1段第4文（Heatstroke can occur …）に不一致。2.「室内
にいて，様々な種類の冷たい飲み物を飲むことで，熱中症にかからない」
は，本文に該当する記述がない。3.「高温多湿の状況下で顔マスクを着
用して集中的に仕事をしたり活発な運動をすると，熱中症にかかるリスク
を高めるかもしれない」は，第2段第3文（Therefore, the governments
…）の理由にあたるので，これを正解とする。4.「幼い子供は，多くが
新型コロナウイルスのワクチンを接種しているので，もはや顔マスク着用
の必要はない」は，最終段最終文（Children under two …）に書かれて
いる理由（because 以下）と一致しない。

数学

解答
(1) 1) 4
(2) 2) 2　　3) 7　　4) 2　　5) 7　　6) 2　　7) 7　　8) 2

◀**解　説**▶

≪余弦定理，2 次関数の最大値≫

(1)　$\angle ABC = B$ とおくと，余弦定理を用いて

$$\cos B = \frac{AB^2 + BC^2 - AC^2}{2AB \cdot BC}$$

$$= \frac{5^2 + 7^2 - (4\sqrt{2})^2}{2 \cdot 5 \cdot 7} = \frac{3}{5}$$

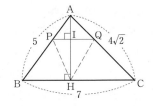

$0° < B < 180°$ であるから　　$\sin B > 0$

$$\therefore \quad \sin B = \sqrt{1 - \cos^2 B} = \sqrt{1 - \left(\frac{3}{5}\right)^2} = \frac{4}{5}$$

したがって

$$AH = AB \cdot \sin B = 5 \cdot \frac{4}{5} = 4 \quad \rightarrow 1)$$

(2)　PQ∥BC であるから　　$\triangle APQ \backsim \triangle ABC$

線分 AH と線分 PQ の交点を I とすると，線分 AI，AH はそれぞれ辺 PQ，BC を底辺とみたときの $\triangle APQ$，$\triangle ABC$ の高さであるから，その比は相似比に等しく

$$\frac{AI}{AH} = \frac{PQ}{BC} = \frac{x}{7} \quad \therefore \quad AI = \frac{x}{7} \cdot AH = \frac{x}{7} \cdot 4 = \frac{4}{7}x$$

よって，$HI = AH - AI = 4 - \frac{4}{7}x$ だから

$$S(x) = \frac{1}{2} \cdot PQ \cdot HI = \frac{1}{2}x\left(4 - \frac{4}{7}x\right)$$

$$= -\frac{2}{7}x^2 + 2x \quad \rightarrow 2) \sim 4)$$

$$= -\frac{2}{7}\left(x - \frac{7}{2}\right)^2 + \frac{7}{2}$$

$0<x<7$ だから，$x=\dfrac{7}{2}$ のとき最大値 $\dfrac{7}{2}$ をとる。　→ 5 ）〜 8 ）

二　解答

(1) 9 ）3　　10) 5　　11) 3　　12)13)10
(2)14)15)17　　16) 7

◀解　説▶

≪確率，根号を含む式の値が整数となる条件≫

(1)

　A　　　　　　　　B

a のとりうる値は 1，2，3，4，5 のいずれかであり，このうち素数は 2，3，5 であるから，a が素数になる確率は

$$\frac{3}{5}　→ 9 ）\cdot 10)$$

a のとりうる値は 5 つ，b のとりうる値は 6 つなので，$(a,\ b)$ は $5\times6=30$ 組のいずれかの組となる。このうち，$c=3a+2b$ が素数となるのは

$$(a,\ b)=(1,\ 7),\ (1,\ 8),\ (1,\ 10),\ (3,\ 7),\ (3,\ 10),$$
$$(3,\ 11),\ (5,\ 7),\ (5,\ 8),\ (5,\ 11)$$

の 9 通りであるから，c が素数となる確率は

$$\frac{9}{30}=\frac{3}{10}　→11)〜13)$$

参考　30 組の $(a,\ b)$ を実際に書き上げるのは手間がかかるので，このような場合には右図のような表を書くとよいだろう。表中の数字は，対応する $c=3a+2b$ の値であり，素数は**太字**で表した。

b	1	2	3	4	5
11	25	28	**31**	34	**37**
10	**23**	26	**29**	32	35
9	21	24	27	30	33
8	**19**	22	25	28	**31**
7	**17**	20	**23**	26	**29**
6	15	18	21	24	27

（横軸 a：1　2　3　4　5）

(2) $\sqrt{n^2-10n+2}=m$ とおく。

$$n^2-10n+2=m^2$$
$$(n-5)^2-23=m^2$$
$$(n-5)^2-m^2=23$$

$$(n-5+m)(n-5-m)=23$$

これを満たすような整数の組 $(m,\ n)$ をすべて求めよう。23 が素数であることに注意すれば，$n-5+m$，$n-5-m$ はともに 23 の正または負の約数であるから，±1，±23 のいずれかである。したがって

$$(n-5+m,\ n-5-m)$$
$$=(1,\ 23),\ (-1,\ -23),\ (23,\ 1),\ (-23,\ -1)$$

この 4 組の連立方程式を解くと，上の順に対応して

$$2m=(n-5+m)-(n-5-m)$$
$$=-22,\ 22,\ 22,\ -22$$
$$\therefore\quad m=-11,\ 11,\ 11,\ -11$$

$m\geqq0$ に注意すると

$$(m,\ n)=(11,\ 17),\ (11,\ -7)$$

したがって，求める n の最大値は 17，最小値は -7 である。　→14)〜16)

参考　このような多数の連立方程式の組を同時に解くには，以下のように表を用いるのが便利である。ただし，$m\geqq0$ であることは考慮に入れていない。

$n-5+m$	1	23	-1	-23
$n-5-m$	23	1	-23	-1
$2m$	-22	22	22	-22
m	-11	11	11	-11
n	17	17	-7	-7

三　解答

(1) 17) 3　　18) 6

(2) 19) 20) 12　　21) 7　　22) 3　　23) 2　　24) 1　　25) 3

◀解　説▶

≪指数の計算，定積分で表される関数≫

(1)　$a^x+a^{-x}=4$ $(a>0,\ a\neq1)$ のとき

$$(a^{\frac{x}{2}}+a^{-\frac{x}{2}})^2=(a^{\frac{x}{2}})^2+2a^{\frac{x}{2}}a^{-\frac{x}{2}}+(a^{-\frac{x}{2}})^2$$
$$=a^x+2+a^{-x}$$
$$=6$$

$a^{\frac{x}{2}}+a^{-\frac{x}{2}}>0$ だから　　$a^{\frac{x}{2}}+a^{-\frac{x}{2}}=\sqrt{6}$

よって

$$a^{\frac{3}{2}x}+a^{-\frac{3}{2}x}=(a^{\frac{x}{2}})^3+(a^{-\frac{x}{2}})^3$$
$$=(a^{\frac{x}{2}}+a^{-\frac{x}{2}})^3-3a^{\frac{x}{2}}a^{-\frac{x}{2}}(a^{\frac{x}{2}}+a^{-\frac{x}{2}})$$
$$=(\sqrt{6})^3-3\cdot1\cdot\sqrt{6}$$
$$=3\sqrt{6}\quad\rightarrow17)\cdot18)$$

（注）　$\alpha^3+\beta^3=(\alpha+\beta)^3-3\alpha\beta(\alpha+\beta)$ の式変形は，$\alpha+\beta$，$\alpha\beta$ の値が与えられているときに，$\alpha^3+\beta^3$ の値を求めるのにしばしば用いられる。

(2)　$\displaystyle\int_b^x f(t)dt=6x^2+7x-3$　……①

$f(x)$ の原始関数の 1 つを $F(x)$ とすると

$$\int_b^x f(t)dt=\Big[F(t)\Big]_b^x=F(x)-F(b)$$

$F'(x)=f(x)$ および $F(b)$ が定数であることに注意して，上式の両辺を x で微分すれば

$$\frac{d}{dx}\int_b^x f(t)dt=f(x)$$

であることがわかる。

そこで，①の両辺を x で微分すると

$$f(x)=12x+7\quad\rightarrow19)\sim21)$$

また，①において，$x=b$ を代入すると

$$0=6b^2+7b-3$$

これを解いて

$$(2b+3)(3b-1)=0$$
$$b=-\frac{3}{2},\ \frac{1}{3}\quad\rightarrow22)\sim25)$$

（注）　b を定数とするとき，$\displaystyle\int_b^x f(t)dt$ は x についての関数であり

$$G(x)=\int_b^x f(t)dt$$

とおくとき，上の〔解説〕で導いたように

$$G'(x)=f(x),\ G(b)=0$$

を満たすことがわかる。

四 解答

(1) 26) 4　27) 3　28) 7　29) 2
(2) 30) 31) 14　32) 33) 34) 284

◀解　説▶

≪平面ベクトル，2 つの等差数列の共通項がなす数列≫

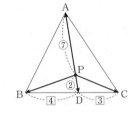

(1)　$2\overrightarrow{PA}+3\overrightarrow{PB}+4\overrightarrow{PC}=\vec{0}$ のとき

$$\frac{3\overrightarrow{PB}+4\overrightarrow{PC}}{7}=-\frac{2}{7}\overrightarrow{PA}$$

これを $\overrightarrow{PD}$ とおくと

$$\overrightarrow{PD}=\frac{3\overrightarrow{PB}+4\overrightarrow{PC}}{7}$$

から，点 D は辺 BC を 4 : 3 に内分する点であり

$$\overrightarrow{PD}=-\frac{2}{7}\overrightarrow{PA}$$

から，点 P は線分 AD を 7 : 2 に内分することがわかる。したがって

$$\frac{BD}{CD}=\frac{4}{3}, \quad \frac{AP}{PD}=\frac{7}{2} \quad →26)〜29)$$

(2)　$\{a_n\}$: 2, 5, 8, 11, 14, 17, 20, 23, 26, 29, 32, …

　　　$\{b_n\}$: 4, 9, 14, 19, 24, 29, 34, …

であるから，共通の項は

　　　$\{c_n\}$: 14, 29, …

ゆえに，初項は　　$c_1=14$　→30) 31)

数列 $\{a_n\}$ が増加数列であるから，数列 $\{c_n\}$ も増加数列，すなわち

　　　$c_1 < c_2 < c_3 < \cdots < c_n < \cdots$

を満たすことにまず注意しておく。

数列 $\{c_n\}$ の第 k 項 c_k について $\alpha > c_k$ を満たす数 α を考える。

数列 $\{a_n\}$ の公差が 3 であるから，数 α が数列 $\{a_n\}$ の項であるための必要十分条件は $\alpha-c_k$ が 3 の正の倍数であることである。

また，数列 $\{b_n\}$ の公差が 5 であるから，数 α が数列 $\{b_n\}$ の項であるための必要十分条件は $\alpha-c_k$ が 5 の正の倍数であることである。

よって，c_k より大きい数 α が数列 $\{a_n\}$ にも数列 $\{b_n\}$ にも含まれること，

すなわち 数列 $\{c_n\}$ の項であるための必要十分条件は，$\alpha-c_k$ が 3 と 5 の公倍数，すなわち 15 の正の倍数であることになる。

したがって，$c_{k+1}-c_k=15$ となり，これは任意の k について成り立つから，数列 $\{c_n\}$ は公差 15 の等差数列である。初項は 14 なので

$$c_n=14+15(n-1)=15n-1 \quad (n=1,\ 2,\ \cdots)$$

$a_n \leqq 290,\ b_n \leqq 344$ より

$$c_n \leqq 290 \quad すなわち \quad 15n-1 \leqq 290$$

$$\therefore \quad n \leqq \frac{97}{5}\left(=19+\frac{2}{5}\right)$$

n は自然数なので　　$n=1,\ 2,\ \cdots,\ 19$

よって，$\{c_n\}$ の末項は

$$c_{19}=15 \times 19-1=284 \quad \rightarrow 32)\sim34)$$

参考　上のように，2 つの等差数列に共通に含まれる項を並べてできる数列は，もとの 2 つの等差数列の公差の最小公倍数を公差とする等差数列となる。〔解説〕では数列 $\{c_n\}$ が等差数列である理由を記述したが，等差数列になることさえわかっていれば，14 の次の共通項 $c_2=29$ を見つけることで $\{c_n\}$ の公差は $29-14=15$ であることがわかり，解答するのはたやすいだろう。

化学

一 　**解答**　問1．3　問2．5　問3．4

━━━━━━◀解　説▶━━━━━━

≪結合と状態変化，物質量，固体の溶解度≫

問2．各化合物 w〔g〕中の硫黄の物質量を求めると

$$H_2SO_4：\frac{w}{98}×1=\frac{w}{98}〔mol〕$$

$$FeSO_4：\frac{w}{152}×1=\frac{w}{152}〔mol〕$$

$$Fe_2S_3：\frac{w}{208}×3=\frac{w}{69}〔mol〕$$

$$Na_2S_2O_3：\frac{w}{158}×2=\frac{w}{79}〔mol〕$$

$$SO_2：\frac{w}{64}×1=\frac{w}{64}〔mol〕$$

となるので，最も多いのは SO_2 とわかる。

問3．蒸発した水の質量を x〔g〕とおくと，40℃ において飽和溶液となっているので

$$\frac{200-86.0}{400-x-86.0}=\frac{63.9}{100+63.9}$$

$$∴\quad x=21.5≒22〔g〕$$

二 　**解答**　問1．アー7　イー6　問2．ウー2　エー1
問3．x．3　y．4

━━━━━━◀解　説▶━━━━━━

≪鉄の酸化物≫

鉄の酸化物として Fe_2O_3，Fe_3O_4，FeO が知られているが，これらのうちモル質量が 232 g/mol であるものは

$$56.0×3+16.0×4=232$$

より Fe_3O_4 である。Fe_3O_4 は Fe^{3+}（鉄の酸化数 +3）と Fe^{2+}（鉄の酸化数 +2）を 2：1 の物質量比で含む酸化物である。鉄の製錬の際，溶鉱炉では鉄鉱石 Fe_2O_3 が一酸化炭素 CO により次のように還元されている。

$$Fe_2O_3 \xrightarrow{\ CO\ } Fe_3O_4 \xrightarrow{\ CO\ } FeO \xrightarrow{\ CO\ } Fe$$

三　解答　問1．5　問2．ア－8　イ－7

◀解　説▶

≪気体の性質，物質量≫

問1．混合後のヘリウムの分圧を P_1[Pa] とおくと，ヘリウムについてボイルの法則より

$$1.2 \times 10^5 \times 3.0 = P_1 \times 4.0$$

$$\therefore\ P_1 = 9.0 \times 10^4 \,[\text{Pa}]$$

混合後の窒素の分圧を P_2[Pa] とおくと，窒素についてボイルの法則より

$$2.6 \times 10^5 \times 2.0 = P_2 \times 4.0$$

$$\therefore\ P_2 = 1.3 \times 10^5 \,[\text{Pa}]$$

よって，求める全圧は

$$9.0 \times 10^4 + 1.3 \times 10^5 = 2.2 \times 10^5 \,[\text{Pa}]$$

問2．プロパン C_3H_8（分子量 44）50 g の標準状態における体積は

$$\frac{50}{44} \times 22.4 = 25.4 \fallingdotseq 25\,[\text{L}]$$

また，ここに含まれる水素原子の物質量は

$$\frac{50}{44} \times 8 = 9.09 \fallingdotseq 9.1\,[\text{mol}]$$

四　解答　問1．Ag^+：4　CrO_4^{2-}：2　Cl^-：3
　　　　　　　問2．ア－2　イ－5

◀解　説▶

≪溶解度積と沈殿の生成≫

問1．$AgNO_3$ 水溶液を滴下するとすぐに AgCl の沈殿が生じるので，水溶液中の Ag^+ の濃度はほとんど増加しない。つまり **D** のグラフとなる。

AgNO$_3$ 水溶液の滴下量が $0\,\mathrm{mL}$ のとき CrO$_4{}^{2-}$ と Cl$^-$ の濃度はいずれも $1.0\times10^{-2}\,\mathrm{mol/L}$ なので，CrO$_4{}^{2-}$ と Cl$^-$ の濃度を表すのは **B** または **C** のグラフといえる。はじめの水溶液中の Cl$^-$ の物質量と滴下した水溶液中の Ag$^+$ の物質量が等しくなるときの AgNO$_3$ 水溶液の滴下量を $v\,[\mathrm{mL}]$ とおくと

$$1.0\times10^{-2}\times\frac{100}{1000}=2.0\times10^{-2}\times\frac{v}{1000}$$

∴ $v=50\,[\mathrm{mL}]$

AgCl の沈殿が生じるとき

$$\mathrm{Ag^+ + Cl^- \longrightarrow AgCl}$$

のように Ag$^+$ と Cl$^-$ は等しい物質量で反応するので，AgNO$_3$ 水溶液を $50\,\mathrm{mL}$ 滴下したときの水溶液中の Ag$^+$ の濃度と Cl$^-$ の濃度は等しくなる。したがって，Cl$^-$ の濃度を表すのは **C** のグラフとわかり，これより CrO$_4{}^{2-}$ の濃度を表すのは **B** のグラフといえる。

問2．AgNO$_3$ 水溶液の滴下量が $30\,\mathrm{mL}$ のとき，AgCl の沈殿が生じていないと仮定した場合の Ag$^+$ および Cl$^-$ の濃度は

$$\mathrm{Ag^+}：2.0\times10^{-2}\times\frac{30}{1000}\times\frac{1000}{100+30}=4.61\times10^{-3}\,[\mathrm{mol/L}]$$

$$\mathrm{Cl^-}：1.0\times10^{-2}\times\frac{100}{1000}\times\frac{1000}{100+30}=7.69\times10^{-3}\,[\mathrm{mol/L}]$$

これらの積は明らかに AgCl の溶解度積 $1.8\times10^{-10}\,\mathrm{mol^2/L^2}$ を超えているので，AgCl の白色沈殿が生じているとわかる。このとき，$[\mathrm{Ag^+}]<[\mathrm{Cl^-}]$ なので水溶液中の Cl$^-$ の濃度はおおよそ

$$7.69\times10^{-3}-4.61\times10^{-3}=3.08\times10^{-3}\,[\mathrm{mol/L}]$$

となり，Ag$^+$ の濃度は

$$[\mathrm{Ag^+}]\times3.08\times10^{-3}=1.8\times10^{-10}$$

∴ $[\mathrm{Ag^+}]=5.84\times10^{-8}\,[\mathrm{mol/L}]$

となる。一方，Ag$_2$CrO$_4$ の沈殿が生じていないと仮定した場合の CrO$_4{}^{2-}$ の濃度は

$$1.0\times10^{-2}\times\frac{100}{1000}\times\frac{1000}{100+30}=7.69\times10^{-3}\,[\mathrm{mol/L}]$$

となる。これより，$[Ag^+]^2[CrO_4^{2-}]$ の値は明らかに Ag_2CrO_4 の溶解度積 $3.6\times10^{-12}\,mol^3/L^3$ より小さいので，Ag_2CrO_4 の赤褐色沈殿は生じていないとわかる。

$AgNO_3$ 水溶液の滴下量が $60\,mL$ のとき，$AgCl$ の沈殿は生じていると考えてよく，問 1 で求めた $50\,mL$ を超えているので，$[Ag^+]>[Cl^-]$ となっている。したがって，Ag_2CrO_4 の沈殿が生じていないと仮定した場合の Ag^+ の濃度はおおよそ

$$2.0\times10^{-2}\times\frac{60}{1000}\times\frac{1000}{100+60}-1.0\times10^{-2}\times\frac{100}{1000}\times\frac{1000}{100+60}$$

$$=1.25\times10^{-3}\,[mol/L]$$

となり，CrO_4^{2-} の濃度は

$$1.0\times10^{-2}\times\frac{100}{1000}\times\frac{1000}{100+60}=6.25\times10^{-3}\,[mol/L]$$

となる。これより，$[Ag^+]^2[CrO_4^{2-}]$ の値は明らかに Ag_2CrO_4 の溶解度積 $3.6\times10^{-12}\,mol^3/L^3$ より大きいので，Ag_2CrO_4 の赤褐色沈殿も生じるとわかる。

五　解答　問 1．2　問 2．5

◀解　説▶

≪沸点上昇≫

問 1．水のモル沸点上昇を $K_b\,[K\cdot kg/mol]$ とおくと，希薄水溶液の沸点上昇度は質量モル濃度に比例するので，グルコース水溶液について

$$5.15\times10^{-2}=K_b\times\frac{1.80}{180.0}\times\frac{1000}{1.00\times10^2}$$

$$\therefore\ K_b=5.15\times10^{-1}\,[K\cdot kg/mol]$$

よって，尿素水溶液の沸点上昇度は

$$5.15\times10^{-1}\times\frac{3.60}{60.0}\times\frac{1000}{1.00\times10^3}=3.09\times10^{-2}\,[K]$$

問 2．硫酸ナトリウム Na_2SO_4 は水溶液中で

$$Na_2SO_4\longrightarrow 2Na^++SO_4^{2-}$$

のように電離する。よって，硫酸ナトリウム水溶液の沸点上昇度は

$$5.15 \times 10^{-1} \times \frac{3.55}{142.0} \times 3 \times \frac{1000}{5.00 \times 10^2} = 7.725 \times 10^{-2}$$

$$\fallingdotseq 7.73 \times 10^{-2} \, [\text{K}]$$

六 解答

問1．ア—5　イ—2　問2．6　問3．5　問4．1
問5．D—4　F—3　H—1　E—4　G—6

◀解　説▶

≪酢酸エチルの合成，エステルの構造決定≫

問1．カルボン酸とアルコールからエステルが生成するとき，アルコール中の酸素原子がエステル結合に含まれる。

問5．酢酸エチル $CH_3COOC_2H_5$ の分子式は $C_4H_8O_2$ であり，この分子式をもつエステルの加水分解生成物として考えられるのは

　　　ギ酸 $HCOOH$ と 1-プロパノール $CH_3CH_2CH_2OH$

　　　ギ酸 $HCOOH$ と 2-プロパノール $CH_3CH(OH)CH_3$

　　　酢酸 CH_3COOH とエタノール CH_3CH_2OH

　　　プロピオン酸 CH_3CH_2COOH とメタノール CH_3OH

のいずれかである。実験3より，E は酸性の化合物でフェーリング液を還元するのでギ酸とわかり，上記のことと実験1より，D と F はプロパノールといえる。さらに実験2より，ヨードホルム反応が陽性である D は 2-プロパノールであり，陰性である F は 1-プロパノールと判断できる。以上のことと実験2より，H は中性の化合物でヨードホルム反応が陰性であることからメタノールと考えられ，酸性の化合物である G はプロピオン酸と決定できる。

■一般選抜B方式：個別試験

問題編

▶試験科目・配点

教　　科	科　　　　　目	配　点
英　　語	コミュニケーション英語Ⅰ・Ⅱ・Ⅲ，英語表現Ⅰ・Ⅱ	100 点
数　　学	数学Ⅰ・Ⅱ・A・B（数列，ベクトルの範囲）	100 点
理　　科	化学基礎・化学	100 点

▶備　考

　個別試験の成績および調査書を総合して，合格者を決定する。

英語

(70 分)

Ⅰ. 次の各英文の（　　　　）に入る語句として最も適切なものを，それぞれ 1 から 4 の中から 1 つ選び，その番号をマークしなさい。　【 解答番号　1　～　9　】

1. Increased fuel costs adversely (　　　　) the distribution of foreign merchandise.
   1. affected
   2. embraced
   3. prevailed
   4. surrendered
   　　　　1

2. The existence of a material described as dark matter has been (　　) by scientists to explain certain behaviors observed by researchers.
   1. contained
   2. forgotten
   3. proposed
   4. regretted
   　　　　2

3. Additional tickets will not be released (　　　　) the day of the performance.
   1. in advance
   2. in front
   3. later on
   4. prior to
   　　　　3

4. A television crew was arrested while giving a live report, but he was (　　　) an hour later.
   1. engaged
   2. fostered
   3. released
   4. suppressed
   　　　　4

5. It is often not (　　　　) we lose our health that we realize its value.
   1. after
   2. beyond
   3. by
   4. until
   　　　　5

6. The ancient statue has a long nose, a strong chin, and a mass of (　　　　) hair.
   1. balding
   2. significant
   3. thick
   4. various
   　　　　6

7. The girl was eager to get a job, so she accepted the offer on the (　　　　).
   1. air
   2. house
   3. point
   4. spot
   　　　　7

8. The patient-to-doctor (　　　　) in rural areas is quite low compared to urban areas.
   1. analysis
   2. degree

   3.　ratio　　　　　　　　　　　4.　sum　　　　　　　　　　| 8 |

9.　(　　　　) in 1924, it is the oldest building on campus with a unique value.
   1.　Constructing　　　　　　　　2.　Having been constructed
   3.　To be constructed　　　　　　4.　To construct　　　　　　| 9 |

Ⅱ．次の各英文の下線部の文脈における意味として最も近いものを，それぞれ１から４
の中から１つ選び，その番号をマークしなさい。【 解答番号 | 10 | ～ | 13 | 】

1.　Further negotiation between the two parties now seems to be <u>out of the question</u>.
   1.　absolutely fine　　　　　　　2.　fairly possible
   3.　incredibly patient　　　　　　4.　totally unlikely
                                                      | 10 |

2.　Our brains are naturally organized to categorize things we encounter in order to
   <u>put into perspective</u> the complicated world around us.
   1.　cease action against　　　　　2.　look up to
   3.　make sense of　　　　　　　　4.　take no notice of
                                                      | 11 |

3.　The law requires that new medicines <u>go through</u> animal testing before approval.
   1.　be subject to　　　　　　　　2.　grant permission to
   3.　look into　　　　　　　　　　4.　put off
                                                      | 12 |

4.　Although the student <u>was impatient</u> to go abroad, the study abroad program was
   suspended due to the COVID-19 pandemic.
   1.　desired　　　　　　　　　　　2.　endured
   3.　hindered　　　　　　　　　　4.　obtained
                                                      | 13 |

Ⅲ．次の各英文で間違っている箇所を，それぞれ 1 から 4 の中から 1 つ選び，その番号
をマークしなさい。　　　　　　　　　【 解答番号　14　～　16　】

1. I <u>cannot find</u> my insurance card. I <u>must have left</u> it at home or <u>drop it</u> somewhere
   　　　1　　　　　　　　　　　　　　　　2　　　　　　　　　　　　　3
   <u>on my way home</u>.
   　　　4

　　　　　　　　　　　　　　　　　　　　　　　　　　　　　　　　　14

2. You <u>may find</u> the British education system <u>quite hard</u> <u>to understand it</u> <u>at first</u>.
   　　　1　　　　　　　　　　　　　　　　　　　2　　　　　3　　　　4

　　　　　　　　　　　　　　　　　　　　　　　　　　　　　　　　　15

3. <u>I hear</u> Dubai is a beautiful city, but <u>the grocery price is</u> <u>surprisingly high</u> due to
   　1　　　　　　　　　　　　　　　　　2　　　　　　　　3
   inflation <u>in recent months</u>.
   　　　　　　4

　　　　　　　　　　　　　　　　　　　　　　　　　　　　　　　　　16

Ⅳ．次の各英文の（　　　　）に入る語句として最も適切なものを，それぞれ 1 から 4 の
中から 1 つ選び，その番号をマークしなさい。　【 解答番号　17　～　27　】

(A)　Attention deficit hyperactivity disorder (ADHD) is a mental health disorder that
affects a person's attention and behavior. (　ア　) the last few decades, the number
of people who are diagnosed as having the condition has been increasing in both
developed and developing countries around the world, Japan being no exception.
ADHD usually (　イ　) in childhood or early adolescence and is highly likely to persist
into adulthood. In some cases, ADHD gets recognized only after the person becomes
an adult and starts working. A lack of concentration and irregular behavior often
(　ウ　) with daily activities at home, at school, and at work. Although it is said to be
associated with the brain activity that controls attention, some studies suggest that
eating a healthy diet is (　エ　) to help improve overall brain function and reduce the
symptoms of ADHD.

ア	1. By	2. Over	3. Since	4. While	17
イ	1. arises	2. invents	3. measures	4. withdraws	18
ウ	1. benefit	2. interfere	3. promote	4. support	19
エ	1. apt	2. equal	3. obscure	4. similar	20

(B)　Any items that are made of iron will rust if they get wet. Today, many cars are
made of steel and iron, and because steel is a mixture of iron, carbon, and some other

elements, it also rusts. If you park your car in the rain, (オ), it doesn't usually rust. Why? The iron is covered with the paint that protects your car from rusting. Some people cover a hand tool such as a chain saw blade with oil to protect the iron. (カ) way to protect iron is to cover it with a thin layer of a second metal. This (キ) is called plating. Tin cans are plated. They are made of iron that is covered with a thin layer of tin, so plating prevents the cans from rusting. What is rust, then? Rust is the common name for red chemicals that result when iron reacts with oxygen and water. Oxygen is part of the air and it joins with iron to make rust, and this only happens when water is (ク).

オ	1. for instance	2. however	3. therefore	4. where possible	21
カ	1. Another	2. Either	3. Neither	4. Other	22
キ	1. contribution	2. influence	3. management	4. process	23
ク	1. abandoned	2. controlled	3. present	4. scarce	24

(C) Carrying heavy items can cause pains in the back, neck, and shoulders. People often lean the body forward to (ケ) for the additional weight. People who tend to carry heavy items on the dominant side all the time also have a higher risk of (コ) injury. It is recommended that items should not weigh more than ten to fifteen percent of the body weight. Not standing or sitting up straight can also cause body pains because such habits cause muscles to get worn out and weakened. Thus, poor postures should be avoided and overall physical fitness should be (サ) so that the muscles and the spine* do not move into an abnormal position, which could lead to a reduction in the range of motion.

spine* 脊椎, 脊柱

ケ	1. compensate	2. deserve	3. generate	4. stimulate	25
コ	1. former	2. mysterious	3. potential	4. urgent	26
サ	1. dismissed	2. maintained	3. refrained	4. settled	27

Ⅴ．次の(a)と(b)の関係が(c)と(d)の関係と同じになるように，（　　　）に入るものとして最も適切なものを，それぞれ1から4の中から1つ選び，その番号をマークしなさい。

【 解答番号　28　～　30 】

1. (a) Reading various kinds of books   (b) Advancing in knowledge
   (c) Brushing your teeth every day   (d) (　　　)

   1. Eating healthy meals   2. Exercising after every meal
   3. Having a good rest   4. Preserving oral health

   28

2. (a) a researcher   (b) an experimental subject
   (c) a surgeon   (d) (　　　)

   1. a patient undergoing an operation   2. a professional healthcare provider
   3. a top physician in the field   4. an expert of sustainable development

   29

3. (a) distraction   (b) mind wandering
   (c) (　　　)   (d) moral sense

   1. conscience   2. forecast
   3. prosperity   4. strategy

   30

Ⅵ. 次の英文を読み，２つの設問に対して最も適切な答えをそれぞれ１から４の中から
１つ選び，その番号をマークしなさい。　　　【 解答番号　31　～　32　】

　　　Aspiration pneumonia* is a type of pneumonia that is caused when something
other than air such as food or liquid is breathed into the airways and goes toward the
lungs instead of the stomach. No treatment is necessary for those who have healthy
lungs because they can cough up the things which go down the (　　　) pipe, but it
can be troublesome for many elderly people. It is said that aspiration pneumonia is
one of the major causes for hospitalization and death among them. If left untreated,
it can be fatal. Doctors listen for abnormal breath sounds in the chest and order an X-
ray exam* of the lungs and/or a blood test to determine if the patient has aspiration
pneumonia. Antibiotics* are commonly used to treat the infection so that the infection
will not progress and spread to other areas of the body, which may lead to serious
complications*. The seriousness of the problem all depends on the patient's overall
health. For people with a serious illness, even their own saliva* can cause such an
infection since saliva contains bacteria*.

aspiration pneumonia*　誤嚥性肺炎　　　X-ray exam*　レントゲン検査
antibiotic*　抗生物質　　　complication*　合併症　　　saliva*　唾液　　　bacteria*　細菌

1.　Which of the following words would be the most appropriate to put into the blank
　　in the passage?
　　1. artificial
　　2. empty
　　3. right
　　4. wrong

　　　　　　　　　　　　　　　　　　　　　　　　　　　　　　　　　31

2.　According to the passage, which of the following is NOT true?
　　1. Aspiration pneumonia is known to be the leading cause of death among the aged
　　　because many of them have oral health problems.
　　2. Foreign objects may cause an infection in the lungs of those with a serious
　　　disease.
　　3. Physicians conduct several exams and often provide antibiotics to the patients
　　　with aspiration pneumonia.
　　4. The presence of bacteria in the lungs may induce serious events, which may lead
　　　to the eventual death of the patient.

　　　　　　　　　　　　　　　　　　　　　　　　　　　　　　　　　32

Ⅶ. 次の英文を読み，２つの設問に対して最も適切な答えをそれぞれ１から４の中から
１つ選び，その番号をマークしなさい。　　【 解答番号　33　～　34　】

Many people seem to have individual color preferences. Color preferences are often determined by our own life experience or cultural background. Research shows that our emotional reactions to objects and things can influence our color preferences. For example, we tend to prefer the color of our favorite soccer team. We might also like certain colors because of our emotions and feelings at a particular time. Yellow, for example, is often seen as a 'happy' color, while darker colors can be seen as more gentle and deeper. On the other hand, there are some people who haven't enjoyed a rainbow, a flower or a colorful bird in the way most people do. It is reported that about ten percent of men are red-green color-blind. Roughly 1.5 percent of men lack either the sensitiveness to red or green in the eyes. One of the most common misunderstandings about color-blindness is that people affected only see the world in black and white. Color-blind people, mostly men, see changed or weak colors rather than no colors at all. Actually, the most favored color by people with red-green color blindness is said to be yellow.

1. Which of the following statements about people's color preference is true?
   1. People are born with a preference for certain colors.
   2. Colors have been known to give people certain emotions and feelings, and most people see yellow as a soft and calm color.
   3. It has been argued that there are universal preferences for some colors over others.
   4. For most people, an environment and emotions influence our color preferences.

   33

2. Which of the following can NOT be inferred from the passage?
   1. The condition of color blindness is sex-linked.
   2. The two major types of color blindness are red-green and total color blindness.
   3. There are some people who assume that anyone labeled as color blind is unable to see colors at all.
   4. If you have normal-functioning color sensitiveness in your eyes, you can distinguish all colors.

   34

Ⅷ．次の英文を読み，３つの設問に対して最も適切な答えをそれぞれ１から４の中から
１つ選び，その番号をマークしなさい。　　　　【 解答番号 　35 　〜　37 　】

　　Have you heard of "orphan diseases" and "orphan drugs"? The word "orphan"
usually refers to a child who has lost his or her parents. However, in the field of
medicine, it relates to very rare diseases; diseases which have been ignored or
neglected due to the very small number of patients. For example, in the United States,
"orphan diseases" are diseases or conditions that affect fewer than 200,000 people.
Despite being rare, these diseases are often serious or life-threatening.

The path of drug discovery and development involves a lot of time and money. Besides,
there is so much uncertainty in it. It takes ten to fifteen years and costs several tens
of millions of dollars. Typically, only 1 out of every 5,000 drugs that are developed
makes it to the market approval stage successfully. As a result, in the U.S., it was
(　　　　) difficult to expect a financial return from investment in rare diseases.

The U.S. government passed a law, called the Orphan Drug Act in 1983. The Act has
facilitated the development of orphan drugs by providing both expert advice and
financial support. According to a report published in early 2022, the orphan drug
market is growing at double the speed of the non-orphan drug market. It is estimated
that orphan drug sales will account for 20 percent of all prescription drug* sales by
2026.

In Japan, a government-led support initiative for orphan drugs was launched in 1993.
It provides special support for research and development of drugs and medical
products that have been given the orphan status by the Ministry of Health, Labour
and Welfare*. The European member states adopted the European Regulation on
Orphan Medicinal Products in 2000. Previously neglected by the drug industry,
orphan diseases and orphan drugs are quickly becoming a core part of the drug
industry worldwide.

prescription drug*　処方薬　　　Ministry of Health, Labour and Welfare*　厚生労働省

1.　Which of the following is the main idea of the passage?
　1. Benefits from the Orphan Drug Act in 1983 include financial support,
　　professional advice, and an extended market share for orphan drugs in the United
　　States.
　2. Orphan drugs are now attracting global attention due to the changes that
　　government-led support brought about.

3. Most drugs are developed for common diseases, which poses real difficulties when the patients suffer from orphan diseases.

4. Since the introduction of the Orphan Drug Act in 1983 in the United States, orphan drugs have been considered vital in the treatment for rare diseases.

$$\boxed{35}$$

2. Which of the following expressions would be the most appropriate to put into the blank in the second paragraph?
   1. at once
   2. by accident
   3. in reality
   4. more or less

$$\boxed{36}$$

3. Which of the following is NOT implied in the passage?
   1. The term 'orphan disease' is used to refer to a disease that is uncommon, often with few treatments or no treatment options.
   2. The Orphan Drug Act has responded to the needs of patients with rare diseases, and the orphan drug sector will continue to experience rapid growth.
   3. The Orphan Drug Act in the United States has led to much progress being made, more recently, in other countries.
   4. Because an increased number of drugs for rare diseases has been developed, the high prices of some such drugs have been decreasing.

$$\boxed{37}$$

Ⅸ．次の英文を読み，３つの設問に対して最も適切な答えをそれぞれ１から４の中から
１つ選び，その番号をマークしなさい。　　　【 解答番号　38　〜　40　】

　　　Headaches are an extremely common problem, and they affect people of all ages, races, income levels, and geographical areas. Many people around the world occasionally have a headache or experience one multiple times during their lifetime. According to the National Headache Foundation, a non-profit organization in the United States, over forty-five million Americans suffer from a headache.　　A　　In Japan, over thirty-two million people suffer from a headache. During a headache, blood vessels swell and so the blood flow around the brain is increased. This increase in the blood flow affects the surrounding nerves and sends pain signals that interact between brain areas.　　B

Some people take caffeine because it is known to provide relief for a headache, but it can also trigger a headache. Caffeine works by narrowing the expanded blood vessels and reducing the blood flow of the brain to the normal level. Therefore, a headache can be relieved by consuming food or drinks with caffeine such as chocolate and coffee. However, the body becomes dependent on its effects if caffeine is taken regularly.　　C　　This happens because the blood vessels that were narrowed due to the caffeine consumption get widened and the blood flow gets increased, impacting the surrounding nerves in the brain. Such a headache is known as a caffeine withdrawal headache.

Some coffee drinkers wake up with a headache when they eliminate the night coffee, while many others experience decreased energy and fatigue rather than a headache after they cut back on their morning coffee or other sources of caffeine. The more caffeine-contained products a person consumes on a regular basis, the more severe withdrawal symptoms they are likely to have. Since the body needs to (　　　) to not having caffeine in its system, it will take several weeks to cope with the caffeine rebound such as a withdrawal headache. Therefore, it is advisable to slowly reduce the caffeine intake when trying to break the caffeine habit. It should also be noted that keeping track of when and how a headache develops, how often it occurs, how long it lasts, how much caffeine is consumed, and what has helped to avoid a headache is quite important.　　D

1.　Which position is the most appropriate to insert the following excerpt into?

> Heavy coffee drinkers often experience a terrible headache when they suddenly stop drinking coffee.

　1. ☐ A ☐
　2. ☐ B ☐
　3. ☐ C ☐
　4. ☐ D ☐

☐ 38 ☐

2.　Which of the following words would be the most appropriate to put into the blank in the third paragraph?

　1. adjust

　2. deserve

　3. ease

　4. restrain

☐ 39 ☐

3.　According to the passage, which of the following is true?

　1. The number of Americans who suffer from a headache is almost twice the number of headache sufferers in Japan.

　2. Caffeine may contribute to a headache in several ways, but it helps reduce the occurrence of a headache as well.

　3. A caffeine withdrawal headache occurs when the blood vessels in the brain get narrowed, which makes the blood flow decrease.

　4. The amount of caffeine intake is connected to the severity of a headache, so completely eliminating caffeine prevents having a withdrawal headache.

☐ 40 ☐

数学

(80 分)

(注)　1．答が分数の場合は既約分数にして解答してください。なお，例
えば問題の文中の $\boxed{1)}$ ， $\boxed{2)}\ \boxed{3)}$ はそれぞれ１桁，２桁の数
を意味しますので，対応する数字を解答欄にマークしてください。
　　　2．答に根号が含まれる場合は根号の中に現れる自然数が最小とな
る形で解答してください。

第一問　a を実数とする。関数 $f(x) = x^2 - ax - a^2 \ (0 \leq x \leq 4)$ について，次の問に答
えよ。

(1) $f(x)$ の最小値は a を用いて次のように表される。

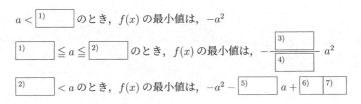

$$a < \boxed{1)}\ \text{のとき，}\ f(x)\ \text{の最小値は，}\ -a^2$$

$$\boxed{1)} \leq a \leq \boxed{2)}\ \text{のとき，}\ f(x)\ \text{の最小値は，}\ -\frac{\boxed{3)}}{\boxed{4)}}\,a^2$$

$$\boxed{2)} < a\ \text{のとき，}\ f(x)\ \text{の最小値は，}\ -a^2 - \boxed{5)}\,a + \boxed{6)}\ \boxed{7)}$$

である。

(2) $0 \leq x \leq 4$ における $f(x)$ の最大値が 11 となるとき，a の値は $-\boxed{8)}$ ，$\boxed{9)}$
である。

第二問　　次の問に答えよ。

(1) 不定方程式 $77x - 333y = 2$ の整数解 x, y のうち，x が最小の自然数となる解は $x = \boxed{10)}\,\boxed{11)}$, $y = \boxed{12)}$ である。また，x と y がともに 3 桁の自然数となる解は $x = \boxed{13)}\,\boxed{14)}\,\boxed{15)}$, $y = \boxed{16)}\,\boxed{17)}\,\boxed{18)}$ である。

(2) 右図のように $AB = 4$, $BC = 5$, $CA = 3$ の $\triangle ABC$ において，頂点 A から辺 BC に垂線 AD を下ろし，辺 BC の中点を E，$\triangle AED$ の外接円と辺 AC の交点のうち A と異なる方を F とするとき，$ED = \dfrac{\boxed{19)}}{\boxed{20)}\,\boxed{21)}}$,

$AF = \dfrac{\boxed{22)}}{\boxed{23)}}$ である。

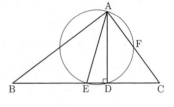

第三問　　次の問に答えよ。

(1) 方程式 $x^2 + x + 1 = 0$ の解の 1 つを ω とすると，$\omega^3 = \boxed{24)}$ である。また，$x^{2023} - x^2$ を $x^2 + x + 1$ で割ったときの余りは $\boxed{25)}\,x + \boxed{26)}$ である。

(2) 関数 $y = 2\sin 2\theta + 4(\sin\theta - \cos\theta) - 1$ の $0 \leqq \theta < \pi$ における最大値は $\boxed{27)}$，最小値は $-\boxed{28)}$ である。

第四問　$\log_{10} 2 = 0.3010$, $\log_{10} 3 = 0.4771$ として，次の問に答えよ。

(1) 18^{49} は $\boxed{^{29)}}$ $\boxed{^{30)}}$ 桁の自然数で，最高位の数字は $\boxed{^{31)}}$ である。

(2) $\left(\dfrac{15}{32}\right)^{15}$ を小数で表すと，小数第 $\boxed{^{32)}}$ 位にはじめて 0 でない数字が現れ，

　　その数字は $\boxed{^{33)}}$ である。

第五問　曲線 $y = -x^3 + 6x^2 - 7x + 8$ を C として，C 上の点 $(1, 6)$ における接線を ℓ とする。次の問に答えよ。

(1) ℓ の方程式は $y = \boxed{^{34)}}\, x + \boxed{^{35)}}$ である。

(2) 点 $(1, 6)$ 以外の C と ℓ の共有点の座標は $\left(\boxed{^{36)}}\, , \boxed{^{37)}}\, \boxed{^{38)}} \right)$ である。

(3) C と ℓ で囲まれた部分の面積は $\dfrac{\boxed{^{39)}}\ \boxed{^{40)}}}{\boxed{^{41)}}}$ である。

第六問 　次の問に答えよ。

(1) 原点を O とする座標空間において，2 点 A(1, 2, 3)，B(3, 2, 4) をとる。点 A を通り $\overrightarrow{\text{OA}}$ に垂直な平面を α とし，α について点 B と対称な点を C として，次の (i)，(ii) の問に答えよ。

(i) 点 C の座標は $\left(\dfrac{\boxed{42)}\,\boxed{43)}}{\boxed{44)}},\ \dfrac{\boxed{45)}}{\boxed{46)}},\ \dfrac{\boxed{47)}\,\boxed{48)}}{\boxed{49)}} \right)$ である。

(ii) $\triangle$ABC の面積は $\dfrac{\boxed{50)}\,\boxed{51)}\ \sqrt{\boxed{52)}}}{\boxed{53)}\,\boxed{54)}}$ である。

(2) n を自然数として，「2023」のパターンが n 回くり返し並ぶ，4 進法で表された $4n$ 桁の数

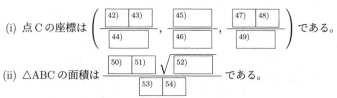

$$\overbrace{20232023\cdots\cdots 2023}^{4n\,\text{桁}}{}_{(4)}$$

を考える。この数を 10 進法で表した数を a_n として，次の (i)，(ii) の問に答えよ。

(i) $a_1 = \boxed{55)}\ \boxed{56)}\ \boxed{57)}$ である。

(ii) 数列 $\{a_n\}$ の一般項は

$$a_n = \frac{\boxed{58)}\ \boxed{59)}\ \boxed{60)}}{\boxed{61)}\ \boxed{62)}\ \boxed{63)}}\left(\boxed{64)}\ \boxed{65)}\ \boxed{66)} {}^{n} - \boxed{67)} \right)$$

$$(n = 1,\ 2,\ \cdots\cdots)$$

である。

化学

(70 分)

第 一 問　　次の文章を読み，問 1 ～ 3 に答えよ。

〔解答番号　1　～　5　〕

　原子内の電子は，原子核のまわりに存在している。炭素原子の最も外側の電子殻である【ア】殻には【イ】個の電子が入っている。炭素と最外殻電子数が同じである【ウ】のうち，最も原子番号が近い元素は【エ】である。

　原子番号が同じ原子でも，中性子の数が異なるため質量数の異なる原子を互いに同位体であるという。自然界に存在する炭素の同位体存在比は，^{12}C が 98.93%，^{13}C が 1.07%，また ^{14}C は極微量である。そのため，炭素の原子量は【オ】である。

問 1　文中の【ア】にあてはまる記号を A 群から，【イ】にあてはまる数字を B 群から，最も適切なものをそれぞれ選べ。

【ア】：〔解答番号　1　〕

A 群
1. A	**2.** B	**3.** C	**4.** D	**5.** K
6. L	**7.** M	**8.** N	**9.** O	**0.** P

【イ】：〔解答番号　2　〕

B 群
1. 1	**2.** 2	**3.** 3	**4.** 4	**5.** 5
6. 6	**7.** 7	**8.** 8	**9.** 9	**0.** 10

問 2　文中の【ウ】にあてはまる語句を C 群から，【エ】にあてはまる元素を D 群から，最も適切なものをそれぞれ選べ。

【ウ】：〔解答番号　3　〕

C 群
1. 同素体	**2.** 放射性同位体	**3.** 同族元素	**4.** 遷移元素
5. 陽性元素	**6.** 金属元素	**7.** 両性元素	

【エ】：〔解答番号　4　〕

D 群

   1.　アルミニウム　2.　硫黄　　　　　3.　ケイ素　　　　4.　酸素

   5.　窒素　　　　　6.　フッ素　　　　7.　ヘリウム　　　8.　ベリリウム

   9.　ホウ素　　　　0.　リン

問 3　文中の【オ】にあてはまる数値として，最も近い数値を選べ。ただし，^{12}C を基準とした ^{13}C の相対質量を 13.00 とする。また，^{14}C は無視できるものとする。

[解答番号　5　]

   1.　11.95　　　　2.　12.00　　　　3.　12.01　　　　4.　12.02　　　　5.　12.05

   6.　12.10　　　　7.　12.20　　　　8.　13.01　　　　9.　13.02　　　　0.　13.10

第　二　問　　次の問 1 〜 2 に答えよ。ただし，原子量は，H＝1.00，C＝12.0，O＝16.0，気体定数は $R＝8.31×10^3$ Pa・L/(K・mol)とする。また，すべての気体は理想気体としてふるまうものとする。

[解答番号　6　〜　7　]

問 1　次の【ア】〜【ウ】の気体の体積を大きい順に並べたときの順序として，最も適切なものを選べ。

   【ア】44 g のドライアイスがすべて昇華したときに生じる気体を 0℃，$1.01×10^5$ Pa にしたときの体積

   【イ】24 g の黒鉛を完全燃焼させたときに生成する気体を 300℃，$1.01×10^5$ Pa にしたときの体積

   【ウ】16 g のメタンを完全燃焼させたときに生成するすべての物質を 300℃，$1.01×10^5$ Pa にしたときの気体の体積

[解答番号　6　]

   1.【ア】>【イ】>【ウ】　　　2.【ア】>【ウ】>【イ】　　　3.【イ】>【ア】>【ウ】

   4.【イ】>【ウ】>【ア】　　　5.【ウ】>【ア】>【イ】　　　6.【ウ】>【イ】>【ア】

問 2　大気圧（$1.01×10^5$ Pa）の下で，−10℃の氷 9.00 g をすべて 110℃の水蒸気にするために必要な熱量〔kJ〕として，最も近い数値を選べ。ただし，氷の比熱（1.00 g の氷の温度を 1.00℃だけ上昇させるために必要な熱量）は 1.90 J/(g・K)，水の比熱は 4.20 J/(g・K)，水蒸気の比熱は 2.10 J/(g・K)，0℃での氷の融解熱は 6.00 kJ/mol，100℃での水の蒸発熱は 40.7 kJ/mol とする。

[解答番号　7　]

| **1.** 2.21 | **2.** 4.10 | **3.** 23.8 | **4.** 27.5 | **5.** 47.1 |
| **6.** 50.8 | **7.** 72.5 | **8.** 2120 | **9.** 4160 | **0.** 5230 |

第　三　問　次の文章を読み，問 1 ～ 3 に答えよ。ただし，原子量は，Fe＝56.0，Cu＝63.5，ファラデー定数は $F＝9.65×10^4$ C/mol とする。また，水溶液中に溶解する金属イオンはすべて 2 価とし，陽極での金属の溶解，陰極への金属の析出以外の反応は起こらなかったものとする。

〔解答番号　8　～　11　〕

全質量中に 80.0% の銅を含有し，その他の成分として鉄と金属 X のみを含む銅合金がある。この合金を陽極に，純銅を陰極に用いて，十分な量の硫酸酸性の硫酸銅（Ⅱ）水溶液中で電気分解を行った。電流を 19.3 A としてある時間電気分解を行ったところ，陰極には 1 種類の金属のみが析出し，質量が 127 g 増加した。また，陽極は均一に質量が 135 g 減少し，陽極の下には金属が沈殿した。

問1　金属 X にあてはまる可能性があるものを 2 つ挙げるとして，最も適切な組み合わせを選べ。

〔解答番号　8　〕

| **1.** Zn と Sn | **2.** Sn と Na | **3.** Sn と Al | **4.** Pt と Ag | **5.** Ag と Mg |
| **6.** Mg と Al | **7.** Zn と Al | **8.** Pt と Al | **9.** Na と Pt | **0.** Sn と Ag |

問2　電気分解を行った時間〔分〕を計算し，有効数字 3 桁目を四捨五入して有効数字 2 桁で答えよ。各解答番号欄には，対応する数字を 1 つずつマークせよ。

$$\boxed{x}.\boxed{y}×10^2 \text{ 分}$$

　例. 解答が $2.1×10^2$ 分の場合，解答番号欄　9　，　10　に　2　，　1　とマークする。

x：〔解答番号　9　〕
y：〔解答番号　10　〕

問3　陽極の下に沈殿した金属の質量〔g〕として，最も近い数値を選べ。

〔解答番号　11　〕

| **1.** 1.0 | **2.** 2.0 | **3.** 4.0 | **4.** 6.0 | **5.** 8.0 |
| **6.** 10 | **7.** 12 | **8.** 14 | **9.** 16 | **0.** 18 |

第 四 問　　次の文章を読み，問 1 ～ 2 に答えよ。計算に平方根が必要な場合，
$\sqrt{2} = 1.41$, $\sqrt{3} = 1.73$, $\sqrt{5} = 2.24$, $\sqrt{7} = 2.65$ とする。

〔解答番号　12 ～ 15 〕

　　第 2 族の元素のうち，第 4 周期以降の Ca，Sr，Ba は，(a) Be や Mg とは異なる，共通した性質をもつことが知られている。また，Ca，Sr，Ba の硫酸塩はいずれも水に溶けにくいが，特に硫酸バリウムの溶解度積は 25℃の条件で 1.00×10^{-10} $(mol/L)^2$ であり，極めて水に溶けにくい。(b) 例えば 1.00 L の水に 1.00×10^{-4} mol の硫酸バリウムを加えて飽和水溶液を調製し，さらに 1.00×10^{-5} mol の硫酸アンモニウムを加え，25℃の条件で十分な時間をおいた場合，溶存するバリウムイオンの濃度は【ア】mol/L である。

問 1　　下線部(a)にあてはまる Ca，Sr，Ba に共通する性質として，最も適切な組み合わせを選べ。

　　A：炎色反応を示す。
　　B：単体が常温の水と反応する。
　　C：水酸化物は水に難溶である。

〔解答番号　12 〕

　1.　A のみ　　　　2.　B のみ　　　　3.　C のみ　　　　4.　A と B
　5.　A と C　　　　6.　B と C　　　　7.　A と B と C　　8.　すべてあてはまらない

問 2　　下線部(b)について，【ア】にあてはまるバリウムイオンの濃度〔mol/L〕を有効数字 2 桁で求めると，$\boxed{x} . \boxed{y} \times 10^{-\boxed{z}}$ となる。$\boxed{x}$，$\boxed{y}$，$\boxed{z}$ にあてはまる数字をそれぞれ選び，マークせよ。ただし，硫酸バリウム，硫酸アンモニウムを加えたことによる溶液の体積変化は無視できるものとし，加えた硫酸アンモニウムはすべて電離したものとする。

　　例.　求めた濃度〔mol/L〕が 1.0×10^{-5} の場合，解答番号欄 13 ，14 ，15 に，1 ，0 ，5 とマークせよ。

x：〔解答番号　13 〕
y：〔解答番号　14 〕
z：〔解答番号　15 〕

第　五　問　　　次の文章を読み，問1〜3に答えよ。ただし，テトラクロロメタン層
　　　　　　　　と水層は混ざり合わず，I_2はすべて溶媒に溶解するものとする。また，
　　　　　　　　ヨウ化カリウムは完全に電離し，K^+，I^-，I_3^-はすべて水層に存在す
　　　　　　　　るものとする。

〔解答番号　16 〜 22 〕

　　ヨウ素 I_2 をヨウ化カリウム水溶液とともに分液ろうとへ入れ，よく振り混ぜた後に
静置すると，ヨウ素 I_2 がヨウ化物イオン I^- と反応して三ヨウ化物イオン I_3^- が生成し，
以下の式で表される平衡状態となる。

$$I_2 \ + \ I^- \ \rightleftharpoons \ I_3^-$$

　　このとき，I_2，I^-，I_3^- のモル濃度〔mol/L〕をそれぞれ$[I_2]$，$[I^-]$，$[I_3^-]$と表すと，
この式の平衡定数 K は次のように表され，25℃の条件において 710 L/mol である。

$$K \ = \ \frac{[I_3^-]}{[I_2][I^-]} \quad \cdots \ ①$$

　　さらに，テトラクロロメタン（四塩化炭素）CCl_4 を分液ろうとに加え，よく振り混ぜ
た後に静置すると，溶液は 2 層に分かれる。このとき，水層からテトラクロロメタン層
にヨウ素 I_2 の一部が移動し，平衡が成立する（下図参照）。

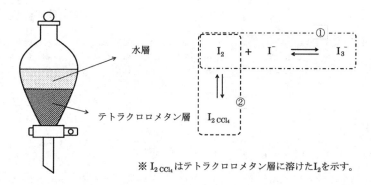

※ $I_{2\,CCl_4}$ はテトラクロロメタン層に溶けたI_2を示す。

　　水層のヨウ素濃度$[I_2]$と，テトラクロロメタン層のヨウ素濃度$[I_2]_{CCl_4}$の比は平衡定
数 K_D で表され，K_D は 25℃の条件で 89.9 である。

$$K_D \ = \ \frac{[I_2]_{CCl_4}}{[I_2]} \quad \cdots \ ②$$

なお，テトラクロロメタン層に溶解しているヨウ素の濃度（$[I_2]_{CCl_4}$）と，水層に溶解しているヨウ素の濃度（$[I_2] + [I_3{}^-]$）の比を，次のように分配比 D で表すものとする。

$$D = \frac{[I_2]_{CCl_4}}{[I_2] + [I_3{}^-]}$$

問1　濃度未知のヨウ化カリウム水溶液に 1.00×10^{-1} mol のヨウ素 I_2 を溶かし，1.00 L の水溶液とした。十分静置して平衡状態となったとき，この水溶液中に含まれる三ヨウ化物イオン $I_3{}^-$ の濃度は 25℃ の条件において 8.00×10^{-2} mol/L であった。この平衡状態におけるヨウ化物イオン I^- の濃度〔mol/L〕を有効数字 2 桁で求めると，$\boxed{x}$. $\boxed{y} \times 10^{\boxed{z}}$ となる。$\boxed{x}$，$\boxed{y}$ にあてはまる数値を A 群から，$\boxed{z}$ にあてはまる数値を B 群からそれぞれ選べ。

　　　例．求めた濃度〔mol/L〕が 1.2×10^2 の場合，解答番号欄 $\boxed{16}$，$\boxed{17}$，$\boxed{18}$ に，$\boxed{1}$，$\boxed{2}$，$\boxed{6}$ とマークせよ。なお，A 群からは同じ数値を複数回選んでもよい。

　　　　　　　　　　　　　　　　　　　　　　x：〔解答番号 $\boxed{16}$〕
　　　　　　　　　　　　　　　　　　　　　　y：〔解答番号 $\boxed{17}$〕

A 群
1. 1　　　　　2. 2　　　　　3. 3　　　　　4. 4　　　　　5. 5
6. 6　　　　　7. 7　　　　　8. 8　　　　　9. 9　　　　　0. 0

　　　　　　　　　　　　　　　　　　　　　　z：〔解答番号 $\boxed{18}$〕

B 群
1. -3　　　　　2. -2　　　　　3. -1　　　　　4. 0
5. 1　　　　　6. 2　　　　　7. 3

問2　分配比 D を，K_D，K および $[I^-]$ を用いて表すと，$D = \dfrac{【ア】}{1 + 【イ】}$ となり，水層中のヨウ化物イオン濃度 $[I^-]$ がテトラクロロメタン層と水層の間のヨウ素の分配比 D に影響することが分かる。【ア】，【イ】にあてはまる数式として，最も適切なものをそれぞれ選べ。

　　　　　　　　　　　　　　　　　　　　　　【ア】：〔解答番号 $\boxed{19}$〕
　　　　　　　　　　　　　　　　　　　　　　【イ】：〔解答番号 $\boxed{20}$〕

1. K_D 2. K 3. $[I^-]$ 4. $[I^-]K_D$

5. $[I^-]K$ 6. $K_D K$ 7. $[I^-]K_D K$ 8. 1

問3　濃度未知のヨウ化カリウム水溶液 $1.00\,L$ と，$4.00 \times 10^{-1}\,mol$ のヨウ素 I_2 を含む テトラクロロメタン溶液 $1.00\,L$ を混合し，よく振り混ぜてから $25℃$ の条件において十分静置したとき，テトラクロロメタン層のヨウ素の濃度 $[I_2]_{CCl_4}$ は $2.00 \times 10^{-1}\,mol/L$ であった。このとき，分配比 D の値は【ウ】であり，水層のヨウ化物イオン濃度 $[I^-]$ は【エ】mol/L である。【ウ】，【エ】にあてはまる数値として，最も近いものをそれぞれ選べ。なお，同じ数値を複数回選んでもよい。

【ウ】：[解答番号 21]
【エ】：[解答番号 22]

1. 0.11   2. 0.13   3. 0.15   4. 0.17   5. 0.19
6. 0.50   7. 1.0   8. 1.5   9. 2.0   0. 2.5

第 六 問　次の文章を読み，問1〜3に答えよ。ただし，原子量は，H＝1.00，C＝12.0，O＝16.0，標準状態における 1 mol の気体の体積は 22.4 L とする。

[解答番号 23 〜 26]

　植物資源を利用して合成繊維や合成樹脂をつくることができる。植物はデンプンを生産しており，デンプンを加水分解すると，デキストリンを経てグルコース $C_6H_{12}O_6$ ができる。グルコースを発酵させれば，グルコース1分子から乳酸 $CH_3CH(OH)COOH$ が2分子できる。その乳酸を重合することでポリ乳酸をつくることができる。

　ポリ乳酸は生分解性プラスチックであり，利用した後，微生物によって分解され，最終的には二酸化炭素と水になる。二酸化炭素は植物の光合成により再びグルコースなどの炭素資源として固定化され，炭素は循環する。このような仕組みが生活の基盤となる社会を循環型社会と呼ぶ。

問1　分子量828のデキストリン $8.28\,g$ を酸で完全に加水分解し，グルコースにした。このグルコースの全量から，$400\,mL$ のグルコース水溶液を調製した。この水溶液のグルコース濃度〔mol/L〕として，最も近い数値を選べ。

[解答番号 23]

1. 1.25×10^{-3} 2. 1.27×10^{-3} 3. 1.25×10^{-2} 4. 1.27×10^{-2} 5. 1.25×10^{-1}

6. 1.27×10^{-1}　**7.** 1.25　　　　**8.** 1.27　　　　**9.** 1.25×10^{1}　**0.** 1.27×10^{1}

問2　ポリ乳酸が該当するものとして，最も適切なものを選べ。

〔解答番号　24　〕

　1. レーヨン　　　　**2.** アクリル繊維　**3.** ユリア樹脂　　**4.** ビニロン
　5. ポリスチレン　**6.** ポリエステル　　**7.** ポリアミド　　**8.** アセテート

問3　分子量 7434 のポリ乳酸 100 g が，微生物によって完全に分解された。このとき，ポリ乳酸の全量から変換された二酸化炭素の標準状態における体積【ア】〔L〕を A 群から，この二酸化炭素の全量が，光合成によりすべてグルコースに変換された場合のグルコースの質量【イ】〔g〕を B 群から，最も近い数値をそれぞれ選べ。

【ア】二酸化炭素の体積：〔解答番号　25　〕

A 群
　1. 3.11×10^{1}　**2.** 6.20×10^{1}　**3.** 6.22×10^{1}　**4.** 9.22×10^{1}　**5.** 9.31×10^{1}
　6. 3.11×10^{2}　**7.** 6.20×10^{2}　**8.** 6.22×10^{2}　**9.** 9.22×10^{2}　**0.** 9.31×10^{2}

【イ】グルコースの質量：〔解答番号　26　〕

B 群
　1. 4.13　　　　**2.** 8.27　　　　**3.** 1.25×10^{1}　**4.** 4.13×10^{1}　**5.** 8.27×10^{1}
　6. 1.25×10^{2}　**7.** 4.13×10^{2}　**8.** 8.27×10^{2}　**9.** 1.25×10^{3}　**0.** 4.13×10^{3}

第 七 問 　　次の文章を読み，問 1 ～ 6 に答えよ。ただし，原子量は，H＝1.00，
　　　　　　　　C＝12.0，O＝16.0 とする。

[解答番号 $\boxed{27}$ ～ $\boxed{36}$]

　化合物 A は，炭素，水素および酸素原子のみから構成される分子量 200 以下の化合物であり，エステル結合を有する。化合物 A と関連化合物について，以下の実験を順に行った。

実験 1 ： A 7.20 mg を完全燃焼させたところ，二酸化炭素 17.6 mg および水 7.20 mg
　　　　が生成した。

実験 2 ： A を加水分解すると，カルボン酸 B およびアルコール C が生成した。

実験 3 ： C を酸化したところ，B が生成した。

実験 4 ： C を酸性条件下脱水したところ，化合物 D が生成した。

実験 5 ： D に臭素を反応させると，化合物 E が生成した。また，E は不斉炭素原子を
　　　　 1 つ有することがわかった。

実験 6 ： C の構造異性体の 1 つである化合物 F をおだやかに酸化したところ，化合物
　　　　 G が生成した。G の一部にフェーリング液を加えて加熱したところ，赤色沈殿
　　　　を生じた。

実験 7 ： 残りの G をさらに酸化したところ，カルボン酸 B の構造異性体が得られた。

実験 8 ： F を酸性条件下脱水したところ，化合物 H が生成した。

実験 9 ： D および H の構造異性体 J は環構造をもたない。J に水を付加させたとこ
　　　　ろ，化合物 K が生成した。

問 1 　化合物 A の分子式として，$\boxed{x}$，$\boxed{y}$，$\boxed{z}$ にあてはまる数字をマークせ
　　　よ。ただし，10 以上である場合は 0（ゼロ）をマークせよ。

C $\boxed{x}$ H $\boxed{y}$ O $\boxed{z}$

　　　例. 分子式が $C_6H_{12}O$ の場合，解答番号欄 $\boxed{27}$，$\boxed{28}$，$\boxed{29}$ に
　　　$\boxed{6}$，$\boxed{0}$，$\boxed{1}$ とマークする。

x：[解答番号 $\boxed{27}$]
y：[解答番号 $\boxed{28}$]
z：[解答番号 $\boxed{29}$]

問 2 　実験 5 の化合物 D から化合物 E が生じる反応において観察される現象として，
　　　最も適切なものを選べ。

[解答番号 $\boxed{30}$]

  1. 黄色の沈殿が生成する。

  2. 反応液が青くなる。

  3. 反応液がゲル状になる。

  4. 反応液の赤褐色が薄くなる。

  5. はじめに白い沈殿が生じるが，徐々に溶解して透明に変化する。

  6. 気体が発生し，反応液中に気泡が観察される。

問3 実験6の化合物 G にフェーリング液を作用させることで生成した赤色沈殿として，最も適切なものを選べ。

〔解答番号 31 〕

  1. Ag_2CO_3 **2.** $AgCl$ **3.** Ag_2O **4.** $Al(OH)_3$ **5.** $BaCO_3$

  6. CuO **7.** Cu_2O **8.** CuS **9.** $Fe(OH)_2$ **0.** PbS

問4 化合物 F にあてはまる記述として，最も適切なものを選べ。

〔解答番号 32 〕

  1. ヨードホルム反応を示す。

  2. 銀鏡反応を示す。

  3. 鏡像異性体（光学異性体）をもつ。

  4. ヨウ素デンプン反応を示す。

  5. ナトリウムと反応する。

  6. **1** 〜 **5** のいずれにも該当しない。

問5 化合物 D，H および J の化学構造として，最も適切なものをそれぞれ選べ。

D：〔解答番号 33 〕

H：〔解答番号 34 〕

J：〔解答番号 35 〕

問6 化合物 K にあてはまる記述として，最も適切なものを選べ。

〔解答番号 36 〕

  1. 不斉炭素原子をもたず，鏡像異性体（光学異性体）はない。

  2. 不斉炭素原子を 1 つ有し，2 つの鏡像異性体（光学異性体）をもつ。

  3. 不斉炭素原子を 2 つ有し，2 つの鏡像異性体（光学異性体）をもつ。

  4. 不斉炭素原子を 2 つ有し，3 つの鏡像異性体（光学異性体）をもつ。

  5. 不斉炭素原子を 2 つ有し，4 つの鏡像異性体（光学異性体）をもつ。

解答編

英語

Ⅰ　**解答**　1－1　2－3　3－4　4－3　5－4　6－3
　　　　　　7－4　8－3　9－2

◀解　説▶

1．「燃料費の値上がりが外国商品の流通に悪影響をもたらした」
副詞 adversely「逆に，不利に」は 1 の動詞 affect「〜に影響する」と相性が良く，合わせて「〜に悪影響を及ぼす，〜に逆効果をもたらす」の意になる。残りの選択肢はそれぞれ原形で，2．「〜を受け入れる」，3．「広がる（自動詞）」，4．「〜を引き渡す」という意味である。

2．「ダークマター（暗黒物質）と呼ばれる物質の存在が，研究者たちに観測されるある種の作用を説明するために，科学者たちにより提唱されてきた」
選択肢はいずれも基本語。3 の「提唱される」が文意に合う。

3．「追加のチケットは公演日より前に発売されることはありません」
1 と 2 はそれぞれ in advance of, in front of としないと the day of the performance につながらず，3 は単独で使うので同様につながらない。4 は 2 語で群前置詞「〜より前に」なので，唯一文が成立する選択肢である。

4．「テレビ取材班の一人が実況中に逮捕されたが，一時間後に釈放された」
2 文を but で接続しているので，「逮捕されたが…」につながるのは 3 の「解放された」しかない。1．「従事させる」　2．「育成する」　4．「抑圧する」

5．「私たちは失って初めて健康の価値に気づくことが多い」
it is not until 〜 that …「〜して初めて…」は頻出の強調構文である。

6．「その古代の像は高い鼻と精悍な顎を持ち，髪がびっしり生えている」
hair を修飾する形容詞を選ぶ問題。1 の balding は「はげかかった」とい

う意味だが head や man を修飾し，hair にはかからない。a mass of *A*
「多量の *A*」　thick hair「ふさふさした髪」

7．「その女性は仕事に就きたくてたまらなかったので，そのオファーを
その場で受け入れた」

on the spot「すぐその場で，即刻」

8．「田舎の患者対医者の比率は，都会に比してかなり低い」

3 の ratio は「（2 者の）比率，割合」の意。1．「分析」　2．「程度」
4．「（数量の）合計」

9．「1924 年に建てられたので，それはキャンパスで最古の建物であり独
特の価値がある」

時制が主文より過去であるのと，動詞 construct「〜を建設する」が他動
詞という点に着目し，2 の完了形で受動態の分詞構文を選ぶ。

II 　解答　1−4　2−3　3−1　4−1

◀解　説▶

1．「その両当事者間のさらなる交渉はもはや問題外に思われる」

out of the question は「問題にならない，不可能な」という意味でよく
impossible と同意とされるが，本問では 4 の「全くありそうにない」が近
い。1．「大変すばらしい」　2．「かなり可能な」　3．「信じられないほ
ど我慢強い」

2．「我々の脳は生来，複雑な周りの世界を正しく捉えるために，遭遇す
る事態を分類するように編成されている」

put *A* into perspective は「*A* を総体的に考える，大局的に見る」といっ
た意味になるので，3 の「〜を理解する」が同意である。1．「〜に対す
る行動をやめる」　2．「〜を尊敬する」　4．「〜に全く気づかない」

3．「法律により，新薬は承認される前に動物実験を経ることが義務づけ
られている」

go through 〜 は「〜を通り抜ける，経験する」なので，1 の「〜を受け
る」に置き換えられる。subject to 〜 は「①〜に従属している，②〜を
受けやすい，③（同意などを）条件とする」で，ここでは③の意味になる。
2．「〜に許可を与える」　3．「〜を調べる」　4．「〜を延期する」

４．「その学生は留学を<u>切望していた</u>が，新型コロナウイルス大流行のため留学プログラムは一時中止になった」

be impatient to *do* は「〜したくてたまらない」の意なので，１の「〜を願った」が同意である。２．「〜を耐えた」　３．「〜を妨げた」　４．「〜を得た」

Ⅲ　解答　1−3　2−3　3−2

◀解　説▶

１．３の drop it を dropped it に変える。直前の等位接続詞 or は must have left it at home と must have dropped it somewhere on my way home を連結しているので，共通部分の must have を除いて，過去分詞の dropped にしなければならない。「保険証が見当たらない。家に置いてきたか，帰宅途中どこかで落としたにちがいない」

２．３の it を取って to understand とする。この to 不定詞は形容詞 hard を修飾する副詞的用法だが，understand の目的語は the British education system なので it は不要である。「初めはイギリスの教育制度はかなり理解しにくいかもしれません」

３．２の is を has been に変えて the grocery price has been とする。副詞句 in recent months「最近数カ月の間」は，時間が継続していることを表すので動詞を現在完了形にする。「ドバイは美しい都市だそうだが，ここ数カ月インフレのため食料品の値段が驚くほど高い」

Ⅳ　解答　(A)ア−2　イ−1　ウ−2　エ−1
　　　　　　 (B)オ−2　カ−1　キ−4　ク−3
(C)ケ−1　コ−3　サ−2

◆全　訳◆

(A)≪ADHD の基礎知識≫

　注意欠如多動性障害（ADHD）は人の注意力や行動に影響を及ぼす精神障害である。過去数十年にわたって，この病状にかかっていると診断された人の数は世界中の先進国，発展途上国に限らず増加していて，日本も例外ではない。ADHD は通常子どもの頃，もしくは思春期に生じ，大人

になっても続く可能性が高い。場合によっては，大人になって働き始めてから初めて認識されることもある。注意力欠如と不規則挙動はしばしば，家庭，学校，職場での日常活動を阻害する。注意力を支配する脳の活動と関連すると言われているが，健康的な食事を摂ると，脳機能全般を改善しADHD の症状を減らすのに役立つ，と示唆する研究もある。

(B)≪錆びのメカニズム≫

　鉄製の製品は濡れると錆びる。今日，車の多くはスチール（はがね）と鉄でできていて，スチールは鉄と炭素とその他の成分の混合物なので，これも錆びる。しかしながら雨の中，車を駐車しても普通は錆びない。なぜか。この鉄は，車を錆びから保護する塗料でおおわれているからである。鉄を保護するのに，チェーンソーの刃のような手工具にオイルを塗る人もいる。別の金属の薄い層で鉄をおおって保護する方法もある。この工程はメッキと呼ばれる。ブリキ缶はメッキされている。薄いスズの層でおおわれている鉄でできているので，メッキ加工のおかげで缶は錆びないのである。では，錆びとは何か。錆びは，鉄が酸素と水分に作用した結果生じる赤い化学物質の一般名称である。酸素は空気の一部であり，鉄分と結合して錆びを作る。そしてこれが起こるのは水分が存在するときだけである。

(C)≪正しい姿勢が大切≫

　重いものを運ぶと，背中や首や肩に痛みを生じることがある。人は余分な重さを相殺するために体を前かがみにすることが多い。常に利き側で重いものを運ぶ傾向の人はまた潜在的な損傷のリスクが大きい。運ぶものは重さが体重の 10～15％を超えないのがよしとされる。真っすぐに立たなかったり，背筋を伸ばして座らなかったりすることも，体の痛みを生じさせることがある。そうした癖は筋肉を疲労させ弱らせるからである。したがって筋肉と脊椎が，動きの範囲を狭めかねない異常な位置に移動しないように，悪い姿勢を避け，体全体の健康を維持すべきである。

━━━━━━ ◀解　説▶ ━━━━━━

(A)ア．主文の時制が現在完了進行形なので，通例は期間を表す For であるが，代わりとなるのは 2 の Over「～（の期間）にわたって」である。3 の Since「～以来」は起点を表すので不可。

イ．空所後に目的語がないので自動詞の 1．「生じる」を選ぶ。3 と 4 は自動詞用法もあるが，文意にそぐわない。

ウ．前置詞 with に着目して 2 を選ぶ。interfere with ～「～に干渉する，～を妨げる」　1 の benefit は自動詞の場合 from をとることが多い。

エ．選択肢の中で be ＋形容詞＋to *do* の形をとるのは，1 の be apt to *do*「～しがちである，～する傾向にある」しかない。

(B)オ．濡れると鉄とスチールは錆びる→車はスチール製→雨の中に駐車する→（　　）→錆びない。（　　）には逆接の however が自然。

カ．鉄を錆びから守る 3 つ目の方法なので，2 者に言及する either と neither は却下。また，other は複数形の名詞を修飾するのでこれも却下。「another ＋単数形の名詞」が正解。

キ．This は直前の to cover it with a thin layer of a second metal を指すので，4．「行程」が適切。1．「貢献」　2．「影響」　3．「(事業などの) 処理」

ク．鉄が錆びる必要条件は酸素と水分である。したがって，水分があるときしか錆びは起こらない。1．「捨てられる」　2．「制御される」　3．「存在する」　4．「不足している」　3 が正解。

(C)ケ．前置詞 for に着目し 1 を選ぶ。compensate for ～「～の埋め合わせをする」は make up for ～ と同意の頻出熟語である。

コ．利き側の手や肩ばかり使っていると体を傷める可能性が高くなる，という文意を読み取って 3 を選び，「潜在的な損傷のリスク」とする。1．「前の」　2．「不思議な」　4．「緊急の」

サ．受動態のままだとわかりづらいときは，能動態にしてみるといい。すると目的語が overall physical fitness「全体的な体の健康」なので「維持する」の 2 が適切とわかる。1．「解散させる」　3．「差し控える」　4．「置く，安定させる」

V　解答　1－4　2－1　3－1

◀解　説▶

1．(a)「様々な種類の読書をすること」と(b)「知識を増やすこと」は，原因と結果の関係である。(c)「毎日歯を磨くこと」の結果は 4 の「口腔衛生を維持すること」である。1．「健康的な食事をすること」　2．「毎食後運動をすること」　3．「十分休息をとること」

２．(a)「研究者」が対象とするのが(b)「実験を受ける人・動物」である。したがって，(c)「外科医」が対象とするのは１の「手術を受ける患者」となる。２．「専門の医療介護提供者」　３．「その分野の一流内科医」　４．「持続可能な開発の専門家」

３．(a)「気が散ること」を言い換えたのが(b)「心の迷走」である。(d)「道徳観」は１の「良心」の言い換えである。２．「予測」　３．「繁栄」　４．「戦略」

Ⅵ　解答　1－4　2－1

◆━━━━━◆全　訳◆━━━━━◆

≪誤嚥性肺炎の基礎知識≫

　誤嚥性肺炎とは，食べ物や液体のような空気以外のものを吸い込み，それが胃ではなくて肺に向かっていくときに引き起こされる，肺炎の一種である。健康な肺の持ち主には治療の必要はない。間違って気管に入るものを咳で吐き出すことができるからである。だが多くの高齢者にとっては面倒なことになりうる。誤嚥性肺炎は，高齢者の間では入院や死亡の主な原因のひとつだと言われている。治療を受けずにいると，致命的となりうる。医師は胸部に異常な呼吸音がないか耳を傾け，患者が誤嚥性肺炎にかかっていないか確定するため，肺のレントゲン検査と血液検査の両方もしくはいずれかを指示する。感染が進行して体の他の部位に転移すると深刻な合併症に至る可能性もあるので，そうならないように感染治療には抗生物質が一般に使用される。この問題の重大性はひとえに患者の健康全般にかかっている。重病を抱えた人には，自身の唾液すらそうした感染を引き起こすことがある。唾液には細菌が含まれているからである。

■━━━━━▶解　説◀━━━━━■

１．空所に入る形容詞を選択する問題。肺が健康な人には誤嚥性肺炎の治療の必要がない理由を because 以下で述べている。胃に入るべきものが肺に入るとの説明が前文にあるので，咳で出されるのは，間違った管（＝気管）に入ったものである。１．「人工的な」　２．「空の」　３．「正しい」　４．「間違った」　４が正解。

２．本文の内容と一致しないものを選ぶ問題。１．「誤嚥性肺炎は高齢者

の間では主要な死因として知られているが，その理由は多くの高齢者に口腔衛生上の問題があるからである」　前半部分（主文）は第3文（It is said …）に一致するが，後半（because …）は本文に記述がないので，これが正解となる。2.「重病を抱えている人の肺の中で異物が感染を引き起こす可能性がある」は，最終文（For people with …）の bacteria を foreign objects と考えて，本文に一致。3.「医師は誤嚥性肺炎患者にいくつかの検査をし，抗生物質を与えることが多い」は，第5・6文（Doctors listen for … to serious complications.）をまとめた文と考えて，本文に一致。4.「肺の中に細菌があると深刻な事態を引き起こすかもしれず，最終的に患者の死に至る可能性がある」は，第6文から最終文（Antibiotics are commonly … saliva contains bacteria.）をまとめた文と考えて，本文に一致。

VII　解答　1−4　2−2

◆全　訳◆

≪色の好みと色覚異常≫

　多くの人が個々人の色の好みを持っているようだ。色の好みは自身の生活体験や文化的背景によって決定されることが多い。研究によると，物事に対する私たちの情緒的な反応が色の好みに影響を及ぼすことがある。例えば，私たちは好きなサッカーチームのチームカラーを好む傾向がある。また特定の時の情緒や感覚ゆえにある種の色を好むのかもしれない。例えば黄色は「幸せな」色とみなされることが多いし，一方で暗い色はより穏やかでより深いとみなされることがある。他方で，虹や花やカラフルな鳥を，たいていの人が楽しむように楽しんだことがない人もいる。男性の約10パーセントが赤緑色覚異常であると報告されている。およそ1.5パーセントの男性が目に赤色もしくは緑色に対する感度を欠いている。色覚異常に関してよくある誤解のひとつに，色覚異常の人は白黒でしか世界が見えていない，というものがある。色覚異常の人は，大半が男性だが，全く色が見えないのではなく，変化した色，すなわち薄い色が見えているのである。実際，赤緑色覚異常の人が最も好む色は黄色だと言われている。

━━━■ ◀解　説▶ ■━━━

１．色の好みに関して正しい記述を選ぶ問題。１．「人は生まれつきある種の色を好む」は，第２文（Color preferences are …）に不一致。２．「色は人にある種の情緒や感覚を与えることで知られてきて，大半の人は黄色を柔らかく落ち着いた色とみなしている」は，第３文（Research shows that …）と第６文（Yellow, for example, …）に不一致。３．「ある色の他の色に対する普遍的な好みがあると主張されてきた」は，本文に記述がない。４．「たいていの人にとって，環境や情緒が色の好みに影響を及ぼす」は，第２文（Color preferences are …）の life experience or cultural background が environment に対応し，第３文（Research shows that …）の emotional reactions が emotions に対応していると考えて，正しい記述とみなすことができ，正解となる。

２．本文から推測できない記述を選ぶ問題。１．「色覚異常の条件は性別に関連している」は，後ろから２文目に Color-blind people, mostly men, とあるので，男女差があると推測できる。２．「色覚異常の主な２つのタイプは，赤緑色覚異常と全色覚異常である」　本文には赤緑色覚異常の例は出てくるが全色覚異常の記述はない。仮に全色覚異常があると推測できても，この２つが主なタイプとまでは推測できない。よって，正解は２である。３．「色覚異常のレッテルを貼られた人は誰も全く色を見ることができないと思い込んでいる人もいる」は，第10文（One of the most …）に，色覚異常の人は白黒しか見えないとの想定が最もよくある誤解とあるので，全く色が見えないと誤解している人もいるかもしれないと推測できる。４．「目に，正常に機能する色の感度があれば，すべての色を識別できる」　本文は後半で色覚異常について記述していることから，前半が正常な色覚保有者についての記述と判断できる。色の好みが様々な原因によって決まるとの内容から，すべての色を識別したうえで好みがあると推測できよう。

Ⅷ　解答　1－2　2－3　3－4

━━━━◆全　訳◆━━━━

≪オーファン・ドラッグの歩み≫

　「オーファン・ディジーズ（希少疾患）」と「オーファン・ドラッグ（希少疾患用医薬品）」という言葉を聞いたことがあるだろうか。「オーファン（孤児）」という単語は通常両親を失った子どものことを指す。しかしながら，医学の世界では，非常にまれな病気，すなわち，患者の数があまりにも少なすぎて無視されたり軽視されてきた病気のことをいうのである。例えばアメリカでは，「オーファン・ディジーズ」は 20 万人に満たない人々を冒す病気もしくは体調である。まれとはいえ，これらの病気は深刻で命を脅かすものが多い。

　薬を発見し開発する道のりは多大な時間と資金を伴う。さらに，その道には大いなる不確実性が存する。10 年から 15 年の歳月と数千万ドルの費用がかかる。一般に，開発される薬の 5,000 に 1 つしか，市場承認段階にまでうまくたどり着けないのである。結果としてアメリカでは，希少疾患への投資から財政的な見返りを期待するのは，現実的に困難である。

　アメリカ政府は 1983 年にオーファン・ドラッグ法を可決した。この法により，専門家の助言と財政援助を供給することで希少薬の開発は容易になった。2022 年初頭に公表された報告によると，希少薬市場は非希少薬市場の 2 倍のスピードで成長している。希少薬の販売は 2026 年までに全処方薬の販売の 20 パーセントを占めることになると推定されている。

　日本では，1993 年に政府主導の希少薬支援計画が始まった。これは，希少な症状に対して厚生労働省が供与してきた薬と医療品の研究開発に，特別な支援を供給するものである。ヨーロッパ諸国は 2000 年に，希少疾患用医薬品に関する欧州規制を採択した。以前は製薬業界に軽視されたオーファン・ディジーズとその薬は，世界中で急速に製薬業界の中核になろうとしている。

━━━━◀解　説▶━━━━

１．本文の主題を選ぶ問題。主題は最終段最終文（Previously neglected by …）に集約されている。したがって，2 の「オーファン・ドラッグは政府主導の支援がもたらした変化のために今では世界的な注目を集めている」が「世界的」というキーワードを入れている点で最も的確なまとめである。1．「1983 年成立のオーファン・ドラッグ法の利点には財政援助，

専門家の助言，アメリカにおけるオーファン・ドラッグの市場占有率拡大がある」は，アメリカにしか言及していない点が主題とはずれる。3.「大半の薬は一般的な病気のために開発されていて，そのため患者がオーファン・ディジーズにかかると現実的な困難を提示する」は，第 2 段の内容だが，その最終文（As a result, …）が過去形で書かれている点に注目する。4.「アメリカで 1983 年にオーファン・ドラッグ法が導入されて以来，オーファン・ドラッグは希少疾患の治療にとって非常に重要だと考えられてきた」は，本文中に記述がない。

2.　第 2 段の空所に入る副詞句を選ぶ問題。空所の前文で，開発されても 5,000 に 1 つしか承認されない現実が述べられているので，3.「実際，現実的に」が文意に合う。1.「すぐに」　2.「偶然に，たまたま」　4.「多かれ少なかれ」

3.　本文で暗示されていない記述を選ぶ問題。1.「『オーファン・ディジーズ』という言葉は，珍しい病気で，しばしば，ほとんど治療例がなく治療の選択肢が全くない病気を指すのに使われる」は，第 1 段の内容からそのように推測される。2.「オーファン・ドラッグ法は希少疾患患者の需要に対応し，希少疾患用薬品部門は今後も急速に成長していくだろう」は，第 3 段および最終段の内容から読み取れる。3.「アメリカのオーファン・ドラッグ法は，最近になると他の国々でなされている大きな進歩につながった」　日本やヨーロッパの例が最終段に登場する。4.「ますます多くの希少疾患用の薬が開発されてきているので，いくつかの高額な値段が下落してきている」は，本文に薬の値段に関する記述がないことから，正解と判断できる。

IX　解答　1 - 3　2 - 1　3 - 2

◆全　訳◆

≪頭痛とカフェインの関係≫

　頭痛はきわめて一般的な問題で，年齢，人種，所得水準，地理上の区域を問わず人々に影響を及ぼしている。世界中で多くの人が頭痛を経験するが，時々の人もいれば，生涯で数えきれないくらい経験する人もいる。アメリカの非営利組織である頭痛財団によると，4,500 万人以上のアメリカ

人が頭痛に悩まされている。日本では，3,200万人以上が頭痛で苦しんでいる。頭痛の間，血管が膨張し，脳近辺の血流が増加している。この血流の増加が周辺神経に影響し，痛み信号を送り脳の各部位間で相互に作用するのである。

　カフェインは頭痛に寛解をもたらすことが知られているため，これを摂取する人もいるが，カフェインはまた頭痛の引き金ともなり得る。カフェインが効くのは，膨張した血管を狭めて脳の血流を正常値に引き下げることによる。したがって，チョコレートやコーヒーのようなカフェインを含む食べ物や飲み物を摂ることで頭痛は緩和されることがある。しかしながら，カフェインを定期的に摂ると体はその効果に依存してしまう。コーヒーをよく飲む人が突然飲むのをやめると，しばしばひどい頭痛を体験する。これが起きるのは，カフェイン摂取によって狭まっていた血管が広がり，血流が増加し，脳の周辺神経に衝撃を与えるからである。このような頭痛はカフェイン離脱による頭痛として知られている。

　コーヒーを飲む人の中には，夜のコーヒーを完全に断つと頭痛とともに目覚める人がいたり，また多くは朝のコーヒーやその他のカフェイン源を減らすと，頭痛よりもむしろ活力減退や疲労感を経験する。定期的にカフェインを含む製品を摂れば摂るほど，より重度の離脱症状を経験する可能性が高くなる。体はその組織の中にカフェインを入れないことに順応する必要があるため，離脱による頭痛のようなカフェインの反動に対処するには数週間かかるだろう。したがって，カフェイン習慣を断とうとするときは，カフェイン摂取をゆっくりと減らすのが得策である。また以下のことを銘記すべきである。いつどのように頭痛が起きるのか，どれくらいの頻度で起きるのか，どれくらい長く続くのか，どれくらいカフェインを摂取したのか，そして頭痛を回避するのに何が役立ったのかを記録しておくことが重要である，と。

■■■■■■■　◀解　説▶　■■■■■■■

1．欠文挿入問題。「コーヒーをよく飲む人が突然飲むのをやめると，しばしばひどい頭痛を体験する」　まず，コーヒーの話は第1段には出てこない。また，この文が最終段最終文として登場するのも不自然なので，自ずとCに入ることになる。したがって，直後の This happens は「ひどい頭痛が起きる」ことで，because 以下の理由説明も自然なつながりである。

２．第3段の空所に入る動詞を選ぶ問題。前置詞 to につながることから1の「順応する」が適切。2.「価値がある」　3.「楽になる」　4.「〜を抑える（他動詞）」

３．本文の内容と合致するものを選ぶ問題。1.「頭痛に悩まされるアメリカ人の数は日本の頭痛持ちの数のほぼ2倍である」は第1段第3文（According to the …）と第4文（In Japan, …）に不一致。約1.4倍である。2.「カフェインはいくつかの点で頭痛の原因になるかもしれないが，同様に頭痛の発生を減らすのに役立ちもする」は，第2段第1文（Some people take …）に合致する。3.「脳内の血管が狭まり，その結果血流が減少するとき，カフェイン離脱による頭痛が起きる」は，第2段後ろから2文目（This happens because …）に不一致。カフェイン離脱による頭痛が起きるのは，血管が広がり血流が増加するからである。4.「カフェイン摂取量は頭痛の強度と関連があるので，完全にカフェインを断つことで離脱による頭痛は妨げられる」　前半は本文に記述がなく，後半は本文と矛盾した内容である。

■■ 数学 ■

解答　(1) 1) 0　2) 8　3) 5　4) 4　5) 4　6) 7) 16
(2) 8) 5　9) 1

◀解　説▶

≪2 次関数の最小値・最大値≫

$$f(x)=x^2-ax-a^2 \quad (0\leqq x\leqq 4)$$

(1) 平方完成すると

$$f(x)=\left(x-\frac{a}{2}\right)^2-\frac{5}{4}a^2$$

放物線 $y=f(x)$ の軸は直線 $x=\dfrac{a}{2}$ であることに注意して，$x=\dfrac{a}{2}$ と定義域 $0\leqq x\leqq 4$ の位置関係で場合分けすると，次図を参照して，$f(x)$ の最小値は

イ)　$\dfrac{a}{2}<0$ すなわち $a<0$ のとき　→1)

$$f(0)=-a^2$$

ロ)　$0\leqq\dfrac{a}{2}\leqq 4$ すなわち $0\leqq a\leqq 8$ のとき　→2)

$$f\left(\frac{a}{2}\right)=-\frac{5}{4}a^2 \quad →3)\cdot 4)$$

ハ)　$4<\dfrac{a}{2}$ すなわち $8<a$ のとき

$$f(4)=-a^2-4a+16 \quad →5)～7)$$

である。

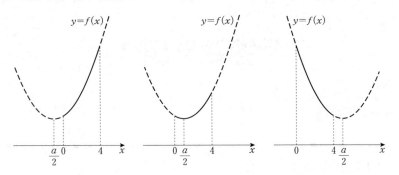

(2)　定義域 $0 \leq x \leq 4$ の中点は $x=2$ であるから, $x=\dfrac{a}{2}$ と $x=2$ の位置関係で場合分けすると, 下図を参照して, $f(x)$ の最大値は

ニ)　$\dfrac{a}{2}<2$ すなわち $a<4$ のとき

$$f(4)=-a^2-4a+16$$

最大値が 11 となるとき

$$-a^2-4a+16=11$$

これを解くと

$$a^2+4a-5=0$$

$$(a+5)(a-1)=0$$

$$a=-5,\ 1$$

これはともに $a<4$ を満たす。

ホ)　$2 \leq \dfrac{a}{2}$ すなわち $4 \leq a$ のとき

$$f(0)=-a^2$$

$-a^2 \leq 0$ であるから, このとき最大値が 11 となることはない。

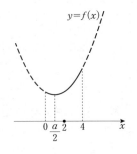

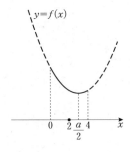

以上，ニ），ホ）により，最大値が 11 となるとき

$$a=-5,\ 1\quad\rightarrow 8）\cdot 9）$$

（注）　x^2 の係数が正である 2 次関数（グラフは下に凸）は，定義域内で軸から最も遠い x で最大値をとるから，定義域 $0\leqq x\leqq 4$ の中点 $x=2$ の左側に軸 $x=\dfrac{a}{2}$ があるか，右側に軸があるかで場合分けをした。

なお，ホ）の場合でもわかるように，放物線に対して x 軸は実際にはもっと上方にある場合もあるのだが，$f(x)$ が最大値をとる x の値を考えるための図なので，x 軸は下方に押し下げて描いた。

二　解答

(1) 10) 11) 13　　12) 3　　13) 14) 15) 679　　16) 17) 18) 157

(2) 19) 7　　20) 21) 10　　22) 3　　23) 2

◀解　説▶

≪不定方程式の整数解，三角形の相似・中点連結定理の逆≫

(1)　与えられた不定方程式

$$77x-333y=2\quad\cdots\cdots ①$$

において，係数の $77（=7\cdot 11）$ と $333（=3^2\cdot 37）$ は互いに素であるから，不定方程式

$$77x-333y=1\quad\cdots\cdots ②$$

は整数解をもつ。ユークリッドの互除法を用いて，まずその一組を求めよう。

$333=77\times 4+25$ により　　$25=333-77\times 4\quad\cdots\cdots ③$

$77=25\times 3+2$ により　　$2=77-25\times 3\quad\cdots\cdots ④$

$25=2\times 12+1$ により　　$1=25-2\times 12\quad\cdots\cdots ⑤$

これらを⑤に④を，それに③をと順次代入していくと

$$1=25-(77-25\times 3)\times 12$$
$$=25\times(1+3\times 12)-77\times 12$$
$$=25\times 37-77\times 12$$
$$=(333-77\times 4)\times 37-77\times 12$$
$$=77\times(-4\times 37-12)+333\times 37$$
$$=77\times(-160)+333\times 37$$
$$=77\times(-160)-333\times(-37)$$

すなわち，$x=-160$，$y=-37$ は②を満たす。

さらに，$77\times(-160)-333\times(-37)=1$ の両辺を 2 倍すると

$$77\times(-320)-333\times(-74)=2 \quad\cdots\cdots⑥$$

となって，題意の不定方程式①の解の一組

$$(x,\ y)=(-320,\ -74)$$

を得られた。

①から⑥を辺々引くと

$$77(x+320)-333(y+74)=0$$

$$77(x+320)=333(y+74)$$

77 と 333 は互いに素なので，$x+320$ は 333 の倍数であることがわかり

$$x+320=333k \quad（k は整数）$$

とおくことができる。

ゆえに　　$77\times333k=333(y+74)$

だから　　$y+74=77k$

$$\therefore\quad x=-320+333k,\ y=-74+77k$$

k を任意の整数としたとき，これは①のすべての整数解を表す。

x が最小の自然数となるのは，$k=1$ のときで，このとき

$$x=13,\ y=3 \quad→10)\sim12)$$

次に，x，y がともに 3 桁の自然数となるためには

$$100\leqq x<1000 \quad\cdots\cdots⑦ \quad かつ \quad 100\leqq y<1000 \quad\cdots\cdots⑧$$

まず，⑦より

$$100\leqq-320+333k<1000$$

$$\therefore\quad 420\leqq333k<1320 \quad \frac{140}{111}\leqq k<\frac{440}{111}$$

k は自然数だから　　$k=2,\ 3$

$k=2$ のとき　　$y=80$

$k=3$ のとき　　$y=157$

したがって，⑧が成り立つのは $k=3$ のときで，このとき

$$x=679,\ y=157 \quad→13)\sim18)$$

(2)　$AB^2+AC^2=BC^2$ が成り立つから，△ABC は $\angle BAC=90°$ の直角三角形である。また，△DBA において $\angle ADB=90°$ であり，△ABC と $\angle B$ を共有しているので

$$\triangle \text{DBA} \backsim \triangle \text{ABC}$$

ゆえに　　$\dfrac{\text{BD}}{\text{BA}}=\dfrac{\text{BA}}{\text{BC}}$　　∴　$\text{BD}=\dfrac{\text{BA}^2}{\text{BC}}=\dfrac{4^2}{5}=\dfrac{16}{5}$

点 E は辺 BC の中点であるから

$$\text{BE}=\dfrac{1}{2}\text{BC}=\dfrac{5}{2}$$

よって

$$\text{ED}=\text{BD}-\text{BE}=\dfrac{16}{5}-\dfrac{5}{2}=\dfrac{7}{10}\quad\rightarrow 19)\sim 21)$$

弧 AE の円周角であるから　　$\angle\text{AFE}=\angle\text{ADE}=90°$

また　$\angle\text{BAF}=90°$ であるから，AB と FE は平行である。さらに，E は辺 BC の中点だから，中点連結定理の逆によって，F は辺 AC の中点であることがわかる。したがって

$$\text{AF}=\dfrac{1}{2}\text{AC}=\dfrac{3}{2}\quad\rightarrow 22)\cdot 23)$$

三　解答

(1)24) 1　25) 2　26) 1
(2)27) 3　28) 5

◀解　説▶

≪1 の 3 乗根，三角関数の最大値・最小値≫

(1)　ω は $x^2+x+1=0$ の解であるから

$$\omega^2+\omega+1=0$$

よって　　$\omega^3-1=(\omega-1)(\omega^2+\omega+1)=0$

であるから

$$\omega^3=1\quad\rightarrow 24)$$

$x^{2023}-x^2$ を x^2+x+1 で割ったときの商を $Q(x)$，余りを $ax+b$（a, b は定数）とおくと，恒等式

$$x^{2023}-x^2=(x^2+x+1)Q(x)+ax+b$$

が成り立つので，これに $x=\omega$ を代入すると

$$\omega^{2023}-\omega^2=(\omega^2+\omega+1)Q(\omega)+a\omega+b\quad\cdots\cdots①$$

ここで，$\omega^3=1$ および $\omega^2=-\omega-1$ を用いると

$$\omega^{2023}-\omega^2=(\omega^3)^{674}\cdot\omega-\omega^2=\omega-(-\omega-1)=2\omega+1$$

$(\omega^2+\omega+1)Q(\omega)+a\omega+b=a\omega+b$

したがって，①によって　　$2\omega+1=a\omega+b$

ω は虚数，a，b は実数であるから　　$a=2$，$b=1$

すなわち，求める余りは $2x+1$ である。　→25)・26)

(2)　　$y=2\sin2\theta+4(\sin\theta-\cos\theta)-1$　$(0\leqq\theta<\pi)$

において，倍角の公式を用いると

$$y=4\sin\theta\cos\theta+4(\sin\theta-\cos\theta)-1$$

ここで，$t=\sin\theta-\cos\theta$ とおくと

$$t=\sqrt{2}\left(\frac{1}{\sqrt{2}}\sin\theta-\frac{1}{\sqrt{2}}\cos\theta\right)=\sqrt{2}\left(\sin\theta\cos\frac{\pi}{4}-\cos\theta\sin\frac{\pi}{4}\right)$$

$$=\sqrt{2}\sin\left(\theta-\frac{\pi}{4}\right)$$

$0\leqq\theta<\pi$ だから　　$-\dfrac{\pi}{4}\leqq\theta-\dfrac{\pi}{4}<\dfrac{3}{4}\pi$

よって　　　$-\dfrac{1}{\sqrt{2}}\leqq\sin\left(\theta-\dfrac{\pi}{4}\right)\leqq1$

∴　$-1\leqq t\leqq\sqrt{2}$　……②

一方

$$t^2=(\sin\theta-\cos\theta)^2$$

$$=\sin^2\theta-2\sin\theta\cos\theta+\cos^2\theta$$

$$=1-2\sin\theta\cos\theta$$

∴　$\sin\theta\cos\theta=\dfrac{1-t^2}{2}$

よって

$$y=4\cdot\frac{1-t^2}{2}+4t-1$$

$$=-2t^2+4t+1$$

$$=-2(t-1)^2+3$$

②に注意して，y は $t=1$ のとき最大値 3 をとり，$t=-1$ のとき最小値 -5 をとる。　→27)・28)

(注)　放物線は上に凸で，区間②の中央の値は $\dfrac{-1+\sqrt{2}}{2}$ であり，

$\dfrac{-1+\sqrt{2}}{2}<1$ であるから，放物線の軸 $t=1$ から遠い $t=-1$ で y は最小値をとることがわかる。

四　解答

(1) 29) 30) 62　31) 3
(2) 32) 5　33) 1

◀解　説▶

≪桁数，最高位の数≫

(1) $p=18^{49}$ とおくと

$$\log_{10}p=49\log_{10}18=49\log_{10}2\cdot3^2=49(\log_{10}2+2\log_{10}3)$$
$$=49(0.3010+2\times0.4771)$$
$$=61.5048$$

すなわち，$p=10^{61.5048}$ であるから　　$10^{61}<p<10^{62}$

したがって，p は 62 桁の自然数である。　→29)30)

また，$p=10^{61}\cdot10^{0.5048}$ であるが，

$\log_{10}3=0.4771$ より　　$3=10^{0.4771}$

$\log_{10}4=2\cdot\log_{10}2=0.6020$ より　　$4=10^{0.6020}$

したがって，$3<10^{0.5048}<4$ であるから，各辺に 10^{61} をかけると

$$3\cdot10^{61}<p<4\cdot10^{61}$$

すなわち，p の最高位の数字は 3 である。　→31)

(2) $q=\left(\dfrac{15}{32}\right)^{15}$ とおくと

$$\log_{10}q=15\log_{10}\frac{15}{32}=15\log_{10}\frac{3\cdot5}{2^5}=15\log_{10}\frac{3\cdot10}{2^6}$$
$$=15(\log_{10}3+1-6\log_{10}2)$$
$$=15(0.4771+1-6\times0.3010)$$
$$=-4.9335$$

すなわち $q=10^{-4.9335}$ であるから　　$10^{-5}<q<10^{-4}$

したがって，q は小数で表したとき，小数第 5 位にはじめて 0 でない数字が現れる。　→32)

また，$q=10^{-5+0.0665}=10^{-5}\cdot10^{0.0665}$ であるが，

$\log_{10}2=0.3010$ より　　$2=10^{0.3010}$

これと $1=10^0$ に注意すれば　　　$1<10^{0.0665}<2$

である。各辺に 10^{-5} をかけると

$$1\cdot10^{-5}<q<2\cdot10^{-5}$$

すなわち，q を小数で表したとき，小数第 5 位にはじめて現れる 0 でない
数字は 1 である。　→33)

参考　数 10^a（$0\leqq a<1$）は $1\leqq10^a<10$ を満たすから，小数で表したとき
整数部分が 1 桁となる。これに 10^n（n は整数）をかけても，小数点の位
置が前後するだけで，最高位の数字（首位の数）は変わらない。そこで，
(1), (2)ともに与えられた数を $10^a\cdot10^n$ の形に変形している。

五　解答

(1)34) 2　　35) 4
(2)36) 4　　37)38)12
(3)39)40)27　41) 4

◀解　説▶

≪3 次関数のグラフの接線，曲線と接線の囲む部分の面積≫

(1)　　$C：y=-x^3+6x^2-7x+8$

微分すると　　　$y'=-3x^2+12x-7$

$x=1$ のとき　　　$y'=2$

よって，C 上の点（1，6）における接線 l の方程式は

$$y=2(x-1)+6$$

すなわち　　　$y=2x+4$　→34)・35)

(2)　C と l の式を連立して y を消去すると

$$-x^3+6x^2-7x+8=2x+4$$

これを解くと

$$x^3-6x^2+9x-4=0$$

$$(x-1)^2(x-4)=0$$

∴　$x=1$，4

接点以外の交点については，$x=4$ だから，これを l の式に代入すると

$$y=12$$

したがって，点（1，6）以外の C と l の共有点の座標は

$$（4，12）　→36)\sim38)$$

(3)　　$(-x^3+6x^2-7x+8)-(2x+4)=-(x-1)^2(x-4)$

$1<x<4$ においては，これは正の値をとるので，求める面積を S とすると

$$S=\int_1^4\{-(x-1)^2(x-4)\}dx=-\int_1^4(x-1)^2\{(x-1)-3\}dx$$

$$=-\int_1^4\{(x-1)^3-3(x-1)^2\}dx$$

$$=-\left[\frac{(x-1)^4}{4}-(x-1)^3\right]_1^4$$

$$=-\left(\frac{3^4}{4}-3^3\right)=\frac{27}{4}\quad\to39)\sim41)$$

（注）　〔解説〕では，$1<x<4$ において，この 3 次
関数のグラフが接線より上方にあることを示して
いる。2 つの関数の上下関係さえわかれば，特に
グラフを描かずに面積を求める積分の式を立てる
ことができる。右図のグラフ（C を $y=f(x)$ と
した）を参考としてほしい。

また，〔解説〕の積分計算では，公式

$$\int(x-a)^n dx=\frac{(x-a)^{n+1}}{n+1}+C$$

$$(C\text{ は積分定数})$$

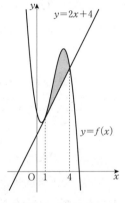

を利用した。ただし，n は自然数とする。あるいは，公式

$$\int_\alpha^\beta(x-\alpha)^2(x-\beta)dx=-\frac{1}{12}(\beta-\alpha)^4$$

を利用するとさらに手早い。後者の公式は〔解説〕と同様の計算で証明する
ことができる。

六　解答

(1)(i) 42)43)16　44) 7　45) 4　46) 7　47)48)13　49) 7

(ii)50)51)15　52) 5　53)54)14

(2)(i)55)56)57)139

(ii)58)59)60)139　61)62)63)255　64)65)66)256　67) 1

━━━━◀解　説▶━━━━

≪空間ベクトルと図形，数列と4進法≫

(1) (i) 点Bから平面αに下ろした垂線の足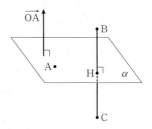
をHとする。

$\overrightarrow{OA}$, $\overrightarrow{BH}$ はともに平面αに垂直であるから，
互いに平行で$\overrightarrow{BH}=t\overrightarrow{OA}$（$t$は実数）とおくこ
とができる。

$$\overrightarrow{OH}=\overrightarrow{OB}+\overrightarrow{BH}=\overrightarrow{OB}+t\overrightarrow{OA}$$
$$\overrightarrow{AH}=\overrightarrow{OH}-\overrightarrow{OA}=\overrightarrow{OB}-\overrightarrow{OA}+t\overrightarrow{OA}$$

$\overrightarrow{AH}$は平面α上にあるから，$\overrightarrow{OA}$と垂直であり

$$\overrightarrow{AH}\cdot\overrightarrow{OA}=0$$
$$(\overrightarrow{OB}-\overrightarrow{OA}+t\overrightarrow{OA})\cdot\overrightarrow{OA}=0$$
$$\overrightarrow{OB}\cdot\overrightarrow{OA}-|\overrightarrow{OA}|^2+t|\overrightarrow{OA}|^2=0 \quad\cdots\cdots①$$

ここで，$\overrightarrow{OA}=(1,\ 2,\ 3)$, $\overrightarrow{OB}=(3,\ 2,\ 4)$ であるから

$$\overrightarrow{OB}\cdot\overrightarrow{OA}=1\cdot3+2\cdot2+3\cdot4=19$$
$$|\overrightarrow{OA}|^2=1^2+2^2+3^2=14$$

したがって，①から

$$19-14+14t=0 \quad\therefore\quad t=-\frac{5}{14}$$

点Hは線分BCの中点であるから，$\overrightarrow{BC}=2\overrightarrow{BH}$で

$$\overrightarrow{OC}=\overrightarrow{OB}+\overrightarrow{BC}=\overrightarrow{OB}+2\overrightarrow{BH}$$
$$=(3,\ 2,\ 4)+2\cdot\left(-\frac{5}{14}\right)(1,\ 2,\ 3)$$
$$=(3,\ 2,\ 4)-\frac{5}{7}(1,\ 2,\ 3)=\left(\frac{16}{7},\ \frac{4}{7},\ \frac{13}{7}\right)$$

すなわち　$C\left(\dfrac{16}{7},\ \dfrac{4}{7},\ \dfrac{13}{7}\right)$ → 42)〜49)

(注) 点Aを通り，ベクトル$\vec{n}$に垂直な平面αについて，点Pが平面α
上にあるための必要十分条件は $\overrightarrow{AP}\cdot\vec{n}=0$ であることである。

(ii)　(i)の解答過程をみると

$$|\overrightarrow{BC}|=|2\overrightarrow{BH}|=\left|-\frac{5}{7}(1,\ 2,\ 3)\right|=\frac{5}{7}\sqrt{1^2+2^2+3^2}=\frac{5}{7}\sqrt{14}$$

$$\overrightarrow{AH}=\overrightarrow{OB}-\overrightarrow{OA}-\frac{5}{14}\overrightarrow{OA}=\overrightarrow{OB}-\frac{19}{14}\overrightarrow{OA}$$

$$=(3,\ 2,\ 4)-\frac{19}{14}(1,\ 2,\ 3)$$

$$=\frac{1}{14}(23,\ -10,\ -1)$$

$$\therefore\ |\overrightarrow{AH}|=\frac{1}{14}\sqrt{23^2+(-10)^2+(-1)^2}=\frac{\sqrt{630}}{14}=\frac{3\sqrt{70}}{14}$$

AH は BC に垂直であるから，求める面積は

$$\triangle ABC=\frac{1}{2}|\overrightarrow{AH}|\cdot|\overrightarrow{BC}|=\frac{1}{2}\cdot\frac{3\sqrt{70}}{14}\cdot\frac{5}{7}\sqrt{14}=\frac{15\sqrt{5}}{14}$$

$$\rightarrow 50)\sim 54)$$

(2)　$a_n=\overbrace{20232023\ \cdots\ 2023}^{4n\,桁}{}_{(4)}$

(i)　$a_1=2023_{(4)}=2\cdot 4^3+2\cdot 4+3=139\quad\rightarrow 55)\sim 57)$

(ii)　$a_n=\overbrace{20230000\ \cdots\ 0}^{4n\,桁}{}_{(4)}+\overbrace{20230000\ \cdots\ 0}^{4(n-1)\,桁}{}_{(4)}+\ \cdots$

$$+20230000_{(4)}+2023_{(4)}$$

$$=2023_{(4)}\times\overbrace{10000\ \cdots\ 0}^{4(n-1)\,個の\,0}{}_{(4)}+2023_{(4)}\times\overbrace{10000\ \cdots\ 0}^{4(n-2)\,個の\,0}{}_{(4)}+\ \cdots$$

$$+2023_{(4)}\times 10000_{(4)}+2023_{(4)}$$

$$=2023_{(4)}\times\left(\overbrace{10000\ \cdots\ 0}^{4(n-1)\,個の\,0}+\overbrace{10000\ \cdots\ 0}^{4(n-2)\,個の\,0}+\ \cdots\ +10000_{(4)}+1\right)$$

$$=139\times(4^{4(n-1)}+4^{4(n-2)}+\ \cdots\ +4^4+1)$$

$$=139\times(1+4^4+4^8+\ \cdots\ +4^{4(n-1)})$$

$$=139\times\frac{4^{4n}-1}{4^4-1}=\frac{139}{255}(256^n-1)\quad\rightarrow 58)\sim 67)$$

化学

一 解答
問1．アー6　イー4　問2．ウー3　エー3
問3．3

◀解　説▶

≪炭素の電子配置，炭素の原子量≫

問3．炭素の原子量は，同位体の相対質量と存在比より

$$12 \times \frac{98.93}{100} + 13.00 \times \frac{1.07}{100} = 12.010 \fallingdotseq 12.01$$

二 解答
問1．6　問2．4

◀解　説▶

≪気体の体積，比熱と熱量≫

問1．【ア】ドライアイスは二酸化炭素（分子量 44.0）の固体なので，物質量は

$$\frac{44}{44.0} = 1.0 \text{[mol]}$$

【イ】黒鉛の完全燃焼の反応式は

$$C + O_2 \longrightarrow CO_2$$

とかけるので，生成する二酸化炭素の物質量は

$$\frac{24}{12.0} = 2.0 \text{[mol]}$$

【イ】は【ア】と比べて同圧で温度が高く，物質量が大きいので，その体積は【イ】の方が大きいとわかる。

【ウ】メタン（分子量 16.0）の完全燃焼の反応式は

$$CH_4 + 2O_2 \longrightarrow CO_2 + 2H_2O$$

とかけるので，1 mol のメタンの完全燃焼で生成する二酸化炭素と水は合計 3 mol とわかる。これらの生成物を 300℃，1.01×10^5 Pa にすると水は明らかにすべて気体と判断してよいので，生成する気体の全物質量は

$$\frac{16}{16.0}\times 3=3.0\,[\mathrm{mol}]$$

【ウ】と【イ】では，同温同圧の気体の体積は物質量に比例するので【ウ】の体積の方が【イ】の体積より大きいとわかる。よって，【ウ】＞【イ】＞【ア】となる。

問 2．$-10\,^{\circ}\mathrm{C}$ の氷 $9.00\,\mathrm{g}$ を $0\,^{\circ}\mathrm{C}$ の氷にするのに必要な熱量は

$$1.90\times 9.00\times 10\times 10^{-3}=0.171\,[\mathrm{kJ}]$$

$0\,^{\circ}\mathrm{C}$ の氷（分子量 18.0）$9.00\,\mathrm{g}$ を同温の水にするのに必要な熱量は

$$6.00\times \frac{9.00}{18.0}=3.00\,[\mathrm{kJ}]$$

$0\,^{\circ}\mathrm{C}$ の水 $9.00\,\mathrm{g}$ を $100\,^{\circ}\mathrm{C}$ の水にするのに必要な熱量は

$$4.20\times 9.00\times 100\times 10^{-3}=3.78\,[\mathrm{kJ}]$$

$100\,^{\circ}\mathrm{C}$ の水 $9.00\,\mathrm{g}$ を同温の水蒸気にするのに必要な熱量は

$$40.7\times \frac{9.00}{18.0}=20.35\,[\mathrm{kJ}]$$

$100\,^{\circ}\mathrm{C}$ の水蒸気 $9.00\,\mathrm{g}$ を $110\,^{\circ}\mathrm{C}$ の水蒸気にするのに必要な熱量は

$$2.10\times 9.00\times 10\times 10^{-3}=0.189\,[\mathrm{kJ}]$$

以上より，求める熱量は

$$0.171+3.00+3.78+20.35+0.189=27.49\fallingdotseq 27.5\,[\mathrm{kJ}]$$

三　解答　問1．4　問2．x．3　y．3　問3．6

◀解　説▶

≪電気分解≫

問 1．鉄は銅よりイオン化傾向が大きいために陽極から水溶液中へ溶解することと，陽極の下に金属が沈殿したことから，金属 **X** は銅よりイオン化傾向が小さい金属であるといえる。選択肢より，2 つとも銅よりイオン化傾向が小さいものの組み合わせは Pt と Ag のみである。

問 2．陰極では

$$Cu^{2+}+2e^{-}\longrightarrow Cu$$

の反応のみ起こるので，回路を流れた電子は

$$\frac{127}{63.5}\times 2=4.00\,[\mathrm{mol}]$$

と求められる。したがって，電気分解を行った時間を t 分とおくと

$$\frac{19.3 \times t \times 60}{9.65 \times 10^4} = 4.00$$

$$\therefore \quad t = 3.33 \times 10^2 \fallingdotseq 3.3 \times 10^2 \text{ 分}$$

問3．陽極では次式のように銅と鉄が溶解し，金属 **X** が陽極の下に沈殿する。

$$Cu \longrightarrow Cu^{2+} + 2e^-$$

$$Fe \longrightarrow Fe^{2+} + 2e^-$$

また，陽極の反応で放出される電子の全物質量は問2より $4.00\,mol$ なので，溶解した鉄の質量は

$$\left(4.00 - 135 \times \frac{80.0}{100} \times \frac{1}{63.5} \times 2\right) \times \frac{1}{2} \times 56.0 = 16.7 \text{〔g〕}$$

したがって，陽極の下に沈殿した金属の質量は

$$135 \times \frac{100 - 80.0}{100} - 16.7 = 10.3 \fallingdotseq 10 \text{〔g〕}$$

四 　解答　問1．4　問2．x．6　y．2　z．6

◀解　説▶

≪アルカリ土類金属，溶解度積≫

問2．硫酸バリウムの溶解度積が $1.00 \times 10^{-10} (mol/L)^2$ であるので，はじめの硫酸バリウムの飽和溶液中の各イオンのモル濃度は

$$[Ba^{2+}] = [SO_4^{2-}] = \sqrt{1.00 \times 10^{-10}} = 1.00 \times 10^{-5} \text{〔mol/L〕}$$

となっている。ここに $1.00 \times 10^{-5}\,mol$ の硫酸アンモニウムを加えた直後は硫酸イオンのモル濃度が

$$[SO_4^{2-}] = 1.00 \times 10^{-5} + 1.00 \times 10^{-5} = 2.00 \times 10^{-5} \text{〔mol/L〕}$$

となる。ここから C〔mol/L〕に相当する量の硫酸バリウムの沈殿が生じたとすると，次式が成立する。

$$(1.00 \times 10^{-5} - C)(2.00 \times 10^{-5} - C) = 1.00 \times 10^{-10}$$

$$C^2 - 3.00 \times 10^{-5}C + 1.00 \times 10^{-10} = 0$$

$$C = \frac{3.00 \times 10^{-5} \pm \sqrt{9.00 \times 10^{-10} - 4 \times 1.00 \times 10^{-10}}}{2} = \frac{3 \pm \sqrt{5}}{2} \times 10^{-5}$$

$0 < C < 1.00 \times 10^{-5}$ より

$$C=\frac{3-\sqrt{5}}{2}\times 10^{-5}=\frac{3-2.24}{2}\times 10^{-5}=0.38\times 10^{-5}\,[\mathrm{mol/L}]$$

よって，求めるバリウムイオンのモル濃度は

$$[\mathrm{Ba^{2+}}]=1.00\times 10^{-5}-0.38\times 10^{-5}=6.2\times 10^{-6}\,[\mathrm{mol/L}]$$

五　解答

問 1．x － 5　　y － 6　　z － 1
問 2．ア － 1　　イ － 5　　問 3．ウ － 7　　エ － 2

◀解　説▶

≪化学平衡，分配平衡≫

問 1．ヨウ化カリウム水溶液に溶かした直後のヨウ素の濃度は
$1.00\times 10^{-1}\,\mathrm{mol/L}$ であり，ここから

$$\mathrm{I_2+I^- \rightleftharpoons I_3^-}$$

の反応により $8.00\times 10^{-2}\,\mathrm{mol/L}$ 減少するので平衡状態におけるヨウ素の
濃度 $[\mathrm{I_2}]$ は

$$[\mathrm{I_2}]=1.00\times 10^{-1}-8.00\times 10^{-2}=2.00\times 10^{-2}\,[\mathrm{mol/L}]$$

となっている。よって，本文中の①式より

$$K=\frac{[\mathrm{I_3^-}]}{[\mathrm{I_2}][\mathrm{I^-}]}$$

$$710=\frac{8.00\times 10^{-2}}{2.00\times 10^{-2}\times[\mathrm{I^-}]}$$

$$\therefore \quad [\mathrm{I^-}]=5.63\times 10^{-3}\fallingdotseq 5.6\times 10^{-3}\,[\mathrm{mol/L}]$$

問 2．本文中の①式より

$$K=\frac{[\mathrm{I_3^-}]}{[\mathrm{I_2}][\mathrm{I^-}]}$$

$$[\mathrm{I_3^-}]=[\mathrm{I_2}][\mathrm{I^-}]K$$

また，本文中の②式より

$$K_\mathrm{D}=\frac{[\mathrm{I_2}]_{\mathrm{CCl_4}}}{[\mathrm{I_2}]}$$

$$[\mathrm{I_2}]_{\mathrm{CCl_4}}=[\mathrm{I_2}]K_\mathrm{D}$$

これらの式を分配比 D の式に代入して

$$D=\frac{[\mathrm{I_2}]_{\mathrm{CCl_4}}}{[\mathrm{I_2}]+[\mathrm{I_3^-}]}$$

$$= \frac{[I_2]K_D}{[I_2]+[I_2][I^-]K}$$

$$= \frac{K_D}{1+[I^-]K}$$

問3．平衡に達するまでにテトラクロロメタン層から水層へ移動したヨウ素の濃度は

$$4.00\times10^{-1}-2.00\times10^{-1}=2.00\times10^{-1}[\text{mol/L}]$$

また，平衡状態における水層のヨウ素の濃度 $[I_2]$ は，本文中の②式より

$$K_D = \frac{[I_2]_{CCl_4}}{[I_2]}$$

$$89.9 = \frac{2.00\times10^{-1}}{[I_2]}$$

$$\therefore \quad [I_2] = 2.22\times10^{-3}[\text{mol/L}]$$

したがって，平衡状態における水層の三ヨウ化物イオンの濃度 $[I_3^-]$ は

$$[I_3^-] = 2.00\times10^{-1}-2.22\times10^{-3} = 1.9778\times10^{-1}$$

$$\fallingdotseq 1.98\times10^{-1}[\text{mol/L}]$$

以上のことから，水層のヨウ化物イオン濃度 $[I^-]$ は，本文中の①式より

$$K = \frac{[I_3^-]}{[I_2][I^-]}$$

$$710 = \frac{1.98\times10^{-1}}{2.22\times10^{-3}\times[I^-]}$$

$$\therefore \quad [I^-] = 0.125 \fallingdotseq 0.13[\text{mol/L}]$$

また，分配比 D の値は，問2の結果より

$$D = \frac{K_D}{1+[I^-]K} = \frac{89.9}{1+0.125\times710} = 1.00 \fallingdotseq 1.0$$

六 解答 問1．5 問2．6 問3．ア—5 イ—6

◀解 説▶

≪デキストリンとグルコース，ポリ乳酸の生分解と光合成≫

問1．分子量 828 のデキストリンが x 分子のグルコースからなるものとすると

$$162.0x+18.0=828$$

∴　$x = 5$

したがって，求めるグルコース濃度は

$$\frac{8.28}{828} \times 5 \times \frac{1000}{400} = 1.25 \times 10^{-1} \, [\text{mol/L}]$$

問3．分子量 7434 のポリ乳酸を $H-[OCH(CH_3)CO]_n-OH$ と表したとすると

$$72.0n + 18.0 = 7434$$

∴　$n = 103$

このポリ乳酸 1 mol から生成する二酸化炭素は $3n \, [\text{mol}]$ なので，求める二酸化炭素の体積は

$$\frac{100}{7434} \times 3 \times 103 \times 22.4 = 9.310 \times 10 \fallingdotseq 9.31 \times 10 \, [\text{L}]$$

また，光合成によりグルコースが生成する反応は

$$6CO_2 + 6H_2O \longrightarrow C_6H_{12}O_6 + 6O_2$$

と表されるので，6 mol の二酸化炭素から 1 mol のグルコースが生じることがわかる。よって，求めるグルコース（分子量 180.0）の質量は

$$\frac{100}{7434} \times 3 \times 103 \times \frac{1}{6} \times 180.0 = 1.246 \times 10^2 \fallingdotseq 1.25 \times 10^2 \, [\text{g}]$$

七　解答

問1．x．8　y．0　z．2　問2．4　問3．7
問4．5　問5．D−3　H−5　J−4　問6．2

◀解　説▶

≪脂肪族化合物の構造決定≫

問1．7.20 mg の化合物 **A** に含まれる各元素の質量は

炭素 C…$17.6 \times \dfrac{12.0}{44.0} = 4.80 \, [\text{mg}]$

水素 H…$7.20 \times \dfrac{1.00 \times 2}{18.0} = 0.80 \, [\text{mg}]$

酸素 O…$7.20 - (4.80 + 0.80) = 1.6 \, [\text{mg}]$

なので，**A** 中の各元素の物質量比は

$$C : H : O = \frac{4.80}{12.0} : \frac{0.80}{1.00} : \frac{1.6}{16.0} = 4 : 8 : 1$$

となり，**A** の組成式は C_4H_8O と決まる。**A** の分子式を $(C_4H_8O)_n$ とする

と，分子量が 200 以下なので

$$(12.0 \times 4 + 1.00 \times 8 + 16.0) \times n \leq 200$$

n は自然数なので

$$n \leq 2$$

また，**A** はエステル結合を有するため酸素数は 2 以上であり，$n=1$ は不適。したがって，$n=2$ であり **A** の分子式は $C_8H_{16}O_2$ と決まる。

問 4．問 1 より **A** の炭素数は 8 であり，実験 2 および実験 3 よりカルボン酸 **B** とアルコール **C** の炭素数は等しいとわかるので，いずれも炭素数は 4 とわかる。つまり，**A** の加水分解の反応式は

$$C_8H_{16}O_2 + H_2O \longrightarrow \underset{\text{カルボン酸}\textbf{B}}{C_3H_7COOH} + \underset{\text{アルコール}\textbf{C}}{C_4H_9OH}$$

と表される。酸化してカルボン酸になる **C** は第一級アルコールなので，**C** および **B** として考えられる構造は

(ⅰ)$CH_3CH_2CH_2CH_2OH \longrightarrow CH_3CH_2CH_2COOH$

(ⅱ)$CH_3CH(CH_3)CH_2OH \longrightarrow CH_3CH(CH_3)COOH$

のいずれかである。実験 4 および実験 5 より，**C** を脱水して生じる化合物 **D** に臭素を反応させて生成する化合物 **E** が不斉炭素原子 C* をもつので

(ⅰ)$CH_3CH_2CH_2CH_2OH \longrightarrow CH_3CH_2CH=CH_2$

$$\longrightarrow CH_3CH_2C\text{*}HBrCH_2Br$$

(ⅱ)$CH_3CH(CH_3)CH_2OH \longrightarrow (CH_3)_2C=CH_2$

$$\longrightarrow (CH_3)_2CBrCH_2Br$$

より，(ⅰ)が条件をみたすとわかる。実験 6 より **C** の構造異性体の化合物 **F** は第一級アルコールなので，(ⅱ)の $CH_3CH(CH_3)CH_2OH$ と決まる。この化合物は不斉炭素原子をもたず，ヨードホルム反応，銀鏡反応，ヨウ素デンプン反応のいずれも示さないが，ヒドロキシ基をもつのでナトリウムと反応して水素を発生する。

問 5．問 4 の考察より，**D** は $CH_3CH_2CH=CH_2$ であり，また，実験 8 より化合物 **H** は **F** を脱水して生じる化合物なので $(CH_3)_2C=CH_2$ といえる。実験 9 より，構造異性体 **J** は **D** および **H** の構造異性体で環構造をもたないことから $CH_3CH=CHCH_3$ に決まる。

問 6．**J** に水を付加させて生成する化合物 **K** は $CH_3CH_2C\text{*}H(OH)CH_3$ なので，不斉炭素原子 C* を 1 つ有し，2 つの鏡像異性体をもつ。

■一般選抜S方式：共通テスト・個別試験併用

問題編

▶試験科目・配点

選抜方法	教 科	科 目	配 点
大学入学共通テスト	外 国 語	英語（リーディング）	200 点*
	数 学	「数学Ⅰ・A」「数学Ⅱ・B」	200 点
個 別 試 験	理 科	化学基礎・化学	400 点

＊「英語（リーディング）」の得点を 200 点に換算する。

▶備 考

選抜に利用すると指定した「2023 年度大学入学共通テスト」の教科・科目の成績，個別試験の成績および調査書を総合して，合格者を決定する。

■化学■

(90 分)

第 一 問　次の文章を読み，問 1〜3 に答えよ。ただし，鉄原子の半径は，温度
の影響を受けず 0.126 nm とする。また，計算に必要な場合は，
$\sqrt{2}=1.41$，$\sqrt{3}=1.73$，$\sqrt{5}=2.24$ を用いよ。

［解答番号 | 1 |〜| 6 |］

　鉄の結晶構造は，温度によって変化する。911℃ より低い温度で存在する鉄を α 鉄，
911℃ から 1392℃ の温度で存在する鉄を γ 鉄とよぶ。これらの結晶の単位格子は，α 鉄
では体心立方格子，γ 鉄では面心立方格子である。したがって，ある 1 つの鉄原子と隣接
している鉄原子の数は，α 鉄では【ア】個，γ 鉄では【イ】個である。単位格子中に含ま
れる鉄原子の数は，α 鉄では【ウ】個，γ 鉄では【エ】個である。γ 鉄の単位格子の一辺
の長さは，α 鉄の単位格子の一辺の長さの【オ】倍である。また，γ 鉄の密度は，α 鉄の
密度の【カ】倍である。

問1　【ア】〜【エ】にあてはまる数として，最も適切なものをそれぞれ選べ。

【ア】：［解答番号 | 1 |］
【イ】：［解答番号 | 2 |］
【ウ】：［解答番号 | 3 |］
【エ】：［解答番号 | 4 |］

1.　2　　　　2.　4　　　　3.　6　　　　4.　8　　　　5.　10
6.　12　　　7.　14　　　8.　16　　　9.　18　　　0.　20

問2　【オ】にあてはまる数値として，最も近いものを選べ。

【オ】：［解答番号 | 5 |］

1.　0.50　　　2.　0.56　　　3.　0.63　　　4.　0.71　　　5.　0.83
6.　1.2　　　7.　1.4　　　8.　1.6　　　9.　1.8　　　0.　2.0

問3　【カ】にあてはまる数値として，最も近いものを選べ。

【カ】：［解答番号 | 6 |］

1.　0.53　　　2.　0.59　　　3.　0.67　　　4.　0.77　　　5.　0.91
6.　1.1　　　7.　1.3　　　8.　1.5　　　9.　1.7　　　0.　1.9

第 二 問　　　次の問 1 〜 6 に答えよ。

[解答番号 7 〜 12]

問 1　濃度不明の酢酸水溶液 A に含まれる酢酸を定量するための実験を行った。まず
【ア】を用いて，酢酸水溶液 A 25.0 mL を正確にはかりとり，メスフラスコに
移し，純水を加えて希釈し正確に 100 mL とした。次に，別の【ア】を用いて，
この希釈した酢酸水溶液 10.0 mL をコニカルビーカーに移し，指示薬【イ】を
加えた。これを 0.100 mol/L の水酸化ナトリウム水溶液で滴定したところ，
18.5 mL を要した。中和点での溶液の色は【ウ】である。【ア】〜【ウ】にあて
はまる語句の組み合わせとして，最も適切なものを選べ。

[解答番号 7]

	【ア】	【イ】	【ウ】
1	駒込ピペット	フェノールフタレイン	赤色
2	駒込ピペット	メチルオレンジ	黄色
3	駒込ピペット	メチルレッド	赤色
4	メスシリンダー	フェノールフタレイン	無色
5	メスシリンダー	メチルオレンジ	赤色
6	メスシリンダー	メチルレッド	赤色
7	ホールピペット	フェノールフタレイン	無色
8	ホールピペット	フェノールフタレイン	赤色
9	ホールピペット	メチルオレンジ	黄色

問 2　問 1 における酢酸水溶液 A に含まれる酢酸の濃度〔mol/L〕として，最も近い
数値を選べ。

[解答番号 8]

1. 1.85×10^{-1}　　　　2. 4.63×10^{-1}　　　　3. 7.40×10^{-1}
4. 1.85　　　　　　　　　5. 4.63

問 3　ブレンステッド・ローリーの定義で，酸と塩基のいずれかのはたらきのみをも
つものはどれか。正しいものを 1 つ選べ。

[解答番号 9]

1. HS^-　　　　　　　2. H_2O　　　　　　　3. $CO_3{}^{2-}$
4. $HPO_4{}^{2-}$　　　　　5. $HSO_3{}^-$

問 4　次の a 〜 e のうち，水溶液が塩基性を示す物質はどれか。最も適切な選択肢
を選べ。

a. 塩化カリウム　　　　b. 酢酸ナトリウム　　　　c. 硫酸アンモニウム
d. 酸化カルシウム　　　e. 二酸化硫黄

[解答番号 10]

1. b のみ	**2.** c のみ	**3.** a と d	**4.** a と e	**5.** b と c
6. b と d	**7.** b と e	**8.** c と d	**9.** c と e	**0.** d と e

問5 酢酸水溶液中では酢酸の一部が電離しており，電離平衡が成り立っている。酢酸の濃度を C 〔mol/L〕，電離度を α，電離定数を K_a としたとき，酢酸水溶液の pH を表す式として最も適切なものを選べ。ただし，酢酸の電離度 α は 1 に比べて十分に小さく，近似計算ができるものとする。

〔解答番号 11 〕

1. $-\dfrac{1}{2}\left(\log_{10}K_a + \log_{10}C\right)$　　　　　**2.** $\dfrac{1}{2}\left(\log_{10}K_a + \log_{10}C\right)$

3. $\log_{10}K_a + \log_{10}C$　　　　　**4.** $\log_{10}K_a - \log_{10}C$

5. $-2\left(\log_{10}K_a + \log_{10}C\right)$　　　　　**6.** $2\left(\log_{10}K_a + \log_{10}C\right)$

問6 pH に関する次の記述のうち，最も適切なものを選べ。

〔解答番号 12 〕

1. メチルオレンジの変色域には，pH 9 が含まれる。

2. pH 5 の塩酸を純水で 1000 倍に希釈した水溶液にブロモチモールブルーを加えると，その溶液は緑色を示す。

3. 1.0×10^{-1} mol/L の酢酸水溶液（電離度 0.016）の pH は，1.0×10^{-3} mol/L の硝酸水溶液の pH よりも大きい。

4. 安息香酸と水酸化ナトリウム水溶液の中和点にある水溶液の pH は，7 を示す。

5. ヒトの胃液の pH は，約 5.4 である。

第 三 問　　次の文章を読み，問 1 ～ 7 に答えよ。ただし，原子量は，H＝1.00，O＝16.0，Cl=35.5，Ca=40.0 とする。

[解答番号 13 ～ 19]

塩化カルシウム $CaCl_2$ の性質を調べるために，次の実験 1 ～ 3 を行った。

実験 1 ：　水 100 g に塩化カルシウム $CaCl_2$ 5.10 g を溶かして塩化カルシウム水溶液を調製した。この水溶液をゆっくりと冷却しながら，水溶液の温度を精密に測定したところ，冷却時間と温度の関係は，下の図に示す曲線になった。

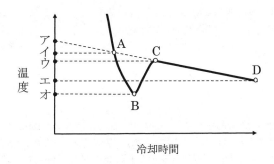

実験 2 ：　熱の出入りがない容器の中で，0℃ の水 100 g に塩化カルシウム $CaCl_2$ 5.10 g を溶かしたところ，容器内で熱が発生した。

実験 3 ：　20℃ の塩化カルシウム飽和水溶液 100 g を 0℃ まで冷却したところ，塩化カルシウムの結晶が析出した。その結晶は，すべて六水和物 $CaCl_2 \cdot 6H_2O$ であった。

問 1　　実験 1 の図において，塩化カルシウム水溶液の凝固点はア～オのどれか。最も適切なものを選べ。 [解答番号 13]

　　　 1. ア　　　　**2.** イ　　　　**3.** ウ　　　　**4.** エ　　　　**5.** オ

問 2　　実験 1 の図において，凝固が始まるのは A ～ D のどれか。最も適切なものを選べ。 [解答番号 14]

　　　 1. A　　　　**2.** B　　　　**3.** C　　　　**4.** D

問 3　　実験 1 のはじめに調製した塩化カルシウム水溶液の質量モル濃度〔mol/kg〕として，最も近い数値を選べ。 [解答番号 15]

　　　 1. 0.10　　**2.** 0.13　　**3.** 0.21　　**4.** 0.23　　**5.** 0.32

6. 0.37　　　**7.** 0.46　　　**8.** 0.57　　　**9.** 0.69　　　**0.** 0.84

問4　実験 1 のはじめに調製した塩化カルシウム水溶液の凝固点降下度 Δt〔K〕として，最も近い数値を選べ。ただし，水のモル凝固点降下は 1.85 K・kg/mol とし，塩化カルシウムは水溶液中で完全に電離しているものとする。

〔解答番号　16　〕

1. 0.68　　　**2.** 0.85　　　**3.** 1.0　　　**4.** 1.2　　　**5.** 1.4
6. 1.5　　　**7.** 1.6　　　**8.** 1.7　　　**9.** 2.1　　　**0.** 2.5

問5　実験 2 の下線部で発生した熱量〔kJ〕として，最も近い数値を選べ。ただし，塩化カルシウムの溶解熱は 80.0 kJ/mol とする。

〔解答番号　17　〕

1. 0.21　　　**2.** 1.1　　　**3.** 2.1　　　**4.** 3.7　　　**5.** 5.0
6. 6.2　　　**7.** 7.5　　　**8.** 9.8　　　**9.** 11　　　**0.** 13

問6　実験 2 の下線部で発生した熱と同量の熱で 25℃ の水 100 g を温めた場合，得られる水の温度〔℃〕として，最も近い数値を選べ。ただし，発生した熱はすべて水の温度上昇に使われるものとする。また，水の比熱は 4.20 J/(g・K) とする。

〔解答番号　18　〕

1. 26　　　**2.** 28　　　**3.** 30　　　**4.** 34　　　**5.** 37
6. 40　　　**7.** 43　　　**8.** 48　　　**9.** 51　　　**0.** 56

問7　実験 3 の結果，析出した塩化カルシウム六水和物 $CaCl_2 \cdot 6H_2O$ の質量〔g〕として，最も近い数値を選べ。ただし，塩化カルシウムの溶解度は，20℃ で 74.5，0℃ で 59.5 とする。

〔解答番号　19　〕

1. 3.0　　　**2.** 5.3　　　**3.** 7.6　　　**4.** 9.2　　　**5.** 12
6. 15　　　**7.** 19　　　**8.** 23　　　**9.** 40　　　**0.** 51

第 四 問　次の文章を読み，問 1 ～ 4 に答えよ。ただし，原子量は，H＝1.00,
　　　　　　C＝12.0，O＝16.0，Na＝23.0，S＝32.0，Cl＝35.5 とし，気体定数は
　　　　　　$R＝8.31×10^3$ Pa・L/(K・mol) とする。

[解答番号 | 20 | ～ | 23 |]

　内径が等しく，断面積が 1.00 cm^2 の U 字管の中央を，水分子のみを通過させる半透膜で仕切った装置がある。図 1 の模式図に示すように，ある物質の水溶液を a 側に，水を b 側に，液面の高さが同じになるように等量入れ，一定温度で十分に時間をおくと，図 2 のように U 字管内に液面差が生じる。左右の液面の高さを等しくするために加える圧力を浸透圧という。例えば，ある物質の水溶液が 0.300 mol/L のスクロース水溶液の場合，浸透圧は 47℃ において【ア】Pa となる。

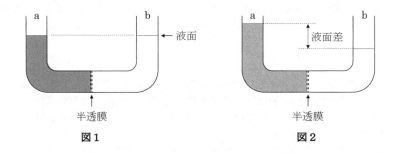

図 1　　　　　　　　　　　　**図 2**

　分子量 M の不揮発性の非電解質 0.200 g を水に溶かした希薄溶液 20.0 mL を調製した。図 1 のように，この希薄溶液を a 側に，水 20.0 mL を b 側にそれぞれ入れて，温度を 27℃ に保ち，十分に時間をおいたところ，図 2 の液面差が 6.00 cm で一定になった。このとき，b 側から a 側に移動した水の体積は【イ】cm^3 である。この結果から，非電解質の分子量 M を求めると【ウ】となる。ただし，水溶液の密度は 1.00 g/cm^3 とし，100 Pa は溶液柱 1.00 cm の示す圧力に等しいものとする。

問 1　【ア】にあてはまる数値として，最も近いものを選べ。

[解答番号 | 20 |]

1. $2.6×10^5$　　2. $3.4×10^5$　　3. $4.2×10^5$　　4. $5.3×10^5$　　5. $6.6×10^5$
6. $7.2×10^5$　　7. $8.0×10^5$　　8. $9.6×10^5$　　9. $1.2×10^6$　　0. $2.6×10^6$

問 2　（設問省略）

問 3　【イ】にあてはまる数値として，最も近いものを選べ。

[解答番号 | 22 |]

1. 1.0　　　　**2.** 2.0　　　　**3.** 3.0　　　　**4.** 4.0　　　　**5.** 5.0

6. 6.0　　　　**7.** 7.0　　　　**8.** 8.0　　　　**9.** 9.0　　　　**0.** 10

問4　【ウ】にあてはまる数値として，最も近いものを選べ。

［解答番号　23　］

1. 2.8×10^4　　**2.** 2.9×10^4　　**3.** 3.0×10^4　　**4.** 3.1×10^4　　**5.** 3.2×10^4

6. 3.3×10^4　　**7.** 3.5×10^4　　**8.** 3.6×10^4　　**9.** 3.8×10^4　　**0.** 4.0×10^4

第　五　問　　　次の文章を読み，問 1 ～ 4 に答えよ。ただし，原子量は H＝1.00，
O＝16.0，S＝32.0，Pb＝207，ファラデー定数は F＝9.65×10^4 C/mol
とする。

［解答番号　24　～　29　］

　水酸化ナトリウム水溶液の入った容器Ⅰと希硫酸の入った容器Ⅱを，電極と導線でつな
ぎ，図に示す装置をつくった。この装置において，容器Ⅱは【ア】である。次に，スイッ
チを接続して，容器Ⅰにおいて電気分解を行った。このとき，正極は電極【イ】であり，
陽極は電極【ウ】である。

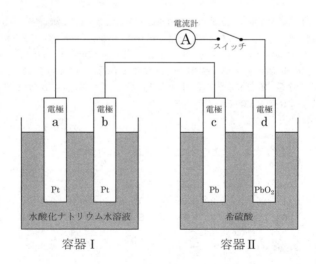

問1　　【ア】～【ウ】にあてはまる語句または記号として，最も適切なものをそれぞ
れ選べ。

【ア】：〔解答番号 ⟨24⟩〕

【イ】：〔解答番号 ⟨25⟩〕

【ウ】：〔解答番号 ⟨26⟩〕

1. ボルタ電池　　2. ダニエル電池　3. 鉛蓄電池　　4. 燃料電池

5. a　　　　　　6. b　　　　　　7. c　　　　　　8. d

問2　図の装置にてスイッチを接続したところ，9.65×10^4 C の電気量が流れた。この
　　　とき，容器Ⅱで消費された硫酸の物質量〔mol〕として，最も近い数値を選べ。

〔解答番号 ⟨27⟩〕

1. 0.10　　　2. 0.20　　　3. 0.50　　　4. 1.0　　　5. 1.5

6. 2.0　　　7. 2.5　　　8. 3.0　　　9. 4.0　　　0. 5.0

問3　図の装置にてスイッチを接続し，10 A で 8 分 2 秒間，電流を流して電気分解を
　　　行ったところ，電極 d の質量が変化した。電極 d の質量の変化量〔g〕として，
　　　最も近い数値を選べ。ただし，正の値は増加量，負の値は減少量とする。

〔解答番号 ⟨28⟩〕

1. ＋1.2　　　2. ＋1.6　　　3. ＋2.4　　　4. ＋3.2　　　5. ＋4.0

6. －1.2　　　7. －1.6　　　8. －2.4　　　9. －3.2　　　0. －4.0

問4　問3の電気分解の際，電極 a から気体が発生した。発生した気体の質量〔g〕と
　　　して，最も近い数値を選べ。

〔解答番号 ⟨29⟩〕

1. 0.050　　　2. 0.10　　　3. 0.20　　　4. 0.30　　　5. 0.40

6. 0.50　　　7. 0.60　　　8. 0.70　　　9. 0.80　　　0. 0.90

第 六 問　　　次の文章を読み，問 1 ～ 4 に答えよ。ただし，気体定数は
$R=8.31×10^3 \text{ Pa·L/(K·mol)}$ とする。

[解答番号　30　～　37　]

　以下の操作 1 ～ 5 および図における金属 A ～ D は，それぞれ亜鉛，銀，銅，白金のいずれかである。溶液【ア】は，金属 A の陽イオンと硫酸イオンからなる塩の水溶液である。なお，操作はすべて 27℃ で行った。

操作 1 :　溶液【ア】に金属 B を十分に浸しても，その表面には析出物はみられなかった。

操作 2 :　図に示すように，溶液【ア】に金属 C を浸すと，金属 C の表面に金属 A が析出した。金属 A がすべて析出し終わった後，金属 C およびその表面に析出した金属 A をこの溶液から分離し，有色の溶液【イ】を得た。

操作 3 :　次に，図に示すように，溶液【イ】に金属 D を浸すと，金属 D の表面に【ウ】が析出した。【ウ】がすべて析出し終わった後，金属 D およびその表面の析出物【ウ】をこの溶液から分離し，無色透明の溶液【エ】を得た。

操作 4 :　さらに，図に示すように，金属 D とその表面の析出物【ウ】に，十分な量の希硫酸を加えると，金属 D は気体【オ】を発生しながら完全に溶けたが，析出物【ウ】は溶けずに残った。

操作 5 :　(a) 溶液【ア】の一部に硫化水素を通じた。また，(b) 溶液【エ】の一部を塩基性にした後，同様に硫化水素を通じた。

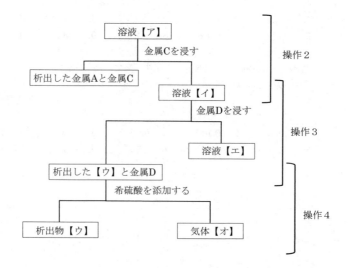

問1　金属 A 〜 D として，それぞれ適切なものを選べ。

金属 A：〔解答番号　30　〕
金属 B：〔解答番号　31　〕
金属 C：〔解答番号　32　〕
金属 D：〔解答番号　33　〕

1. 亜鉛　　　　　**2.** 銀　　　　　**3.** 銅　　　　　**4.** 白金

問2　析出物【ウ】として，最も適切なものを選べ。　　　〔解答番号　34　〕

1. 亜鉛　　　　**2.** 銀　　　　**3.** 銅　　　　**4.** 白金
5. 硫酸亜鉛　　**6.** 硫酸銅（Ⅱ）　**7.** 酸化銅（Ⅱ）　**8.** 酸化銀

問3　下線部（a）および（b）について，それぞれの溶液中で観察される現象の組み合わせとして，最も適切なものを選べ。　　　〔解答番号　35　〕

	下線部（a）	下線部（b）
1	白色沈殿を生じる	黒色沈殿を生じる
2	白色沈殿を生じる	淡緑色溶液となる
3	白色沈殿を生じる	沈殿は生じない
4	黒色沈殿を生じる	白色沈殿を生じる
5	黒色沈殿を生じる	淡緑色溶液となる
6	黒色沈殿を生じる	沈殿は生じない
7	淡緑色溶液となる	黒色沈殿を生じる
8	淡緑色溶液となる	白色沈殿を生じる
9	淡緑色溶液となる	沈殿は生じない

問4　操作3にて，溶液【イ】100 mL に 1.50×10^{-3} mol の金属 D を浸した場合，操作4にて発生した気体【オ】の体積は，27℃，1.01×10^5 Pa で 12.3 mL であった。溶液【ア】と【イ】，それぞれに含まれていた金属イオン濃度〔mol/L〕として，最も近い数値をそれぞれ選べ。

溶液【ア】：〔解答番号　36　〕
溶液【イ】：〔解答番号　37　〕

1. 0.0010　　**2.** 0.0015　　**3.** 0.0020　　**4.** 0.0030
5. 0.010　　**6.** 0.015　　**7.** 0.020　　**8.** 0.030

第 七 問　　　次の文章を読み，問 1 ～ 5 に答えよ。ただし，原子量は，H＝1.00，
　　　　　　　　C＝12.0，O＝16.0 とする。また，ベンゼンの凝固点は 5.53℃，ベン
　　　　　　　　ゼンのモル凝固点降下は 5.12 K・kg/mol とする。

[解答番号 　38　 ～ 　45　]

　　互いに構造異性体の関係にある炭化水素 A ～ D がある。炭化水素 A 2.15 mg を十分
な酸素の存在下，完全燃焼させた。発生した気体を，塩化カルシウム管，次にソーダ石灰
管に通し，すべて吸収させた。その結果，塩化カルシウム管の質量は 3.15 mg 増加した。
　　炭化水素 B 21.5 g をベンゼン 500 g に溶かした溶液の凝固点は，2.97℃ であった。
　　炭化水素 A ～ D について，それぞれの化合物の水素原子の一つだけをヒドロキシ基で
置換したアルコールを考えると，全部で 14 種類の構造異性体が考えられた。すなわち，炭
化水素 A から誘導されるアルコールの構造異性体は 5 種類，炭化水素 B から誘導される
アルコールの構造異性体は 4 種類，炭化水素 C から誘導されるアルコールの構造異性体は
3 種類，炭化水素 D から誘導されるアルコールの構造異性体は 2 種類であった。
　　このうち，炭化水素 C から誘導されるアルコールの構造異性体 3 種類を，それぞれ酸化
剤を用いて穏やかに酸化すると，2 種類のアルデヒドと 1 種類のケトンが生成した。

問 1　　ソーダ石灰管の質量の増加量〔mg〕を計算し，小数第 3 位を四捨五入して小数
　　　　第 2 位まで求めよ。各解答番号欄には，対応する数字を 1 つずつマークせよ。

　　　　例えば，解答が 1.20 の場合，[解答番号 　X　 . 　Y　 　Z　]に
　　　　　1　 . 　2　 　0　 とマークする。

質量の増加量〔mg〕：[解答番号 　38　 . 　39　 　40　]

問 2　　炭化水素 A の組成式を満たす数字を答えよ。各解答番号欄には，対応する数字
　　　　を 1 つずつマークせよ。

　　　　例えば，組成式が CH₄ の場合，各解答番号欄 　x　 , 　y　 に
　　　　　1　 , 　4　 とマークする。ただし，数字が 10 以上になる場合は 0 をマー
　　　　クせよ。

C 　x　 H 　y　

x：[解答番号 　41　]
y：[解答番号 　42　]

問 3　　炭化水素 A の分子式をもつ化合物には，何種類の構造異性体が考えられるか。
　　　　その最大数として，正しいものを選べ。

[解答番号 　43　]

1. 1	**2.** 2	**3.** 3	**4.** 4	**5.** 5
6. 6	**7.** 7	**8.** 8	**9.** 9	**0.** 10 以上

問4　炭化水素 A ～ D から誘導されるアルコールの構造異性体 14 種類のうち，不斉炭素原子をもつ構造異性体は何種類あるか。その最大数として，正しいものを選べ。

[解答番号 [　44　]]

1. 1	**2.** 2	**3.** 3	**4.** 4	**5.** 5
6. 6	**7.** 7	**8.** 8	**9.** 9	**0.** 10 以上

問5　炭化水素 A ～ D から誘導されるアルコールの構造異性体 14 種類のうち，分子内脱水を行うと単一のアルケンを生成する構造異性体は何種類あるか。その最大数として，正しいものを選べ。

[解答番号 [　45　]]

1. 1	**2.** 2	**3.** 3	**4.** 4	**5.** 5
6. 6	**7.** 7	**8.** 8	**9.** 9	**0.** 10 以上

第　八　問　次の文章を読み，問 1 ～ 4 に答えよ。ただし，原子量は，H＝1.00，C＝12.0，O＝16.0，Cu＝64.0 とする。また，気体はすべて理想気体とし，気体定数は $R＝8.31×10^3\,Pa·L/(K·mol)$ とする。

[解答番号 [　46　]～[　51　]]

シクロデキストリン（CD）は，複数の α-グルコースが脱水縮合して環状に結合した分子である。6 個，7 個および 8 個のグルコースからなる CD を，それぞれ α-シクロデキストリン（α-CD），β-シクロデキストリン（β-CD）およびγ-シクロデキストリン（γ-CD）とよぶ。ドーナツのような形をした CD は，その穴の中に小さな分子を取りこむことができる。このとき，CD のような分子をホスト分子，取りこまれる側の小さな分子をゲスト分子とよび，ホスト分子がゲスト分子を取りこんだものを包接化合物とよぶ。

α-CD，β-CD およびγ-CD を用いて次の実験を行った。

実験1：　ある量の α-CD を完全に加水分解したところ，グルコースのみが得られた。得られたすべてのグルコースをアルコール発酵したところ，27℃，$1.00×10^5\,Pa$ において，1.54 L の二酸化炭素が生成した。

実験 2 :　　ある量の β–CD を完全に加水分解したところ，グルコースのみが得られた。得られたすべてのグルコースを十分な量のフェーリング液に加えたところ，2.66 g の酸化銅（Ⅰ）が得られた。

実験 3 :　　実験 1 および 2 で用いたものと同量の α–CD および β–CD と，ある量の γ–CD を混合した。得られた CD の混合物を完全に加水分解するために，1.00 g の水が必要であった。

問 1　　次の反応のうち，ホスト分子がゲスト分子を取りこむことを利用しているのはどれか。最も適切なものを選べ。

[解答番号　46　]

   1. キサントプロテイン反応　　　　　**2.** テルミット反応
   3. ニンヒドリン反応　　　　　　　　**4.** ヨウ素デンプン反応
   5. ヨードホルム反応

問 2　　実験 1 で加水分解した α–CD の質量〔g〕として，最も近い数値を選べ。ただし，グルコースはすべてアルコール発酵に使われたものとする。また，二酸化炭素の水溶液への溶解は無視できるものとする。

[解答番号　47　]

   1. 2.6　　　　**2.** 3.2　　　　**3.** 3.8　　　　**4.** 4.4　　　　**5.** 5.0
   6. 5.6　　　　**7.** 6.2　　　　**8.** 6.8　　　　**9.** 7.4　　　　**0.** 8.0

問 3　　実験 2 で加水分解した β–CD の質量〔g〕として，最も近い数値を選べ。ただし，グルコースはすべてフェーリング液と反応したものとする。また，グルコース 1 mol とフェーリング液の反応により，酸化銅（Ⅰ）が 1 mol 得られるものとする。

[解答番号　48　]

   1. 2.4　　　　**2.** 2.6　　　　**3.** 2.8　　　　**4.** 3.0　　　　**5.** 3.2
   6. 3.4　　　　**7.** 3.6　　　　**8.** 3.8　　　　**9.** 4.0　　　　**0.** 4.2

問 4　　実験 3 で混合した α–CD，β–CD および γ–CD の質量比を求めよ。ただし，質量比は，小数第 1 位を四捨五入して最も簡単な整数の比で表すものとする。各解答番号欄には対応する数字を 1 つずつマークせよ。

α-CD : β-CD : γ-CD = $\boxed{\text{X}}$: $\boxed{\text{Y}}$: $\boxed{\text{Z}}$

X：〔解答番号　49　〕
Y：〔解答番号　50　〕
Z：〔解答番号　51　〕

解答編

■化学■

一 解答
問1. アー4 イー6 ウー1 エー2
問2. 6 問3. 6

◀解 説▶

≪鉄の結晶構造≫

問2. 鉄原子の半径を r, α鉄およびγ鉄の単位格子の一辺の長さをそれぞれ a および b とおくと, $4r=\sqrt{3}a$, $4r=\sqrt{2}b$ の関係が成り立つので, 求める値は

$$\frac{b}{a}=\frac{\dfrac{4}{\sqrt{2}}r}{\dfrac{4}{\sqrt{3}}r}=\frac{\sqrt{3}}{\sqrt{2}}=\frac{1.73}{1.41}=1.22\fallingdotseq1.2$$

問3. 鉄の原子量を M, アボガドロ定数を N_A〔/mol〕とおくと, 求める値は

$$\frac{M\times\dfrac{4}{N_A}\times\dfrac{1}{b^3}}{M\times\dfrac{2}{N_A}\times\dfrac{1}{a^3}}=\frac{2a^3}{b^3}=\frac{2\times\left(\dfrac{4r}{\sqrt{3}}\right)^3}{\left(\dfrac{4r}{\sqrt{2}}\right)^3}=\frac{2\times2\sqrt{2}}{3\sqrt{3}}=\frac{4\times1.41}{3\times1.73}$$

$$=1.08\fallingdotseq1.1$$

二 解答
問1. 8 問2. 3 問3. 3 問4. 6 問5. 1
問6. 2

◀解 説▶

≪中和滴定, 酸・塩基の定義, 水溶液の液性, pH≫

問2. 求める酢酸の濃度を C〔mol/L〕とおくと, 中和滴定の結果より

$$C\times\frac{25.0}{100}\times\frac{10.0}{1000}=0.100\times\frac{18.5}{1000}$$

$$\therefore \quad C = 7.40 \times 10^{-1} [\text{mol/L}]$$

問3．CO_3^{2-} は次式の反応においては塩基としてはたらいている。

$$CO_3^{2-} + H_2O \longrightarrow HCO_3^- + OH^-$$

しかし，CO_3^{2-} は放出する H^+ をもたないので酸としてはたらくことはない。

問5．電離平衡が成立している酢酸水溶液中では

$$[CH_3COOH] = C(1-\alpha)[\text{mol/L}], \quad [CH_3COO^-] = [H^+] = C\alpha[\text{mol/L}]$$

と表されるので，電離定数 K_a は次式のようになる。

$$K_a = \frac{[CH_3COO^-][H^+]}{[CH_3COOH]} = \frac{C\alpha \cdot C\alpha}{C(1-\alpha)} = \frac{C\alpha^2}{1-\alpha} \fallingdotseq C\alpha^2 [\text{mol/L}]$$

ここで，電離度 α が 1 に比べて十分に小さいので上式のように近似できる。このとき電離度 α は

$$\alpha = \sqrt{\frac{K_a}{C}}$$

となるので，水素イオン濃度 $[H^+]$ は

$$[H^+] = C\alpha = C \times \sqrt{\frac{K_a}{C}} = \sqrt{CK_a} \ [\text{mol/L}]$$

と表される。よって，求める pH は

$$pH = -\log_{10}[H^+] = -\log_{10}\sqrt{CK_a} = -\frac{1}{2}(\log_{10}K_a + \log_{10}C)$$

問6．1．誤り。メチルオレンジの変色域はおよそ 3.1～4.4 である。

2．正しい。pH 5 の塩酸を純水で 1000 倍に希釈すると pH はおよそ 7 となるので，ブロモチモールブルーを加えると緑色になる。ブロモチモールブルーは酸性で黄色，中性で緑色，塩基性で青色を示す。

3．誤り。酢酸水溶液中の水素イオン濃度 $[H^+]$ は

$$[H^+] = 1.0 \times 10^{-1} \times 0.016 = 1.6 \times 10^{-3} [\text{mol/L}]$$

であり，硝酸水溶液中の水素イオン濃度 1.0×10^{-3} mol/L より大きい。したがって，酢酸水溶液の方が pH は小さい。

4．誤り。安息香酸と水酸化ナトリウム水溶液の中和点では安息香酸ナトリウムの水溶液となっている。安息香酸は弱酸であるため安息香酸ナトリウムの水溶液は塩基性を示し，pH は 7 より大きい。

5．誤り。ヒトの胃液（主成分は塩酸）の pH は約 2 である。

三 　解答 　問1. 2 　問2. 2 　問3. 7 　問4. 0 　問5. 4 問6. 4 　問7. 9

━━━━━━━━━━ ◀解　説▶ ━━━━━━━━━━

≪凝固点降下，溶解熱，固体の溶解度≫

問3. 塩化カルシウム $CaCl_2$ の式量が 111.0 なので，求める質量モル濃度は

$$\frac{5.10}{111.0} \times \frac{1000}{100} = 0.459 \fallingdotseq 0.46 \text{[mol/kg]}$$

問4. 塩化カルシウム $CaCl_2$ は水溶液中で

$$CaCl_2 \longrightarrow Ca^{2+} + 2Cl^-$$

のように電離するので，溶質粒子の濃度は 3 倍になり，求める凝固点降下度は

$$\Delta t = 1.85 \times 0.459 \times 3 = 2.54 \fallingdotseq 2.5 \text{[K]}$$

問5. 塩化カルシウムの溶解熱が 80.0 kJ/mol なので，求める熱量は

$$80.0 \times \frac{5.10}{111.0} = 3.67 \fallingdotseq 3.7 \text{[kJ]}$$

問6. 得られる水の温度を T[℃] とおくと

$$4.20 \times 100 \times (T - 25) \times 10^{-3} = 3.67$$

$$\therefore \quad T = 33.7 \fallingdotseq 34 \text{[℃]}$$

問7. 20℃ の飽和水溶液 100 g に溶けている塩化カルシウムを w[g] とおくと

$$\frac{w}{100} = \frac{74.5}{100 + 74.5}$$

$$\therefore \quad w = 42.693 \text{[g]}$$

となる。よって，0℃ まで冷却して析出した塩化カルシウム六水和物（式量 219.0）の質量を x[g] とおくと，0℃ の飽和水溶液に着目して

$$\frac{42.6 - x \times \dfrac{111.0}{219.0}}{100 - x} = \frac{59.5}{100 + 59.5}$$

$$\therefore \quad x = 39.6 \fallingdotseq 40 \text{[g]}$$

四 　解答 　問1. 7 　問2. （設問省略） 　問3. 3 　問4. 8

━━━━ ◀解　説▶ ━━━━

≪浸透圧≫

問 1 ．求める浸透圧を Π〔Pa〕とおくと，ファントホッフの法則より

$$\Pi = 0.300 \times 8.31 \times 10^3 \times 320 = 7.97 \times 10^5 \fallingdotseq 8.0 \times 10^5 \text{〔Pa〕}$$

問 3 ．液面差が 6.00 cm になったことから a 側の液面は 3.00 cm 上昇したといえるので，求める水の体積は

$$1.00 \times 3.00 = 3.00 \text{〔cm}^3\text{〕}$$

問 4 ．液面差が 6.00 cm になった状態に着目して，ファントホッフの法則より

$$100 \times 6.00 = \frac{0.200}{M} \times \frac{1000}{20.0 + 3.00} \times 8.31 \times 10^3 \times 300$$

$\therefore$ $M = 3.61 \times 10^4 \fallingdotseq 3.6 \times 10^4$

五 　**解答**　問 1 ．ア-3　イ-8　ウ-5
　　　　　　　 問 2 ．4　問 3 ．2　問 4 ．5

━━━━ ◀解　説▶ ━━━━

≪鉛蓄電池，電気分解≫

問 2 ．鉛蓄電池の各電極における放電時の反応式は

正極：$PbO_2 + SO_4^{2-} + 4H^+ + 2e^- \longrightarrow PbSO_4 + 2H_2O$

負極：$Pb + SO_4^{2-} \longrightarrow PbSO_4 + 2e^-$

なので，これらを組み合わせて得られる全体の反応式は

$$Pb + PbO_2 + 2H_2SO_4 \longrightarrow 2PbSO_4 + 2H_2O$$

となる。つまり，1 mol の電子が流れると 1 mol の硫酸 H_2SO_4 が消費されることがわかるので，求める物質量は

$$\frac{9.65 \times 10^4}{9.65 \times 10^4} \times 1 = 1.0 \text{〔mol〕}$$

問 3 ．電極 d は鉛蓄電池の正極であり，その放電時の変化は問 2 で示した反応式で表される。これより，1 mol の電子が流れると $\frac{1}{2}$ mol の PbO_2 が消費されて $\frac{1}{2}$ mol の $PbSO_4$ が生成される。すなわち電極の質量は

$$(32.0 + 16.0 \times 2) \times \frac{1}{2} = 32.0 \text{〔g〕}$$

増加することがわかる。したがって，求める質量の変化量は

$$\frac{10\times(8\times60+2)}{9.65\times10^4}\times32.0=1.59\fallingdotseq1.6$$

より ＋1.6g

問４．電極 a は陽極であり，その反応式は

$$4OH^-\longrightarrow O_2+2H_2O+4e^-$$

で表され，酸素（分子量 32.0）が発生する。よって，求める質量は

$$\frac{10\times(8\times60+2)}{9.65\times10^4}\times\frac{1}{4}\times32.0=0.399\fallingdotseq0.40〔g〕$$

六 解答

問１．Ａ－2 Ｂ－4 Ｃ－3 Ｄ－1
問２．3 問３．4 問４．ア－7 イ－5

◀解 説▶

≪金属のイオン化傾向，硫化物の沈殿≫

問１．4種類の金属のイオン化傾向は Zn＞Cu＞Ag＞Pt の順である。操作１より金属Ａは金属Ｂよりイオン化傾向が大きく，操作２より金属Ｃは金属Ａよりイオン化傾向が大きいとわかる。さらに，操作２で得られる有色の溶液【イ】は金属Ｃの陽イオンを含むと考えられ，Zn^{2+} を含む溶液は無色，Cu^{2+} を含む溶液は青色であることから，金属Ｃは Cu，金属Ａは Ag，金属Ｂは Pt と決まり，残る金属Ｄは Zn と判断できる。

問２．操作２では

$$2Ag^++Cu\longrightarrow2Ag+Cu^{2+}$$

の反応が進み，操作３では

$$Cu^{2+}+Zn\longrightarrow Cu+Zn^{2+}$$

の反応が進むので，金属Ｄの表面に析出した【ウ】は Cu とわかる。

問３．溶液【ア】には Ag^+ が含まれるので，ここに硫化水素を通じると

$$2Ag^++S^{2-}\longrightarrow Ag_2S$$

の反応により黒色沈殿 Ag_2S が生じる。また，操作３で得られる溶液【エ】には Zn^{2+} が含まれるので，これを塩基性にして硫化水素を通じると

$$Zn^{2+}+S^{2-}\longrightarrow ZnS$$

の反応により白色沈殿 ZnS が生じる。

問 4．操作 3 における反応は問 2 で示した通り

$$Cu^{2+}+Zn \longrightarrow Cu+Zn^{2+} \quad \cdots\cdots(1)$$

で表される。「【ウ】がすべて析出し終わった後」とあるので，溶液中の Cu^{2+} はすべて反応し，Zn（金属 **D**）は一部が残ったといえる。操作 4 では，Cu は希硫酸に溶けないが Zn は

$$Zn+H_2SO_4 \longrightarrow ZnSO_4+H_2$$

のように反応する。ここで十分な量の希硫酸を加えるので，発生した水素の物質量と操作 3 で残った Zn の物質量は等しく，これを n〔mol〕とおくと，気体の状態方程式より

$$1.01\times10^5\times\frac{12.3}{1000}=n\times8.31\times10^3\times300$$

$$\therefore \quad n=4.98\times10^{-4}\text{〔mol〕}$$

となる。よって，操作 3 の(1)式の反応で消費された Zn の物質量は

$$1.50\times10^{-3}-4.98\times10^{-4}=1.002\times10^{-3}\fallingdotseq1.00\times10^{-3}\text{〔mol〕}$$

であり，これは反応前の溶液【イ】100 mL に含まれていた Cu^{2+} の物質量に等しい。したがって，溶液【イ】に含まれていた Cu^{2+} の濃度は

$$1.00\times10^{-3}\times\frac{1000}{100}=0.010\text{〔mol/L〕}$$

と求められる。また，操作 2 における反応は問 2 で示した通り

$$2Ag^++Cu \longrightarrow 2Ag+Cu^{2+}$$

で表される。「金属 **A** がすべて析出し終わった後」とあるので，溶液【ア】中の Ag^+ はすべて反応し，その結果 Cu^{2+} が 1.00×10^{-3} mol 生成したといえることから，はじめの溶液【ア】中の Ag^+ の物質量は

$$1.00\times10^{-3}\times2=2.00\times10^{-3}\text{〔mol〕}$$

となる。ここで，溶液【ア】の体積が明示されていないが，操作 2 において反応後に固体である金属 **C** および析出した金属 **A** を分離して溶液【イ】を得ていることから，溶液【ア】の体積は溶液【イ】の体積と同じく 100 mL であると考える。以上のことから，溶液【ア】に含まれていた Ag^+ の濃度は

$$2.00\times10^{-3}\times\frac{1000}{100}=0.020\text{〔mol/L〕}$$

七　解答

問 1．6.60　問 2．x．3　y．7
問 3．5　問 4．7　問 5．7

◀解　説▶

≪炭化水素，アルコール，構造異性体≫

問 1．ソーダ石灰管の質量の増加量を x〔mg〕とおくと，**A** は炭化水素であるので

$$x \times \frac{12.0}{44.0} + 3.15 \times \frac{1.00 \times 2}{18.0} = 2.15$$

∴　$x = 6.60$〔mg〕

問 2．2.15 mg の炭化水素 **A** に含まれる各元素の質量は

水素 H…$3.15 \times \frac{1.00 \times 2}{18.0} = 0.35$〔mg〕

炭素 C…$2.15 - 0.35 = 1.80$〔mg〕

なので，各元素の物質量比は

$$C : H = \frac{1.80}{12.0} : \frac{0.35}{1.00} = 3 : 7$$

となり，炭化水素 **A** の組成式は C_3H_7 と求められる。

問 3．炭化水素 **B** の分子量を M とおくと凝固点降下度の測定結果より

$$5.53 - 2.97 = 5.12 \times \frac{21.5}{M} \times \frac{1000}{500} \quad ∴ \quad M = 86.0$$

炭化水素 **A** の分子式を $(C_3H_7)_n$ とおくと，炭化水素 **A** の分子量と炭化水素 **B** の分子量は等しいので

$$(12.0 \times 3 + 1.00 \times 7) \times n = 86.0 \quad ∴ \quad n = 2$$

したがって，炭化水素 **A**〜**D** の分子式は C_6H_{14} と決まる。この分子式をもつ化合物には次の 5 種類の構造異性体が考えられる（炭素骨格のみで示す）。

①C−C−C−C−C−C　　②C−C−C−C−C
　　　　　　　　　　　　　　　│
　　　　　　　　　　　　　　　C

③C−C−C−C−C　　④C−C−C−C　　⑤C−C−C−C
　　　│　　　　　　　　　│　　　　　　│　│
　　　C　　　　　　　　　C　　　　　　C　C
　　　　　　　　　　　　　│
　　　　　　　　　　　　　C

問 4．問 3 の①〜⑤の炭化水素の 1 つの水素原子をヒドロキシ基で置換したアルコールは，①からは 3 種類，②からは 5 種類，③からは 4 種類，④

からは３種類，⑤からは２種類の構造がそれぞれ考えられるので，炭化水素 **A** は②，炭化水素 **B** は③，炭化水素 **C** は①または④，炭化水素 **D** は⑤とわかる（矢印はヒドロキシ基の位置を示す）。

```
                                        ↓
① C-C-C-C-C-C        ② C-C-C-C-C
      ↑ ↑ ↑              ↑ ↑ ↑ │ ↑
                                 C

        ↓                    C
③ C-C-C-C-C      ④ C-C-C-C      ⑤ C-C-C-C
      │ ↑ ↑          ↑ ↑ │ ↑        │ │ ↑
      C                  C          C C
      ↑
```

炭化水素 **C** から誘導されるアルコール３種類を酸化して２種類のアルデヒドと１種類のケトンが生成したことから，炭化水素 **C** は④と判断できる。よって，炭化水素 **A**〜**D** から誘導される 14 種類のアルコールのうち不斉炭素原子をもつものは次の７種類となる（矢印はヒドロキシ基の位置を示す）。

```
② C-C-C-C-C        ③ C-C-C-C-C
      ↑ ↑ │ ↑              │ ↑ ↑
          C                C

        C
④ C-C-C-C          ⑤ C-C-C-C
      ↑ │              │ │ ↑
        C              C C
```

問５．炭化水素 **A**〜**D** から誘導される 14 種類のアルコールについて，分子内脱水したときに生成するアルケンが１種類のみであるのは次の７種類である（矢印はヒドロキシ基の位置を示す）。

```
② C-C-C-C-C        ③ C-C-C-C-C
  ↑       │ ↑              │ ↑
          C                C
                           ↑

        C
④ C-C-C-C          ⑤ C-C-C-C
  ↑ ↑ │              │ │ ↑
      C              C C
```

八 **解答**

問1. 4　問2. 5　問3. 4
問4. X. 5　Y. 3　Z. 1

━━━━ ◀解 説▶ ━━━━

≪シクロデキストリン≫

問 1. ヨウ素デンプン反応はデンプンのらせん状構造にヨウ素分子が取り
こまれることで呈色する。

問 2. 1 mol の α-CD を加水分解すると 6 mol のグルコース（分子量
180.0）が生成する。また，グルコースのアルコール発酵は次式で表される。

$$C_6H_{12}O_6 \longrightarrow 2C_2H_5OH + 2CO_2$$

α-CD の分子量は

$$180.0 \times 6 - 18.0 \times 6 = 972.0$$

なので，求める α-CD の質量を x〔g〕とおくと

$$\frac{x}{972.0} \times 6 \times 2 = \frac{1.00 \times 10^5 \times 1.54}{8.31 \times 10^3 \times 300}$$

$$\therefore \quad x = 5.00 \fallingdotseq 5.0 〔g〕$$

問 3. 1 mol の β-CD を加水分解すると 7 mol のグルコースが生成する。
β-CD の分子量は

$$180.0 \times 7 - 18.0 \times 7 = 1134.0$$

である。求める β-CD の質量を x〔g〕とおくと，グルコース 1 mol とフ
ェーリング液の反応で 1 mol の酸化銅（I）Cu_2O（式量 144.0）が生成す
るので

$$\frac{x}{1134.0} \times 7 = \frac{2.66}{144.0}$$

$$\therefore \quad x = 2.99 \fallingdotseq 3.0 〔g〕$$

問 4. 1 mol の CD の加水分解には，α-CD では 6 mol，β-CD では
7 mol，γ-CD では 8 mol の水がそれぞれ必要である。γ-CD の分子量は

$$180.0 \times 8 - 18.0 \times 8 = 1296.0$$

なので，混合した γ-CD を x〔g〕とおくと，混合物の加水分解に水が
1.00 g 必要であったことから

$$\frac{5.00}{972.0} \times 6 + \frac{2.99}{1134.0} \times 7 + \frac{x}{1296.0} \times 8 = \frac{1.00}{18.0}$$

$$\therefore \quad x = 1.01 〔g〕$$

よって，求める質量比は

$$\alpha\text{-CD} : \beta\text{-CD} : \gamma\text{-CD} = 5.00 : 2.99 : 1.01 \fallingdotseq 5 : 3 : 1$$

2022
年度

問題と解答

■学校推薦型選抜

問題編

推薦

問題編

▶試験科目・配点

教　　科	科　　　　目	配　点
英　　語	コミュニケーション英語Ⅰ・Ⅱ・Ⅲ，英語表現Ⅰ・Ⅱ	80 点
数　　学	数学Ⅰ・Ⅱ・A・B（数列，ベクトルの範囲）	80 点
理　　科	化学基礎・化学	80 点
そ の 他	調査書，面接	60 点

▶備　考

- 調査書，面接および基礎学力判定（英語・数学・化学）の成績を総合し，合格者を決定する。

■英語■

(40分)

Ⅰ．次の各英文の（　　　　）に入る語句として最も適切なものを，それぞれ1から4の中から1つ選び，その番号をマークしなさい。　【解答番号　1 ～ 8 】

1. It is getting harder to (　　　　) the stress during the COVID-19 pandemic.
   1. break in
   2. cope with
   3. go on
   4. hope for
   　　　　　　1

2. Will the teacher (　　　　) us some feedback on our essays?
   1. collect
   2. give
   3. make
   4. provide
   　　　　　　2

3. This library (　　　　) a number of newspapers and medical journals.
   1. subscribes
   2. subscribes at
   3. subscribes of
   4. subscribes to
   　　　　　　3

4. Millions of people contract malaria each year in some poorer countries, and drugs to treat it are seriously in (　　　　) supply.
   1. abundant
   2. medical
   3. short
   4. stable
   　　　　　　4

5. The new law will (　　　　) into effect on December 1, 2021.
   1. allow
   2. come
   3. put
   4. take
   　　　　　　5

6. I fell madly in love with Mark from the moment I met him. It was certainly love at first (　　　　).
   1. birth
   2. hearing
   3. relationship
   4. sight
   　　　　　　6

7. Vivian is shy, so she is (　　　　) to make a speech in front of her classmates.
   1. eager
   2. prone

   3.　reluctant　　　　　　　　　4.　willing　　　　　　　　　7

8.　Let me see if I can remember where we first met. Give me (　　　).
   1.　a bite　　　　　　　　　　2.　a clue
   3.　a hand　　　　　　　　　　4.　a lift　　　　　　　　　　8

Ⅱ．次の各英文の下線部の文脈における意味として最も近いものを，それぞれ 1 から 4 の中から 1 つ選び，その番号をマークしなさい。【 解答番号　9　～　11　】

1.　The university has decided to honor its most <u>promising</u> student at the ceremony.
   1.　inactive　　　　　　　　　2.　indifferent
   3.　overworked　　　　　　　4.　talented
                              9

2.　The Health Service Center designed <u>a pilot</u> series of programs to educate residents on how to care for their health.
   1.　an experimental　　　　　2.　an imperial
   3.　a public　　　　　　　　4.　a recent
                              10

3.　The patient finally <u>came to terms</u> with the doctor on the second heart operation.
   1.　filed a suit　　　　　　　2.　had an engagement
   3.　reached an agreement　　　4.　refused a request
                              11

Ⅲ. 次の各英文で間違っている箇所を，それぞれ 1 から 4 の中から 1 つ選び，その番号
をマークしなさい。　　　　　　　　【 解答番号　| 12 |　～　| 14 | 】

1. Most students were <u>earnestly</u> taking notes <u>while</u> the professor was giving a
　　　　　　　　　　　　1　　　　　　　　　　2
    lecture <u>not so as to</u> fail the final examination <u>scheduled for</u> the following week.
　　　　　　　3　　　　　　　　　　　　　　　　　　4

| 12 |

2. Lucas <u>was taken ill</u> the <u>other</u> day. He is <u>in hospital</u>. Doctors are not <u>already</u> sure
　　　　　　1　　　　　　　2　　　　　　　3　　　　　　　　　　4
    what it is.

| 13 |

3. <u>It</u> was expected <u>that</u> more people would begin teleworking <u>among</u> their homes
　　1　　　　　　　2　　　　　　　　　　　　　　　　　　3
    and offices after a state-of-emergency <u>declaration</u>.
　　　　　　　　　　　　　　　　　　　　　4

| 14 |

Ⅳ. 次の A と B の会話が一番自然な流れとなるように，（　　　　）の中に入る語句とし
て最も適切なものを，それぞれ 1 から 4 の中から 1 つ選び，その番号をマークしなさい。
　　　　　　　　　　　　　　　　　　【 解答番号　| 15 |　～　| 17 | 】

1. A: What do you want to do after you graduate from this university?
    B: I really want to work for a pharmaceutical company to develop a new drug
        candidate that targets cancer cells.
    A: (　　　　)

    1. How about taking this medicine?
    2. Why not hire this candidate?
    3. How did you get the job there?
    4. Why don't you study harder, then?

| 15 |

2. A: Do you know where Sue is?
    B: Sorry, I've got no idea.
    A: Never mind. I don't suppose you know when she'll be back?
    B: No, I'm afraid not.
    A: OK. (　　　　) Goodbye.

    1. Thanks anyway.

  2. Did she go out alone?

  3. Hope he comes in time.

  4. Are you glad to be back?

16

3. A: Do you know a lot about computers? It seems that I can't get this program
    to work.

  B: Well, I used to work for a computer programming company.

  A: That's great. Do you mind fixing this for me?

  B: (   )

  1. Yes, go ahead.

  2. No, but can you wait until I finish this work?

  3. Yes, can you send my computer to the repair shop?

  4. No, I fixed it for you.

17

Ⅴ．次の各英文の空欄に入る語として最も適切なものを，それぞれ 1 から 4 の中から 1 つ
選び，その番号をマークしなさい。　　　　【　解答番号　18　～　24　】

(A) Fruits contain water, minerals, fiber, many vitamins, and antioxidants*.
Although fruit is a great source of nutrients, it naturally contains sugar, so people
need to be (　ア　) not to consume too much. In general, eating fruit as part of a
healthy diet does not increase the risk of developing diabetes*. (　イ　), consuming
more than the recommended daily allowance may be harmful for you. A recent study
suggests that eating a moderate amount of fruit every day can help (　ウ　) better
blood sugar control and reduce the chance of developing diabetes. Drinking fruit juice
does not necessarily have the same effect, since most commonly sold fruit juices tend
to be high in sugar but very low in fiber and protein. The sugar gets absorbed very
quickly in the body due to the (　エ　) of sufficient fiber. It is suggested that raw
vegetable juice with no sugar helps reverse the condition of one type of diabetes.

antioxidant*　抗酸化剤　　　　diabetes*　糖尿病

ア	1. careful	2. demanding	3. relaxed	4. safe	18
イ	1. Besides	2. Consequently	3. However	4. Thus	19
ウ	1. lose	2. maintain	3. rise	4. satisfy	20

エ　　1. absence　　　2. complexity　　　3. plainness　　　4. richness　　　　[21]

(B)　　As the old saying goes, doctors are second to God on this earth. Does this god complex still prevail among today's doctors? Probably (　オ　). Doctors try to save every life, but quite often they feel they can do very little. It is not always doctors and their egos* that are responsible for the god complex. Sometimes (　カ　) expect godlike powers. They want answers, and they want them now. In the real world, doctors are only human, and their answers may not always be the (　キ　) ones.

ego*　自尊心，自負心

オ　　1. beneficial　　　2. not　　　3. OK　　　4. safe　　　　[22]

カ　　1. carers　　　2. doctors　　　3. nurses　　　4. patients　　　　[23]

キ　　1. correct　　　2. difficult　　　3. negative　　　4. random　　　　[24]

VI.　次の英文を読み，４つの設問に対して最も適切な答えをそれぞれ１から４の中から１つ選び，その番号をマークしなさい。　　【 解答番号　[25] ～ [28] 】

　　What's the difference between a psychiatrist and a psychologist? Psychiatrists and psychologists sound similar, and both of them treat people with mental health conditions, so many people get them confused with each other. Yet, psychiatrists and psychologists aren't the same. The three main differences are their educational background, the treatments they provide, and their roles in treatment.

The journey to both professions begins in college. Psychiatrists attend medical college and become medical doctors before doing specialist training in mental health. To become licensed, students must pass a multi-step examination. Psychologists have university training and supervised experience. If they have a doctorate*, psychologists can call themselves 'Dr', but they are not medical doctors.

When treating patients, psychiatrists provide a wide range of services, according to the particular problem and what will work best. These include medication, general medical care including checking your physical health and the effects of medicines, psychological treatments, and brain stimulation therapies*. Because they are medical doctors, psychiatrists can prescribe* medicines. In contrast, psychologists most commonly use talk therapy to treat mental health conditions. They may act as consultants along with other health care providers.

Psychologists tend to treat people who need their medical, psychological and social needs considered. These are usually people with complex conditions. For example, someone who has attempted suicide or has suicidal thoughts will usually be seen by a psychiatrist. Psychologists are more likely to see people with conditions that can be helped effectively with psychological treatments, mainly talk therapy. This might include people with behavioral problems, learning difficulties, depression and anxiety.

While there are some differences between the two specialties, there is also a great deal of overlap, and psychiatrists and psychologists often collaborate closely. A psychiatrist might make an initial assessment and diagnosis*, then refer you to a psychologist for ongoing psychological treatment. They also work together in hospitals as part of mental health teams.

doctorate*　博士号　　　　brain stimulation therapy*　脳刺激療法　　　　prescribe*　処方する
diagnosis*　診断

1. Why do people often confuse psychiatrists with psychologists?

   1. Psychiatrists and psychologists have the same responsibilities.
   2. Their titles don't sound alike because their jobs are quite different.
   3. Psychiatrists are not recognized as psychologists yet.
   4. There are some similarities between the two professions.

   | 25 |

2. Is a doctor's license required to work as a psychologist?

   1. Yes. Psychologists need to pass a national examination for medical practitioners.
   2. It isn't necessary, but, in fact, most psychologists are licensed doctors.
   3. Yes, but psychologists cannot use the title 'Dr' even if they have a doctorate.
   4. No, and a psychologist who has a doctorate may not be a medical doctor.

   | 26 |

3. According to the passage, which of the following statements about prescribing medicines is true?

   1. Only psychiatrists can prescribe medicines.
   2. Both psychiatrists and psychologists prescribe medicines.
   3. Because of their medical training experience, psychologists can prescribe medicines.
   4. Neither psychiatrists nor psychologists prescribe medicines.

   | 27 |

4. Which of the following statements is NOT mentioned in the passage?

1. Psychologists focus on providing talk therapy to help patients.
2. There is a tremendous diversity among psychology professions, and salaries are just as varied.
3. Your psychiatrist might help you find the right psychologist for you.
4. Many times, psychologists work closely with a psychiatrist who handles the medical treatment of a patient's mental illness.

28

Ⅶ. 次の英文を読み，２つの設問に対して最も適切な答えをそれぞれ１から４の中から１つ選び，その番号をマークしなさい。 【 解答番号 | 29 | ～ | 30 | 】

Immunogenicity is the ability of a foreign substance to provoke the body's immune response*. When the body detects danger from an infection, the immune system gets activated and attacks it. The injection* of a vaccine is expected to (　　　) an effective immune response to fight against a specific disease, which will protect the body from future exposure to the virus. In the past, a wide vaccination program succeeded in ridding the world of smallpox*. While vaccination helps many people to avoid getting sick with an infectious disease, some people have a physical constitution that makes them susceptible to certain allergic reactions.

Immune responses to vaccination vary between individuals of different ethnic origins and different populations. Many factors have the potential to make an impact on vaccine effectiveness and immunogenicity. Recently, evidence from several animal and clinical studies has been presented, and the research results have suggested that the composition and function of the microbiota* in the intestine* are crucial factors for altering immune responses to vaccination.

Analyses of the microbiota in the intestine play an essential role in developing immune cells in the body to ensure herd immunity*. The interaction among microbiota, intestinal nutrients, and individual immunity helps maintain the effectiveness of the vaccine against several viruses that can cause disease. Therefore, an imbalance of nutrients can disturb the microbiota and render the immunity ineffective. Variations in the protective response to a number of vaccines are caused by the differences in healthy microbiota among people.

immune response*　免疫応答　　injection*　注射　　smallpox*　天然痘
microbiota*　細菌叢，細菌の集団　　intestine*　腸　　herd immunity*　集団免疫

1. Which of the following would be the most appropriate word to put into the blank in the first paragraph?

   1. appreciate
   2. determine
   3. induce
   4. prolong

   29

2. According to the passage, which of the following is true?

   1. The immune response caused by a vaccination is an example of immunogenicity, and the smallpox vaccines were made and successfully used during the program.
   2. Vaccination can improve the condition of the intestinal microbiota and help avoid an allergic reaction.
   3. Studies have suggested that the effectiveness of vaccines is preserved across individuals and populations in different regions of the world.
   4. An imbalance in nutrition creates an environment in which the immune system is able to respond appropriately to vaccines.

   30

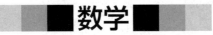

（40 分）

（注） 1．答が分数の場合は既約分数にして解答してください。なお，例えば問題の文中の $\boxed{1)\quad}$ ，$\boxed{2)\quad}\boxed{3)\quad}$ はそれぞれ 1 桁，2 桁の数を意味しますので，対応する数字を解答欄にマークしてください。

2．答に根号が含まれる場合は根号の中に現れる自然数が最小となる形で解答してください。

第一問 底面の半径が 6，母線の長さが 10 の直円錐に球が内接している。このとき，この球の表面積は $\boxed{1)\quad}\boxed{2)\quad}\pi$ であり，体積は $\boxed{3)\quad}\boxed{4)\quad}\pi$ である。ただし，π は円周率である。

第二問 次の問に答えよ。

(1) n を自然数として，$\sqrt{63+n^2}$ が自然数となるとき，n の値を小さい順に並べると，$\boxed{5)\quad}$ ，$\boxed{6)\quad}$ ，$\boxed{7)\quad}\boxed{8)\quad}$ である。

(2) 右図のような 1 辺の長さが $\sqrt{2}$ の正八面体 ABCDEF を，直線 AF を軸にして回転させるとき，この正八面体の面および内部が通過する部分の体積は $\dfrac{\boxed{9)\quad}}{\boxed{10)\quad}}\pi$ であり，この正八面体の面が通過する部分の体積は $\dfrac{\boxed{11)\quad}}{\boxed{12)\quad}}\pi$ である。ただし，π は円周率である。

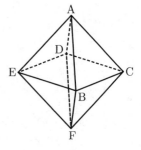

第三問　次の間に答えよ。ただし，$\log_{10} 2 = 0.3010$，$\log_{10} 3 = 0.4771$，$\log_{10} 7 = 0.8451$

とする。

(1) 不等式 $7^{n-1} < 10^{51} \leqq 7^n$ を満たす自然数 n の値は $\boxed{13)}\ \boxed{14)}$ であり，このとき，

7^n の最高位の数字は $\boxed{15)}$ である。

(2) 点 $(0,\, 12)$ から曲線 $y = x^3 + 2x^2 - 6x + 4$ へ引いた接線の方程式は

$y = -\boxed{16)}\,x + \boxed{17)}\ \boxed{18)}$ であり，その接点の座標は $\left(-\boxed{19)}\ ,\ \boxed{20)}\ \boxed{21)} \right)$

である。

第四問　次の間に答えよ。

(1) $|\vec{a}| = 4$，$|\vec{b}| = 3$ であり，ベクトル $\vec{a} + 2\vec{b}$，$\vec{a} - \vec{b}$ が垂直であるとき，$\vec{a}$ と $\vec{b}$

のなす角を θ $(0° \leqq \theta \leqq 180°)$ とすると，$\sin\theta = \dfrac{\sqrt{\boxed{22)}\ \boxed{23)}}}{\boxed{24)}}$ であり，

$|\vec{a} + 2\vec{b}| = \boxed{25)}\ \sqrt{\boxed{26)}\ \boxed{27)}}$ である。

(2) 正の偶数を小さい順に並べ，次のように群に分ける。ただし，第 n 群には

$(2n - 1)$ 個の偶数が入るものとする。

$$2 \mid 4,\ 6,\ 8 \mid 10,\ 12,\ 14,\ 16,\ 18 \mid 20,\ \cdots\cdots$$
　　第1群　　第2群　　　　　　第3群

このとき，第 10 群の最初の偶数は $\boxed{28)}\ \boxed{29)}\ \boxed{30)}$ であり，第 10 群にあるすべて

の偶数の和は $\boxed{31)}\ \boxed{32)}\ \boxed{33)}\ \boxed{34)}$ である。

化学

（40 分）

第 一 問　　次の問1〜5に答えよ。

[解答番号 1 〜 5]

問1　互いに同素体ではないものはどれか。最も適切なものを選べ。

[解答番号 1]

1. 斜方硫黄とゴム状硫黄　　2. 黄リンと赤リン　　3. 水と氷
4. 酸素分子とオゾン分子　　5. 黒鉛とフラーレン

問2　次の原子の組み合わせのうち, 最外殻電子の数の和が2であるものはどれか。最も適切なものを選べ。

[解答番号 2]

1. Mn と Co　　2. Cr と Cu　　3. Mg と K
4. Na と Ni　　5. Li と Sc

問3　次の固体のうち, 分子結晶はどれか。最も適切なものを選べ。

[解答番号 3]

1. アルミニウム　　2. 食塩　　3. 石英
4. ダイヤモンド　　5. ヨウ素

問4　合金の一種である洋銀の成分金属の中で, 最も多く含まれる元素はどれか。最も適切なものを選べ。

[解答番号 4]

1. Al　　2. Fe　　3. Cu　　4. Ag　　5. Sn

問5　二酸化硫黄の硫黄原子の酸化数はどれか。最も適切なものを選べ。

[解答番号 5]

1. -4　　2. -2　　3. 0　　4. $+2$　　5. $+4$

第 二 問 次の問 1 ～ 3 に答えよ。ただし，原子量は，H＝1.00，He＝4.00，
C＝12.0，O＝16.0，Mg＝24.0，Al＝27.0 とし，気体 1.00 mol の体積
は標準状態で 22.4 L とする。

[解答番号 6 ～ 9]

問 1　ヘリウム 3.00 g と酸素 6.00 g からなる混合気体がある。この混合気体の平均
分子量として，最も近い数値を選べ。

[解答番号 6]

1. 6.4　　　2. 8.0　　　3. 9.6　　　4. 11　　　5. 12
6. 18　　　7. 23　　　8. 29　　　9. 30　　　0. 31

問 2　次の文章中の【ア】および【イ】にあてはまる数値として，最も近いものをそ
れぞれ選べ。

　ある体積の一酸化炭素を完全に燃焼させたところ，標準状態で 20.0 L の二酸化炭
素が生じた。この燃焼で消費された酸素の質量は，【ア】g である。このとき，標準
状態で比べると，反応によって生じた二酸化炭素の体積は，反応した一酸化炭素と
酸素の体積の和の【イ】倍である。

【ア】：[解答番号 7]
【イ】：[解答番号 8]

[【ア】の解答群]
1. 8.0　　　2. 14　　　3. 16　　　4. 25　　　5. 28
6. 32　　　7. 36　　　8. 48　　　9. 49　　　0. 50

[【イ】の解答群]
1. 0.25　　2. 0.33　　3. 0.50　　4. 0.67　　5. 0.75
6. 1.2　　　7. 1.5　　　8. 2.0　　　9. 2.5　　　0. 3.0

問 3　マグネシウムとアルミニウムのみからなる合金 7.00 g に十分量の塩酸を加え
て完全に反応させたところ，標準状態で 6.72 L の水素が発生した。この合金中
に含まれていたアルミニウムの質量の割合〔%〕として，最も近い数値を選べ。

[解答番号 9]

1. 4.3　　　2. 6.2　　　3. 8.6　　　4. 10　　　5. 23
6. 46　　　7. 58　　　8. 91　　　9. 94　　　0. 96

第 三 問　次の文章を読み，問 1 〜 4 に答えよ。ただし，原子量は，H＝1.00,
　　　　　　O＝16.0，S＝32.0 とする。

［解答番号 10 〜 14 ］

　硫酸は【ア】とよばれる方法で工業的に合成される。この方法では，まず硫黄の燃焼により【イ】を得たのち，【ウ】を触媒として空気中で【イ】を酸化し，【エ】をつくる。次に，【エ】を濃硫酸に吸収させて発煙硫酸とし，これを希硫酸で薄めて濃硫酸にする。

問 1　【ア】にあてはまる方法として，最も適切なものを選べ。

【ア】：［解答番号 10 ］

1. ハーバー・ボッシュ法　　2. オストワルト法　　3. 接触法
4. クメン法　　　　　　　　5. ソルベー法

問 2　【イ】および【エ】にあてはまる化合物として，最も適切なものをそれぞれ選べ。

【イ】：［解答番号 11 ］
【エ】：［解答番号 12 ］

1. H_2S　　　　2. FeS　　　　3. SO_2　　　　4. H_2SO_3
5. Na_2SO_3　　6. SO_3　　　　7. CuS　　　　8. ZnS

問 3　【ウ】にあてはまる触媒として，最も適切なものを選べ。

【ウ】：［解答番号 13 ］

1. Ag　　　　2. I_2　　　　3. Ni　　　　4. Cu
5. V_2O_5　　6. MnO_2　　7. Ag_2O　　8. ZnO

問 4　硫黄 2.00 kg をすべて硫酸に変換したとき，生成する硫酸 (H_2SO_4) の質量〔kg〕として，最も近い数値を選べ。

［解答番号 14 ］

1. 1.1　　2. 3.0　　3. 4.1　　4. 6.1　　5. 8.3
6. 11　　7. 22　　8. 41　　9. 61　　0. 83

第 四 問   次の文章を読み，問 1 ～ 4 に答えよ。ただし，$\log_{10} 2 = 0.30$，
$\log_{10} 3 = 0.48$，$\log_{10} 5 = 0.70$ とする。

〔解答番号 [15]～[21]〕

ある弱酸 HA は水溶液中で式 (1) のような電離平衡を示す。

$$HA \rightleftharpoons H^+ + A^- \quad \cdots (1)$$

平衡状態における HA のモル濃度を [HA]，H^+のモル濃度を $[H^+]$，A^-のモル濃度を
$[A^-]$ とすると，式 (1) の電離定数 K_a は式 (2) で与えられる。

$$K_a = \frac{【ア】}{【イ】} \quad \cdots (2)$$

水溶液中の HA の初濃度〔mol/L〕を c，HA の電離度を α とすると，
この水溶液が平衡状態に達したときの各物質のモル濃度は，[HA]＝【ウ】mol/L,
$[H^+]＝[A^-]＝$【エ】mol/L と表されるため，式 (2) は式 (3) で表される。

$$K_a = \frac{【オ】}{1 - \alpha} \quad \cdots (3)$$

HA は弱酸であることから α は 1 に比べて極めて小さく，$1 - \alpha \fallingdotseq 1$ と近似できる。
この関係を式 (3) に適用すると式 (4) が得られる。

$$\alpha = 【カ】 \quad \cdots (4)$$

この HA の K_a は，25℃において 2.0×10^{-5} mol/L である。0.20 mol/L の HA 水溶液を
つくり，25℃で平衡状態におくと，この溶液の pH は，【キ】となる。

問 1   【ア】および【イ】にあてはまる選択肢として，最も適切なものをそれぞれ
　　　　選べ。

【ア】：〔解答番号 [15]〕
【イ】：〔解答番号 [16]〕

1.　$[H^+]$　　　　2.　$[A^-]$　　　　3.　[HA]　　　　4.　$[H^+][HA]$
5.　$[A^-][HA]$　　6.　$[H^+][A^-]$　　7.　$[HA]^2$　　　8.　1

問2　　【ウ】，【エ】および【オ】にあてはまる選択肢として，最も適切なものを
　　　　それぞれ選べ。

　　　　　　　　　　　　　　　　　　　　　　　【ウ】：〔解答番号　17　〕
　　　　　　　　　　　　　　　　　　　　　　　【エ】：〔解答番号　18　〕
　　　　　　　　　　　　　　　　　　　　　　　【オ】：〔解答番号　19　〕

　　　1. $1-\alpha$　　　　**2.** $1-\alpha^2$　　　　**3.** α　　　　　**4.** α^2
　　　5. $c(1-\alpha)$　　**6.** $c(1-\alpha)^2$　　**7.** $c\alpha$　　　　**8.** $c\alpha^2$

問3　　【カ】にあてはまる選択肢として，最も適切なものを選べ。

　　　　　　　　　　　　　　　　　　　　　　　【カ】：〔解答番号　20　〕

　　　1. K_a　　　　**2.** $\sqrt{K_a}$　　　**3.** $K_a{}^2$　　　**4.** $\dfrac{K_a}{c}$　　　**5.** $\sqrt{\dfrac{K_a}{c}}$

　　　6. $\dfrac{K_a{}^2}{c^2}$　　**7.** cK_a　　　**8.** c^2K_a　　　**9.** $cK_a{}^2$　　　**0.** c

問4　　【キ】にあてはまる数値として，最も近いものを選べ。

　　　　　　　　　　　　　　　　　　　　　　　【キ】：〔解答番号　21　〕

　　　1. 2.3　　　**2.** 2.5　　　**3.** 2.7　　　**4.** 3.3　　　**5.** 3.5
　　　6. 3.7　　　**7.** 4.3　　　**8.** 4.5　　　**9.** 4.7

第　五　問　　　次の文章を読み，問 1 〜 6 に答えよ。ただし，原子量は，H＝1.00，
　　　　　　　　　　　　C＝12.0，Cl＝35.5，Br＝80.0 とする。

〔解答番号　22 〜 28 〕

　　アルカンは，臭素 Br₂ や塩素 Cl₂ などのハロゲンの単体と混合しただけでは反応しな
いが，混合物に光を照射すると【ア】反応が進行する。たとえば，(a)ブタンと臭素が反応す
ると，ブタンの水素原子が臭素原子に次々に【ア】される。

　　アルケンやアルキンの不飽和結合には，ほかの原子や原子団が結合しやすい。このよう
な反応を【イ】反応という。たとえば，アセチレンに触媒を用いて塩化水素を【イ】させ
ると，塩化ビニルが生成する。一方，硫酸水銀(Ⅱ) などの存在下でアセチレンと水が【イ】
反応を起こすと，不安定なビニルアルコールを経て，【ウ】が生成する。

　　ベンゼンなどの芳香族炭化水素は不飽和結合を有するが，【イ】反応よりも【ア】反応
の方が起こりやすい。たとえば，フェノールに臭素水を十分に加えると，化合物 A の白
色沈殿が生じる。一方，(b)ベンゼンと塩素の混合物に紫外線を照射した場合は【イ】反応
が起こり，ヘキサクロロシクロヘキサンが生成する。

問 1　　【ア】および【イ】にあてはまる語句として，最も適切なものをそれぞれ
　　　　　選べ。

【ア】：〔解答番号　22 〕
【イ】：〔解答番号　23 〕

　　　　1.　重合　　　　　2.　付加　　　　　3.　還元　　　　　4.　分解
　　　　5.　脱水　　　　　6.　脱離　　　　　7.　置換　　　　　8.　縮合

問 2　　【ウ】にあてはまる化合物名として，最も適切なものを選べ。

【ウ】：〔解答番号　24 〕

　　　　1.　ホルムアルデヒド　　　2.　ポリエチレン　　　　3.　メタノール
　　　　4.　アセトアルデヒド　　　5.　アセトン　　　　　　6.　エタノール
　　　　7.　プロピオンアルデヒド　8.　酢酸　　　　　　　　9.　フェノール

問 3　　下線部(a)により生成する分子式 C₄H₈Br₂ をもつ直鎖状の化合物には，何種類の
　　　　　構造異性体が考えられるか。その最大数として，正しいものを選べ。

〔解答番号　25 〕

　　　　1.　1　　　　2.　2　　　　3.　3　　　　4.　4　　　　5.　5
　　　　6.　6　　　　7.　7　　　　8.　8　　　　9.　9　　　　0.　10

問 4　　問 3 の分子式 C₄H₈Br₂ をもつ直鎖状の化合物の構造異性体の中で，不斉炭素
　　　　　原子をもつ構造異性体の最大数として，正しいものを選べ。

〔解答番号　26 〕

1. 1	2. 2	3. 3	4. 4	5. 5
6. 6	7. 7	8. 8	9. 9	0. 10

問5　化合物 A の構造として，最も適切なものを選べ。

〔解答番号　27　〕

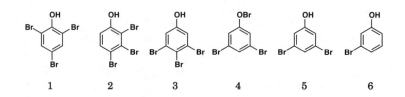

1　　　　　2　　　　　3　　　　　4　　　　　5　　　　　6

問6　31.2 g のベンゼンを用いて下線部(b)の反応を行い，すべてヘキサクロロシクロヘキサンに変換した。このとき反応で消費された塩素 Cl_2 の物質量〔mol〕として，最も近い数値を選べ。

〔解答番号　28　〕

1. 0.200	2. 0.400	3. 0.600	4. 0.800	5. 1.00
6. 1.20	7. 1.40	8. 1.60	9. 1.80	0. 2.00

第　六　問　　　次の文章を読み，問 1 ～ 3 に答えよ。

〔解答番号　29　～　35　〕

　グルコースは水に溶けやすい。これは，その分子中に多数の【ア】を含むことに起因する。グルコースを水に溶かすと，やがて，3 種類の異性体が平衡状態で存在するようになる。このうち，鎖状構造に変化したものは【イ】をもつため，グルコースは銀鏡反応を示す。

　グルコースを含む多糖類として，【ウ】や【エ】，デンプンなどがある。【ウ】は，グルコースが β-1,4-グリコシド結合で重合したものである。【エ】は，動物体内にて α-グルコースより生合成され，肝臓や筋肉に貯蔵される。デンプンは，グルコースが α-1,4-グリコシド結合で重合した【オ】と，グルコースが α-1,4-グリコシド結合と α-1,6-グリコシド結合で重合した【カ】で構成されている。

問1　【ア】および【イ】にあてはまる語句として，最も適切なものをそれぞれ選べ。

【ア】：〔解答番号　29　〕
【イ】：〔解答番号　30　〕

1. アゾ基	2. アミノ基	3. エーテル結合
4. エステル結合	5. カルボキシ基	6. スルホ基

7. ニトロ基　　　　　**8.** ヒドロキシ基　　　　　**9.** ホルミル基

問2　【ウ】〜【カ】にあてはまる語句として，最も適切なものをそれぞれ選べ。

【ウ】：〔解答番号　31 〕
【エ】：〔解答番号　32 〕
【オ】：〔解答番号　33 〕
【カ】：〔解答番号　34 〕

1. アミロース　　　　**2.** アミロペクチン　　　**3.** グリコーゲン
4. セルロース　　　　**5.** セロビオース　　　　**6.** デキストリン
7. トレハロース　　　**8.** マルトース　　　　　**9.** ラクトース

問3　グルコースに関する記述 a 〜 e のうち，正しいものの組み合わせを 1 つ選べ。

〔解答番号　35 〕

a.　25℃にてグルコースを水に溶かすと，やがて，α-グルコースの割合が最も高くなる。
b.　グルコースを完全にアルコール発酵させると，グルコース 1 分子あたりエタノール 3 分子が生じる。
c.　グルコースは，フルクトースの構造異性体である。
d.　α-グルコースは，α-ガラクトースの立体異性体である。
e.　グルコースは，RNA（リボ核酸）の構成成分である。

1. a と b　　　**2.** a と c　　　**3.** a と d　　　**4.** a と e
5. b と c　　　**6.** b と d　　　**7.** b と e　　　**8.** c と d
9. c と e　　　**0.** d と e

解答編

英語

I　解答　1-2　2-2　3-4　4-3　5-2　6-4
　　　　　7-3　8-2

◀解　説▶

1．「コロナ禍においてストレスに対処するのが以前より難しくなってきている」

2の「～に対処する」だけが文意に沿う。

2．「先生は私たちのエッセーについて意見を言ってくれるだろうか」

文型が SVOO になっているので，2の give を選ぶ。4の provide は辞書に「アメリカでは give 型にすることもある」とあるが，正式には provide us with some feedback である。

3．「この図書館は多くの新聞と医学誌を定期購読している」

subscribe は他動詞だと「～を寄付する，～に署名する」などの意味になり，文意に合わない。subscribe to ～「～を（予約）購読する」ならば合う。

4．「貧しい国々で毎年何百万人もの人がマラリアにかかっており，治療薬が深刻な供給不足である」

1．「豊富な」　2．「医療の」　3．「不足した」　4．「安定した」　文と文を結ぶ等位接続詞が but でなく and なので，3が正解である。seriously「深刻に，重大に」も3以外の語とは連結しない。

5．「その新法は 2021 年 12 月 1 日に施行される」

「（法律などが）施行される，発効する」は come〔go / be put〕into effect または take effect である。よって，2が正しい。

6．「私は会った瞬間からマークに夢中になりました。それは間違いなく一目惚れでした」

at first sight「一目で」という成句と love が合体すれば「一目惚れ」となる。

7．「ビビアンは内気だからクラスメートたちの前でスピーチをしたがらない」

選択肢はすべて be ＋形容詞＋ to *do* の形をとる。1．「したくてたまらない」，2．「しがちである」，3．「したがらない」，4．「するのをいとわない」の中で，shy という性格が so によって人前でのスピーチと結びつくのは 3 である。

8．「ええと，僕たちが最初に出会った場所を覚えているかって。ヒントを頼むよ」

選択肢はいずれも Give me の後に入れることができ，1．「一口食べさせて」，2．「手がかりをくれ」，3．「手伝ってくれ」，4．「車で乗せて行ってくれ」となる。2 が正解。Let me see if… は直訳すると「…かどうかを確認させてください」。

Ⅱ 解答　1－4　2－1　3－3

◀解　説▶

1．「大学は最も前途有望な学生を式典で表彰することにした」

1．「活動しない」　2．「無関心な」　3．「過労の」　4．「有能な」　選択肢の中で，文意に沿うポジティブな意味を持つのは 4 だけである。

2．「保健管理センターは住民を健康管理方法に関して啓発するための一連の試験的プロジェクトを企画した」

1 の「実験的な」が同意語で正解。2．「皇室の」　3．「公共の」　4．「最近の」

3．「その患者はついに 2 回目の心臓手術に関して医師と折り合いがついた」

3 の「合意に達した」が同意である。1．「訴訟を起こした」　2．「約束をした」　4．「要請を拒否した」

Ⅲ 解答　1－3　2－4　3－3

◀解　説▶

1．3 の so as to *do*「～するために」の否定形は so as not to *do*「～し

ないように」である。一般に，準動詞（不定詞，動名詞，分詞）の否定は
その直前に not を置く。なお，4 は be scheduled for ～「（事が）～（日
時）に予定されている」で覚えておきたい。

2．4 の already を yet にする。already は否定文だと「もう，そんなに
早く（so soon）」の意になってしまう。「ルーカスは先日病気になって，
入院中だ。医師たちは何の病気かまだよくわかっていない」の意ととれる
ので，not yet が適切。ちなみに，still の場合，still not の語順になるの
を覚えておきたい。

3．3 の among を between にする。以下に their homes <u>and</u> offices と
あるので，between A and B の形にして「自宅と会社の間で」とする
のが適切。緊急事態宣言下の在宅勤務の話である。

Ⅳ 解答　1−4　2−1　3−2

◀解　説▶

1．A：「この大学を卒業したら何をしたいですか？」
B：「製薬会社で働いて，がん細胞を標的とする新薬候補を開発したいで
す」
A：「それならば，<u>もっと一生懸命勉強したらどうですか？</u>」
1 の How about *doing*?，2 の Why not *do*?，4 の Why don't you *do*?
はすべて「～したらどうですか」という提案を表すが，4 しか会話が成立
しない。
2．A：「スーがどこにいるか知ってる？」
B：「ごめん，まったくわからない」
A：「気にしないで。いつ戻って来るか知らないよね？」
B：「残念ながら知らない」
A：「いいのよ。<u>ともかくありがとう。</u>じゃあね」
1 は，こちらの思い通りにならなくても相手の協力に感謝を表す表現で，
anyway の代わりに，all the same や just the same も使われる。
3．A：「コンピュータに詳しい？　このプログラムがどうもうまく動か
ないみたいなんだ」
B：「まあ，昔コンピュータプログラミング会社に勤めていました」

Ａ：「そりゃすごい。私の代わりにこれを直してもらえるかな？」

Ｂ：「はい，でもこの作業が終わるまで待ってもらえますか？」

Ａが Do you mind *doing*? という丁寧な依頼表現をしているのがポイント。この mind は「いやだと思う」の意なので，Yes で答えると「いやだ」となり，依頼を拒絶することになる。2 しか会話が成立しない。

Ⅴ　解答

(A)アー 1　　イー 3　　ウー 2　　エー 1

(B)オー 2　　カー 4　　キー 1

◆━━━━━━◆全　訳◆━━━━━━◆

(A)≪果物摂取と糖尿病≫

　果物は水分，ミネラル，食物繊維，多くのビタミン，それに抗酸化剤を含んでいる。果物は栄養の宝庫だが，当然糖分を含んでいるので，あまり食べ過ぎないよう注意する必要がある。一般的に，健康食の一部として果物を食べても糖尿病にかかるリスクを高めることはない。しかしながら，1 日あたりの推奨許容量を超えて摂取すれば有害となる可能性がある。最近の研究では，毎日適度な量の果物を食べることで，よりよい血糖コントロールを維持し，糖尿病にかかる可能性を減らす一助となる，と示唆している。フルーツジュースを飲んでも必ずしも同じ効果があるとは限らない。というのもたいていの場合，市販のフルーツジュースは糖分が多くて食物繊維とタンパク質が非常に少ない傾向にあるからだ。十分な食物繊維がないため，糖分は体内にかなり素早く吸収される。無糖の生野菜ジュースがある種の糖尿病の症状を回復させるのに役立つと言われている。

(B)≪神コンプレックス≫

　古いことわざにあるとおり，医者は地上で神に次ぐ存在である。この神コンプレックスは今日の医者の間でもまだはびこっているのだろうか。おそらくそんなことはないだろう。医者はすべての命を救おうとするが，自分にはほとんど何もできないと感じることがかなり多い。この神コンプレックスの原因となっているのは必ずしも医者とその自尊心であるとは限らない。ときに患者も神のような力を期待する。彼らは解決策を欲しがり，しかもただちに欲しがる。現実の世界では，医者はただの人間にすぎず，医者の解決策が常に正しい解決策とは限らないかもしれない。

■■■■■　◀解　説▶　■■■■■

(A)ア．1．「注意深い」　2．「要求がきつい」　3．「くつろいだ」　4．「安全な」　空欄の前が「果物は糖分を含んでいるので，〜する必要がある」，後が「食べ過ぎないように」なので，1を選んで be careful not to *do*「〜しないように気をつける」とするのが適切。

イ．1．「さらに」　2．「結果として」　3．「しかしながら」　4．「したがって」　前文が「リスクを高めない」であり，後に続く文が「有害かもしれない」なので，逆接を表す3が正解。

ウ．1．「〜を失う」　2．「〜を維持する」　3．「上がる」　4．「〜を満たす」　空欄後に better blood sugar control という目的語があるので，3の自動詞は却下。他動詞は raise である。果物の摂取について肯定的に述べている文脈から1を却下。4は意味をなさない。よって，2が適切。

エ．1．「不在」　2．「複雑さ」　3．「平明さ」　4．「豊かさ」　食物繊維が十分にないと糖分がすぐに吸収されて糖尿病のリスクが高まる，という内容から1を選ぶ。

(B)オ．1．「有益な」　2．「〜でない」　3．「正しい」　4．「安全な」　疑問文を受けて，肯定なら "Probably (so)"，否定なら "Probably not" と短縮して答えることがある。

カ．1．「介護人」　2．「医者」　3．「看護師」　4．「患者」　前文の強調構文で「この神コンプレックスの原因となっているのは必ずしも医者とその自尊心であるとは限らない」と言っているので，2以外の誰かだが，医者に解決策を求めるのは当然4の患者となろう。なお，god complex とは一般に，自分を神のように万能だと信じる心理状態のこととされている。

キ．1．「正しい」　2．「難しい」　3．「否定的な」　4．「無作為の」　前文の They と they はカの patients を，them は answers を指すが，最終文の their は doctors を指している。患者が求めるのは正しい解決策だと考えれば，「医者も人間だから，医者の示す解決策が常に正しいとは限らないかもしれない」が自然な流れとなろう。よって，1が適切。

VI　解答　1−4　2−4　3−1　4−2

◆━━━━━━━━◆全　　訳◆━━━━━━━━◆

≪精神科医と臨床心理士≫

　精神科医と臨床心理士は何が違うのか。両者は名前が似ているし，どちらも精神健康上の疾患を抱えた人を扱うので，非常に多くの人が両者を混同して捉えている。しかしそれでも，精神科医と臨床心理士は同じではない。3つの主な違いをあげると，両者の学歴，行う治療，それに治療における役割である。

　両専門職への行程は大学から始まる。精神科医は医科大学に進み，医師になってから精神保健の専門的訓練を受ける。資格を取得するために研究生は複数段階の試験に合格しなければならない。臨床心理士は大学教育を受け監督者のもとで経験を積む。博士号を取得すれば，臨床心理士は自らを「ドクター」と称することはできるが，医師ではない。

　患者を治療するにあたって，精神科医は個別の問題と最善策に従って幅広いサービスを提供する。その中には，薬物治療，身体的健康と薬物の影響を検査するなどの一般的な医療，心理学的治療や脳刺激療法が含まれる。精神科医は医師であるから，薬を処方することができる。対照的に，臨床心理士は精神健康上の疾患を治療するのに会話療法を用いるのが最も一般的である。他の医療従事者と一緒に相談役としての役目を務めるだろう。

　臨床心理士は，医学的・心理学的・社会的要求が考慮される必要のある人を扱う傾向にある。こうした人たちは通常，複合的な疾患がある。例えば，自殺未遂をしたか自殺を考えている人はふつう精神科医に診てもらう。臨床心理士はそれよりも心理学的治療，主に会話療法で効果的に手助けできる疾患の人を診る傾向にある。この中には，行動障害，言語障害，鬱や不安を抱える人が含まれるかもしれない。

　この2種の専門家にはいくつかの相違点はあるものの，重なる部分もかなり多くあり，精神科医と臨床心理士が緊密に連携することもしばしばである。精神科医が初期評価と診断をし，その後患者を臨床心理士に回して心理学的治療を継続させることもあるだろう。両者は精神保健チームの一員として病院で協力もする。

━━━━━━◀解　　説▶━━━━━━

1．「なぜ人は精神科医を臨床心理士と混同することが多いのか」
第1段第2文（Psychiatrists and psychologists sound …）より，4の

「この2種の専門職にはいくつかの類似点がある」が正解。

2．「医師免許は臨床心理士として働くのに必要とされるか」
第2段最終文（If they have …）より，4の「いいえ。博士号を持つ臨床心理士は医師ではないかもしれない」が正解。

3．薬の処方に関する記述で正しいのは，第3段第3文（Because they are …）より，1の「精神科医だけが薬を処方できる」である。

4．本文中で言及されていないものを選ぶ問題。2の「心理学専門職には途方もない多様性があり，給料も同様に様々である」は本文中に書かれていない。1の「臨床心理士は患者を助けるために会話療法を施すことに重点を置いている」は第3段第4文（In contrast, psychologists …）に一致。3の「精神科医は患者が自分に合った臨床心理士に出会えるようにするかもしれない」は最終段第2文（A psychiatrist might …）に一致。4の「臨床心理士は何度も，患者の精神疾患の治療を担当する精神科医と緊密に連携する」は最終段第1文（While there are …）と同段最終文（They also work …）に一致。

Ⅶ 解答 1 – 3　2 – 1

◆全 訳◆

≪腸内細菌叢が免疫応答に及ぼす影響≫

　免疫原性とは，異物が体内の免疫応答を引き起こす能力である。体がある感染症による危険を感知すると，免疫系が活性化し，それを攻撃する。ワクチンの注射が特定の病気とたたかうための有効な免疫応答を誘発すると考えられており，それが今後のウイルスへの曝露から体を守ってくれる。過去には，広範なワクチン接種計画が世界から天然痘を取り除くことに成功した。ワクチン接種は多くの人が伝染病の罹患を予防するのに役立つが，ある種のアレルギー反応を引き起こしやすい体質の人もいる。

　ワクチン接種に対する免疫応答は，民族起源や居住地域の違う個々人の間で異なる。多くの要因が，ワクチンの有効性と免疫原性に影響を及ぼす可能性がある。近年では，いくつかの動物および臨床研究からのエビデンスが提示されていて，研究結果では，腸内の細菌叢の構成と機能がワクチン接種に対する免疫応答を変える重要な要因であることが示唆されている。

　腸内の細菌叢を分析することが，体内で免疫細胞を発達させ集団免疫を確保するのに不可欠な役割を果たすのだ。細菌叢と腸内栄養素と個人免疫の間の相互作用が，病気を引き起こしうるいくつかのウイルスに対するワクチンの有効性を維持するのに役立つ。したがって，偏った栄養素は細菌叢を乱し，免疫を無力にしてしまうことがある。多くのワクチンに対する防御反応の変化は，健全な細菌叢の個人差が引き起こすのである。

━━━━━━ ◀解　説▶ ━━━━━━

１．第１段の空欄に入る最適の語を選ぶ問題。主語が The injection of a vaccine「ワクチンを注射すること」，目的語が an effective immune response「有効な免疫応答」であることから，３の「～を誘発する」が適切である。1.「～を評価する」　2.「～を決定する」　4.「～を長引かせる」

２．本文の内容と一致するものを選ぶ問題。１の「ワクチン接種が引き起こす免疫応答は免疫原性の一例であり，天然痘ワクチンがその接種計画の間に作られて首尾よく用いられた」は，第１段第１文（Immunogenicity is the …）と同段第３・４文（The injection of … world of smallpox.）に一致する。２の「ワクチン接種は腸内細菌叢の状態を改善し，アレルギー反応を予防するのに役立つ」は，第１段最終文（While vaccination helps …）と第２段最終文（Recently, evidence from …）に不一致。３の「ワクチンの有効性は世界の様々な地域の個人や集団にわたって維持されていると諸研究が示唆している」は，本文に記述がない。４の「偏った栄養素は免疫系がワクチンに適切に応答できる環境を作る」は，最終段第３文（Therefore, an imbalance …）に不一致。

数学

── **解答** 1) 2) 36　3) 4) 36

◀**解　説**▶

≪直円錐に内接する球≫

直円錐の頂点を A，頂点 A から底面に下ろした垂線の足を H とする。点 H は底面の円の中心である。

下図のように，直線 AH を含む平面で題意の立体を切って考える。下図において，点 C は直円錐に内接する球の中心であり，点 T においてこの球と直円錐の側面は接しているものとする。また，線分 AB は直円錐の母線である。

∠TAC を内角として共通にもつ 2 つの直角三角形 BAH と CAT は相似であるから

$$AB : AC = BH : CT$$

$\therefore$　$AB \cdot CT = AC \cdot BH$　……①

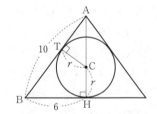

ここで，題意から　　AB=10，BH=6

∠AHB=90° だから

$$AH = \sqrt{AB^2 - BH^2} = \sqrt{10^2 - 6^2} = 8$$

内接球の半径を r とすると　　AC=8$-r$

したがって，①より

$$10r = 6(8-r)　\therefore　r=3$$

内接球の表面積を S，体積を V とすると，球の表面積および体積の公式を用いて

$$S = 4\pi r^2 = 36\pi　\rightarrow 1) 2)$$

$$V = \frac{4\pi r^3}{3} = 36\pi　\rightarrow 3) 4)$$

二　**解答**　　(1)5) 1　　6) 9　　7) 8) 31
　　　　　　　(2)9) 2　　10) 3　　11) 1　　12) 3

◀解　説▶

≪整数，空間図形≫

(1)　自然数 n に対して

$$\sqrt{63+n^2}=m \quad (m \text{ は自然数})$$

とおく。両辺を 2 乗すれば

$$63+n^2=m^2$$

$$63=(m+n)(m-n) \quad \cdots\cdots ①$$

ここで，$m+n$ は自然数，$m-n$ は整数であるから，$m+n$ は 63 の正の約数で

$$m+n=1,\ 3,\ 7,\ 9,\ 21,\ 63$$

①より，この順に対応して

$$m-n=63,\ 21,\ 9,\ 7,\ 3,\ 1$$

$n>0$ であるから，$m+n>m-n$ なので

$$(m+n,\ m-n)=(9,\ 7),\ (21,\ 3),\ (63,\ 1)$$

これらをそれぞれ解いて

$$(m,\ n)=(8,\ 1),\ (12,\ 9),\ (32,\ 31)$$

したがって，n の値を小さい順に並べると

$$n=1,\ 9,\ 31 \quad \rightarrow 5)\sim 8)$$

参考　このような複数の連立方程式を同時に解くには，以下のように表を利用すると便利である。

	$m+n$	9	21	63	……Ⓐ
	$m-n$	7	3	1	……Ⓑ
Ⓐ+Ⓑ	$2m$	16	24	64	……Ⓒ
Ⓒ÷2	m	8	12	32	……Ⓓ
Ⓐ-Ⓓ	n	1	9	31	

(2)　この正八面体は平面 BCDE に関して対称であるから，平面 BCDE に関して頂点 A を含む側の空間の領域（平面 BCDE の上方）にある回転体の体積を求めて 2 倍すればよい。

正方形 BCDE の対角線の交点を O，辺 BC の中点を M とする。直線 AF

と平面 BCDE の交点は点 O に一致する。

平面 BCDE の上方において正八面体の面および内部が通過する部分は，直角三角形 ABO が直線 AF を中心として回転してできる円錐である。その体積を V_1 で表すこととする。

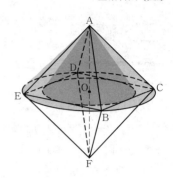

三角形 BOC は斜辺が BC$=\sqrt{2}$ である直角二等辺三角形であるから，BO$=1$ であることに注意して

$$V_1 = \frac{1}{3} \cdot \mathrm{AO} \cdot \pi \cdot \mathrm{BO}^2 = \frac{1}{3} \cdot 1 \cdot \pi \cdot 1^2$$
$$= \frac{1}{3}\pi$$

したがって，求める正八面体の面および内部が通過する部分の体積は

$$2V_1 = \frac{2}{3}\pi \quad \rightarrow 9) \cdot 10)$$

次に，平面 BCDE の上方において正八面体の面が通過する部分は，上の円錐から直角三角形 AMO が直線 AF を中心として回転してできる円錐を除いたものである。その体積を V_2 で表すこととする。

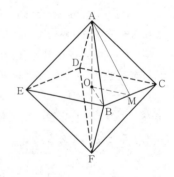

後者の円錐の体積は

$$\frac{1}{3} \cdot \mathrm{AO} \cdot \pi \cdot \mathrm{MO}^2 = \frac{1}{3} \cdot 1 \cdot \pi \cdot \left(\frac{\sqrt{2}}{2}\right)^2$$
$$= \frac{1}{6}\pi$$

だから

$$V_2 = V_1 - \frac{1}{6}\pi = \frac{\pi}{3} - \frac{\pi}{6} = \frac{\pi}{6}$$

したがって，求める正八面体の面が通過する部分の体積は

$$2V_2 = \frac{1}{3}\pi \quad \rightarrow 11) \cdot 12)$$

三　解答

(1) 13) 14) 61　15) 3

(2) 16) 2　17) 18) 12　19) 2　20) 21) 16

◀解　説▶

≪10 を底とする対数，接線の方程式≫

(1)　　$7^{n-1}<10^{51}\leqq 7^{n}$　……①

①の各辺は正であるから，各辺の 10 を底とする対数をとると

$$\log_{10}7^{n-1}<\log_{10}10^{51}\leqq\log_{10}7^{n}$$

$$(n-1)\log_{10}7<51\leqq n\log_{10}7$$

$$n-1<\frac{51}{\log_{10}7}\leqq n$$

$$\therefore\quad \frac{51}{\log_{10}7}\leqq n<\frac{51}{\log_{10}7}+1$$

ここで

$$\frac{51}{\log_{10}7}=\frac{51}{0.8451}=60.3\cdots$$

であるから，これを満たす自然数 n は

$$n=61\quad\rightarrow 13)14)$$

次に，$N=7^{n}=7^{61}$ とおき，N を 10^{x} の形で表す。

$$x=\log_{10}N=\log_{10}7^{61}=61\cdot\log_{10}7$$

$$=61\cdot 0.8451=51.5511$$

したがって　　$N=10^{51.5511}=10^{51}\cdot 10^{0.5511}$

$\log_{10}2=0.3010$ より　　$2=10^{0.3010}(<10^{0.5511})$

$\log_{10}3=0.4771$ より　　$3=10^{0.4771}(<10^{0.5511})$

$\log_{10}4=2\log_{10}2=0.6020$ より　　$4=10^{0.6020}(>10^{0.5511})$

$3<10^{0.5511}<4$ であるから，$10^{0.5511}$ の整数部分は 3 であり，それに 10^{51} を
かけた数である N の最高位の数字も 3 である。　→15)

参考　$1=10^{0}<10^{0.8451}<10^{1}$ であるから，$10^{0.8451}$ の整数部分は一桁である
ことがわかり，その数をさがすために 2，3，4，…，9 と比較していく。

(2)　　$y=x^{3}+2x^{2}-6x+4$　……②

微分すると

$$y'=3x^{2}+4x-6$$

したがって，曲線②上の点 $(t, \ t^3+2t^2-6t+4)$ における接線の方程式は

$$y=(3t^2+4t-6)(x-t)+t^3+2t^2-6t+4$$

すなわち

$$y=(3t^2+4t-6)x-2t^3-2t^2+4 \quad \cdots\cdots ③$$

これが点 $(0, \ 12)$ を通るとき

$$12=-2t^3-2t^2+4$$

これを解いて

$$t^3+t^2+4=0$$

$$(t+2)(t^2-t+2)=0$$

t は実数だから　　$t=-2$

これを③に代入して，求める接線の方程式は

$$y=-2x+12 \quad →16)～18)$$

接点の座標は　　$(-2, \ 16) \quad →19)～21)$

四 解答

(1) 22)23) **35**　24) **6**　25) **2**　26)27) **15**

(2) 28)29)30) **164**　31)32)33)34) **3458**

━━━━━━━━━ ◀解　説▶ ━━━━━━━━━

≪平面ベクトルの計算，群数列≫

(1)　ベクトル $\vec{a}+2\vec{b}$，$\vec{a}-\vec{b}$ が垂直だから

$$(\vec{a}+2\vec{b})\cdot(\vec{a}-\vec{b})=0$$

展開すると

$$|\vec{a}|^2+\vec{a}\cdot\vec{b}-2|\vec{b}|^2=0$$

$|\vec{a}|=4$，$|\vec{b}|=3$ であるから

$$4^2+\vec{a}\cdot\vec{b}-2\cdot3^2=0 \quad \therefore \quad \vec{a}\cdot\vec{b}=2$$

したがって，内積の定義から

$$\cos\theta=\frac{\vec{a}\cdot\vec{b}}{|\vec{a}||\vec{b}|}=\frac{2}{4\cdot3}=\frac{1}{6}$$

$0°\leqq\theta\leqq180°$ より，$\sin\theta\geqq0$ であるから

$$\sin\theta=\sqrt{1-\cos^2\theta}=\sqrt{1-\left(\frac{1}{6}\right)^2}=\frac{\sqrt{35}}{6} \quad →22)～24)$$

また

$$|\vec{a}+2\vec{b}|^2=|\vec{a}|^2+4\vec{a}\cdot\vec{b}+4|\vec{b}|^2$$
$$=4^2+4\cdot2+4\cdot3^2$$
$$=60$$

$$\therefore\quad|\vec{a}+2\vec{b}|=\sqrt{60}=2\sqrt{15}\quad\rightarrow25)\sim27)$$

(2)　群数列

$$\underset{\text{第 1 群}}{2}\bigg|\underset{\text{第 2 群}}{4,\ 6,\ 8}\bigg|\underset{\text{第 3 群}}{10,\ 12,\ 14,\ 16,\ 18}\bigg|20,\ \cdots$$

を考える。第 n 群に含まれる項の個数は $(2n-1)$ だから，第 n 群の最後の項は最初から数えて

$$1+3+\cdots+(2n-1)=n^2$$

番目にある。正の偶数を小さい順に並べた数列の第 k 項を a_k とすると

$$a_k=2k\quad(k=1,\ 2,\ 3,\ \cdots)$$

であるから，第 n 群の最後の項は　　$a_{n^2}=2n^2$

したがって，第 9 群の最後の項は $a_{9^2}=2\cdot9^2=162$ であり，第 10 群の最初の項はその次の偶数で 164 である。　$\rightarrow28)\sim30)$

また，第 10 群に含まれる偶数だけ取り出して考えると，これらは公差 2 の等差数列をなす。

項の個数は $2\cdot10-1=19$，その最後の項は $a_{10^2}=2\cdot10^2=200$ であるので，等差数列の和の公式を用いると，それらの和は

$$\frac{19(164+200)}{2}=3458\quad\rightarrow31)\sim34)$$

である。

化学

一 解答 問1. 3 問2. 2 問3. 5 問4. 3 問5. 5

◀解　説▶

≪元素の性質，結晶，酸化数≫

問2．第4周期の遷移元素の多くが最外殻電子の数が2であるが，CrとCuはいずれも1である。

問4．洋銀は，銅を主成分とし，これにニッケルや亜鉛が加わった合金である。

二 解答 問1. 3 問2. ア－2 イ－4 問3. 3

◀解　説▶

≪平均分子量，化学反応と物質量≫

問1．混合気体の平均分子量は，混合気体の全質量を全物質量で割れば求められるので

$$(3.00+6.00)\div\left(\frac{3.00}{4.00}+\frac{6.00}{32.0}\right)=9.6$$

問2．一酸化炭素の完全燃焼の反応式は

$$2CO+O_2 \longrightarrow 2CO_2$$

である。反応式の係数より，消費された酸素の質量は

$$\frac{20.0}{22.4}\times\frac{1}{2}\times32.0=14.2≒14〔g〕$$

また，反応した一酸化炭素および酸素の標準状態の体積はそれぞれ

$$一酸化炭素：20.0\times\frac{2}{2}=20.0〔L〕$$

$$酸素：20.0\times\frac{1}{2}=10.0〔L〕$$

なので，求める値は

$$\frac{20.0}{20.0+10.0}=0.666≒0.67 \text{ 倍}$$

問 3 ．マグネシウムとアルミニウムの塩酸との反応は，それぞれ次式のように表される。

$$Mg+2HCl \longrightarrow MgCl_2+H_2$$

$$2Al+6HCl \longrightarrow 2AlCl_3+3H_2$$

合金 7.00 g 中のアルミニウムの質量を x〔g〕とおくと，発生した水素の体積より

$$\frac{x}{27.0}×\frac{3}{2}+\frac{7.00-x}{24.0}=\frac{6.72}{22.4}$$

$$∴ \quad x=0.600 〔g〕$$

よって，求める割合は

$$\frac{0.600}{7.00}×100=8.57≒8.6〔\%〕$$

三 解答 問 1 ． 3 問 2 ．イー 3 エー 6 問 3 ． 5 問 4 ． 4

◀解 説▶

≪接触法≫

問 4 ．接触法の反応を 1 つにまとめると

$$2S+3O_2+2H_2O \longrightarrow 2H_2SO_4$$

と表される。反応式の係数より，1 mol の S から 1 mol の H_2SO_4 が得られるので，生成する H_2SO_4 の質量は

$$\frac{2.00×10^3}{32.0}×98.0×10^{-3}=6.12≒6.1〔kg〕$$

四 解答 問 1 ．アー 6 イー 3
問 2 ．ウー 5 エー 7 オー 8
問 3 ． 5 問 4 ． 3

◀解 説▶

≪弱酸の電離平衡≫

問 4 ．問 2 および式(4)より

$$[\mathrm{H^+}]=c\alpha=c\times\sqrt{\frac{K_a}{c}}=\sqrt{cK_a}$$

なので

$$[\mathrm{H^+}]=\sqrt{0.20\times2.0\times10^{-5}}=2.0\times10^{-3}\,[\mathrm{mol/L}]$$

となる。したがって，求める pH は

$$\mathrm{pH}=-\log_{10}(2.0\times10^{-3})=-0.30+3=2.7$$

五 解答
問1．アー7　イー2
問2．4　問3．6　問4．3　問5．1　問6．6

◀解　説▶

≪置換反応，付加反応，構造異性体≫

問3．炭素骨格に対する Br の結合位置を矢印で表すと，次の 6 種類の構造異性体が考えられる。

C–C–C–Ｃ　　C–C–Ⓒ–C　　C–Ⓒ–C–C

C–C–C–C　　C–C–Ｃ–C　　C–Ⓒ–Ⓒ–C

問4．上の構造異性体のうち，○で囲んだ C が不斉炭素原子となっている。

問6．ベンゼンに塩素が付加する反応は

$$C_6H_6+3Cl_2\longrightarrow C_6H_6Cl_6$$

と表されるので，反応式の係数より，1 mol のベンゼンに付加する塩素は 3 mol とわかる。よって，消費される塩素の物質量は

$$\frac{31.2}{78.0}\times3=1.20\,[\mathrm{mol}]$$

六 解答
問1．アー8　イー9
問2．ウー4　エー3　オー1　カー2
問3．8

◀解　説▶

≪グルコースと多糖類≫

問3．a．誤り。25℃ のグルコース水溶液中では，β-グルコースの存在

割合が最も高い。

b．誤り。グルコースのアルコール発酵は次の反応式で表され，グルコース 1 分子からエタノール 2 分子が生じる。

$$C_6H_{12}O_6 \longrightarrow 2C_2H_5OH + 2CO_2$$

c．正しい。グルコースとフルクトースはいずれも分子式 $C_6H_{12}O_6$ で表され，互いに構造異性体の関係にある。

d．正しい。α-グルコースと α-ガラクトースは 4 位の炭素に結合するヒドロキシ基と水素原子の立体配置が異なるだけで，互いに立体異性体の関係にある。

e．誤り。RNA を構成する糖は，グルコースではなくリボースである。

■一般選抜Ｂ方式：個別試験

▶試験科目・配点

教　　科	科　　　　　目	配　点
英　　語	コミュニケーション英語Ⅰ・Ⅱ・Ⅲ，英語表現Ⅰ・Ⅱ	100 点
数　　学	数学Ⅰ・Ⅱ・Ａ・Ｂ（数列，ベクトルの範囲）	100 点
理　　科	化学基礎・化学	100 点

▶備　考

個別試験の成績および調査書を総合して，合格者を決定する。

■英語■

(70 分)

Ⅰ. 次の各英文の（　　　）に入る語句として最も適切なものを，それぞれ1から4の中から1つ選び，その番号をマークしなさい。　【 解答番号 [1] ～ [9] 】

1. You should not waste the doctor's time with trivial symptoms. Get something at the drugstore (　　　).
   1. also　　　　　　　　　　　2. either
   3. instead　　　　　　　　　　4. rather　　　　　　　　[1]

2. The company (　　　) its recent success to the thorough market research.
   1. acquired　　　　　　　　　2. aimed
   3. altered　　　　　　　　　　4. attributed　　　　　[2]

3. (　　　) is a small section of land completely surrounded by water.
   1. An enterprise　　　　　　2. An island
   3. A plain　　　　　　　　　4. A structure　　　　　[3]

4. Drivers have to (　　　) to pedestrians at the crosswalk with no traffic signals.
   1. carry　　　　　　　　　　2. gaze
   3. support　　　　　　　　　4. yield　　　　　　　　[4]

5. It is often (　　　) that a child with a cold will pass the cold on to classmates.
   1. inevitable　　　　　　　　2. inexperienced
   3. instructive　　　　　　　　4. intellectual　　　　[5]

6. We need to learn more about how smartphones can (　　　) a baby's development.
   1. affect　　　　　　　　　　2. contain
   3. enter　　　　　　　　　　4. obey　　　　　　　　[6]

7. After the terrorist attack, (　　　) changes were made to airport security in order to improve the safety of airline users.
   1. fertile　　　　　　　　　　2. peculiar
   3. radical　　　　　　　　　　4. supreme　　　　　[7]

8. I want to earn a lot more for my family, but not at the (　　　) of my health.
   1. expense　　　　　　　　　2. moment
   3. place　　　　　　　　　　4. value　　　　　　　[8]

9. When you are learning English, you are not just learning the language of America or England but of one (　　　　) of all the people in the world.

   1.　four　　　　　　　　　　　　2.　fours

   3.　fourth　　　　　　　　　　　4.　fourths　　　　　　　　　| 9 |

Ⅱ．次の各英文の下線部の文脈における意味として最も近いものを，それぞれ 1 から 4 の中から 1 つ選び，その番号をマークしなさい。【 解答番号 | 10 | ～ | 13 | 】

1. It has been <u>a privilege</u> to participate in the new research project team.

   1.　a decision　　　　　　　　　2.　an excitement

   3.　an honor　　　　　　　　　　4.　a misery

                                             | 10 |

2. When an emergency call comes in, the emergency <u>dispatcher</u> will be able to see the phone number and the exact location of the call.

   1.　firefighter　　　　　　　　　2.　operator

   3.　secretary　　　　　　　　　　4.　witness

                                             | 11 |

3. My sister hates mornings and often gets up <u>on the wrong side of the bed</u>.

   1.　a little too late　　　　　　　2.　barely in time

   3.　in a gloomy mood　　　　　　4.　without much difficulty

                                             | 12 |

4. Some government officials were <u>looking into</u> the possibility of allowing pharmacists to administer COVID-19 vaccines.

   1.　considering　　　　　　　　2.　declining

   3.　persuading　　　　　　　　　4.　spoiling

                                             | 13 |

Ⅲ．次の各英文で間違っている箇所を，それぞれ 1 から 4 の中から 1 つ選び，その番号をマークしなさい。　　　　　　【 解答番号 ┃ 14 ┃ ～ ┃ 16 ┃ 】

1. <u>A new study</u> revealed ten percent of young people in Australia had <u>a face-to-face</u>
　　　　1　　　　　　　　　　　　　　　　　　　　　　　　　　　　　　　　2

 meeting with <u>someone</u> they first <u>meet</u> online.
　　　　　　　　3　　　　　　　　4

┃ 14 ┃

2. The <u>introduction</u> of <u>any</u> change will <u>cause</u> stress <u>which</u> the person tries to adapt.
　　　　　1　　　　　　　2　　　　　　　3　　　　　4

┃ 15 ┃

3. In your opinion, what is the most <u>written beautifully</u> novel you <u>have ever read</u>,
　　　　　　　　　　　　　　　　　　　　1　　　　　　　　　　　　　2

 and which passage <u>would you</u> pick to <u>back up</u> your claim?
　　　　　　　　　3　　　　　　　　4

┃ 16 ┃

Ⅳ．次の各英文の（　　　　）に入る語句として最も適切なものを，それぞれ 1 から 4 の中から 1 つ選び，その番号をマークしなさい。　【 解答番号 ┃ 17 ┃ ～ ┃ 27 ┃ 】

(A) It is known that the gradual loss of height starts around fifty years old and even
（　ア　）after sixty years old. A recent study showed the relationship between a
（　イ　）height loss in late middle age and the risk of dying from a stroke* or any type
of cardiovascular* disease. They found that those who lost more than two centimeters
of their（　ウ　）height were more than twice as likely to die from those diseases. It is
suggested that simply measuring height could provide an early（　エ　）sign of a low
level of bone mineral density and bone mass, which leads to an increased risk of
having a stroke or developing a cardiovascular disease.

stroke*　脳卒中　　　cardiovascular*　心臓血管の

ア	1. accelerates	2. decreases	3. fertilizes	4. imitates	17
イ	1. considerable	2. considerate	3. considered	4. considering	18
ウ	1. genuine	2. incredible	3. original	4. prime	19
エ	1. approving	2. ignoring	3. misleading	4. warning	20

(B) A PCR (polymerase chain reaction*) test for a certain virus is performed to detect
genetic material from an organism and the（　オ　）of a specific virus. A PCR test for
COVID-19 is used to find out whether or not a person is infected with the coronavirus.
In Japan, there are two main methods of（　カ　）a PCR test, a nasal pharyngeal*

test and a saliva* test. A nasal pharyngeal test is uncomfortable and takes more time to get the result, but is more accurate because it can detect a higher concentration of the virus than a saliva test. On the other hand, an antibody* test can (　キ　) whether or not the person has been exposed to the virus. (　ク　), a positive antibody test result can mean that the person has antibodies from a previous infection or from a vaccination*.

polymerase chain reaction*　ポリメラーゼ連鎖反応　　　nasal pharyngeal*　鼻咽頭の

saliva*　唾液　　　antibody*　抗体　　　vaccination*　ワクチン接種

オ	1. awareness	2. invention	3. presence	4. submission	21
カ	1. acquiring	2. conducting	3. proving	4. withdrawing	22
キ	1. indicate	2. magnify	3. qualify	4. transform	23
ク	1. After all	2. However	3. In contrast	4. Thus	24

(C)　A good understanding of pharmacy terms in English is very important for Japanese pharmacy students when they communicate (　ケ　) visiting professors and doctors, fellow overseas students and colleagues, and foreign patients who do not speak Japanese. Knowledge and understanding of vocabulary would lead to successful communication and success as a pharmacy student, as a drug scientist, and as a practicing pharmacist. You may already know some of the medical terms, but for words that are unfamiliar, pay careful attention to them and make every effort to know the correct spelling, meaning and pronunciation. It is a good idea to keep a (　コ　) of new medical words you have encountered and to look up these new words in your favorite dictionary app. A good command of pharmacy-related vocabulary and good pronunciation of vocabulary will help prevent making embarrassing mistakes and increase effective (　サ　) communication skills.

ケ	1. in	2. of	3. to	4. with	25
コ	1. company	2. list	3. promise	4. supply	26
サ	1. electronic	2. mild	3. verbal	4. written	27

Ⅴ．次の(a)と(b)の関係が(c)と(d)の関係と同じになるように，（　　　）に入るものとして最も適切なものをそれぞれ1から4の中から1つ選び，その番号をマークしなさい。

【 解答番号 [28] ～ [30] 】

1. (a) slight headache　　　　　　　　(b) severe headache
   (c) (　　　　) offense　　　　　　　(d) serious offense
   　1. criminal　　　2. minor　　　3. previous　　　4. violent　　　[28]

2. (a) ants　　　　　　　　　　　　　(b) insects
   (c) (　　　　)　　　　　　　　　　(d) supplements
   　1. fevers　　　2. illnesses　　　3. liquids　　　4. vitamins　　　[29]

3. (a) People cut down trees.　　　　　(b) The habitats of birds are destroyed.
   (c) Factory jobs attract people.　　　(d) (　　　　)
   　1. Better schools attract families to move to the city.
   　2. Towns become larger over time.
   　3. Nightlife makes city life appear more interesting.
   　4. There are several reasons for this.

   [30]

Ⅵ．次の英文を読み，2つの設問に対して最も適切な答えをそれぞれ1から4の中から1つ選び，その番号をマークしなさい。　【 解答番号 [31] ～ [32] 】

Food allergy is a reaction that occurs in the immune system* after eating a certain food. Allergic reactions occur when the body mistakenly identifies the food as a harmful substance. There is a wide range of reactions. Symptoms include itchy* mouth and skin rashes*, swelling of the tongue or throat, and difficulty in breathing. Anaphylaxis* is the most serious allergic reaction. It can occur within seconds or minutes of exposure to the substance the person is allergic to and can turn deadly very quickly if not treated immediately and appropriately.

Peanuts are one of the most common foods that can trigger such reactions. Although peanut allergy is generally a lifelong condition, a company in America has launched a challenging project to examine whether peanut allergy can be resolved simply by brushing the teeth. The project team is testing adults with peanut allergy to see how well they can (　　　　) the allergen* as they are regularly exposed to a small amount of it in a newly developed toothpaste in which peanuts are blended. If this trial is successful, they plan to test toothpastes with other allergy-causing substances.

immune system*　免疫系　　　itchy*　かゆい　　　rash*　発疹

anaphylaxis*　アナフィラキシー，即時型過敏症　　allergen*　アレルギー誘発物質

1. Which of the following words would be the most appropriate to put into the blank
   in the second paragraph?
   1. ignore
   2. maintain
   3. perform
   4. tolerate

31

2. According to the passage, which of the following is true?
   1. Several teenagers who are allergic to peanuts participated in the new project.
   2. One of the severe allergic reactions may result in death.
   3. Uncomfortable mouth, skin problems, shortness of breath, and headaches are
      listed as symptoms of allergic reactions.
   4. The experiment with the peanut-laced toothpaste went quite well.

32

Ⅶ. 次の英文を読み，２つの設問に対して最も適切な答えをそれぞれ１から４の中から
１つ選び，その番号をマークしなさい。　　　【 解答番号　33　～　34　】

As we get older, our bones become fragile and break easily. The disease that thins
and weakens the bones is called osteoporosis. Besides lack of calcium and vitamin D,
lack of physical exercise, smoking, and <u>excessive</u> alcohol consumption are also risk
factors for developing osteoporosis. More than two hundred million people in the world
either already have osteoporosis or are at high risk due to low bone density. Many
elderly people do not notice any problems with weak bones until they break a bone.

The best way to check your bone health is to take a test that determines the mineral
content of the bones. Furthermore, there is a very easy way to check your bone health
by yourself. The appearance as well as the quality of your fingernails can also be
important indicators of your bone health. If your fingernails start to turn pale white,
have ridges or lines, and split easily, you should be aware that these are common early
signs of developing osteoporosis. Practicing a good lifestyle to avoid the acceleration
of bone loss also helps your bones stay healthy and strong.

Osteoporosis is rare in children and young adults. Therefore, when it does occur, doctors usually consider that there is an underlying medical disorder or it might be caused by the medicines used to treat the disorder.

1. Which of the following has the opposite meaning of the underlined word in the first paragraph?
   1. abundant
   2. moderate
   3. odd
   4. superior

33

2. Which of the following can be inferred about osteoporosis from the passage?
   1. A bone break at an old age may be the first sign of weak bones from osteoporosis.
   2. Osteoporosis is a typical aging process, so every old person gradually develops it.
   3. Taking proper care of your nails can reduce the risk of developing osteoporosis.
   4. Treating osteoporosis in children can raise the recovery rate of hidden diseases.

34

Ⅷ. 次の英文を読み，３つの設問に対して最も適切な答えをそれぞれ１から４の中から１つ選び，その番号をマークしなさい。　　【 解答番号　35　～　37　】

　　Every country tries to find the best way to provide health care for its people, but there is no one system that is perfect for everyone. In the United States, health insurance is a huge issue. Medical care in the U.S. can be very expensive, but no one wants people to suffer because they cannot pay.

The percentage of people with health insurance coverage for all or part of 2019 was 92 percent. In 2019, eight percent of people, or 26.1 million, did not have health insurance at any point during the year. Private health insurance was more widespread than public health insurance with 67 percent of the insured population having the former, and only 33 percent having the latter at the same point during that year.

Most large companies and some small businesses offer health insurance benefits to their employees. This means that they participate in a health insurance plan and cover some of the costs. Other costs for the plan are paid from the employee's paycheck*. This is usually the best option for employees, but there are many plans and many rules, so it is important to get all the information from your employer.

Many health insurance plans say that you must choose a primary care doctor. This is the doctor that you will see first whenever you have a problem. If the doctor feels that you need more specialized care, the health insurer may require a letter of recommendation to the specialist.

A very important thing to remember is that you must see a doctor in the health insurance network. Many insurance companies have arrangements with certain doctors to charge only a certain amount for care. If you choose a doctor who is not in your plan, you will have to pay most of the costs by yourself.

The doctors may prescribe* medicines for your condition and write the name of the medicines and the amount on a special form. Take the prescription* to the pharmacy. The pharmacist will ask you for your insurance card and fill the prescription. If you have a prescription coverage in your health plan, you will only need to pay a copayment*. The insurance will pay the rest of the cost. Insurance plans are not as complicated as they may sound. Most doctors and pharmacists know about insurance rules very well, but it is also worth you taking the time to figure them out for yourself.

paycheck*　給料　　　prescribe*　処方する　　　prescription*　処方箋
copayment*　自己負担額

1.　According to the passage, which of the following statements about the health care system in the United States is true?
　1. More people in the U.S. had private health insurance than public health insurance in 2019.
　2. The uninsured rate decreased by eight percent in 2019 from the previous year.
　3. The U.S. government provided universal health care benefits to citizens and visitors in 2019.
　4. We could not obtain reliable data for health care coverage in 2019 due to the COVID-19 pandemic.

35

2.　Which of the following can be inferred from the passage?
　1. Business owners, regardless of size, have an obligation to offer their employees health care benefits.
　2. On average, employers pay about half of the health care costs and employees pay the remaining half for that year.
　3. Employers do not often provide health insurance information to their employees.
　4. Most health insurance plans encourage you to get care from the doctors within

the plan's network.

36

3. What do you NOT need to do in order to use your health insurance in the United States?

   1. Either join a public health insurance plan or a private health insurance plan through the company you work for.
   2. Pay the pharmacy a portion of the cost of the prescription price which is called a copayment.
   3. Bring a recommendation letter to your primary care doctor when you visit for the first time.
   4. Be sure to bring your insurance card and show it at a pharmacy when you get your prescription filled.

37

IX. 次の英文を読み，３つの設問に対して最も適切な答えをそれぞれ１から４の中から１つ選び，その番号をマークしなさい。 【 解答番号 | 38 | ～ | 40 | 】

　　A regular visit to the dentist is an important step in keeping healthy. Your dentist does so much more than just keep your teeth looking good. | A | Together with a dental hygienist*, they will screen for and address gum* diseases, clean tartar* from your teeth, which regular brushing cannot completely remove, and clean between your teeth. They will also screen for problems such as oral cancers and recommend changes to your dental care and overall lifestyle.

　| B | If your teeth are not professionally checked and cleaned on a regular basis, food debris*, plaque* and bacteria build up. Plaque constantly forms on your teeth resulting in acid formation which attacks your teeth. In time, this leads to gum irritation and even impacts on the bone in your jaw. Your gums will ( ) become swollen, bleed easily, and pull away from the teeth. This leads to an environment where more food debris can become trapped, more plaque forms, and inflammation* gets worse.

　| C | The bacteria can also enter the bloodstream and travel elsewhere within the body. There is a confirmed link between gum disease and inflammation, and issues including heart disease, stroke*, diabetes*, and dementia*. Good oral health that is actively maintained with regular dental check-ups can minimize the risks.

When it comes to looking after your teeth and gums, regular trips to the dentist are essential. ☐ D A drugstore also provides a wide range of different dental products such as toothbrushes, toothpaste, mouthwash, and dental floss. So, in addition to a regular visit to your dentist, you should visit a drugstore once in a while and consider different options that might work best for your oral health.

dental hygienist*　歯科衛生士　　　　gum*　歯肉　　　tartar*　歯石　　　debris*　堆積物

plaque*　歯垢　　　inflammation*　炎症　　　stroke*　脳卒中　　　diabetes*　糖尿病

dementia*　認知症

1.　Which position is the most appropriate to insert the following excerpt into?

> Did you know if you have poor oral health, the bacteria in your mouth can become very harmful, and this causes pain, inflammation, and bad breath?

1. ☐ A
2. ☐ B
3. ☐ C
4. ☐ D

☐ 38

2.　Which of the following words would be the most appropriate to put into the blank in the second paragraph?

1. contrarily
2. eventually
3. hastily
4. never

☐ 39

3.　Which of the following information is NOT given in the passage?

1. Dental hygienists help prevent dental problems by cleaning patients' teeth.
2. When plaque is not removed on a regular basis, it sticks to your teeth and builds up over time.
3. You need to have it checked out immediately at a dentist when you have a pain in your mouth.
4. You might be able to find more appropriate dental products in a drugstore.

☐ 40

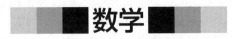

（80 分）

(注) 1. 答が分数の場合は既約分数にして解答してください。なお，例えば問題の文中の $\boxed{1)}$，$\boxed{2)}\boxed{3)}$ はそれぞれ 1 桁，2 桁の数を意味しますので，対応する数字を解答欄にマークしてください。

    2. 答に根号が含まれる場合は根号の中に現れる自然数が最小となる形で解答してください。

第一問

関数 $f(x) = x^2 - 4x$ について次の問に答えよ。

(1) 放物線 $y = f(x)$ と直線 $y = 2x - 5$ の 2 つの交点を A, B とするとき，線分 AB の長さは $\boxed{1)}\sqrt{\boxed{2)}}$ である。

(2) 曲線 $y = |f(x)|$ と直線 $y = 2x + k$ が異なる 4 つの共有点をもつとき，k がとり得る値の範囲は $\boxed{3)} < k < \boxed{4)}$ である。

第二問 次の問に答えよ。

(1) Ａが 2 個，Ｂが 3 個のさいころを同時に 1 回投げ，最大の目を出した方を勝ちとする。ただし，ＡとＢそれぞれが出した最大の目が同じ場合にはＡを勝ちとする。

Ａが勝つ確率は $\dfrac{\boxed{5)}\ \boxed{6)}\ \boxed{7)}\ \boxed{8)}}{\boxed{9)}\ \boxed{10)}\ \boxed{11)}\ \boxed{12)}}$ である。

(2) 鋭角三角形 ABC において，頂点 A から辺 BC に下ろした垂線と辺 BC との交点を D とし，頂点 C から辺 AB に下ろした垂線と辺 AB との交点を E とし，線分 AD と CE との交点を F としたところ，BD = 12, DC = 8, CF = 10, FE = 6 となった。次の (i), (ii) の問に答えよ。

(i) AB = $\boxed{13)}\ \boxed{14)}$, AC = $\boxed{15)}$ $\sqrt{\boxed{16)}}$ である。

(ii) 辺 AB を 3 : 2 に内分する点を P とし，線分 AD と CP の交点を Q とすると，AQ = $\dfrac{\boxed{17)}\ \boxed{18)}\ \boxed{19)}}{\boxed{20)}\ \boxed{21)}}$ である。

第三問 次の問に答えよ。

(1) t を 0 でない実数の定数として，2 つの 2 次方程式 $x^2 - 3tx - 6t = 0$, $tx^2 - x + 2t = 0$ が共通の実数解をもつとする。このとき，共通の実数解は $x = \boxed{22)}$ であり，$t = \dfrac{\boxed{23)}}{\boxed{24)}}$ である。

(2) 座標平面上で x 座標の値と y 座標の値がいずれも整数である点を格子点という。n を自然数として，不等式 $|x| + 3|y| \leqq 6n$ が表す座標平面上の領域内の格子点の個数は $\left(\boxed{25)}\ \boxed{26)}\ n^2 + \boxed{27)}\ n + \boxed{28)} \right)$ 個である。

第四問　次の問に答えよ。

(1) $0 \leqq \theta \leqq \dfrac{\pi}{2}$ のとき, $3\sin^2\theta - 2\sin\theta\cos\theta + \cos^2\theta$ は $\theta = \dfrac{\boxed{29)}}{\boxed{30)}}\,\pi$ で最大値

$\boxed{31)}$ をとり, $\theta = \dfrac{\boxed{32)}}{\boxed{33)}}\,\pi$ で最小値 $\boxed{34)} - \sqrt{\boxed{35)}}$ をとる。

(2) $4^x + 4^{-x} - 2^{3+x} - 2^{3-x} + 16$ は $x = \log_{\boxed{36)}}\left(\boxed{37)} \pm \sqrt{\boxed{38)}}\right)$ で最小

値 $-\boxed{39)}$ をとる。

第五問　関数 $f(x) = x^3 + 2x^2 - 4x - 8$ と $g(x) = x^3 + 2|x^2 - 2x - 3| - 2$ について次の

問に答えよ。

(1) $f(x)$ は $x = -\boxed{40)}$ で極大値 $\boxed{41)}$ をとり, $x = \dfrac{\boxed{42)}}{\boxed{43)}}$ で

極小値 $-\dfrac{\boxed{44)}\ \boxed{45)}\ \boxed{46)}}{\boxed{47)}\ \boxed{48)}}$ をとる。

(2) $g(x) - f(x)$ は $x = \boxed{49)}$ で最大値 $\boxed{50)}\ \boxed{51)}$ をとる。

(3) 曲線 $y = f(x)$ と $y = g(x)$ で囲まれた部分の面積は $\dfrac{\boxed{52)}\ \boxed{53)}\ \boxed{54)}}{\boxed{55)}}$ である。

第六問 次の問に答えよ.

(1) O を原点とする座標空間において, 4 つの点 A$(1, 0, 0)$, B$(0, 1, 0)$, C$(0, 0, 1)$,

P$(2x, y, -3)$ が同一平面上にあるとき, x と y の関係式は

$$y = -\boxed{56)}\ x + \boxed{57)}$$

であり, このとき線分 OP の長さの最小値は $\sqrt{\boxed{58)}\ \boxed{59)}}$ である.

(2) 数列 $\{a_n\}$ は

- $a_1 = 1$
- $n = 1, 2, 3, \cdots\cdots$ に対し, n が奇数ならば $a_{n+1} = -2a_n + 1$

$\qquad\qquad\qquad\qquad n$ が偶数ならば $a_{n+1} = -a_n + 2$

を満たす. さらに,

$\qquad$ 数列 $\{b_n\}$ を $b_n = a_{2n-1}$ $(n = 1, 2, 3, \cdots\cdots)$

$\qquad$ 数列 $\{c_n\}$ を $c_n = a_{2n}$ $(n = 1, 2, 3, \cdots\cdots)$

により定めるとき, 次の (i), (ii) の問に答えよ.

$\quad$ (i) 数列 $\{b_n\}$ の一般項は

$$b_n = \boxed{60)}^{\,n} - \boxed{61)} \quad (n = 1, 2, 3, \cdots\cdots)$$

$\qquad$ であり, 数列 $\{c_n\}$ の一般項は

$$c_n = -\boxed{62)}^{\,n+1} + \boxed{63)} \quad (n = 1, 2, 3, \cdots\cdots)$$

$\qquad$ である.

$\quad$ (ii) 数列 $\{a_n\}$ の初項から第 $2n$ 項までの和を S_n とすると,

$$S_n = -\boxed{64)}^{\,n+1} + \boxed{65)}\ (n + 1) \quad (n = 1, 2, 3, \cdots\cdots)$$

$\qquad$ と表せる.

■化学■

(70分)

第 一 問　次の文章を読み，問1〜3に答えよ。ただし，対象とする元素は，
　　　　　第4周期までのものとする。

　　　　　　　　　　　　　　　　　　　　　　　[解答番号 □1□ 〜 □3□]

　14族に属する元素の水素化合物は，【ア】の無極性分子であり，周期表で下の元素ほど
水素化合物の沸点が高いのは，【イ】が強くなるためである。

　17族に属する元素の単体は，二原子分子であり，原子番号が大きいものほど酸化作用が
【ウ】く，水素との反応性は【エ】い。

　18族に属する元素の単体は，単原子分子であり，原子半径が大きいものほど沸点が
【オ】い。

問1　【ア】にあてはまる語句として，最も適切なものを選べ。

　　　　　　　　　　　　　　　　　　　　　　　[解答番号 □1□]

　　　1. 直線形　　　　　2. 正三角形　　　　　3. 正方形
　　　4. 正四面体形　　　5. 正八面体形

問2　【イ】にあてはまる語句として，最も適切なものを選べ。

　　　　　　　　　　　　　　　　　　　　　　　[解答番号 □2□]

　　　1. イオン結合　　　2. 共有結合　　　　　3. 水素結合
　　　4. 配位結合　　　　5. ファンデルワールス力

問3　【ウ】〜【オ】に入る語句の組み合わせのうち，最も適切なものを選べ。

　　　　　　　　　　　　　　　　　　　　　　　[解答番号 □3□]

	【ウ】	【エ】	【オ】
1	強	高	高
2	強	高	低
3	強	低	高
4	強	低	低
5	弱	高	高
6	弱	高	低
7	弱	低	高
8	弱	低	低

第 二 問 次の文章を読み，問 1 ～ 3 に答えよ。ただし，原子量は，H＝1.00，O＝16.0，S＝32.0，Mn＝55.0，I＝127 とする。

〔解答番号 $\boxed{4}$ ～ $\boxed{6}$ 〕

河川の水質汚濁の指標として，以下のものが知られている。

溶存酸素量 DO〔mg/L〕：水中に溶けている酸素量。一般に (a)清浄な河川では，飽和酸素量に近い値を示す。

生物化学的酸素要求量 BOD〔mg/L〕：微生物による有機物分解にともなう酸素消費量。試料水を密閉容器中に一定温度で一定時間保ったときの DO の減少量から求める。値が高いほど，汚濁が激しい。

ある河川の水質汚濁を調査する目的で，100 mL の密閉容器（共栓付き試料ビン A および B）を用いて，正確にそれぞれ 100 mL 採水し，空気が入らないように栓をして試料水とした。下図の通り，試料ビン A は採水直後，試料ビン B は暗条件下 20℃で 5 日間保った後に実験を行い，それぞれの DO を求め，その減少量から BOD を算出した。

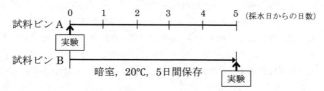

実験

試料ビン中の試料水に 2.0 mol/L 硫酸マンガン MnSO₄ 水溶液 0.5 mL と塩基性ヨウ化カリウム溶液（ヨウ化カリウム 15%を含む 70%水酸化カリウム水溶液）0.5 mL を静かに注入し，栓をしたところ水酸化マンガン(Ⅱ) Mn(OH)₂ の白色沈殿が生じた。続いて，十分に混和すると，沈殿が試料水中のすべての溶存酸素と反応して，オキシ水酸化マンガン(Ⅳ) MnO(OH)₂ の褐色沈殿に変化した（式 1）。

$$2Mn(OH)_2 + O_2 \longrightarrow 2MnO(OH)_2 \quad \cdots (1)$$

その後，試料ビン中に 5.0 mol/L 硫酸 1.0 mL を速やかに注入し，密栓して溶液をよく

混ぜると，式(2)の反応が起こり，褐色沈殿は完全に溶解し，ヨウ素が遊離した。

$$MnO(OH)_2 + 2I^- + 4H^+ \longrightarrow Mn^{2+} + I_2 + 3H_2O \quad \cdots (2)$$

この試料ビン中の溶液をすべてコニカルビーカーに移し，(b)ヨウ素を 0.025 mol/L チオ硫酸ナトリウム $Na_2S_2O_3$ 水溶液で滴定したところ，試料ビン A で 3.65 mL，試料ビン B で 1.52 mL のチオ硫酸ナトリウム水溶液を要した。

問1　下線部(a)について，飽和酸素量は温度，気圧などにより変化することが知られている。20℃で酸素の分圧 1.01×10^5 Pa のとき，酸素の水に対する溶解度は 1.38×10^{-3} mol/L であった。空気中には酸素が体積百分率で 21.0%含まれるとして，20℃で大気圧 1.01×10^5 Pa 下における，水 100 mL に溶解できる酸素量〔mg〕として，最も近い数値を選べ。

[解答番号　4　]

    1. 2.9×10^{-5}　　　　**2.** 2.9×10^{-4}　　　　**3.** 2.9×10^{-3}　　　　**4.** 9.3×10^{-3}
    5. 2.9×10^{-2}　　　　**6.** 9.3×10^{-2}　　　　**7.** 9.3×10^{-1}　　　　**8.** 9.3

問2　下線部(b)の滴定で，終点を正確に判断するための実験操作として，最も適切なものを選べ。

[解答番号　5　]

    1. 滴定直前に指示薬としてデンプン水溶液を加え，溶液が青紫色になったときを終点とする。
    2. 滴定開始後，反応溶液の色が薄くなってから，指示薬のデンプン水溶液を加え，滴定を続けたとき，溶液が青紫色になったときを終点とする。
    3. 滴定開始後，反応溶液の色が薄くなってから，指示薬のデンプン水溶液を加え，滴定を続けたとき，溶液が無色になったときを終点とする。
    4. 指示薬を必要とせず，溶液が無色から黄色になったときを終点とする。
    5. 指示薬を必要とせず，溶液が赤紫色になったときを終点とする。
    6. 指示薬を必要とせず，溶液の黄色が消えなくなったときを終点とする。

問3　実験に用いた河川試料水の BOD〔mg/L〕として，最も近い数値を選べ。ただし，チオ硫酸ナトリウムは1価の還元剤としてはたらく。また，加えた試薬の液量は無視して良いものとする。

[解答番号　6　]

    1. 1.1　　　　　　**2.** 1.5　　　　　　**3.** 2.3　　　　　　**4.** 3.0
    5. 4.3　　　　　　**6.** 4.6　　　　　　**7.** 5.0　　　　　　**8.** 6.0

第　三　問　　次の問1〜3に答えよ。

[解答番号　7　〜　13　]

問1　次の文章中の，【ア】〜【オ】にあてはまる選択肢として，最も適切なものを
それぞれ選べ。ただし，P：圧力，V：気体の体積，n：物質量，R：気体定
数，T：絶対温度とする。また，【ア】〜【ウ】は，二酸化炭素，メタン，ヘリ
ウムのいずれかである。

【ア】：[解答番号　7　]
【イ】：[解答番号　8　]
【ウ】：[解答番号　9　]
【エ】：[解答番号　10　]
【オ】：[解答番号　11　]

　　理想気体においては，気体の状態方程式　$PV = nRT$　が成り立つ。このとき
$Z = \dfrac{PV}{nRT}$　において，Zの値は1.0となるが，実在気体では圧力Pの変化によ
って，Zの値は1.0からずれたものとなる。

　　下図のように，温度400 Kにおける【ア】，【イ】，【ウ】の実在気体のZの値
は，圧力Pの変化に応じて，それぞれ1.0から異なったずれ方を示す。

　　【ア】については，圧力の増加に伴って【エ】ので，そのZの値は1.0から
上方にずれていく。一方，【ウ】のZの値が0 〜 $220×10^5$ Pa 付近において
1.0から減少していく理由は，【オ】からである。

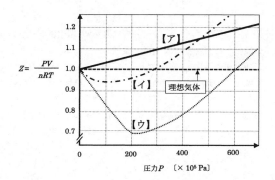

1.　二酸化炭素　　　　　　2.　メタン　　　　　　　　3.　ヘリウム
4.　分子自身の体積の影響が増加する　　5.　分子自身の体積の影響が減少する
6.　分子間力の影響が大きくなる　　　　7.　分子間力の影響が小さくなる

問2　塩化ナトリウム，スクロース，セッケンをそれぞれ水に溶かした溶液，および
塩化鉄（Ⅲ）水溶液を沸騰水に加えて生成させた水酸化鉄（Ⅲ）の溶液を調製
した。これら4種類をそれぞれガラス容器に入れ，下図のように左横から右側
へとレーザーポインターで強い光をあてた。この際に，Aグループ（A1 と

A2) のように光の進路が見えない溶液と，B グループ（B1 と B2）のように光の進路が明るく輝いて見える溶液とがあった。選択肢にある 2 つの物質の溶液が，ともに B グループのような性質を示す組み合わせとして，最も適切なものを選べ。なお，下図の点線は実際には見えない光の進路を表している。

[解答番号　12　]

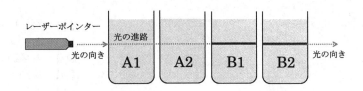

1.　塩化ナトリウム，水酸化鉄（Ⅲ）　　2.　塩化ナトリウム，スクロース
3.　塩化ナトリウム，セッケン　　　　　4.　水酸化鉄（Ⅲ），スクロース
5.　水酸化鉄（Ⅲ），セッケン　　　　　6.　スクロース，セッケン

問 3　鉛，二酸化ケイ素，塩化ナトリウム，ヨウ素について，常圧下における融点が高い順に並べた。正しい順番を表す並べ方として，最も適切なものを選べ。

[解答番号　13　]

1.　鉛　＞　二酸化ケイ素　　＞　塩化ナトリウム　＞　ヨウ素
2.　鉛　＞　塩化ナトリウム　＞　二酸化ケイ素　　＞　ヨウ素
3.　鉛　＞　二酸化ケイ素　　＞　ヨウ素　＞　塩化ナトリウム
4.　二酸化ケイ素　＞　鉛　　＞　塩化ナトリウム　＞　ヨウ素
5.　二酸化ケイ素　＞　塩化ナトリウム　＞　鉛　＞　ヨウ素
6.　二酸化ケイ素　＞　鉛　＞　ヨウ素　＞　塩化ナトリウム
7.　塩化ナトリウム　＞　二酸化ケイ素　＞　ヨウ素　　＞　鉛
8.　塩化ナトリウム　＞　鉛　＞　二酸化ケイ素　＞　ヨウ素
9.　塩化ナトリウム　＞　ヨウ素　＞　二酸化ケイ素　＞　鉛

第　四　問　　　次の文章を読み，問 1 〜 4 に答えよ。

〔解答番号　14　〜　17　〕

　水溶液中の過酸化水素は，少量の塩化鉄（Ⅲ）を加えると，酸素の発生を伴い激しく分解する。塩化鉄（Ⅲ）を添加した過酸化水素水 1 L を 25℃に保ちながら過酸化水素濃度を経時的に測定したところ，下図の結果が得られた。

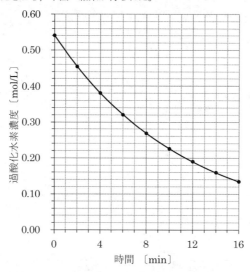

問 1　反応開始後 4 分から 6 分までの過酸化水素の分解における平均の反応速度〔mol/(L・min)〕として，最も近い数値を選べ。

〔解答番号　14　〕

1. 0.010	**2.** 0.030	**3.** 0.050	**4.** 0.070	**5.** 0.090
6. 0.11	**7.** 0.13	**8.** 0.15	**9.** 0.17	**0.** 0.19

問 2　反応開始後 4 分から 6 分までの過酸化水素の分解における反応速度定数〔/min〕として，最も近い数値を選べ。

〔解答番号　15　〕

1. 0.030	**2.** 0.050	**3.** 0.070	**4.** 0.090	**5.** 0.11
6. 0.13	**7.** 0.15	**8.** 0.17	**9.** 0.19	**0.** 0.21

問 3　過酸化水素の濃度が初期濃度の $\dfrac{1}{8}$ になる時間〔min〕として，最も近い数値を選べ。ただし，初期濃度とは時間 0 分における濃度を表す。

〔解答番号　16　〕

1. 18　　　　**2.** 21　　　　**3.** 24　　　　**4.** 27　　　　**5.** 30

6. 33　　　　**7.** 36　　　　**8.** 39　　　　**9.** 41　　　　**0.** 44

問 4　過酸化水素水に塩化鉄（Ⅲ）を加えない場合において，反応の方向に沿ったエネ
　　　ルギー変化を示したものを図Ａとする。過酸化水素水に塩化鉄（Ⅲ）を加えない
　　　場合（実線）と加えた場合（点線）における反応のエネルギー変化の比較を示す
　　　図として，最も適切なものを選べ。

［解答番号　　17　　］

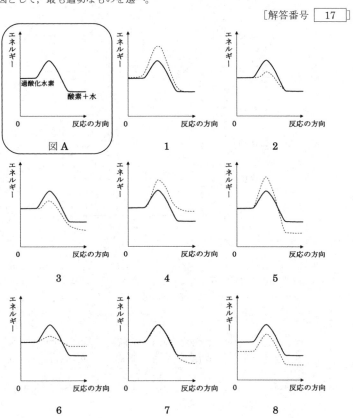

第　五　問　　　次の文章を読み，問１〜４に答えよ。

[解答番号　18　〜　31　]

　新しい表面が銀白色を呈する５種類の金属 A 〜 E がある。これらは，マグネシウム，アルミニウム，カルシウム，鉄，銅，銀，金のうちのどれかに該当する。これらの金属に関して以下の実験１〜６を行った。

実験１：　金属 A は水酸化ナトリウム水溶液に溶けたが，金属 B は溶けなかった。

実験２：　金属 C は水と激しく反応した。

実験３：　金属 A，B，D のうち，B のみが濃硝酸に溶けた。

実験４：　金属 A，B，D は希硝酸に溶けた。

実験５：　金属 E は熱水と反応した。

実験６：　金属 A，B の融点を測定したところ，金属 A の方が低い値を示した。また，金属 A，B の密度を比較したところ，金属 B の方が３倍以上の大きな値を示した。

　問１　　金属 A 〜 E として，最も適切なものをそれぞれ選べ 。

金属 A：[解答番号　18　]

金属 B：[解答番号　19　]

金属 C：[解答番号　20　]

金属 D：[解答番号　21　]

金属 E：[解答番号　22　]

　　1.　マグネシウム　　2.　アルミニウム　　3.　カルシウム　　4.　鉄

　　5.　銅　　　　　　　6.　銀　　　　　　　7.　金

　問２　　次の文章の【ア】，【イ】にあてはまる語句として，最も適切なものを選べ。

　　金属 A が，水酸化ナトリウム水溶液および希硝酸にも溶ける性質を【ア】という。また，金属 A は実験３のように濃硝酸に対して溶けない。この理由は，【イ】の状態を形成しているためである。

【ア】：[解答番号　23　]

【イ】：[解答番号　24　]

　　1.　展性　　　2.　延性　　　3.　飽和　　　4.　不動態　　　5.　潮解

　　6.　臨界　　　7.　両性　　　8.　変性　　　9.　陽性　　　0.　陰性

　問３　　実験２および３の下線部において，それぞれ発生する気体の性質として，最も適切なものを選べ。さらに，実験４において，金属 B が希硝酸に溶けたときに発生する気体の性質として，最も適切なものを選べ。

実験２：[解答番号　25　]

実験３：[解答番号　26　]

実験４：[解答番号　27　]

1. 無色刺激臭の気体で，湿った赤色リトマス紙を青変させる。

2. 塩化水素に触れると白煙を生じる。

3. 水に溶けにくい無色の気体で，空気中ですみやかに酸化されて赤褐色の気体となる。

4. 無色可燃性の気体で，水を付加させるとアセトアルデヒドを生成する。

5. 無色無臭の気体で，水酸化バリウム水溶液を白濁させる。

6. 悪臭のある無色の気体で，酢酸鉛紙を黒変させ，還元性がある。

7. 水に溶けやすい赤褐色の気体で，湿った青色リトマス紙を赤変させる。

8. 黄緑色刺激臭の気体で，水とわずかに反応して，その溶液は酸性を示す。

9. 無色無臭の気体で，すべての気体の中で最も軽い気体である。

問4　硝酸の工業的製法であるオストワルト法では，白金を触媒として，式(1)で生成した NO を，式(2)と式(3)の反応を繰り返してすべて硝酸にかえる。アンモニア 20.0 g をすべて硝酸にすると，得られる質量パーセント濃度 60%の濃硝酸の質量〔g〕を小数第 1 位まで求めよ。ただし，原子量は，H＝1.00，N＝14.0，O＝16.0 とし，解答は小数点以下第 2 位を四捨五入して答えよ。また，各解答番号欄には，対応する数字を 1 つずつマークせよ。

例えば，解答が 10.1 の場合，〔解答番号 $\boxed{A}$ $\boxed{B}$ $\boxed{C}$. $\boxed{D}$ 〕に $\boxed{0}$ $\boxed{1}$ $\boxed{0}$. $\boxed{1}$ とマークする。

質量〔g〕：〔解答番号 $\boxed{28}$ $\boxed{29}$ $\boxed{30}$. $\boxed{31}$ 〕

$$4NH_3 + 5O_2 \longrightarrow 4NO + 6H_2O \quad \cdots (1)$$

$$2NO + O_2 \longrightarrow 2NO_2 \quad \cdots (2)$$

$$3NO_2 + H_2O \longrightarrow 2HNO_3 + NO \quad \cdots (3)$$

第　六　問　　　次の文章を読み，問1〜5に答えよ。

[解答番号　32　〜　39　]

表に示した試薬と反応条件の組み合わせ a 〜 h を用いて，それぞれ次の実験を行った。

実験1：　a 〜 h の各行に示した試薬 A と B，もしくは試薬 A のみを，反応条件 C に
　　　　て反応させたところ，炭素原子の数が4以下の有機化合物が主生成物とし
　　　　て生じた。得られた主生成物は，気体，または沸点が 60℃以下の液体であ
　　　　った。

実験2：　実験1で生じた主生成物と同じ化合物を，適量の試薬 D に加えた。
　　　　a と d 〜 g では，この混合物を穏やかに加熱した。

表　試薬と反応条件の組み合わせ

	試薬 A	試薬 B	反応条件 C	試薬 D
a	メタノール	——	焼いた銅線を空気中で A に近づける	アンモニア性硝酸銀水溶液
b	エタノール	濃硫酸	130〜140 ℃ に加熱した B に A を加える	臭素水
c	エタノール	濃硫酸	160〜170 ℃ に加熱した B に A を加える	臭素水
d	エタノール	硫酸酸性 $K_2Cr_2O_7$ 水溶液	A と B を混合し，加熱する	フェーリング液
e	2-プロパノール	硫酸酸性 $K_2Cr_2O_7$ 水溶液	A と B を混合し，加熱する	アンモニア性硝酸銀水溶液
f	酢酸ナトリウム	水酸化ナトリウム	A と B を混合し，加熱する	フェーリング液
g	酢酸カルシウム	——	空気を遮断して A を加熱する	フェーリング液
h	炭化カルシウム	水	A をアルミホイルで包み B に浸す	臭素水

問1　　実験1で，ベンゼンと同じ組成式をもつ化合物が生じるのは a 〜 h のうちどれ
　　　か。1つ選べ。

[解答番号　32　]

　　　1. a　　　　　　**2.** b　　　　　　**3.** c　　　　　　**4.** d

　　　5. e　　　　　　**6.** f　　　　　　**7.** g　　　　　　**8.** h

問2　　試薬 A と，実験1で生じた主生成物の関係として，化合物中の水素原子の数が
　　　変わらないのは a 〜 h のどれか。1つ選べ。

[解答番号　33　]

　　　1. a　　　　　　**2.** b　　　　　　**3.** c　　　　　　**4.** d

5. e　　　　　　　6. f　　　　　　　7. g　　　　　　　8. h

問3　e を用いて実験 1 を行った。この実験で得られる主生成物を完全燃焼させたとき，下式の【ア】～【エ】にあてはまる係数の数値をそれぞれマークせよ。
　　　ただし，係数は最も簡単な整数比になるようにし，係数が入らない（省略される）場合は 1 をマークせよ。また，0 または 10 以上の数値が入る場合は 0 をマークせよ。

$$\text{【ア】主生成物 + 【イ】} O_2 \longrightarrow \text{【ウ】} CO_2 + \text{【エ】} H_2O$$

【ア】：〔解答番号　34　〕
【イ】：〔解答番号　35　〕
【ウ】：〔解答番号　36　〕
【エ】：〔解答番号　37　〕

問4　a ～ h のうち，実験 2 で固体または沈殿が生じるのはどれか。最も適切な組み合わせを選べ。

〔解答番号　38　〕

1. (a, d)　　　2. (a, e)　　　3. (a, f)　　　4. (a, g)　　　5. (d, e)
6. (d, f)　　　7. (d, g)　　　8. (e, f)　　　9. (e, g)　　　0. (f, g)

問5　b と c における実験 2 の結果として，最も適切なものを選べ。

〔解答番号　39　〕

1. b でも c でも臭素水の色は消えない。
2. b では臭素水の色は消える。c では消えない。
3. b では臭素水の色は消えない。c では消える。
4. b でも c でも臭素水の色は消える。

第　七　問　　　次の文章を読み，問1〜5に答えよ。ただし，原子量は，H＝1.00,
　　　　　　　　　C＝12.0,　O＝16.0 とする。

[解答番号 ｜40｜〜｜49｜]

　水素，炭素，酸素の3種類の元素から構成された，分子量が 150 以下の化合物 A があ
る。化合物 A は，ベンゼンの1つまたは2つの水素原子を別の基で置換した構造をもつこ
と，また，炭素－酸素二重結合（C=O）をもつことが分かっている。
　A の構造を決めるために，まず下の実験1〜4を順次行ったが，構造は完全に決定でき
なかった。そこで，実験3で生成した化合物 B の構造を推定するために，実験5〜8を順
次行った。これらの結果をあわせることで，化合物 A の構造を決定することができた。

　　実験1：　13.6 mg の化合物 A を，十分な酸素の存在下，完全に燃焼させたところ，
　　　　　　　二酸化炭素 35.2 mg と水 7.2 mg が生成した。

　　実験2：　化合物 A を(a)有機溶媒に溶かし，得られた溶液にナトリウムを加えたとこ
　　　　　　　ろ，速やかな水素の発生は観察されなかった。

　　実験3：　化合物 A に希塩酸を加えて加熱したところ，化合物 B と C が生成した。

　　実験4：　化合物 B に塩化鉄（Ⅲ）水溶液を加えたところ，青色に呈色した。

　　実験5：　(b)ベンゼンを濃硫酸と共に加熱したところ，化合物 D が得られた。これに
　　　　　　　水酸化ナトリウム水溶液を加え，【ア】して得た化合物に，固体の水酸化ナ
　　　　　　　トリウムを加えて【イ】した後，酸で処理したところ，化合物 E が得られ
　　　　　　　た。

　　実験6：　トルエンを濃硫酸と共に加熱したところ，主な生成物として2種の化合物
　　　　　　　F と G が得られた。それぞれの化合物に水酸化ナトリウム水溶液を加え，
　　　　　　　【ア】して得た化合物に，固体の水酸化ナトリウムを加えて【イ】した後，
　　　　　　　酸で処理したところ，化合物 F から H が，化合物 G から I が得られた。

　　実験7：　純粋な化合物として取り出した化合物 E, H, I を融解し，それぞれにナト
　　　　　　　リウムを加えたところ，すべて速やかな水素の発生が観察された。

　　実験8：　純粋な化合物 B, E, H, I の融点を測定したところ，すべて異なる値を示
　　　　　　　した。

問 1　化合物 A の分子式を満たす数字を答えよ。各解答番号欄には，対応する数字を
　　　1 つずつマークせよ。例えば，分子式が C_6H_6O の場合，各解答番号欄
　　　$\boxed{x}$ ，$\boxed{y}$ ，$\boxed{z}$ に $\boxed{6}$ ，$\boxed{6}$ ，$\boxed{1}$ とマークする。ただし，
　　　数字が 10 以上になる場合は 0 をマークせよ。

$$C \boxed{x} H \boxed{y} O \boxed{z}$$

x：〔解答番号　40 〕
y：〔解答番号　41 〕
z：〔解答番号　42 〕

問 2　下線部(a)で用いる有機溶媒として，最も不適切なものを選べ。

〔解答番号　43 〕

1. ヘキサン　　　　　2. ベンゼン　　　　　3. トルエン
4. グリセリン　　　　5. ジエチルエーテル　6. シクロヘキサン

問 3　下線部(b)で起こる反応は何と呼ばれるか。最も適切なものを選べ。

〔解答番号　44 〕

1. ハロゲン化　　　　2. スルホン化　　　　3. ニトロ化
4. ジアゾ化　　　　　5. けん化　　　　　　6. アセチル化

問 4　【ア】，【イ】にあてはまる語句として，最も適切なものをそれぞれ選べ。

【ア】：〔解答番号　45 〕
【イ】：〔解答番号　46 〕

1. 酸化　　　　　　　2. 還元　　　　　　　3. 中和
4. 加水分解　　　　　5. アルカリ融解　　　6. 加圧加熱

問 5　化合物 C の分子式を満たす数字を答えよ。各解答番号欄には，問 1 と同様の方
　　　法で，対応する数字を 1 つずつマークせよ。

$$C \boxed{x} H \boxed{y} O \boxed{z}$$

x：〔解答番号　47 〕
y：〔解答番号　48 〕
z：〔解答番号　49 〕

第 八 問　次の文章を読み，問1～4に答えよ。

　溶液中のイオンを別のイオンと交換するはたらきをもつ合成樹脂は，イオン交換樹脂と呼ばれる。樹脂本体として，【ア】と少量の【イ】の共重合体がよく用いられる。この樹脂中のベンゼン環に【ウ】などの基（原子団）を導入したものは陽イオン交換樹脂，【エ】などの基（原子団）を導入したものは陰イオン交換樹脂となる。

　あるペプチドAをアミノ酸まで完全に加水分解した混合物Bがある。この混合物BをpH9の緩衝液に溶解させ，陰イオン交換樹脂をつめた管（カラム）に通したとき，合計5種類のアミノ酸が陰イオン交換樹脂に吸着した。これら吸着した5種類のアミノ酸には，含硫アミノ酸が1種類，ヒト必須アミノ酸が1種類含まれていた。一方，混合物BをpH4の緩衝液に溶解させたとき，【オ】のみが陰イオン交換樹脂に吸着した。

問1　【ア】および【イ】にあてはまる物質名として，最も適切なものをそれぞれ選べ。

【ア】：［解答番号 50 ］
【イ】：［解答番号 51 ］

1.　アクリロニトリル　　2.　*p*-ジビニルベンゼン　　3.　スチレン
4.　トルエン　　　　　　5.　フェノール　　　　　　　6.　エチレン

問2　【ウ】および【エ】にあてはまる基（原子団）として，最も適切なものをそれぞれ選べ。

【ウ】：［解答番号 52 ］
【エ】：［解答番号 53 ］

1.　$-OCH_3$　　　　　　2.　$-NO_2$　　　　　　　　3.　$-CH_3$
4.　$-SO_3H$　　　　　　5.　$-CH_2-N^+(CH_3)_3OH^-$　6.　$-CHO$

問3　ペプチドAを構成するアミノ酸の組み合わせが，選択肢1～6のいずれかであるとき，その組み合わせとして最も適切なものを選べ。ただし，鏡像異性体どうしは同一種類のアミノ酸とみなし，各アミノ酸の等電点は以下の通りとする。

［解答番号 54 ］

アスパラギン酸 (Asp)：	2.8	アラニン (Ala)：	6.0
グリシン (Gly)：	6.0	グルタミン酸 (Glu)：	3.2
システイン (Cys)：	5.1	セリン (Ser)：	5.7
チロシン (Tyr)：	5.7	フェニルアラニン (Phe)：	5.5
メチオニン (Met)：	5.7	リシン (Lys)：	9.7

  1. Ala, Glu, Ser, Met, Lys
  2. Asp, Ala, Cys, Ser, Met
  3. Asp, Glu, Ser, Tyr, Met
  4. Ala, Glu, Ser, Tyr, Met, Lys
  5. Ala, Gly, Glu, Ser, Tyr, Met
  6. Asp, Glu, Ser, Tyr, Met, Lys

問 4　【オ】にあてはまるアミノ酸として，最も適切なものを選べ。

［解答番号　55　］

  1. Asp　　　**2.** Ala　　　**3.** Gly　　　**4.** Glu　　　**5.** Cys
  6. Ser　　　**7.** Tyr　　　**8.** Phe　　　**9.** Met　　　**0.** Lys

解答編

■英語■

I **解答** 1−3　2−4　3−2　4−4　5−1　6−1
7−3　8−1　9−3

◀解　説▶

1．「ささいな症状で医者の時間を浪費させるべきではない。代わりに薬局で何か買いなさい」

3の instead は文修飾の副詞で「その代わりに，そうではなくて，むしろ」の意味があり，通例文頭か文尾に置かれるので適切。4の rather にも「どちらかといえば，いやむしろ」といった意味はあるが，単独で文尾に置かれることはない。

2．「その会社は最近の成功を徹底的な市場調査の結果と考えていた」

目的語の後の前置詞 to に着目。attribute *A* to *B*「*A* を *B* に起因すると考える」を当てはめると文意が通るので，4が正解。

3．「（　）は，完全に水で囲まれた小さな陸地である」

2の「島」の語の定義である。1．「事業」　3．「平原」　4．「構造物」

4．「運転手は交通信号のない横断歩道では歩行者に道を譲らなければならない」

空所後の前置詞 to に着目。yield to 〜「〜に屈する，〜（道など）を譲る」で文意が通るので，4が正解。1と3は通例，他動詞。2の gaze「凝視する」は自動詞だが，look と同じで前置詞は at が一般的。なお，yield は他動詞では「〜（結果・利益など）をもたらす，〜（作物）を産出する」といった意味になることを記憶しておこう。

5．「風邪をひいている子供がクラスメイトにその風邪をうつすのは避けられないことが多い」

1の「不可避の」が適切。2．「経験の浅い」　3．「役に立つ」　4．「知的な」

6．「私たちは，スマートフォンがいかに幼児の発育に影響を及ぼしうるかについてもっと知る必要がある」

1の「～に影響を与える」が適切。2．「～を含む」　3．「～の中に入る」4．「～に従う」

7．「そのテロ攻撃の後，航空機利用者の安全性を高めるために，空港警備に抜本的な改革がなされた」

changes「変化，改革」を修飾する形容詞としては，3の「根本的な，徹底的な」がふさわしい。1．「肥沃な」　2．「奇妙な，特有な」　4．「至高の」

8．「家族のためにもっともっと稼ぎたいけど，健康を犠牲にしてまでそうしたいわけではない」

at the expense〔cost / sacrifice〕of ～「～を犠牲にして」のみ文意が通るので，1が正解。2．「瞬間」　3．「場所」　4．「価値」

9．「英語を学んでいるとき，ただ単にアメリカやイギリスの言葉を学んでいるだけでなく，世界中の人々の4分の1の言葉を学んでいるのです」

分数の正しい表記が問われている。「～の4分の1」は one〔a〕fourth of ～，または a quarter of ～ であり，3が正解。ちなみに，分子が複数のとき，たとえば「4分の3」だと，three fourths，または three quarters となる。

II 解答　1-3　2-2　3-3　4-1

◀解　説▶

1．「新しいリサーチプロジェクトチームに参加することができて光栄です」

privilege には「（特定の個人だけが享受する）特権」のほかに「（個人に与えられた）名誉」という意味があり，3が同意となる。1．「決定」　2．「興奮」　4．「悲惨」

2．「緊急電話が入ると，緊急係員は電話番号とその正確な位置を見ることができる」

dispatch「～を派遣する」という動詞の語尾に er をつけると「（交通機関の）配車係」のほかに，「（警察・消防隊などの）通信指令係」の意味にな

る。それを知らなくても，ここでは「緊急時に何かをする人」くらいの意味がとれれば，2の「操作をする人（操作員，電話交換手など）」が同意と見当がつくだろう。1．「消防士」　3．「（個人の）秘書，（組織の）事務局長」　4．「目撃者」

3．「私の姉は朝が大の苦手で，朝から機嫌が悪いことが多い」

get up on the wrong side of the bed は成句で「（朝から一日中）機嫌〔虫の居所〕が悪い」という意味である（ベッドの左側から起きるとその日は縁起が悪いという迷信から）。よって，3の「憂鬱な気分で」が近い表現である。1．「少し遅すぎて」　2．「かろうじて間に合って」　4．「たいした苦もなく」

4．「官僚の中には薬剤師に新型コロナワクチンの接種許可を与える可能性を検討している者もいた」

成句 look into ～ には「～（問題など）を調査する」（＝investigate）のほかに「～（可能性など）を検討する」という意味もあり，1の consider「～を検討する」が同意となる。2の decline は「～を断る」，3の persuade は「～を説得する」，4の spoil は「～を台無しにする」という意味である。

III 　解答　1－4　2－4　3－1

◀解　説▶

1．4の meet を met にする。本文は過去時制であり，「ネット上で初めて会った人」も過去形でないとおかしい。

2．4の which を to which にする。文尾の adapt に着目。この動詞は他動詞では adapt A to B「A を B に適応させる」，自動詞では adapt to ～「～に順応する」のように前置詞 to を伴うのが基本的用法である。よって，目的語以下を stress to which the person tries to adapt「その人が順応しようとするストレス」とすれば正しくなる。

3．1の written beautifully の語順がおかしい。下線部の前から the most beautifully written novel「最も見事に書かれた小説」とすれば正しくなる。

Ⅳ　解答

(A)アー 1　　イー 1　　ウー 3　　エー 4
(B)オー 3　　カー 2　　キー 1　　クー 4
(C)ケー 4　　コー 2　　サー 3

〜〜〜〜〜〜〜◆全　訳◆〜〜〜〜〜〜〜〜〜〜〜〜

(A)≪身長低下と病気の関係≫

　身長が徐々に低くなる現象は 50 歳ころから始まり，60 歳を超えると加速することもあると知られている。最近の研究で，中年後期のかなりの身長低下と，脳卒中あるいは何らかの心臓血管病で死ぬ危険性との関係がわかった。もとの身長より 2 センチ以上低くなった人はそれらの病気で死ぬ可能性が 2 倍以上高いとわかったのである。身長測定をするだけでも，脳卒中を起こしたり心臓血管病にかかったりする危険性の増加につながる，骨密度と骨量の低下を知らせてくれる早期の警告信号となるかもしれない，と示唆されている。

(B)≪PCR 検査と抗体検査≫

　ある種のウイルスに対する PCR（ポリメラーゼ連鎖反応）検査は，生物から遺伝物質を検出し，特定のウイルスの有無を調べるために行われる。新型コロナウイルスに対する PCR 検査は，人がコロナウイルスに感染しているかどうかを調べるために用いられる。日本では，PCR 検査を行う 2 つの主な方法，すなわち鼻咽頭検査と唾液検査がある。鼻咽頭検査は不快で結果を得るのにより時間を要するが，唾液検査より高濃度のウイルスを検出できるため，より正確である。一方で，抗体検査は人がウイルスにさらされたかどうかを示すことができる。したがって，陽性の抗体検査結果は，その人が以前の感染によって，もしくはワクチン接種によって抗体を持っていることを意味することがある。

(C)≪薬学用語を英語で身につけよう≫

　英語で薬学用語を十分に理解することは，日本人薬学生が日本語を話さない客員教授や医師，同期の留学生や同僚，外国人患者と意思を疎通する上で，非常に重要である。語彙を知り理解すれば，意思疎通もうまくいくし，薬学生として，薬学者として，開業薬剤師としての成功につながるだろう。すでに医学用語の一部を知っているだろうが，なじみのない用語に関しては十分な注意を払い，正確な綴り，意味，発音を知る努力を惜しまないことだ。出くわした新出医学用語のリストを作ったり，お気に入りの

辞書アプリでこれらの新出用語を調べたりするのもよい考えである。薬学関連の語彙を自在に使い発音もうまければ，恥ずかしいミスを防ぎ，効果的な言語コミュニケーションの能力を高めるのに役立つだろう。

◀解　説▶

(A)ア．直前の and が動詞 starts と空所を結んでいることから，身長の低下が始まり，さらに進むという内容ととれるので，1の「加速する」が適切。2．「減少する」　3．「～を肥やす」　4．「～をまねる」

イ．動詞 consider の派生語を選ぶ問題。1の「（量・程度などが）かなりの」が height loss の修飾にふさわしい。2．「思いやりのある」　3．「熟慮された」　4．「（前置詞で）～を考慮に入れると」

ウ．3の「本来の，もとの」が height「身長」の修飾にふさわしい。1．「本物の」　2．「信じられない」　4．「最も重要な」

エ．動詞の現在分詞形（形容詞）を選ぶ問題。もとの動詞の意味はそれぞれ，1．「～を承認する」，2．「～を無視する」，3．「～を誤解に導く」，4．「～に警告する」で，an early warning sign「早期の警告信号，予兆」となる4が正解である。

(B)オ．動詞 detect の目的語として，特定のウイルスの何を検出するか，なので，正解は3の「存在」である。1．「気づき」　2．「発明」　4．「服従，提出」

カ．a PCR test を目的語とする動名詞を選ぶ問題。もとの動詞の意味はそれぞれ，1．「～を獲得する」，2．「～を行う」，3．「～を証明する」，4．「～を引っこめる，撤退させる」であり，2が適切。

キ．抗体検査が主語，whether 以下「…かどうか」が目的語で，「～できる」の空所に入るのは1の「～を示す」が適切。2．「～を拡大する」　3．「～に資格を与える」　4．「～を変形する」

ク．空所の前文と後文をつなぐ接続副詞を選ぶ問題。前文が抗体検査の内容説明で，後文がその結果に言及しているので，4の「したがって」が適切。1．「結局」　2．「しかしながら」　3．「対照的に」

(C)ケ．自動詞 communicate「意思疎通する」を，人を表す目的語とつなぐ前置詞は4の with である。

コ．出くわした新出医学用語の何をキープするのか。このキープから keep a diary「日記をつける」などが連想できれば，おのずと2の「リス

ト，一覧表」が適切とわかるだろう。1.「会社，仲間」　3.「約束」　4.
「供給」

サ．communication「コミュニケーション」を修飾する形容詞は，3の
「言葉による，口頭での」か4の「文字による」だが，発音について触れ
ているので，3が適切。1.「電子の」　2.「穏やかな」

V　解答　1—2　2—4　3—2

◀解　説▶

1．(a)「軽い頭痛」と(b)「ひどい頭痛」は反対を表す関係なので，(c)「軽
犯罪」と(d)「重罪」となる。「軽犯罪」は minor offense と言うので，2
が正解。1だと「刑事犯罪」，3は「前科」，4は「暴行罪」となる。

2．(a)「蟻」と(b)「虫」は部分と全体の関係で，(b)の中に(a)が含まれてい
る。したがって，(d)「サプリメント」の中に含まれる(c)は，4の「ビタミ
ン」である。1.「熱」　2.「病気」　3.「液体」

3．(a)「人が樹木を伐採する」と(b)「鳥の生息地が破壊される」は原因と
結果の関係である。(c)「工場の仕事が人々を引きつける」の結果として，
2の「町は時間をかけて大きくなる（人口が増加する）」が正解。1.「よ
りよい学校は家族を引きつけてその街に移住させる」　3.「夜の娯楽（歓
楽街）があると都会生活がより面白く思われる」　4.「これにはいくつか
の理由がある」

VI　解答　1—4　2—2

◆全　訳◆

≪ピーナッツアレルギーに企業が挑む≫

　食物アレルギーとは，ある種の食品を食べた後に免疫系で起こる反応の
ことである。体がその食品を有害物質だと誤って特定するとアレルギー反
応が起こる。様々な反応がある。症状には，口のかゆみや皮膚の発疹，舌
や喉の腫れ，呼吸困難などがある。アナフィラキシーが最も深刻なアレル
ギー反応である。これは，その人がアレルギーを持っている物質に接触し
て数秒もしくは数分以内に起こることがあり，即座に適切に処置しないと

あっという間に致命的になることがある。

　ピーナッツは，このような反応を引き起こしうる最も一般的な食品の一つである。ピーナッツアレルギーは通常，生涯にわたる疾患だが，アメリカのある企業は，ただ歯を磨くだけでピーナッツアレルギーが解決できないかどうかを調べるための挑戦的なプロジェクトに着手した。プロジェクトチームはピーナッツアレルギーを持つ成人を対象に，ピーナッツを混ぜた新開発の練り歯磨きに含まれる少量のアレルギー誘発物質に被験者が定期的に暴露される際，どれくらいの耐性があるかを調べようと実験している。この試みが成功したら，彼らは他のアレルギー誘発物質を入れた練り歯磨きを試す予定である。

━━━━━◀解　説▶━━━━━

１．第２段の空所に入る動詞を選択する問題。主語の they は前出の adults with peanut allergy「ピーナッツアレルギーを持つ成人」で，彼らがどれくらいよくアレルギー物質を〜できるかを調べる実験なので，４の「〜に耐える」が適切。１．「〜を無視する」　２．「〜を維持する」　３．「〜を行う」

２．本文の内容に合致するものを選ぶ問題。２の「深刻なアレルギー反応の一つは死に至るかもしれない」が，第１段最終文（It can occur …）と一致する。It＝Anaphylaxis＝One of the severe allergic reactions であり，can turn deadly＝may result in death である。１の「ピーナッツアレルギーを持つ 10 代の若者数人が新プロジェクトに参加した」は，第２段第３文（The project team …）と不一致。参加したのは adults であって teenagers ではない。３の「口の不快感，皮膚の問題，息切れ，頭痛がアレルギー反応の症状としてあげられる」は，第１段第４文（Symptoms include itchy …）に不一致。頭痛はあげられていない。４の「ピーナッツを含有する練り歯磨きに関する実験は大変うまくいった」は，第２段最終文（If this trial …）と不一致。現在実験中で，過去のことではない。

Ⅶ　解答　1－2　2－1

◆━━━━━◆全　訳◆━━━━━◆

≪骨粗しょう症≫

　年を取るにつれて私たちの骨はもろく，折れやすくなる。骨を細く弱くする病気は骨粗しょう症と呼ばれる。カルシウムとビタミンD不足に加えて，運動不足，喫煙，過度のアルコール摂取もまた骨粗しょう症を発症する危険因子である。世界中で2億人以上の人が骨密度低下のために，すでに骨粗しょう症であるか高いリスクにさらされている。多くの高齢者は骨折するまで弱い骨に関する問題にまったく気づかない。

　骨の健康を調べる最良の方法は，骨のミネラル含有量を測定する検査を受けることである。さらに，骨の健康を自分で調べる，とても簡単な方法がある。指の爪の質だけでなく外見もまた骨の健康を示す重要な指標になりうるのだ。指の爪が青白くなり始め，隆起があったり筋が入っていたり，割れやすいなら，これらは骨粗しょう症発症の一般的な初期信号であると気づくべきである。骨量減少の加速を防ぐよい生活方法を実践することも，骨を健康で丈夫に保つのに役立つ。

　骨粗しょう症は子供や若い成人にはまれである。であるから，実際に起こった場合，医師は通常，基礎疾患があるか，その疾患の治療薬によって骨粗しょう症が引き起こされているかもしれない，と考える。

■━━━━━◀解　説▶━━━━━■

１．第1段内の下線部の形容詞と反対の意味のものを選ぶ問題。下線部 excessive は「過度の」という意味なので，2の moderate「適度な」が反対語になる。1は「豊富な」で同意語。3．「奇妙な，奇数の」　4．「優れた」

２．骨粗しょう症に関して本文から推測される文を選ぶ問題。1の「高齢での骨折は骨粗しょう症によって骨が弱くなることの最初の兆候であるかもしれない」は，第1段最終文（Many elderly people …）から推測できるので正解。2の「骨粗しょう症は典型的な老化プロセスなので，すべての老人が徐々にかかる」は，第1段第4文（More than two …）に骨粗しょう症の患者と予備軍は世界で2億人余りとあるので，すべての高齢者が発症するとは考えにくい。3の「爪を適切にケアすることが骨粗しょう症にかかるリスクを減少させうる」は，第2段第3・4文（The appearance as … of developing osteoporosis.）にあるように，指の爪は

骨粗しょう症の指標にすぎない。4 の「子供の骨粗しょう症を治療することは隠れた病気の回復率を高めうる」は，第 3 段第 2 文（Therefore, when it …）では，基礎疾患か，その治療薬が骨粗しょう症の原因と考えられると言っているだけである。

Ⅷ 解答 1—1 2—4 3—3

◆全 訳◆

≪アメリカの健康保険制度≫

すべての国が国民に医療を提供する最善の方法を模索しているが，すべての人にとって理想的な制度は一つとしてない。アメリカでは，健康保険は非常に大きな問題である。アメリカの医療は大変高額な場合があるが，誰も人が医療費を支払えないという理由で苦しむことを望んではいない。

2019 年の全期間，または一時期でも健康保険に加入していた人の割合は 92 パーセントだった。8 パーセント，すなわち 2610 万人が 2019 年のどの時点でも健康保険に入っていなかったのである。民間健康保険の方が公的医療保険よりも普及していて，保険加入者人口の 67 パーセントが前者に入っており，この年の同時期に後者に入っていたのはわずか 33 パーセントだった。

ほとんどの大企業と一部の中小企業は従業員に健康保険手当を付与している。これは，企業が健康保険プランに参画し費用の一部を補っているということである。残りの費用は従業員の給料から天引きされている。これはふつう従業員にとって最善の選択肢だが，保険プランもその規則も数多くあるので，雇用主から全情報を得ておくのが大事である。

多くの健康保険プランは，加入者はかかりつけ医を決める義務があるとしている。これは，問題が生じたとき必ず最初に診てもらう医師である。かかりつけ医がより専門的な治療が必要だと感じた場合，保険会社は専門医への紹介状を求めることもある。

覚えておくべき大事なことは，健康保険ネットワークに入っている医師に診てもらわなければならないということである。多くの保険会社が特定の医師と，決まった額の医療費だけを請求する契約をしている。加入者は自分のプランに入っていない医師を選んだ場合，費用の大部分を自己負担

しなければならなくなるだろう。

　医師が疾患に対して薬を処方し，特定の用紙に薬名と量を記入する。患者はその処方箋を薬局に持っていく。薬剤師が保険証の提示を求めて薬を調合する。保険プランにおいて処方箋も適用範囲であれば，患者は自己負担額を支払うだけでよい。保険が残額を支払う。保険プランは複雑に聞こえるかもしれないが，実際はそれほどでもない。ほとんどの医師と薬剤師は保険の規則を熟知しているが，自分でも時間を取って理解しておくだけの価値はある。

■■■■■■■■■■◀解　説▶■■■■■■■■■■

１．アメリカの医療制度に関して正しいものを選ぶ問題。1 の「2019 年にアメリカでは公的医療保険よりも民間健康保険に加入している人の方が多かった」は，第 2 段最終文（Private health insurance …）と一致するので，正解。2 の「2019 年に保険非加入率は前年より 8 パーセント減少した」は，本文に記述なし。第 2 段第 2 文（In 2019, eight percent …）にある 8 パーセントは 2019 年の非加入者の割合を表している。3 の「アメリカ政府は 2019 年に国民と入国者に皆保険給付を付与した」は，本文に記述なし。4 の「新型コロナウイルス蔓延のために 2019 年の健康保険適用に関する信頼できるデータは得られなかった」は，第 2 段第 1 文（The percentage of …）に 92 パーセントと明記してあり，不一致。

２．本文から推測できるものを選ぶ問題。1 の「事業主はその規模にかかわらず従業員に医療手当を給付する義務がある」は，第 3 段第 1 文（Most large companies …）の事実から義務ではないことがわかるので不適切。2 の「平均して，雇用主が医療費の約半分を支払い，従業員がその年の残り半分を支払う」は，第 3 段第 2・3 文（This means that … the employee's paycheck.）から，半分ずつとは判断できない。3 の「雇用主が従業員に健康保険情報を提供することはあまりない」は，第 3 段最終文（This is usually …）の so 以下に，雇用主から情報を得ることが重要だとあるのみで，これだけでは推測できない。4 の「ほとんどの健康保険プランはネットワーク内の医師から医療を受けるよう加入者に促している」は，第 5 段（A very important …）から，保険会社は加入者に利用してもらうために医師と契約しネットワークを用意しているとわかるので，正解である。

3．アメリカで健康保険を使う際に，する必要のないものを選ぶ問題。1 の「勤務している会社を通して公的医療保険か民間健康保険のいずれかに加入する」は第 3 段（Most large companies …）から，会社に勤めているなら会社を通して保険を利用するのが一般的だとわかる。2 の「自己負担額と呼ばれる，処方箋料の費用の一部を薬局に支払う」は，最終段第 4・5 文（If you have … of the cost.）より，その通りとわかる。3 の「初診の際にかかりつけ医のところに紹介状を持参する」は，第 4 段最終文（If the doctor …）より，紹介状はかかりつけ医が専門医に対して出すもので，当事者がかかりつけ医に出すものではないとわかる。よって，これが正解である。4 の「薬を調合してもらうときには必ず保険証を持参して薬局で提示する」は，最終段第 3 文（The pharmacist will …）にある通りである。

Ⅸ　**解答**　1－3　2－2　3－3

━━━━◆全　訳◆━━━━

≪歯科定期検診の必要性≫

　歯科医に定期的に診てもらうことは健康でいるうえでの重要なステップである。歯科医はただ歯の見栄えを保つよりずっと多くのことをしてくれる。歯科衛生士とともに，彼らは歯肉疾患の有無を調べて処置したり，日々の歯磨きでは完全には除去できない歯石を歯間から取り除いたり，歯と歯の間を掃除してくれたりする。彼らはまた口腔がんのような問題の有無を検査したり，歯の手入れや生活習慣全般に対する修正を勧めてくれたりもするだろう。

　定期的に歯を専門家に診てもらい掃除してもらわないと，食物堆積物や歯垢やバクテリアが堆積する。歯垢は絶え間なく歯に付着し，その結果，酸が形成されて歯を冒す。やがてこれが歯肉炎につながり，さらには顎の骨に影響を与える。ついには歯肉が腫れて出血しやすくなり，歯から離れてしまう。こうなると，食物堆積物がますますたまり，ますます歯垢が形成され，炎症が悪化する環境につながる。

　口腔衛生を怠ると口腔内のバクテリアが非常に有害となることがあり，これが痛みや炎症や口臭を引き起こすということを知っていただろうか。

バクテリアはまた血流に入り込み体内の至る所に移動する可能性がある。歯肉疾患や炎症と，心臓病，脳卒中，糖尿病，認知症を含む諸問題とには関係があることが確認されている。定期的な歯科検診で積極的に維持される良好な口腔衛生は，これらの危険を最小限度に抑えることができる。

　歯と歯肉に気をつけるということになると，歯科医を定期的に訪れるのが不可欠である。ドラッグストアもまた歯ブラシ，練り歯磨き，マウスウォッシュ，デンタルフロスといった広範囲にわたる様々な歯科製品を提供する。だから，定期的な歯科検診に加えて，ときにはドラッグストアに行って，口腔衛生に最善の働きをするかもしれない様々な選択肢についてよく考えてみるべきである。

■■■■■■■■◀解　説▶■■■■■■■■

1．欠文挿入問題。「口腔衛生を怠ると口腔内のバクテリアが非常に有害となることがあり，これが痛みや炎症や口臭を引き起こすということを知っていたか」　bacteria というキーワードは第 2 段と第 3 段にあるが，第 2 段の bacteria には定冠詞がなく初出の可能性があるのに対して，第 3 段の bacteria には The がついている。しかも空所 C に続く文には前文に情報を加える役割の also が入っていることから，C に入れるのが正解と判断できる。

2．第 2 段は歯科検診を定期的に受けないとどうなっていくか，という流れなので，結果を表す 2 の「最終的に，ついには」が適切である。1．「反対に」　3．「急いで，あわてて」　4．「決して〜ない」

3．本文の内容と合致しないものを選ぶ問題。1 の「歯科衛生士は患者の歯を掃除することで歯の問題を予防する手助けをする」は，第 1 段第 3・4 文（Together with a … and overall lifestyle.）の内容に一致する。2 の「定期的に除去しないと，歯垢は歯に付着し徐々に堆積する」は，第 2 段第 1 文（If your teeth …）に一致する。3 の「口腔内に痛みがあるときは歯科医院ですぐに検査してもらう必要がある」は，本文に記述がない。pain については，第 1 問の欠文中に出てくるだけである。よって，これが正解。4 の「ドラッグストアでより適切な歯科製品を見つけることができるかもしれない」は，最終段第 2・3 文（A drugstore also … your oral health.）に一致する。

数学

解答　(1) 1) 4　　2) 5
　　　　(2) 3) 0　　4) 1

◀解　説▶

≪絶対値のついた 2 次関数のグラフと直線≫

$$f(x)=x^2-4x$$

(1)　$y=f(x)$ と $y=2x-5$ を連立して y を消去する
と

$$x^2-6x+5=0$$

これを解いて

$$(x-5)(x-1)=0 \quad \therefore \quad x=1,\ 5$$

よって, 2 つの交点 A, B の x 座標の差は $5-1=4$
であり, 直線の傾きが 2 であることから, 右図を見
れば

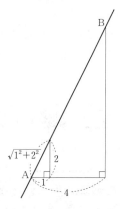

$$AB=4\sqrt{1^2+2^2}=4\sqrt{5} \quad →1)・2)$$

(2)　$f(x)\geqq 0$ を解くと, $x(x-4)\geqq 0$ より $x\leqq 0,\ 4\leqq x$ となるから

$$|f(x)|=\begin{cases} x^2-4x & (x\leqq 0,\ 4\leqq x) \\ -(x^2-4x) & (0<x<4) \end{cases}$$

$$y=-(x^2-4x) \quad \cdots\cdots ①$$

$$y=2x+k \quad \cdots\cdots ②$$

①, ②を連立して y を消去すると

$$x^2-2x+k=0 \quad \cdots\cdots ③$$

これが重解をもつときを考えると, 判別式を D として

$$\frac{D}{4}=1^2-k=0 \quad \therefore \quad k=1$$

このとき, ③の重解は　　$x=1$

すなわち, $k=1$ のとき, 曲線①と直線②は $x=1$ で接する。

$x=1$ は $0<x<4$ に含まれるから, 直線②は $y=-f(x)$ のグラフと $x=1$

で接することになる。

また，直線②が原点 (0, 0) を通るとき

$\qquad k=0$

点 (4, 0) を通るとき，$0=2 \cdot 4+k$ から

$\qquad k=-8$

以上と右図より，曲線 $y=|f(x)|$ と直線
②が異なる4つの共有点をもつのは，
$0<k<1$ のときである。 →3）・4）

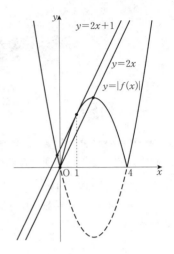

二 解答 (1)5）6）7）8）4109　9）10）11）12）7776
　　　　　　(2)(i)13）14）20　15）8　16）5

(ii)17）18）19）240　20）21）19

◀**解　説**▶

≪複数のさいころの目の最大値の確率，平面図形≫

(1) $k=2,\ 3,\ \cdots,\ 6$ について，A の目の最大値 M_A が k である確率 $P(M_A=k)$ は，$M_A \leqq k$ である確率 $P(M_A \leqq k)$ から，$M_A \leqq k-1$ である確率 $P(M_A \leqq k-1)$ を引いて

$$P(M_A=k)=P(M_A \leqq k)-P(M_A \leqq k-1)$$
$$=\left(\frac{k}{6}\right)^2-\left(\frac{k-1}{6}\right)^2 \quad \cdots\cdots①$$

また，$P(M_A=1)=\left(\frac{1}{6}\right)^2$ であるから，①は $k=1$ のときも成り立つ。

B の目の最大値を M_B で表すと，$M_B \leqq k$ である確率 $P(M_B \leqq k)$ は

$$P(M_B \leqq k)=\left(\frac{k}{6}\right)^3 \quad (k=1,\ 2,\ \cdots,\ 6)$$

以上より，A が勝つ確率すなわち $M_A \geqq M_B$ となる確率は

$$P(M_A \geqq M_B)=\sum_{k=1}^{6} P(M_A=k) \cdot P(M_B \leqq k)$$
$$=\sum_{k=1}^{6}\left\{\left(\frac{k}{6}\right)^2-\left(\frac{k-1}{6}\right)^2\right\}\left(\frac{k}{6}\right)^3$$

$$= \frac{1}{6^5} \sum_{k=1}^{6} (2k-1)k^3$$

$$= \frac{1}{6^5} \sum_{k=1}^{6} (2k^4 - k^3)$$

$$= \frac{1}{6^5} \left(2\sum_{k=1}^{6} k^4 - \sum_{k=1}^{6} k^3 \right)$$

$$= \frac{1}{6^5} \left\{ 2(1^4 + 2^4 + 3^4 + 4^4 + 5^4 + 6^4) - \left(\frac{6 \cdot 7}{2} \right)^2 \right\}$$

$$= \frac{1}{6^5} (2 \cdot 2275 - 441)$$

$$= \frac{4109}{7776} \quad \rightarrow 5) \sim 12)$$

参考　3 つのさいころを同時にふったときの最大値 M がたとえば 5 である確率は，$M \leqq 5$（3 つすべての目が 5 以下）の確率から，$M \leqq 4$（3 つすべての目が 4 以下）の確率を引いて

$$\left(\frac{5}{6} \right)^3 - \left(\frac{4}{6} \right)^3$$

(2)　(i)　$\angle BEC = 90°$ だから

$$BE = \sqrt{BC^2 - CE^2} = \sqrt{(12+8)^2 - (10+6)^2}$$
$$= 12$$

△ABD と △CBE において，ともに直角三角形であり，∠B を共有することから

　　　△ABD∽△CBE

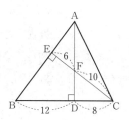

ここで，対応する 2 辺 BD＝BE（＝12）であることから

　　　△ABD≡△CBE

したがって

　　　AB＝BC＝20　　→13)14)

よって

　　　AE＝AB－BE＝20－12＝8

∠AEC＝90° だから

　　　$AC = \sqrt{CE^2 + AE^2} = \sqrt{16^2 + 8^2} = 8\sqrt{5}$　　→15) · 16)

(ii)　△ABD にメネラウスの定理を適用すると

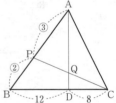

$$\frac{AP}{PB} \cdot \frac{BC}{CD} \cdot \frac{DQ}{QA} = 1$$

AP：PB＝3：2 であるから

$$\frac{3}{2} \cdot \frac{20}{8} \cdot \frac{DQ}{QA} = 1 \qquad \therefore \quad \frac{DQ}{QA} = \frac{4}{15}$$

(ⅰ)の結果より，AD＝CE＝16 であるから

$$AQ = \frac{15}{4+15} \cdot AD = \frac{15}{19} \cdot 16 = \frac{240}{19} \quad \rightarrow 17)\sim21)$$

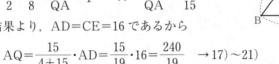

三 **解答** (1)22) 2　23) 1　24) 3
(2)25)26) 24　27) 4　28) 1

◀解　説▶

≪2 次方程式の共通解，領域内の格子点の個数≫

(1)　2 つの 2 次方程式 $x^2-3tx-6t=0$，$tx^2-x+2t=0$ が共通の実数解 $x=\alpha$ をもったとすると

$$\alpha^2-3t\alpha-6t=0 \quad \cdots\cdots①$$

$$t\alpha^2-\alpha+2t=0 \quad \cdots\cdots②$$

α と t の連立方程式と考えて，これを解けばよい。

①より　　$-3t(\alpha+2)=-\alpha^2$

$\alpha=-2$ のとき，これは成り立たないので　　$\alpha\neq-2$

よって　　$t=\dfrac{\alpha^2}{3(\alpha+2)}$　　$\cdots\cdots③$

これを②に代入すると

$$\frac{\alpha^2}{3(\alpha+2)} \cdot \alpha^2 - \alpha + 2 \cdot \frac{\alpha^2}{3(\alpha+2)} = 0$$

分母を払って整理すると

$$\alpha^4 - 3\alpha(\alpha+2) + 2\alpha^2 = 0$$

$$\alpha^4 - \alpha^2 - 6\alpha = 0$$

$$\alpha(\alpha-2)(\alpha^2+2\alpha+3) = 0$$

α は実数であり，$\alpha^2+2\alpha+3=0$ は実数解をもたないから

$$\alpha=0 \quad または \quad \alpha=2$$

③に代入して

$\alpha=0$ のとき $t=0$, $\alpha=2$ のとき $t=\dfrac{1}{3}$

題意より，$t\neq0$ であるから

$\alpha=2$, $t=\dfrac{1}{3}$

すなわち，求める共通解は $x=2$ であり，$t=\dfrac{1}{3}$ である。　→22)～24)

(2)　不等式 $|x|+3|y|\leqq6n$ の表す領域を D とする。領域 D を図示する。

$x\geqq0$, $y\geqq0$ のとき　　　$x+3y\leqq6n$

$x<0$, $y\geqq0$ のとき　　　$-x+3y\leqq6n$

$x<0$, $y<0$ のとき　　　$-x-3y\leqq6n$

$x\geqq0$, $y<0$ のとき　　　$x-3y\leqq6n$

であるから，領域 D は右図の境界線上の
点を含む網かけ部分である。

$x\geqq0$, $y\geqq0$ における境界線は直線 $x+3y=6n$ すなわち $x=6n-3y$ であること，領域 D は y 軸に関して対称であることに注意して，領域 D に含まれる格子点は，直線 $y=k$ ($k=0$, 1, $\cdots$, $2n$) の上には

$x=0$, ±1, ±2, $\cdots$, $\pm(6n-3k)$

に対応する $\{2(6n-3k)+1\}$ 個ある。

また，領域 D は x 軸に関して対称であることを考えれば，領域 D に含まれる格子点の総数は

$$12n+1+2\sum_{k=1}^{2n}\{2(6n-3k)+1\}=12n+1+2\cdot\dfrac{2n\{(12n-5)+1\}}{2}$$

$$=24n^2+4n+1 \text{ 個}\quad →25)～28)$$

参考　領域内の格子点の個数を求めるには，直線 $x=k$ (k は整数) の上にあるものの個数を求めておいて，これらを加えてもよいのだが，この問題では $x=k$ に対応する境界線 $x+3y=6n$ の上の点 $\left(k,\ 2n-\dfrac{k}{3}\right)$ は格子点とならない場合もあるので，やや手間がかかる。

四 **解答**　　(1) 29) 1　30) 2　31) 3　32) 1　33) 8　34) 2　35) 2
　　　　　　(2) 36) 2　37) 2　38) 3　39) 2

◀解　説▶

≪三角関数および指数関数の最大値・最小値≫

(1)　　　$f(\theta)=3\sin^2\theta-2\sin\theta\cos\theta+\cos^2\theta$　$\left(0\le\theta\le\dfrac{\pi}{2}\right)$

とおくと，2倍角の公式を用いて

$$f(\theta)=3\cdot\frac{1-\cos2\theta}{2}-\sin2\theta+\frac{1+\cos2\theta}{2}$$

$$=-\cos2\theta-\sin2\theta+2\quad\cdots\cdots①$$

$$=-\sqrt{2}\left(\frac{1}{\sqrt{2}}\cos2\theta+\frac{1}{\sqrt{2}}\sin2\theta\right)+2$$

$$=-\sqrt{2}\left(\cos2\theta\cos\frac{\pi}{4}+\sin2\theta\sin\frac{\pi}{4}\right)+2$$

$$=-\sqrt{2}\cos\left(2\theta-\frac{\pi}{4}\right)+2$$

ここで，$0\le\theta\le\dfrac{\pi}{2}$ であるから

$$-\frac{\pi}{4}\le2\theta-\frac{\pi}{4}\le\frac{3\pi}{4}$$

よって

$$-\frac{1}{\sqrt{2}}\le\cos\left(2\theta-\frac{\pi}{4}\right)\le1$$

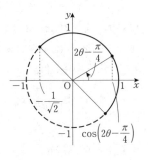

したがって，$f(\theta)$ は $\cos\left(2\theta-\dfrac{\pi}{4}\right)=-\dfrac{1}{\sqrt{2}}$ の

とき，最大値 $-\sqrt{2}\cdot\left(-\dfrac{1}{\sqrt{2}}\right)+2=3$ をとる。

このとき，$2\theta-\dfrac{\pi}{4}=\dfrac{3\pi}{4}$，すなわち　　$\theta=\dfrac{1}{2}\pi$

また，$\cos\left(2\theta-\dfrac{\pi}{4}\right)=1$ のとき，最小値 $-\sqrt{2}\cdot1+2=2-\sqrt{2}$ をとる。

このとき，$2\theta-\dfrac{\pi}{4}=0$，すなわち　　$\theta=\dfrac{\pi}{8}$

以上より，$f(\theta)$ は $\theta=\dfrac{1}{2}\pi$ のとき最大値3をとり，$\theta=\dfrac{1}{8}\pi$ のとき最小値

$2-\sqrt{2}$ をとる。　→29)〜35)

参考　2 倍角の公式 $\cos 2\theta = 2\cos^2\theta - 1 = 1 - 2\sin^2\theta$ を変形して

$$\cos^2\theta = \frac{1+\cos 2\theta}{2}, \quad \sin^2\theta = \frac{1-\cos 2\theta}{2}$$

これを半角の公式ということもある。

また，$\sin 2\theta = 2\sin\theta\cos\theta$ から，$\sin\theta\cos\theta = \dfrac{\sin 2\theta}{2}$ を用いれば，上の〔解説〕のように，$\sin^2\theta$，$\cos^2\theta$，$\sin\theta\cos\theta$ のサイン，コサインについての 2 次の同次式の次数を下げることができる。あとは合成公式を利用すれば，最大値・最小値を求めることができる。

なお，ここでは $f(\theta)$ を余弦（コサイン）に合成したが，①において

$$\cos 2\theta + \sin 2\theta = \sqrt{2}\sin\left(2\theta + \frac{\pi}{4}\right)$$

のように正弦（サイン）に合成してもよい。

(2)　$g(x) = 4^x + 4^{-x} - 2^{3+x} - 2^{3-x} + 16$ とおくと

$$\begin{aligned}
g(x) &= 2^{2x} + 2^{-2x} - 2^3(2^x + 2^{-x}) + 16 \\
&= (2^x + 2^{-x})^2 - 2 \cdot 2^x \cdot 2^{-x} - 8(2^x + 2^{-x}) + 16 \\
&= (2^x + 2^{-x})^2 - 8(2^x + 2^{-x}) + 14
\end{aligned}$$

ここで，$t = 2^x + 2^{-x}$ とおくと，$2^x > 0$ であるから，相加平均と相乗平均の関係を用いると

$$2^x + 2^{-x} \geqq 2\sqrt{2^x \cdot 2^{-x}} = 2$$

すなわち　　$t \geqq 2$

等号は，$2^x = 2^{-x} = 1$ すなわち $x = 0$ のときに成立する。

$$g(x) = t^2 - 8t + 14 = (t-4)^2 - 2$$

と変形できるから，$g(x)$ は $t = 4$（$t \geqq 2$ を満たす）のときに最小値 -2 をとる。

このとき，$2^x + 2^{-x} = 4$ であるから

$$\begin{aligned}
(2^x)^2 + 1 &= 4 \cdot 2^x \\
(2^x)^2 - 4 \cdot 2^x + 1 &= 0 \\
2^x &= 2 \pm \sqrt{3}
\end{aligned}$$

$2 \pm \sqrt{3}$ はともに正だから　　$x = \log_2(2 \pm \sqrt{3})$

以上より，$g(x)$ は $x=\log_2(2\pm\sqrt{3}\,)$ のとき，最小値 -2 をとる。

→36)～39)

参考　2つの正の数 A，B について，相加平均と相乗平均の関係

$$\frac{A+B}{2}\geqq\sqrt{AB}\quad（等号は A=B のとき成立）$$

が成り立つ。ここでは分母を払って

$$A+B\geqq2\sqrt{AB}$$

として用いた。上の〔解説〕のように AB が定数となるとき，$A+B$ の最小値を求めるために使われることがある。

五　解答

(1) 40) 2　41) 0　42) 2　43) 3
44)45)46) 256　47)48) 27

(2) 49) 1　50)51) 16

(3) 52)53)54) 128　55) 3

◀解　説▶

≪3次関数の極値・最大値，囲まれた部分の面積≫

(1) $f(x)=x^3+2x^2-4x-8$ を微分すると

$$f'(x)=3x^2+4x-4=(x+2)(3x-2)$$

増減表をかくと

x	$\cdots$	-2	$\cdots$	$\dfrac{2}{3}$	$\cdots$
$f'(x)$	$+$	0	$-$	0	$+$
$f(x)$	↗	極大	↘	極小	↗

ここで

$$f(-2)=(-2)^3+2\cdot(-2)^2-4\cdot(-2)-8=0$$

$$f\left(\frac{2}{3}\right)=\left(\frac{2}{3}\right)^3+2\cdot\left(\frac{2}{3}\right)^2-4\cdot\left(\frac{2}{3}\right)-8=-\frac{256}{27}$$

であるから

$f(x)$ は $x=-2$ で極大値 0 をとり，$x=\dfrac{2}{3}$ で極小値 $-\dfrac{256}{27}$ をとる。

→40)～48)

(2) $g(x)-f(x)=x^3+2|x^2-2x-3|-2-(x^3+2x^2-4x-8)$

$x^2-2x-3\geqq0$ を解くと

$$(x-3)(x+1)\geqq0 \quad \therefore \quad x\leqq-1, \ 3\leqq x$$

すなわち, $x\leqq-1, \ 3\leqq x$ のとき

$$g(x)-f(x)=x^3+2(x^2-2x-3)-2$$
$$-(x^3+2x^2-4x-8)$$
$$=0$$

また, $-1<x<3$ のとき

$$g(x)-f(x)=x^3-2(x^2-2x-3)-2$$
$$-(x^3+2x^2-4x-8)$$
$$=-4x^2+8x+12$$
$$=-4(x-1)^2+16$$

したがって, $y=g(x)-f(x)$ のグラフは右図のようになり, $x=1$ で最大値 16 をとる。　$\rightarrow 49)\sim51)$

(3)　曲線 $y=f(x)$ と $y=g(x)$ で囲まれた部分の面積を S とすると, S は $y=g(x)-f(x)$ のグラフと x 軸で囲まれた部分の面積と等しいから, (2) のグラフを見て

$$S=\int_{-1}^{3}(-4x^2+8x+12)dx$$
$$=-4\int_{-1}^{3}(x+1)(x-3)dx=-4\cdot\left(-\frac{1}{6}\right)\{3-(-1)\}^3$$
$$=\frac{128}{3} \quad \rightarrow 52)\sim55)$$

六　解答

(1)56) 2　57) 4　58)59) 17

(2)(i)60) 2　61) 1　62) 2　63) 3　(ii)64) 2　65) 2

◀解　説▶

≪座標空間における平面, 数列の漸化式・和≫

(1)　$A(1, \ 0, \ 0)$, $B(0, \ 1, \ 0)$, $C(0, \ 0, \ 1)$ であるから

$$\overrightarrow{AB}=(-1, \ 1, \ 0), \quad \overrightarrow{AC}=(-1, \ 0, \ 1)$$

点 $P(2x, \ y, \ -3)$ が平面 ABC 上にあるとき, ある実数 $s, \ t$ を用いて

$$\overrightarrow{AP}=s\overrightarrow{AB}+t\overrightarrow{AC}$$

と表される。成分で表すと

$$\overrightarrow{AP}=(2x-1,\ y,\ -3),\ s\overrightarrow{AB}+t\overrightarrow{AC}=(-s-t,\ s,\ t)$$

であるから

$$2x-1=-s-t,\ y=s,\ -3=t$$

第 2，3 式から $s=y$，$t=-3$ を第 1 式に代入すると

$$2x-1=-y-(-3)$$

したがって　　$y=-2x+4$　→56)・57)

点と点の距離の公式を用いて

$$OP=\sqrt{(2x)^2+y^2+(-3)^2}=\sqrt{4x^2+(-2x+4)^2+9}$$

$$=\sqrt{8x^2-16x+25}$$

$$=\sqrt{8(x-1)^2+17}$$

これは $x=1$ のとき，最小値 $\sqrt{17}$ をとる。　→58)59)

(2)　(i)　n が奇数のとき　　$a_{n+1}=-2a_n+1$　……①

n が偶数のとき　　$a_{n+1}=-a_n+2$　……②

自然数 k について $n=2k$ とおくと，n は偶数だから，②より

$$a_{2k+1}=-a_{2k}+2\ \ \ ……③$$

また，$n=2k-1$ とおくと，n は奇数だから，①より

$$a_{2k}=-2a_{2k-1}+1\ \ \ ……④$$

④を③に代入すると

$$a_{2k+1}=-(-2a_{2k-1}+1)+2$$

$$a_{2k+1}=2a_{2k-1}+1$$

$b_k=a_{2k-1}$，$b_{k+1}=a_{2k+1}$ であるから

$$b_{k+1}=2b_k+1$$

これを変形すると

$$b_{k+1}+1=2(b_k+1)$$

これは数列 $\{b_k+1\}$ が公比 2 の等比数列であることを意味するから

$$b_k+1=(b_1+1)2^{k-1}$$

ここで，$b_1=a_1=1$ であるから

$$b_k=(1+1)2^{k-1}-1=2^k-1$$

任意の自然数 k についてこれが成り立つのだから

$$b_n=2^n-1\ \ (n=1,\ 2,\ 3,\ \cdots)\ \ →60)・61)$$

④とこれより

$$c_n = a_{2n} = -2a_{2n-1} + 1 = -2b_n + 1 = -2(2^n - 1) + 1$$
$$= -2^{n+1} + 3 \quad (n = 1, \ 2, \ 3, \ \cdots) \quad \rightarrow 62) \cdot 63)$$

(ii) $\quad S_n = a_1 + a_2 + a_3 + \cdots + a_{2n}$

$$= (a_1 + a_3 + \cdots + a_{2n-1}) + (a_2 + a_4 + \cdots + a_{2n})$$

$$= (b_1 + b_2 + \cdots + b_n) + (c_1 + c_2 + \cdots + c_n)$$

$$= \sum_{k=1}^{n} b_k + \sum_{k=1}^{n} c_k$$

$$= \sum_{k=1}^{n} (2^k - 1) + \sum_{k=1}^{n} (-2^{k+1} + 3)$$

$$= \sum_{k=1}^{n} (2^k - 2^{k+1} + 2)$$

$$= \sum_{k=1}^{n} \{2^k(1 - 2) + 2\}$$

$$= -\sum_{k=1}^{n} 2^k + \sum_{k=1}^{n} 2 = -\frac{2^1(2^n - 1)}{2 - 1} + 2n$$

$$= -2^{n+1} + 2(n + 1) \quad \rightarrow 64) \cdot 65)$$

化学

一 解答 問 1 . 4 　問 2 . 5 　問 3 . 7

◀解　説▶

≪元素の性質≫

問 1 ．CH_4，SiH_4，GeH_4 はいずれも正四面体形の無極性分子である。

問 2 ．無極性分子どうしでは，分子量の大きいものほどファンデルワールス力が大きくなり，沸点が高くなる。

問 3 ．17 族元素の単体には酸化力があり，その強さは $F_2 > Cl_2 > Br_2$ の順である。このため，水素との反応性の高さも $F_2 > Cl_2 > Br_2$ の順である。また，18 族元素の単体は単原子分子であり無極性分子なので，原子半径は He＜Ne＜Ar＜Kr の順に大きくなり，また，分子量は He＜Ne＜Ar＜Kr の順に大きくなるのでファンデルワールス力も大きくなり沸点が高くなる。

二 解答 問 1 . 7 　問 2 . 3 　問 3 . 5

◀解　説▶

≪気体の溶解度，BOD≫

問 1 ．水に溶ける気体の物質量は，気体の分圧と水の体積に比例するので

$$1.38 \times 10^{-3} \times \frac{1.01 \times 10^5}{1.01 \times 10^5} \times \frac{21.0}{100} \times \frac{100}{1000} \times 32.0 \times 10^3$$

$$= 0.927 \fallingdotseq 9.3 \times 10^{-1} \text{[mg]}$$

問 2 ．ヨウ素とチオ硫酸ナトリウムの酸化還元滴定では次の反応が進行する。

$$I_2 + 2Na_2S_2O_3 \longrightarrow 2NaI + Na_2S_4O_6$$

滴定開始時はヨウ素とヨウ化カリウムが共存するため褐色溶液となっているが，滴定の進行とともにヨウ素が減少して褐色が薄くなる。ここに指示薬としてデンプン水溶液を加えると，ヨウ素デンプン反応により青紫色を

呈する。さらに滴定を続け，ヨウ素がすべて反応すると溶液は無色になるので，このときを滴定の終点と判断できる。

問 3．試料ビン **A** および試料ビン **B** の溶存酸素量の差から BOD が求められるので，チオ硫酸ナトリウム水溶液の滴下量の差から BOD を求めることができる。求める BOD を $x[mg/L]$ とおくと，ヨウ素とチオ硫酸ナトリウムとの滴定ではヨウ素は

$$I_2 + 2e^- \longrightarrow 2I^-$$

と 2 価の酸化剤としてはたらくことと，式(1)および式(2)の反応式の係数より

$$\frac{x \times 10^{-3}}{32.0} \times \frac{100}{1000} \times 2 \times 2 = 0.025 \times \frac{3.65 - 1.52}{1000}$$

$$\therefore \quad x = 4.26 \fallingdotseq 4.3[mg/L]$$

三 解答
問 1．アー 3　イー 2　ウー 1　エー 4　オー 6
問 2．5　問 3．5

━━━━━━━━━━ ◀解　説▶ ━━━━━━━━━━

≪理想気体と実在気体，チンダル現象，物質の融点≫

問 1．実在気体の体積は，低圧領域では分子間力の影響が大きく，同条件の理想気体の体積より小さくなるため，Z の値が 1.0 より小さくなるが，高圧領域では分子自身の体積の影響が大きく，同条件の理想気体の体積より大きくなるため，Z の値が 1.0 より大きくなる。無極性分子どうしでは分子量の大きいものほどファンデルワールス力すなわち分子間力が大きくなるので，低圧領域における Z の値がより小さくなる。したがって，【ウ】は二酸化炭素（分子量 44.0），【イ】はメタン（分子量 16.0），【ア】はヘリウム（分子量 4.0）とわかる。

問 2．コロイド溶液に横から強い光をあてると，光の進路が明るく輝いて見える。これをチンダル現象という。セッケンを水に溶かすと，その疎水基を内側に親水基を外側に向けて複数の分子が集まり，会合コロイド（ミセルコロイド）という会合体を形成する。また，塩化鉄(Ⅲ)水溶液を沸騰水に加えると

$$FeCl_3 + 3H_2O \longrightarrow Fe(OH)_3 + 3HCl$$

の反応により水酸化鉄(Ⅲ) $Fe(OH)_3$ のコロイドが生成する。

問3．一般に，結合の強さは，共有結合＞イオン結合＞金属結合＞分子間力の順であり，結合の強いものほど融点は高い。常圧下では二酸化ケイ素は共有結合の結晶，塩化ナトリウムはイオン結晶，鉛は金属結晶，ヨウ素は分子結晶を形成する。

四 解答 問1．2　問2．4　問3．3　問4．2

◀解　説▶

≪反応速度，半減期，活性化エネルギー≫

問1．グラフより，反応開始後4分および6分における過酸化水素濃度はそれぞれ 0.38 mol/L，0.32 mol/L と読み取れるので，求める反応速度は

$$\frac{0.38-0.32}{6-4}=0.030\,[\mathrm{mol/(L \cdot min)}]$$

問2．過酸化水素の分解の反応速度を $v\,[\mathrm{mol/(L \cdot min)}]$，求める反応速度定数を $k\,[\mathrm{/min}]$ とすると，反応速度定数の単位より，$v=k[\mathrm{H_2O_2}]$ の関係が成立すると考えられる。反応開始後4分から6分までの平均の過酸化水素濃度は

$$(0.38+0.32)\times\frac{1}{2}=0.35\,[\mathrm{mol/L}]$$

なので，$v=k[\mathrm{H_2O_2}]$ より

$$0.030=k\times0.35$$

$$\therefore\quad k=0.085\fallingdotseq0.09\,[\mathrm{/min}]$$

問3．過酸化水素の分解反応は一次反応なので半減期は一定値をとる。グラフより，過酸化水素の初期濃度 0.54 mol/L が半分の 0.27 mol/L になるのに要する時間（半減期）は8分なので，求める時間を $t\,[\mathrm{min}]$ とすると

$$\left(\frac{1}{2}\right)^{\frac{t}{8}}=\frac{1}{8}$$

$$\therefore\quad t=24\,[\mathrm{min}]$$

問4．塩化鉄(Ⅲ)中の $\mathrm{Fe^{3+}}$ は過酸化水素の分解反応の触媒としてはたらく。触媒を加えた場合，加えない場合より活性化エネルギーが小さくなるが，反応物や生成物のもつエネルギーは変化しない。

五　解答

問1．**A** － 2　**B** － 6　**C** － 3　**D** － 4　**E** － 1

問2．ア － 7　イ － 4

問3．実験2：9　実験3：7　実験4：3

問4．123.5

■──────── ◀解　説▶ ────────

≪金属元素の反応，気体の生成と性質，オストワルト法≫

問1．銅は赤色，金は黄金色の金属なので，銀白色の金属**A**～**E**には含まれない。実験1より，水酸化ナトリウム水溶液に溶けた**A**は両性元素のアルミニウムとわかる。実験2より，水と激しく反応した**C**はカルシウムといえる。実験5より，熱水と反応した**E**はマグネシウムと判断できる。残る金属は鉄と銀であるが，鉄は濃硝酸に溶けないので実験3より，**B**は銀，**D**は鉄とわかる。

問2．アルミニウムのように酸の水溶液にも強塩基の水溶液にも溶ける性質を両性といい，このような元素は両性元素とよばれる。また，アルミニウムや鉄などに濃硝酸を加えると，表面に緻密な酸化物の被膜を形成して溶けない。この状態を不動態という。

問3．実験2の下線部では

$$Ca + 2H_2O \longrightarrow Ca(OH)_2 + H_2$$

の反応により水素が発生する。水素は無色無臭の気体で，最も軽い気体である。実験3の下線部では

$$Ag + 2HNO_3 \longrightarrow AgNO_3 + H_2O + NO_2$$

の反応により二酸化窒素が発生する。二酸化窒素は水に溶けやすい赤褐色の気体で，水に溶けて硝酸を生じるため湿った青色リトマス紙を赤変させる。実験4における**B**と希硝酸の反応では

$$3Ag + 4HNO_3 \longrightarrow 3AgNO_3 + 2H_2O + NO$$

により一酸化窒素が発生する。一酸化窒素は水に溶けにくい無色の気体で，空気中で酸素によりすみやかに酸化されて赤褐色の二酸化窒素を生じる。

問4．オストワルト法を1つの反応式でまとめて表すと，$((1)+(2)\times 3+(3)\times 2)\div 4$ より

$$NH_3 + 2O_2 \longrightarrow HNO_3 + H_2O$$

となる。この反応式の係数より，1 mol の NH_3 から 1 mol の HNO_3 が生じるとわかるので，求める濃硝酸の質量を x〔g〕とすると

$$\frac{20.0}{17.0}=x\times\frac{60}{100}\times\frac{1}{63.0}$$

$$\therefore\quad x=123.52\fallingdotseq123.5 \,[\text{g}]$$

六　解答
問1．8　問2．7
問3．ア．1　イ．4　ウ．3　エ．3
問4．1　問5．3

◀解　説▶

≪脂肪族化合物の生成と検出≫

実験1において，aではホルムアルデヒド，bではジエチルエーテル，cではエチレン，dではアセトアルデヒド，eではアセトン，fではメタン，gではアセトン，hではアセチレンがそれぞれ主に生成する。

問1．ベンゼンの分子式はC_6H_6，hで生じるアセチレンの分子式はC_2H_2であり，いずれも組成式はCHと表される。

問2．gの試薬**A**の酢酸カルシウムは$(CH_3COO)_2Ca$，主生成物のアセトンはCH_3COCH_3であり，いずれも水素原子数は6である。

問3．eの主生成物アセトンを完全燃焼させたときの反応式は次式で表される。

$$CH_3COCH_3+4O_2\longrightarrow 3CO_2+3H_2O$$

問4．aでは，ホルムアルデヒドにアンモニア性硝酸銀水溶液を加えて加熱すると銀鏡反応が起こり，銀が析出する。また，dでは，アセトアルデヒドにフェーリング液を加えて加熱するとフェーリング液の還元反応が起こり，酸化銅(Ⅰ)が析出する。

問5．bでは，不飽和結合をもたないジエチルエーテルを臭素水に加えても変化は見られない。cでは，炭素間二重結合をもつエチレンを臭素水に通じると付加反応が起こり，臭素水の赤褐色が消失する。

七　解答
問1．x．8　y．8　z．2
問2．4　問3．2
問4．ア-3　イ-5　問5．x．1　y．2　z．2

◀ 解　説 ▶

≪芳香族化合物の構造決定≫

問１．13.6 mg の化合物 **A** に含まれる各元素の質量は

炭素：$35.2 \times \dfrac{12.0}{44.0} = 9.6 \, \text{[mg]}$

水素：$7.2 \times \dfrac{1.00 \times 2}{18.0} = 0.8 \, \text{[mg]}$

酸素：$13.6 - (9.6 + 0.8) = 3.2 \, \text{[mg]}$

なので，**A** 中の各元素の物質量比は

$$C : H : O = \dfrac{9.6}{12.0} : \dfrac{0.8}{1.00} : \dfrac{3.2}{16.0} = 4 : 4 : 1$$

となり，**A** の組成式は C_4H_4O と決まる。**A** の分子式を $(C_4H_4O)_n$ とすると，分子量が 150 以下なので

$$(12.0 \times 4 + 1.00 \times 4 + 16.0) \times n \leqq 150$$

n は自然数なので

$$n \leqq 2$$

また，**A** はベンゼン環をもつので炭素数は 6 以上であり，$n = 1$ は不適。したがって，$n = 2$ であり，**A** の分子式は $C_8H_8O_2$ と決まる。

問２．ベンゼン環をもつ **A** は極性の小さい分子と考えられるので，ヒドロキシ基を 3 つもち極性の大きいグリセリンにはあまり溶けない。また，グリセリンはナトリウムと反応してしまうため，溶媒としては不適切である。

問５．実験 4 より化合物 **B** はフェノール類といえるが，実験 5 のアルカリ融解で得られる化合物 **E** はフェノールであり，実験 8 より **B** と **E** の融点は異なることから，**B** はフェノールではない。さらに，実験 3 と **A** の分子式を考え合わせると **B** の炭素数は 7 以下と判断でき，**B** はクレゾールであるとわかる。このことと，実験 3 と **A** の分子式から化合物 **C** はギ酸 HCOOH であるといえる。

$$C_8H_8O_2 + H_2O \longrightarrow C_6H_4(CH_3)OH + HCOOH$$

したがって，**C** の分子式は CH_2O_2 となる。

なお，トルエンにはオルト - パラ配向性があるので，実験 6 で生成する化合物 **H** と **I** は *o*-クレゾールおよび *p*-クレゾールであり，実験 8 より，

これらと融点が異なる **B** は *m*-クレゾールであると判断できる。

八 **解答**

問1．ア－3　イ－2
問2．ウ－4　エ－5
問3．4　問4．4

◀ 解　説 ▶

≪イオン交換樹脂，アミノ酸の性質≫

問3．pH9 の緩衝液中で陰イオン交換樹脂に吸着するアミノ酸は等電点が9より小さいものなので，陰イオン交換樹脂に吸着したアミノ酸が5種類であるという条件より，等電点が9より小さいアミノ酸が4種類である選択肢1と6種類である選択肢5は不適とわかる。また，吸着したアミノ酸のうち含硫アミノ酸は1種類という条件より，システイン Cys とメチオニン Met の2種類を含む選択肢2は不適といえる。さらに，pH4 の緩衝液を用いた場合は等電点が4より小さいアミノ酸が陰イオン交換樹脂に吸着されるが，それが【オ】のみであるという条件より，等電点が4より小さいアスパラギン酸 Asp とグルタミン酸 Glu の両方を含む選択肢3および選択肢6はいずれも不適と判断できる。以上のことから，選択肢4が適切であるといえる。

なお，選択肢4に含まれるアミノ酸のうち，ヒト必須アミノ酸はメチオニン Met とリシン Lys であるが，pH9 の緩衝液で陰イオン交換樹脂に吸着された5種類のアミノ酸に含まれるのはメチオニンの1種類のみである。

問4．問3の選択肢4に含まれるアミノ酸のうち，pH4 の緩衝液で陰イオン交換樹脂に吸着されるアミノ酸，すなわち等電点が4より小さいアミノ酸はグルタミン酸 Glu のみである。

■一般選抜Ｓ方式：共通テスト・個別試験併用

問題編

▶試験科目・配点

選抜方法	教　科	科　　　　目	配　点
大学入学 共通テスト	外国語	英語（リーディング）	200 点
	数　学	「数学Ⅰ・Ａ」「数学Ⅱ・Ｂ」	200 点
個別試験	理　科	薬学科：「化学基礎・化学」 創薬科学科：「化学基礎・化学」，「生物基礎・ 生物〈省略〉」から１科目選択	400 点

▶備　考

選抜に利用すると指定した「2022 年度大学入学共通テスト」の教科・科目の成績，個別試験の成績および調査書を総合して，合格者を決定する。

■化学■

(90分)

第　一　問　　次の問1～4に答えよ。ただし、原子量は、O＝16.0, Cl＝35.5とする。

［解答番号　1　～　4　］

問1　次の【ア】～【オ】のうち、配位結合が含まれる物質として、最も適切なものを選べ。

【ア】 NH_4Cl　　　　　【イ】 Cl_2　　　　　【ウ】 CO_2
【エ】 CH_4　　　　　【オ】 $NaCl$

［解答番号　1　］

1. アのみ　　2. イのみ　　3. ウのみ　　4. エのみ　　5. オのみ
6. アとイ　　7. アとエ　　8. イとウ　　9. ウとオ　　0. エとオ

問2　次の【カ】～【コ】のうち、$K_3[Fe(CN)_6]$ 中の Fe 原子と同じ酸化数の金属原子をもつ物質として、最も適切なものを選べ。

【カ】 MnO_2　　　　　【キ】 $CaCO_3$　　　　　【ク】 Cu_2O
【ケ】 K_2CrO_4　　　　【コ】 Al_2O_3

［解答番号　2　］

1. カのみ　　2. キのみ　　3. クのみ　　4. ケのみ　　5. コのみ
6. カとキ　　7. カとケ　　8. キとク　　9. クとコ　　0. ケとコ

問3　原子番号 n の原子 X の2価の陽イオン X^{2+} の電子の数と、原子 Y の3価の陰イオン Y^{3-} の電子の数が等しいとき、Y の原子番号を n を用いて表したときの数式として、最も適切なものを選べ。

［解答番号　3　］

1. $n-5$　　　　2. $n-2$　　　　3. $n-1$
4. $n+1$　　　　5. $n+2$　　　　6. $n+5$

問4 ある金属 M の塩化物 MCl_3 の式量が a であるとき，この金属の酸化物 M_2O_3 の式量を a を用いて表したときの数式として，最も適切なものを選べ。

〔解答番号 4 〕

1. $a-261$　　　2. $a-165$　　　3. $a-58.5$　　　4. $a-22.0$
5. $a+12.5$　　6. $2a-261$　　7. $2a-165$　　8. $2a-58.5$
9. $2a-22.0$　　0. $2a+12.5$

第 二 問　　硫化水素による金属イオンの分離に関する次の文章を読み，問1〜4に答えよ。ただし，平衡定数および溶解度積はすべて 25℃ における値とし，実験操作はすべて 25℃ で行うものとする。

〔解答番号 5 〜 14 〕

硫化水素は水溶液中で次に示す二段階の電離平衡を示す。

$$H_2S \;\rightleftharpoons\; H^+ + HS^- \quad \cdots (1)$$
$$HS^- \;\rightleftharpoons\; H^+ + S^{2-} \quad \cdots (2)$$

式 (1)，式 (2) の平衡定数をそれぞれ K_1, K_2 とし，水溶液中での各成分のモル濃度を $[H_2S]$, $[H^+]$, $[HS^-]$, $[S^{2-}]$ と表すと，$K_1 = $【ア】，$K_2 = $【イ】である。今，水溶液中に含まれる硫化水素の全量の濃度〔mol/L〕を c とすると，

$$c = [H_2S] + [HS^-] + [S^{2-}]$$

という関係があるので，c は $[S^{2-}]$，K_1, K_2, $[H^+]$ を用いて，次のように表すことができる。

$$c = [S^{2-}] \times \frac{【ウ】 \times [H^+]^2 + 【エ】 \times [H^+] + 【オ】}{K_1 K_2} \quad \cdots (3)$$

一方，硫化物イオンは多くの金属イオンと難溶性の硫化物を生成する。例えば硫酸銅(II)水溶液に硫化ナトリウム水溶液を加えていくと黒色沈殿が生じる。この場合，生成した沈殿と溶解しているイオンとの間には次の式のような平衡が存在する。

$$CuS\,(固) \;\rightleftharpoons\; Cu^{2+} + S^{2-}$$

この平衡定数を K，各成分のモル濃度を $[CuS\,(固)]$, $[Cu^{2+}]$, $[S^{2-}]$ とすると，$[CuS\,(固)]$ は，固体の量にかかわらず一定であるため，

$$K \times [CuS\,(固)] = [Cu^{2+}][S^{2-}] = K_{sp} \quad \cdots (4)$$

という関係式が成り立つ。ここで定数 K_{sp} は溶解度積とよばれ，難溶性塩の溶解度を表す定数である。式 (4) と同様に他の難溶性金属硫化物について求めた溶解度積を表1に示す。

表 1：金属硫化物の溶解度積

金属硫化物	MnS	FeS	NiS	SnS
K_{sp} 〔mol^2/L^2〕	2.3×10^{-13}	5.0×10^{-18}	2.0×10^{-21}	1.1×10^{-27}

式 (3) と式 (4) を合わせて考えることで，ある pH の金属イオン水溶液に硫化水素を通じた場合に，金属硫化物が沈殿するかどうかを判断できる。式 (3) において，$K_1 = 9.6 \times 10^{-8}$ mol/L，$K_2 = 1.3 \times 10^{-14}$ mol/L，$c = 1.0 \times 10^{-1}$ mol/L とすると，硫化物イオンの濃度は，水素イオン濃度が 3.0×10^{-1} mol/L の水溶液中では【カ】×【キ】mol/L，水素イオン濃度が 1.0×10^{-11} mol/L の水溶液中では【ク】×【ケ】mol/L となり，pH に依存して変化することがわかる。

上記で得られた硫化物イオン濃度，式 (4)，および表から，金属イオンが 1.0×10^{-2} mol/L の濃度で溶解している水溶液に $c = 1.0 \times 10^{-1}$ mol/L となるように硫化水素を通じた場合，<u>水素イオン濃度が 3.0×10^{-1} mol/L の条件では沈殿が生じないが，水素イオン濃度が 1.0×10^{-11} mol/L の条件では硫化物の沈殿が生じる金属</u>が存在し，硫化水素を金属イオンの系統的分離に利用できることがわかる。

問 1　【ア】，【イ】にあてはまる式として，最も適切なものをそれぞれ選べ。

【ア】：[解答番号　5　]

【イ】：[解答番号　6　]

1. $[H^+][S^{2-}]$　　2. $[H^+][HS^-]$　　3. $\dfrac{[HS^-]}{[H_2S]}$　　4. $\dfrac{[S^{2-}]}{[HS^-]}$　　5. $\dfrac{[S^{2-}]}{[H^+][HS^-]}$

6. $\dfrac{[H_2S]}{[H^+][S^{2-}]}$　　7. $\dfrac{[H^+][HS^-]}{[H_2S]}$　　8. $\dfrac{[H^+][S^{2-}]}{[HS^-]}$　　9. $\dfrac{[H^+][HS^-]}{[H_2S][S^{2-}]}$　　0. $\dfrac{[H^+][S^{2-}]}{[HS^-][H_2S]}$

問 2　【ウ】，【エ】，【オ】にあてはまる数式として，最も適切なものをそれぞれ選べ。

【ウ】：[解答番号　7　]

【エ】：[解答番号　8　]

【オ】：[解答番号　9　]

1. $K_1 K_2$　　　　2. K_1^2　　　　3. K_2^2　　　　4. K_1

5. K_2　　　　6. $(K_1 + K_2)$　　7. 1

問 3　【カ】，【キ】，【ク】，【ケ】にあてはまる数値として，【カ】，【ク】は A 群から，【キ】，【ケ】は B 群から最も近いものをそれぞれ選べ。

【カ】：[解答番号　10　]

【キ】：[解答番号　11　]

【ク】：[解答番号　12　]

【ケ】：[解答番号　13　]

A 群

1. 1.1　　　2. 1.2　　　3. 1.3　　　4. 1.4　　　5. 1.5
6. 1.6　　　7. 1.7　　　8. 1.8　　　9. 1.9　　　0. 2.0

B 群

1. 10^{-26}　　2. 10^{-23}　　3. 10^{-21}　　4. 10^{-17}　　5. 10^{-15}
6. 10^{-14}　　7. 10^{-11}　　8. 10^{-8}　　9. 10^{-6}　　0. 10^{-4}

問4　下線部の記述にあてはまるすべての金属の組み合わせとして，最も適切なものを選べ。

〔解答番号　14　〕

1. Mn のみ　　2. Fe のみ　　3. Ni のみ　　4. Sn のみ　　5. Mn, Fe
6. Fe, Ni　　7. Ni, Sn　　8. Mn, Fe, Ni　　9. Fe, Ni, Sn

第　三　問　　次の文章を読み，問1〜2に答えよ。ただし，黄銅鉱，粗銅に含まれる不純物は考えないものとする。また，気体はすべて理想気体としてふるまい，気体定数は $R=8.31×10^3\,\mathrm{Pa・L/(K・mol)}$ とする。原子量は，H=1.00，O=16.0，S=32.0，Fe=56.0，Cu=64.0 とする。

〔解答番号　15　〜　16　〕

銅の製錬過程では，黄銅鉱（$CuFeS_2$）から下記の反応により，高温で Fe を酸化物に変えて除去し，硫化銅（I）（Cu_2S）を得る。

$$2CuFeS_2\ +\ 4O_2\ \longrightarrow\ Cu_2S\ +\ 2FeO\ +\ 3SO_2$$

次に，Cu_2S を高温で酸素と反応させると，下記の反応により粗銅が得られる。

$$Cu_2S\ +\ O_2\ \longrightarrow\ 2Cu\ +\ SO_2$$

問1　黄銅鉱から粗銅 40.0 kg を得るために必要な酸素の，27℃，$1.00×10^5\,\mathrm{Pa}$ の条件下での総体積〔L〕として，最も近い数値を選べ。

〔解答番号　15　〕

1. $3.8×10^3$　　2. $6.2×10^3$　　3. $9.1×10^3$　　4. $1.3×10^4$
5. $3.9×10^4$　　6. $6.3×10^4$　　7. $8.9×10^4$　　8. $2.2×10^5$
9. $4.1×10^5$　　0. $6.4×10^5$

問2　黄銅鉱から粗銅 40.0 kg を得る過程で生成した二酸化硫黄をすべて三酸化硫黄
　　　に変換し，質量パーセント濃度が 90.0%の硫酸水溶液 1000 kg に吸収させた。
　　　このとき，得られる硫酸水溶液の質量パーセント濃度〔%〕として，最も近い数
　　　値を選べ。

〔解答番号　16　〕

1. 89　　　　2. 90　　　　3. 91　　　　4. 92　　　　5. 93
6. 94　　　　7. 95　　　　8. 96　　　　9. 97　　　　0. 98

第　四　問　　次の文章を読み，問 1 ～ 4 に答えよ。ただし，気体はすべて理想気体
　　　　　　　としてふるまい，気体定数は $R = 8.31 \times 10^3$ Pa・L/(K・mol)，27℃に
　　　　　　　おける水の飽和水蒸気圧は 3.60×10^3 Pa とする。また連結パイプ内
　　　　　　　腔の容積，シリカゲル，水滴の体積は無視できるものとする。原子量
　　　　　　　は，H＝1.00，O＝16.0 とする。

〔解答番号　17　～　24　〕

　ケイ素 Si の酸化物である二酸化ケイ素 SiO_2 の結晶は，Si 原子と O 原子が交互に共
有結合した立体網目構造をもつ，共有結合の結晶であり，Si 原子の周囲を【ア】個の O
原子が取り囲む。<u>SiO_2 は，水酸化ナトリウムとともに加熱すると融解し，ケイ酸ナトリ
ウムになる。</u>ケイ酸ナトリウムに水を加えて加熱すると水ガラスとよばれる透明な液体
となり，さらに【イ】を加え，生じた沈殿を加熱して脱水すると，シリカゲルが得られ
る。シリカゲルは空気中の湿気などを吸着する力が強く，家庭用の乾燥剤として用いら
れる。

問1　【ア】および【イ】にあてはまる数値または語句として，最も適切なものをそれ
　　　ぞれ選べ。

【ア】：〔解答番号　17　〕
【イ】：〔解答番号　18　〕

1. 1　　　　2. 2　　　　　　3. 3　　　　　　　　4. 4
5. 5　　　　6. 塩化ナトリウム　　7. アルミニウム　　8. 水酸化ナトリウム
9. 塩酸　　　0. 炭酸ナトリウム

問2　下線の反応は以下の反応式で示される。【ウ】にあてはまる係数，および化学式
　　　の　x　，　y　，　z　にあてはまる数として，最も適切なものをそれぞれ
　　　選べ。ただし，係数が入らない（省略される）場合は 1 をマークせよ。

SiO_2 ＋【ウ】NaOH ⟶ Na　x　Si　y　O　z　＋　H_2O

　　　例．化学式が $NaSi_2O_3$ の場合，各解答番号欄　x　，　y　，　z　に

$\boxed{1}$ ，$\boxed{2}$ ，$\boxed{3}$ とマークする。

【ウ】：〔解答番号　$\boxed{19}$ 〕
x：〔解答番号　$\boxed{20}$ 〕
y：〔解答番号　$\boxed{21}$ 〕
z：〔解答番号　$\boxed{22}$ 〕

1. 1	2. 2	3. 3	4. 4	5. 5
6. 6	7. 7	8. 8	9. 9	0. 10

問3　シリカゲルを使って次の実験を行った。温度を 27℃ に保った実験室で，パイプで連結された A，B の 2 つの容器を，中央の栓が閉じられた状態で設置した（図 1）。容器 A，B の容積はともに 250 L である。容器 A の内部は水蒸気が飽和しており，0.708 g の水滴が内壁に付着している。容器 B にはシリカゲルが入れてあり，気体に水分は含まれていない。このとき，容器 A 内部の気体中に存在する水の物質量〔mol〕として，最も近い数値を選べ。

〔解答番号　$\boxed{23}$ 〕

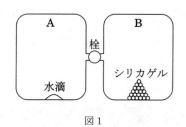

図 1

1. 0.18	2. 0.30	3. 0.36	4. 0.50	5. 0.55
6. 0.60	7. 0.72	8. 2.0	9. 3.6	0. 4.2

問4　問 3 の状態から，中央の栓を開けて平衡に達したとき，容器 A の内壁の水滴が完全に消失し，容器 A，B 内の水蒸気圧は 5.00×10^2 Pa になった。このとき，シリカゲル中に取り込まれた水の物質量〔mol〕として，最も近い数値を選べ。

〔解答番号　$\boxed{24}$ 〕

1. 0.10	2. 0.20	3. 0.30	4. 0.40	5. 0.50
6. 0.60	7. 0.70	8. 0.80	9. 0.90	0. 1.0

第　五　問　　　次の文章を読み，問 1 ～ 4 に答えよ。

〔解答番号　$\boxed{25}$ ～ $\boxed{29}$ 〕

　　イオン結合でできた結晶をイオン結晶という。塩化セシウム CsCl の結晶は，立方体の単位格子の頂点に陰イオン，同じ単位格子の中心に陽イオンが位置する構造を有する。Cs^+ の配位数は【ア】，単位格子に含まれる Cs^+ の数は【イ】である。結晶密度〔g/cm^3〕は，Cs^+ のモル質量 M_+〔g/mol〕，Cl^- のモル質量 M_-〔g/mol〕，単位格子の一辺の長さ a〔cm〕，およびアボガドロ定数 N_A〔mol^{-1}〕を用いると，【ウ】のように表される。<u>一般に，イオン結晶は同符号の電荷をもったイオン同士が接触すると不安定になる。</u>

問 1　【ア】および【イ】にあてはまる数字として，最も適切なものをそれぞれ選べ。

【ア】：〔解答番号　$\boxed{25}$ 〕

【イ】：〔解答番号　$\boxed{26}$ 〕

1. 1	2. 2	3. 3	4. 4	5. 5
6. 6	7. 7	8. 8	9. 9	0. 10

問 2　【ウ】にあてはまる数式として，最も適切なものを選べ。

〔解答番号　$\boxed{27}$ 〕

1. $\dfrac{M_+ + M_-}{a^3 N_A}$　　　2. $\dfrac{a^3 N_A}{M_+ + M_-}$　　　3. $\dfrac{M_+ + 2M_-}{a^3 N_A}$

4. $\dfrac{a^3 N_A}{M_+ + 2M_-}$　　　5. $\dfrac{\sqrt{2}\,(M_+ + M_-)}{a^3 N_A}$　　　6. $\dfrac{a^3 N_A}{\sqrt{2}\,(M_+ + M_-)}$

7. $\dfrac{\sqrt{3}\,(M_+ + M_-)}{a^3 N_A}$　　　8. $\dfrac{a^3 N_A}{\sqrt{3}\,(M_+ + M_-)}$　　　9. $\dfrac{4\,(M_+ + M_-)}{a^3 N_A}$

0. $\dfrac{a^3 N_A}{4\,(M_+ + M_-)}$

問 3　Cs^+ のイオン半径を r_{Cs}〔cm〕，Cl^- のイオン半径を r_{Cl}〔cm〕としたとき，単位格子の一辺の長さ a を r_{Cs}, r_{Cl} を用いて表す式として，最も適切なものを選べ。

〔解答番号　$\boxed{28}$ 〕

1. $a = \sqrt{3}\,(r_{Cs} + r_{Cl})$　　　2. $a = \dfrac{r_{Cs} + r_{Cl}}{\sqrt{3}}$　　　3. $a = \sqrt{2}\,(r_{Cs} + r_{Cl})$

4. $a = \dfrac{r_{Cs} + r_{Cl}}{\sqrt{2}}$　　　5. $a = 2\,(r_{Cs} + r_{Cl})$　　　6. $a = \dfrac{r_{Cs} + r_{Cl}}{2}$

7. $a = \dfrac{2\,(r_{Cs} + r_{Cl})}{\sqrt{3}}$　　　8. $a = \dfrac{\sqrt{3}\,(r_{Cs} + r_{Cl})}{2}$　　　9. $a = 3\,(r_{Cs} + r_{Cl})$

0. $a = \dfrac{r_{Cs} + r_{Cl}}{3}$

問4　下線部に関して，CsCl型の結晶において，CsCl結晶の Cs^+ がイオン半径の小さい別の陽イオンに変わると Cl^- 同士が近づく。陽イオンのイオン半径を r_+〔cm〕としたとき，CsCl型の結晶が安定な構造をとるための r_+ の値の限界値が存在する。この限界値を表す条件式として，最も適切なものを選べ。

〔解答番号　29　〕

1. $r_+ > (2 - \sqrt{3}\,)\,r_{Cl}$　　　　2. $r_+ < (2 - \sqrt{3}\,)\,r_{Cl}$

3. $r_+ > (\sqrt{2} - 1)\,r_{Cl}$　　　　4. $r_+ < (\sqrt{2} - 1)\,r_{Cl}$

5. $r_+ > (\sqrt{3} - 1)\,r_{Cl}$　　　　6. $r_+ < (\sqrt{3} - 1)\,r_{Cl}$

7. $r_+ > \sqrt{2}\,r_{Cl}$　　　　　　8. $r_+ < \sqrt{2}\,r_{Cl}$

9. $r_+ > \sqrt{3}\,r_{Cl}$　　　　　　0. $r_+ < \sqrt{3}\,r_{Cl}$

第　六　問　　次の文章を読み，問1〜4に答えよ。ただし，原子量は，H＝1.00，O＝16.0，電気エネルギー〔J〕＝電気量〔C〕×電圧〔V〕，ファラデー定数は $F = 9.65 \times 10^4$ C/mol，標準状態における1molの気体の体積は22.4Lとする。

〔解答番号　30　〜　34　〕

　水素と酸素から水を作るという水の電気分解の逆反応で，化学エネルギーを電気エネルギーに変換して発電する燃料電池の化学反応式は，以下のように水素の燃焼反応と考えることもできる。

$$H_2(気) + \frac{1}{2}O_2(気) = H_2O(液) + 286\,kJ \quad \cdots (1)$$

電解質溶液が酸性である燃料電池（リン酸形）では，負極で水素が酸化され，正極で酸素が還元される。

$$H_2 \longrightarrow 2H^+ + 2e^- \quad \cdots (2)$$

$$O_2 + 4H^+ + 4e^- \longrightarrow 2H_2O \quad \cdots (3)$$

　この燃料電池（リン酸形）の両電極間に負荷をつないで2時間ほど放電させたら，起電力が0.90Vで，27.0kgの水が排出された。

問1　放電時に流れた電気量〔C〕として，最も近い数値を選べ。

〔解答番号　30　〕

　　1.　9.6×10^6　　　2.　1.9×10^7　　　3.　2.9×10^7　　　4.　3.8×10^7　　　5.　4.8×10^7
　　6.　9.6×10^7　　　7.　1.9×10^8　　　8.　2.9×10^8　　　9.　3.8×10^8　　　0.　4.8×10^8

問2　放電時に消費された水素と酸素の標準状態における体積〔L〕として，最も近い
　　　数値をそれぞれ選べ。

　　　　　　　　　　　　　　　　　　　　　　　【水素】：〔解答番号 | 31 |〕
　　　　　　　　　　　　　　　　　　　　　　　【酸素】：〔解答番号 | 32 |〕

　　1.　1.1×10^3　　　2.　1.7×10^3　　　3.　2.9×10^3　　　4.　3.4×10^3　　　5.　6.7×10^3
　　6.　1.1×10^4　　　7.　1.7×10^4　　　8.　2.9×10^4　　　9.　3.4×10^4　　　0.　6.7×10^4

問3　放電時に得られた電気エネルギー〔J〕として，最も近い数値を選べ。

　　　　　　　　　　　　　　　　　　　　　　　　　　　〔解答番号 | 33 |〕

　　1.　2.9×10^6　　　2.　2.0×10^7　　　3.　2.6×10^7　　　4.　2.9×10^7　　　5.　3.2×10^7
　　6.　9.6×10^7　　　7.　2.0×10^8　　　8.　2.6×10^8　　　9.　2.9×10^8　　　0.　3.2×10^8

問4　式 (1) によって理論的に生じるエネルギーのうち，放電時に電気エネルギーに
　　　変換された割合〔%〕として，最も近い数値を選べ。

　　　　　　　　　　　　　　　　　　　　　　　　　　　〔解答番号 | 34 |〕

　　1.　3.0　　　　2.　4.1　　　　3.　5.2　　　　4.　6.1　　　　5.　12
　　6.　30　　　　7.　41　　　　8.　52　　　　9.　61　　　　0.　72

第 七 問　次の文章を読み，問 1 〜 6 に答えよ。ただし，原子量は，H＝1.00，C＝12.0，N＝14.0，O＝16.0 とする。また，一対の鏡像異性体（光学異性体）は 1 つと数える。

[解答番号 35 〜 44]

　分子式 $C_{24}H_{23}NO_3$ をもつ化合物 A は，エステル結合およびアミド結合を有する。化合物 A を用いて，以下の実験を行った。

実験 1 : 化合物 A に水酸化ナトリウム水溶液を加えて加熱し，エステル結合とアミド結合を完全に加水分解すると，いずれもベンゼン環をもつ化合物 B，C および D，あるいはそれらの塩が生成した。

実験 2 : 実験 1 で得られた反応液に塩酸を加えて pH＝2 とし，ジエチルエーテルを加え振り混ぜて静置したのち，有機層【ア】と水層【イ】に分離した。

実験 3 : 有機層【ア】に水酸化ナトリウム水溶液を加え，振り混ぜて静置したのち，有機層【ウ】と水層【エ】に分離した。有機層【ウ】を加熱してジエチルエーテルを除いたところ，化合物 B が得られた。

実験 4 : 水層【イ】に水酸化ナトリウム水溶液を加えて pH＝12 とし，ジエチルエーテルを加え振り混ぜて静置したのち，有機層【オ】と水層【カ】に分離した。有機層【オ】を加熱してジエチルエーテルを除いたところ，化合物 C が得られた。

実験 5 : 水層【エ】に塩酸を加えて pH＝2 とし，ジエチルエーテルを加え振り混ぜて静置したのち，有機層【キ】と水層【ク】に分離した。有機層【キ】を加熱してジエチルエーテルを除いたところ，化合物 D が得られた。

実験 6 : 化合物 B 18.3 mg を完全燃焼させたところ，CO_2 52.8 mg，H_2O 13.5 mg が得られた。

実験 7 : 氷冷下，化合物 C に希塩酸と $NaNO_2$ を加えてジアゾニウム塩を合成した。さらに，このジアゾニウム塩に，同じ物質量のフェノールのナトリウム塩を反応させ，*p*−ヒドロキシアゾベンゼン構造をもつ化合物 E を得た。化合物 E の分子式は，$C_{13}H_{12}N_2O$ であった。

実験 8 : 化合物 D を加熱したところ，分子内で脱水し，五員環構造の酸無水物 F が得られた。

問 1　化合物 B の分子式として， x ， y ， z にあてはまる数字をマークせよ。ただし，10 以上である場合は 0（ゼロ）をマークせよ。

C x H y O z

　例. 分子式が $C_6H_{12}O$ の場合，各解答番号欄 x ， y ， z に

　　　6 ， 0 ， 1 とマークする。

　　　　　　　　　　　　　　　　　　　x：〔解答番号 35 〕
　　　　　　　　　　　　　　　　　　　y：〔解答番号 36 〕
　　　　　　　　　　　　　　　　　　　z：〔解答番号 37 〕

問2　化合物 B にあてはまる化合物のうち，鏡像異性体（光学異性体）をもつ化合物
　　　の最大数として，正しいものを選べ。
　　　　　　　　　　　　　　　　　　　　　　　　　〔解答番号 38 〕

　　1. 1　　　　　2. 2　　　　　3. 3　　　　　4. 4　　　　　5. 5
　　6. 6　　　　　7. 7　　　　　8. 8　　　　　9. 9　　　　　0. 10以上

問3　化合物 B にあてはまる化合物のうち，温和な条件で酸化して得られた化合物が
　　　銀鏡反応を示す化合物の最大数として，正しいものを選べ。
　　　　　　　　　　　　　　　　　　　　　　　　　〔解答番号 39 〕

　　1. 1　　　　　2. 2　　　　　3. 3　　　　　4. 4　　　　　5. 5
　　6. 6　　　　　7. 7　　　　　8. 8　　　　　9. 9　　　　　0. 10以上

問4　化合物 C にあてはまる化合物の最大数として，正しいものを選べ。
　　　　　　　　　　　　　　　　　　　　　　　　　〔解答番号 40 〕

　　1. 1　　　　　2. 2　　　　　3. 3　　　　　4. 4　　　　　5. 5
　　6. 6　　　　　7. 7　　　　　8. 8　　　　　9. 9　　　　　0. 10以上

問5　化合物 C と同じ分子式をもち，化合物 C にあてはまらず，かつ，ベンゼン環上
　　　に置換基を1つだけもつ化合物の最大数として，正しいものを選べ。
　　　　　　　　　　　　　　　　　　　　　　　　　〔解答番号 41 〕

　　1. 1　　　　　2. 2　　　　　3. 3　　　　　4. 4　　　　　5. 5
　　6. 6　　　　　7. 7　　　　　8. 8　　　　　9. 9　　　　　0. 10以上

問6　化合物 D の分子式として， x ， y ， z にあてはまる数字をそれぞ
　　　れマークせよ。ただし，10以上である場合は0（ゼロ）をマークせよ。

　　　　　　　　　　　　　　C x H y O z

　　例. 分子式が $C_6H_{12}O$ の場合，各解答番号欄 x ， y ， z に
　　　6 ， 0 ， 1 とマークする。

　　　　　　　　　　　　　　　　　　　x：〔解答番号 42 〕
　　　　　　　　　　　　　　　　　　　y：〔解答番号 43 〕
　　　　　　　　　　　　　　　　　　　z：〔解答番号 44 〕

第　八　問　　次の文章を読み，問 1 〜 5 に答えよ。ただし，原子量は，H＝1.00,
　　　　　　　　C＝12.0，N＝14.0，O＝16.0，S＝32.0 とする。

〔解答番号　45　〜　55　〕

　5 つのアミノ酸がペプチド結合で結合した鎖状のペンタペプチド P は，表 1 に示すア
ミノ酸のうち 5 種類のアミノ酸より構成される。ペンタペプチド P を構成するアミノ
酸の配列をアミノ末端側から A−B−C−D−E（A 〜 E は各アミノ酸）とする。ペン
タペプチド P を用いて，以下の実験を行った。

表 1

アミノ酸	分子量	側鎖の構造 (-R)
アラニン	89.0	$-CH_3$
アスパラギン酸	133	$-CH_2-COOH$
アルギニン	174	$-CH_2-CH_2-CH_2-NH-\overset{\overset{NH}{\|\|}}{C}-NH_2$
グルタミン酸	147	$-CH_2-CH_2-COOH$
セリン	105	$-CH_2-OH$
チロシン	181	$-CH_2-\bigcirc-OH$
トレオニン	119	$-\underset{OH}{CH}-CH_3$
フェニルアラニン	165	$-CH_2-\bigcirc$
メチオニン	149	$-CH_2-CH_2-S-CH_3$
リシン	146	$-CH_2-CH_2-CH_2-CH_2-NH_2$

アミノ酸の構造は，側鎖部分を-Rとして，
一般式 $\underset{COOH}{H_2N-CH-R}$ で表される。

実験 1：ペンタペプチド P のペプチド結合を，1 か所のみ加水分解して 2 つの断片を
　　　　生成させた。その結果，ペプチド【ア】とアミノ酸 E，ペプチド【イ】とアミ
　　　　ノ酸 A，ペプチド【ウ】とペプチド【エ】，ペプチド【オ】とペプチド【カ】
　　　　が，それぞれの組み合わせとして得られた。以下，ペプチド【ア】〜【カ】に
　　　　ついて実験を行った。

実験 2：【ア】〜【カ】のそれぞれの水溶液に，水酸化ナトリウム水溶液を加えて塩基
　　　　性にした後，少量の硫酸銅 (II) 水溶液を加えた。本反応に対して，【エ】と
　　　　【オ】以外は赤紫色に呈色した。

実験 3：【ア】〜【カ】のそれぞれの水溶液に，濃水酸化ナトリウム水溶液を加えて加
　　　　熱し，冷却して酢酸鉛 (II) 水溶液を加えると，【ウ】と【オ】以外の水溶液で
　　　　は黒色沈殿が生成した。

実験 4：【ア】〜【カ】のそれぞれの水溶液に，濃硝酸を加えて加熱すると，【ア】，【イ】，
　　　　【ウ】および【カ】の水溶液は黄色になり，冷却後にアンモニア水を加えると
　　　　橙黄色になった。

実験 5：【エ】と【カ】以外には，分子内で脱水縮合させるとアミド結合を含む五員環
　　　　を形成するアミノ酸が含まれた。

実験 6：【エ】と【オ】以外のそれぞれの水溶液に，塩化鉄（III）水溶液を加えて加熱
　　　　すると，青 〜 紫色に呈色した。

実験 7：【ア】，【ウ】および【オ】には，複数の不斉炭素原子をもつアミノ酸が含まれ
　　　　た。

実験 8：中性溶液中で電気泳動を行ったところ，【エ】および【カ】は，陰極側に移動
　　　　した。

実験 9：【エ】の分子量は 277 であった。

問 1　実験 2 は，特定の化学構造を検出するために実施される。実験 2 に対応する反応
　　　として，最も適切なものを選べ。

［解答番号　45　］

　1. 硫黄の検出反応　　　　　2. 銀鏡反応　　　　　　　3. 窒素の検出反応
　4. ニンヒドリン反応　　　　5. ビウレット反応　　　　6. ヨウ素デンプン反応
　7. キサントプロテイン反応　8. ルミノール反応　　　　9. フェーリング反応

問 2　実験 3 で実施した反応に対して陽性を示すアミノ酸として，最も適切なものを選
　　　べ。

［解答番号　46　］

　1. アラニン　　　　2. アスパラギン酸　3. アルギニン　　4. セリン
　5. チロシン　　　　6. トレオニン　　　7. メチオニン　　8. リシン

問 3　実験 4 で実施した反応に対して陽性を示すアミノ酸として，最も適切なものを選
　　　べ。

［解答番号　47　］

　1. アラニン　　　　2. アスパラギン酸　3. アルギニン　　4. セリン
　5. チロシン　　　　6. トレオニン　　　7. メチオニン　　8. リシン

問4　ペンタペプチド P を構成するアミノ酸 A ～ E として，最も適切なアミノ酸を
　　　それぞれ選べ。

　　　　　　　　　　　　　　　　　　　　　　A：〔解答番号　48　〕
　　　　　　　　　　　　　　　　　　　　　　B：〔解答番号　49　〕
　　　　　　　　　　　　　　　　　　　　　　C：〔解答番号　50　〕
　　　　　　　　　　　　　　　　　　　　　　D：〔解答番号　51　〕
　　　　　　　　　　　　　　　　　　　　　　E：〔解答番号　52　〕

　1. アラニン　　　　2. アスパラギン酸　　3. アルギニン　　　4. グルタミン酸
　5. セリン　　　　　6. チロシン　　　　　7. トレオニン　　　8. フェニルアラニン
　9. メチオニン　　　0. リシン

問5　ペンタペプチド P の分子量を計算し，分子量として　x　　y　　z　にあて
　　　はまる数字をそれぞれマークせよ。

　　　例．分子量が 81 の場合，解答番号欄　x　　y　　z　に
　　　　　0　　8　　1　とマークする。

　　　　　　　　　　　　　　　　　　　　　　x：〔解答番号　53　〕
　　　　　　　　　　　　　　　　　　　　　　y：〔解答番号　54　〕
　　　　　　　　　　　　　　　　　　　　　　z：〔解答番号　55　〕

解答編

化学

一 解答 問1. 1　問2. 5　問3. 1　問4. 7

◀解　説▶

≪配位結合，酸化数，原子番号と電子数，式量≫

問3. 原子 Y の原子番号を x とすると，与えられた条件より

$$n-2=x+3$$

∴ $x=n-5$

問4. MCl_3 の式量が a なので，金属 M の原子量は

$$a-35.5\times3=a-106.5$$

と表される。よって，M_2O_3 の式量は

$$(a-106.5)\times2+16.0\times3=2a-165$$

二 解答 問1. ア－7　イ－8

問2. ウ－7　エ－4　オ－1

問3. カ－4　キ－3　ク－3　ケ－0　問4. 8

◀解　説▶

≪溶解度積，硫化物の沈殿≫

問2. 問1の K_1 および K_2 の式より

$$K_1\times K_2=\frac{[H^+][HS^-]}{[H_2S]}\times\frac{[H^+][S^{2-}]}{[HS^-]}=\frac{[H^+]^2[S^{2-}]}{[H_2S]}$$

∴ $[H_2S]=\frac{[H^+]^2[S^{2-}]}{K_1K_2}$

また，K_2 の式より

$$K_2=\frac{[H^+][S^{2-}]}{[HS^-]}$$

$$\therefore \quad [HS^-] = \frac{[H^+][S^{2-}]}{K_2}$$

これらを $c = [H_2S] + [HS^-] + [S^{2-}]$ に代入すると

$$c = \frac{[H^+]^2[S^{2-}]}{K_1 K_2} + \frac{[H^+][S^{2-}]}{K_2} + [S^{2-}]$$

$$\therefore \quad c = [S^{2-}] \times \frac{[H^+]^2 + K_1 \times [H^+] + K_1 K_2}{K_1 K_2}$$

問 3．与えられた値を式(3)に代入すると求められる。水素イオン濃度が 3.0×10^{-1} mol/L のとき

$$1.0 \times 10^{-1}$$
$$= [S^{2-}] \times \frac{(3.0 \times 10^{-1})^2 + 9.6 \times 10^{-8} \times 3.0 \times 10^{-1} + 9.6 \times 10^{-8} \times 1.3 \times 10^{-14}}{9.6 \times 10^{-8} \times 1.3 \times 10^{-14}}$$

$$[S^{2-}]$$
$$= 1.0 \times 10^{-1} \times \frac{9.6 \times 10^{-8} \times 1.3 \times 10^{-14}}{(3.0 \times 10^{-1})^2 + 9.6 \times 10^{-8} \times 3.0 \times 10^{-1} + 9.6 \times 10^{-8} \times 1.3 \times 10^{-14}}$$

$$[S^{2-}] \fallingdotseq 1.0 \times 10^{-1} \times \frac{9.6 \times 10^{-8} \times 1.3 \times 10^{-14}}{(3.0 \times 10^{-1})^2}$$

$$= 1.38 \times 10^{-21} \fallingdotseq 1.4 \times 10^{-21} \text{[mol/L]}$$

また，水素イオン濃度が 1.0×10^{-11} mol/L のとき

$$1.0 \times 10^{-1}$$
$$= [S^{2-}] \times \frac{(1.0 \times 10^{-11})^2 + 9.6 \times 10^{-8} \times 1.0 \times 10^{-11} + 9.6 \times 10^{-8} \times 1.3 \times 10^{-14}}{9.6 \times 10^{-8} \times 1.3 \times 10^{-14}}$$

$$[S^{2-}]$$
$$= 1.0 \times 10^{-1} \times \frac{9.6 \times 10^{-8} \times 1.3 \times 10^{-14}}{(1.0 \times 10^{-11})^2 + 9.6 \times 10^{-8} \times 1.0 \times 10^{-11} + 9.6 \times 10^{-8} \times 1.3 \times 10^{-14}}$$

$$[S^{2-}] \fallingdotseq 1.0 \times 10^{-1} \times \frac{9.6 \times 10^{-8} \times 1.3 \times 10^{-14}}{9.6 \times 10^{-8} \times 1.0 \times 10^{-11}}$$

$$= 1.3 \times 10^{-4} \text{[mol/L]}$$

問 4．水素イオン濃度が 3.0×10^{-1} mol/L のときの金属イオン濃度と硫化物イオン濃度の積は

$$1.0 \times 10^{-2} \times 1.38 \times 10^{-21} = 1.38 \times 10^{-23} \text{[mol/L]}$$

この値が溶解度積の値より小さいと沈殿が生じないので，表 1 の値より，

MnS, FeS, NiS は沈殿が生じないといえる。また, 水素イオン濃度が
1.0×10^{-11} mol/L のときの金属イオン濃度と硫化物イオン濃度の積は

$$1.0 \times 10^{-2} \times 1.3 \times 10^{-4} = 1.3 \times 10^{-6} [\text{mol/L}]$$

この値が溶解度積の値より大きいと沈殿が生じるので, 表 1 の値より,
MnS, FeS, NiS はいずれも沈殿が生じる。

三　**解答**　問 1．5　問 2．5

◀解　説▶

≪銅の製錬, 溶液の濃度≫

問 1．与えられた反応式を 1 つにまとめると

$$2CuFeS_2 + 5O_2 \longrightarrow 2Cu + 2FeO + 4SO_2$$

と表されるので, 2 mol の Cu を得るのに 5 mol の O_2 が必要であること
がわかる。求める体積を V [L] とおくと, 酸素について気体の状態方程
式より

$$1.00 \times 10^5 \times V = \frac{40.0 \times 10^3}{64.0} \times \frac{5}{2} \times 8.31 \times 10^3 \times 300$$

$$\therefore \quad V = 3.89 \times 10^4 \fallingdotseq 3.9 \times 10^4 [\text{L}]$$

問 2．問 1 の反応式の係数より, 1 mol の Cu を得る過程で 2 mol の SO_2
が生成するとわかる。また, 二酸化硫黄から三酸化硫黄が生じる反応は

$$2SO_2 + O_2 \longrightarrow 2SO_3$$

と表され, 1 mol の SO_2 から 1 mol の SO_3 が生じることがわかる。よっ
て, ここで得られる三酸化硫黄は

$$\frac{40.0 \times 10^3}{64.0} \times 2 = 1.25 \times 10^3 [\text{mol}]$$

となる。三酸化硫黄が硫酸水溶液に吸収されると

$$SO_3 + H_2O \longrightarrow H_2SO_4$$

の反応により硫酸となる。よって, 求める質量パーセント濃度は

$$\frac{1000 \times \dfrac{90.0}{100} + 1.25 \times 10^3 \times 98.0 \times 10^{-3}}{1000 + 1.25 \times 10^3 \times 80.0 \times 10^{-3}} \times 100 = 92.9 \fallingdotseq 93 [\%]$$

四　**解答**　問1．アー4　イー9
　　　　　　　問2．ウー2　x．2　y．1　z．3
問3．3　問4．3

◀解　説▶

≪シリカゲル，飽和水蒸気≫

問3．容器 **A** では水蒸気が飽和しているので，その圧力は $3.60 \times 10^3 \, Pa$ である。求める水蒸気の物質量を $n_1 \, [mol]$ とおくと，水蒸気について気体の状態方程式より

$$3.60 \times 10^3 \times 250 = n_1 \times 8.31 \times 10^3 \times 300$$

$$\therefore \quad n_1 = 0.361 \fallingdotseq 0.36 \, [mol]$$

問4．平衡に達したときに容器 **A**，**B** 内に存在する水蒸気の物質量の和を $n_2 \, [mol]$ とおくと，水蒸気について気体の状態方程式より

$$5.00 \times 10^2 \times (250 + 250) = n_2 \times 8.31 \times 10^3 \times 300$$

$$\therefore \quad n_2 = 0.100 \, [mol]$$

よって，求める水の物質量は

$$0.361 + \frac{0.708}{18.0} - 0.100 = 0.300 \fallingdotseq 0.30 \, [mol]$$

五　**解答**　問1．アー8　イー1　問2．1　問3．7　問4．5

◀解　説▶

≪塩化セシウム型結晶格子，限界半径比≫

問2．結晶の密度は単位格子の質量を体積で割れば求められるので

$$(M_+ + M_-) \times \frac{1}{N_A} \times \frac{1}{a^3} = \frac{M_+ + M_-}{a^3 N_A} \, [g/cm^3]$$

問3．単位格子の立方体の中心にある Cs^+ と頂点にある Cl^- が互いに接するので

$$a \times \sqrt{3} = (r_{Cs} + r_{Cl}) \times 2$$

$$\therefore \quad a = \frac{2(r_{Cs} + r_{Cl})}{\sqrt{3}}$$

問4．となり合う Cl^- 同士が互いに接するようになると反発力により不安定となる。

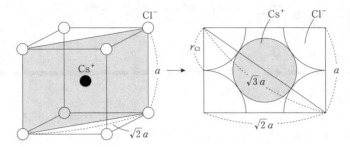

したがって，CsCl 型の結晶が安定な構造をとるための条件は

$$(r_+ + r_{Cl}) \times \frac{1}{\sqrt{3}} > r_{Cl}$$

$$r_+ + r_{Cl} > \sqrt{3}\, r_{Cl}$$

$$\therefore\ r_+ > (\sqrt{3} - 1) r_{Cl}$$

六　解答

問 1．8　　問 2．水素：9　酸素：7
問 3．8　　問 4．9

◀解　説▶

≪燃料電池≫

問 1．式(2)および式(3)より，1 mol の H_2O が排出されるとき 2 mol の電子が流れるとわかるので，放電時に流れた電気量は

$$\frac{27.0 \times 10^3}{18.0} \times 2 \times 9.65 \times 10^4 = 2.89 \times 10^8 \fallingdotseq 2.9 \times 10^8\,[C]$$

問 2．式(2)より，2 mol の電子が流れると 1 mol の H_2 が消費されるとわかるので，消費された水素は

$$\frac{27.0 \times 10^3}{18.0} \times 2 \times \frac{1}{2} \times 22.4 = 3.36 \times 10^4 \fallingdotseq 3.4 \times 10^4\,[L]$$

また，式(3)より，4 mol の電子が流れると 1 mol の O_2 が消費されるとわかるので，消費された酸素は

$$\frac{27.0 \times 10^3}{18.0} \times 2 \times \frac{1}{4} \times 22.4 = 1.68 \times 10^4 \fallingdotseq 1.7 \times 10^4\,[L]$$

問 3．電気量 [C] と電圧 [V] の積が電気エネルギー [J] なので，求める電気エネルギーは

$$2.89 \times 10^8 \times 0.90 = 2.60 \times 10^8 \fallingdotseq 2.6 \times 10^8\,[J]$$

問4．式(1)より，1 mol の H_2O が排出されるとき 286 kJ のエネルギーが理論的に生じるので，求める割合は

$$\frac{2.60\times10^8\times10^{-3}}{\dfrac{27.0\times10^3}{18.0}\times286}\times100=60.6\fallingdotseq61\,(\%)$$

七　解答

問1．x．8　y．0　z．1
問2．1　問3．4　問4．3　問5．2
問6．x．9　y．8　z．4

◀解　説▶

≪芳香族化合物の構造決定≫

化合物 A は分子中に窒素原子を1個，酸素原子を3個もつので，エステル結合とアミド結合は1つずつ含まれ，これ以外に官能基はもたないとわかる。よって，実験1より，化合物 B，C，D は，カルボン酸，アルコール，フェノール類，アミンのいずれかである。

実験2より，有機層【ア】にはカルボン酸，アルコール，フェノール類のいずれかが含まれ，水層【イ】にはアミンの塩が含まれる。実験3より，B は中性のアルコールであるとわかり，B，C，D はいずれもフェノール類ではないといえる。また，実験4より，C は弱塩基性のアミンであるとわかる。さらに，実験3より，水層【エ】にはカルボン酸の塩が含まれると考えられるので，実験5より，D は弱酸性のカルボン酸であると判断できる。

問1．実験6より，18.3 mg の B に含まれる各元素の質量は

炭素：$52.8\times\dfrac{12.0}{44.0}=14.4\,(mg)$

水素：$13.5\times\dfrac{1.00\times2}{18.0}=1.5\,(mg)$

酸素：$18.3-(14.4+1.5)=2.4\,(mg)$

なので，B 中の各元素の物質量比は

$C:H:O=\dfrac{14.4}{12.0}:\dfrac{1.5}{1.00}:\dfrac{2.4}{16.0}=8:10:1$

となる。よって，B の組成式は $C_8H_{10}O$ と決まる。実験1より，C，D はいずれもベンゼン環をもつ，すなわち炭素数が6以上なので，A の炭素

数が 24 であることから **B** の炭素数は 12 以下となり，**B** の分子式は
$C_8H_{10}O$ となることがわかる。

問2．ベンゼン環をもち分子式 $C_8H_{10}O$ のアルコールである **B** として考
えられる構造のうち鏡像異性体をもつものは，側鎖に $-CH(OH)-CH_3$
の構造をもつベンゼン一置換体の1種類だけである。

（*C は不斉炭素原子）

問3．温和な条件で酸化して銀鏡反応を示すアルデヒドが生じるのは第一
級アルコールなので，$-CH_2-OH$ の構造をもつものが該当する。したが
って，側鎖に $-CH_2-CH_2-OH$ の構造をもつベンゼン一置換体か，
$-CH_3$ と $-CH_2-OH$ の構造をもつベンゼン二置換体のいずれかであり，
ベンゼン二置換体にはオルト，メタ，パラの3種類が考えられるので，合
わせて4種類が考えられる。

問4．*p*-ヒドロキシアゾベンゼンの構造式は，$HO-\!\!\!\bigcirc\!\!\!-N=N-\!\!\!\bigcirc$，
分子式は，$C_{12}H_{10}N_2O$ である。実験7より，分子式 $C_{13}H_{12}N_2O$ の *p*-ヒ
ドロキシアゾベンゼン構造をもつ化合物 **E** が生成したことから，**C** はア
ミノ基のほかにメチル基を1つもつベンゼン二置換体であるといえる。こ
れらの置換基の位置の違いとしてオルト，メタ，パラの3種類の構造が考
えられる。

問5．**C** の分子式は C_7H_9N となるので，ベンゼン一置換体として考えら
れるのは，側鎖が $-CH_2-NH_2$ または $-NH-CH_3$ となっている2種類で
ある。

問6．**A**，**B**，**C** の分子式より，**A** の加水分解の反応は
$$C_{24}H_{23}NO_3 + 2H_2O \longrightarrow C_8H_{10}O + C_7H_9N + （化合物 \textbf{D}）$$
と表されるので，**D** の分子式は $C_9H_8O_4$ となることがわかる。なお，**D**

はジカルボン酸であり，実験 8 の脱水反応で五員環構造の酸無水物が生成したことから，2 つのカルボキシ基はベンゼン環のオルト位にあることがわかる。

八 　解答

問 1．5　問 2．7　問 3．5
問 4．A－7　B－4　C－6　D－9　E－0
問 5．x．6　y．7　z．0

◀解　説▶

≪ペプチドの構造決定≫

問 4．ペプチド中のアミノ酸配列をアミノ末端側から順に表すとして，実験 1 より，【ア】は A－B－C－D，【イ】は B－C－D－E といえる。また，実験 1 および実験 2 より，【ウ】と【カ】は A－B－C または C－D－E，【エ】と【オ】は D－E または A－B といえる。

実験 4 のキサントプロテイン反応が【ウ】と【カ】で起こり，【エ】と【オ】で起こらなかったことから，C はベンゼン環をもつチロシンまたはフェニルアラニンと考えられるが，C は実験 6 より，フェノール性ヒドロキシ基をもつチロシンとわかる。

実験 8 より，【エ】および【カ】には等電点が塩基性側にある塩基性アミノ酸のアルギニンまたはリシンを含むといえるが，実験 9 より，ジペプチドである【エ】を構成する 2 つのアミノ酸の分子量の和が

$$277+18.0=295$$

となるので，表 1 のアミノ酸の分子量の値より，【エ】を構成するのはメチオニン（分子量 149）とリシン（分子量 146）であるとわかる。

一方，実験 5 において分子内の脱水縮合でアミド結合を含む五員環構造を形成するアミノ酸はグルタミン酸であり，α 位のアミノ基と側鎖のカルボキシ基の間で脱水縮合したものと考えられる。他のアミノ酸やペプチドでは五員環構造は形成されない。また，実験 7 における複数の不斉炭素原子をもつアミノ酸は，表 1 よりトレオニンのみ該当する。以上のことから，トリペプチドである【ウ】を構成するアミノ酸は，チロシン，グルタミン酸，トレオニンであるといえる。

このことと，実験 7 より【ア】にトレオニンが含まれることから，仮に【ウ】が C－D－E だとすると D がトレオニンとなるが，これは実験 5

と矛盾するので，【ウ】は **A－B－C**，【エ】は **D－E** と決まり，**A** はト
レオニン，**B** はグルタミン酸と判断できる。

さらに，実験 3 より，メチオニンは【ア】にも【イ】にも含まれるので，
D がメチオニンであり，**E** はリシンと決まる。

問 5．問 4 および表 1 の分子量の値より，**P** の分子量は

$$119＋147＋181＋149＋146－18.0×4＝670$$

//////////////// · **memo** · ////////////////

//////////////// · **memo** · ////////////////

教学社 刊行一覧

2025年版　大学赤本シリーズ
国公立大学（都道府県順）

374大学556点 全都道府県を網羅

全国の書店で取り扱っています。店頭にない場合は，お取り寄せができます。

私立大学①

2025年版　大学赤本シリーズ

私立大学②

2025年版　大学赤本シリーズ

私立大学③

医 医学部医学科を含む
総推 総合型選抜または学校推薦型選抜を含む
DL リスニング音声配信　新 2024年 新刊・復刊

掲載している入試の種類や試験科目、収録年数などはそれぞれ異なります。詳細については、それぞれの本の目次や赤本ウェブサイトでご確認ください。

akahon.net

赤本　検索

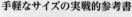

いつも受験生のそばに──赤本

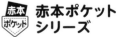

2025 年版　大学赤本シリーズ　No. 400

星薬科大学

2024 年 7 月 30 日　第 1 刷発行
ISBN978-4-325-26459-0
定価は裏表紙に表示しています

編　集　教学社編集部
発行者　上原　寿明
発行所　教学社
　　　　〒606-0031
　　　　京都市左京区岩倉南桑原町56
電話　075-721-6500
振替　01020-1-15695
印　刷　共同印刷工業